Pohl / Umlauf
Warenkunde Buch
2., erneuerte Auflage

W0198195

Sigrid Pohl / Konrad Umlauf

Warenkunde Buch

Strukturen, Inhalte und Tendenzen
des deutschsprachigen Buchmarkts
der Gegenwart

2., erneuerte Auflage auf der Basis
der Warengruppen-Systematik 2007

2007

Harrassowitz Verlag · Wiesbaden

Bibliografische Information der Deutschen Nationalbibliothek
Die Deutsche Nationalbibliothek verzeichnet diese Publikation in der Deutschen
Nationalbibliografie; detaillierte bibliografische Daten sind im Internet
über http://dnb.d-nb.de abrufbar.

Bibliographic information published by the Deutsche Nationalbibliothek
The Deutsche Nationalbibliothek lists this publication in the Deutsche
Nationalbibliografie; detailed bibliographic data are available in the internet
at http://dnb.d-nb.de.

Informationen zum Verlagsprogramm finden Sie unter
http://www.harrassowitz-verlag.de
Druck und Verarbeitung: Memminger MedienCentrum AG
Printed in Germany
ISBN 978-3-447-05622-9

Vorwort

Vier Jahre nach Erscheinen der ersten Auflage ist eine zweite Auflage erforderlich. Der dynamische Buchmarkt hat sich inhaltlich verändert, vor allem verwendet der Buchhandel seit 2007 die neue Warengruppen-Systematik 2.0. Diese liegt der zweiten Auflage zugrunde. Wo die neue Warengruppen-Systematik von der bis 2006 verwendeten gravierend abweicht, weisen wir in den entsprechenden Kapiteln darauf hin.

Die Warenkunde des Buchhandels zu vermitteln ist der Zweck dieses Buches. Im Mittelpunkt stehen der Buchmarkt und seine Inhalte sowie der Umgang mit der Ware in Verkauf und Kundenberatung. Diese Inhalte werden anhand der neuen Warengruppen-Systematik 2.0 aufgeblättert.

Die Fragestellungen sind:
- Welche Inhalte und Themen gehören zu jeder Warengruppe? Diese Inhalte selbst können nur in engen Grenzen umrissen werden. Hier muss man ggf. eine Wissenschaftskunde bzw. ein Lexikon zur Hand nehmen.
- Welche Stellung haben die einzelnen Warengruppen im Buchmarkt allgemein und speziell im Sortimentsbuchhandel?
- Wie kann die betreffende Warengruppe optimal vermarktet und vorteilhaft im Ladengeschäft präsentiert werden?
- Welches sind die führenden Verlage und wichtigen Reihen für die jeweilige Warengruppe?

Das Buch richtet sich an
- Auszubildende im Buchhandel,
- Studenten in buchhandelsnahen Fächern wie Verlagswirtschaft oder Buch- und Bibliothekswissenschaft,
- Berufspraktiker im Buchhandel, die sich fortbilden möchten.

Die Warengruppen-Systematik arbeitet mit springenden Ziffern, z.B. folgt auf die Warengruppe *923 Philosophie: Antike bis Gegenwart* unmittelbar die Warengruppe *925 Religion: Allgemeines, Nachschlagewerke*. Man hat Platz für spätere Ergänzungen gelassen. Da dieses Buch wie die Warengruppen-Systematik aufgebaut ist, arbeitet auch seine Gliederung mit springenden Ziffern. Einige Warengruppen sind unberücksichtigt geblieben, deren Inhalt nicht ergiebig ist.

Freilich ist der Buchmarkt ein dynamischer Markt, so dass manche Beispieltitel und Aussagen wohl schon beim Erscheinen veraltet sein werden – wir meinen, dass dieses Buch dennoch eine Lücke füllt und lange Zeit nützlich sein wird.

Wir danken Frau Gladys Hoffmann für statistische Auswertungen der VLB-CD-ROM, für bibliografische Recherchen und redaktionelle Arbeiten.

Ludwigsburg und Berlin, im Juni 2007   *Sigrid Pohl* und *Konrad Umlauf*

Inhalt

Einleitung

Die Kenntnis der Waren des Buchhandels steht im Mittelpunkt der buchhändlerischen Qualifikation. Sie ist die eine Hälfte der Beratungskompetenz. Die andere Hälfte besteht in der Kenntnis der Kundschaft und der Fähigkeit, in der richtigen Weise auf die Kunden ein- und zuzugehen. Darüber hinaus erfordert ein erfolgreiches Handeln des Buchhändlers auch eine betriebswirtschaftliche Qualifikation und spezielle Branchenkenntnisse.

Weitere zentrale Erfolgsbedingungen für den Sortimentsbuchhandel sind:

- vor allem ein individuelles Profil und unverwechselbares Gesicht, damit die Kunden motiviert werden, gerade in einer bestimmten, ihren Interessen und Wünschen angepassten Sortimentsbuchhandlung zu kaufen,
- kompromisslos guter Service, denn zufriedene Kunden sind treue Kunden,
- höchste Beratungskompetenz, denn die Informationsmöglichkeiten der Kunden über Internet und aus Zeitschriften sind heute so umfassend, aber auch so verwirrend vielfältig wie nie zuvor,
- eine wirtschaftlich außerordentlich effiziente, konsequent auf die Kundenwünsche ausgerichtete Betriebsführung, denn nur so sind Service und permanente Weiterbildung für das Personal finanzierbar.

Es kommt maßgeblich darauf an, eine Brücke zwischen diesen beiden Zielen - individuelles Profil sowie guter Service einerseits und wirtschaftliche Betriebsführung andererseits – zu bauen. Das scheint kaum möglich zu sein, denn eine wesentliche Quelle wirtschaftlicher Betriebsführung sind Konfektionierung und Standardisierung statt stets erneuter individueller Bearbeitung.

Was ist die Warengruppen-Systematik?

Die Warengruppen-Systematik des Buchhandels ist ein Baustein für diese Brücke: Ein individuelles Profil und unverwechselbares Gesicht werden aus flexibel verwendbaren, konfektionierten Elementen aufgebaut

Die Warengruppen-Systematik gruppiert die Waren des Buchhandels (Bücher, CD-ROMs, Hörbücher u.v.a.m.) unter Gesichtspunkten

- des Inhalts, des Themas, z.B. Kunstgeschichte oder Thermodynamik,
- der Zielgruppe und des Verwendungszwecks, z.B. Lernhilfen/Abiturwissen oder Bilderbücher,
- der Darstellungsform, z.B. Fachbücher oder Ratgeber,
- der Editionsform, z.B. Taschenbuch oder DVD.

Damit macht die Warengruppen-Systematik die Orientierung in der Warenfülle unter den Aspekten möglich, die den Fragestellungen der Kunden entsprechen.

Sie wurde von den Barsortimenten entwickelt und seit 1997 im Buchhandel eingesetzt. Die vom *Börsenverein des Deutschen Buchhandels* überarbeitete Version 2.0 wird seit 2007 verwendet und dient als Grundlage für alle Statistiken über die wirtschaftliche Entwicklung einzelner Segmente im Buchhandel. Darüber hinaus stellt sie ein wertvolles Hilfsmittel beim Bibliografieren dar.

Die Verlage ordnen jeden ihrer Titel genau einer Warengruppe zu. Die Warengruppenziffer ist auf der VLB-CD-ROM, auf den Barsortiments-CD-ROMs sowie in der lizenzpflichtigen VLB-Online-Datenbank (http://mvb-vlb.de) enthalten und wird auf den Klebeetiketten, mit denen die Barsortimente die ausgelieferte Ware versehen, ausgedruckt. Die bis 2006 bestehende weit gehende Beschränkung der Warengruppenzuordnung auf Barsortimentstitel besteht im Grundsatz nicht mehr. Freilich ist gegenwärtig die Zuordnung etlicher Themen und Titel zu den Warengruppen noch nicht ganz einheitlich; auch haben die Verlage noch nicht alle Backlisttitel einer Warengruppe zugeordnet. Wiederholt sind verschiedene Auflagen oder Ausgaben desselben Titels in verschiedene Warengruppen eingeordnet. Diese Mängel fallen aber nicht so störend ins Gewicht, dass die Anwendung der Warengruppen-Systematik insgesamt sinnlos würde.

Im Einzelnen ist die Warengruppenziffer folgendermaßen aufgebaut:

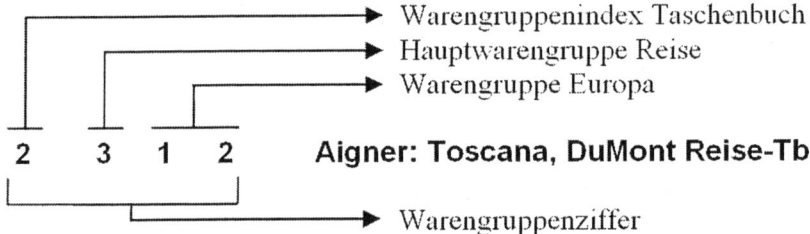

In der ursprünglichen Warengruppen-Systematik war eine fünfte Stelle vorgesehen, die der feineren Unterteilung einiger Warengruppen diente. Diese ist mit der Warengruppen-Systematik 2.0 entfallen.

Wie wird die Warengruppen-Systematik verwendet?

Die Sortimentsbuchhandlung übernimmt die Warengruppenziffer als Teil der bibliografischen Daten aus dem VLB in ihr Warenwirtschaftssystem und kann auf dieser Basis:

- die Entwicklung ihres Lagers unter vielfältigen Gesichtspunkten beobachten, z.B. die Umschlagszahl des Warenlagers und den Umsatz nach einzelnen Warengruppen genau feststellen,
- gezielt Lagerergänzungen bzw. Remissionen vornehmen, den weiteren Ausbau des Lagers effizient steuern und die Einkaufsplanung optimieren
- und in der Kundenberatung eine sonst nicht mögliche Transparenz des Warenlagers erreichen.

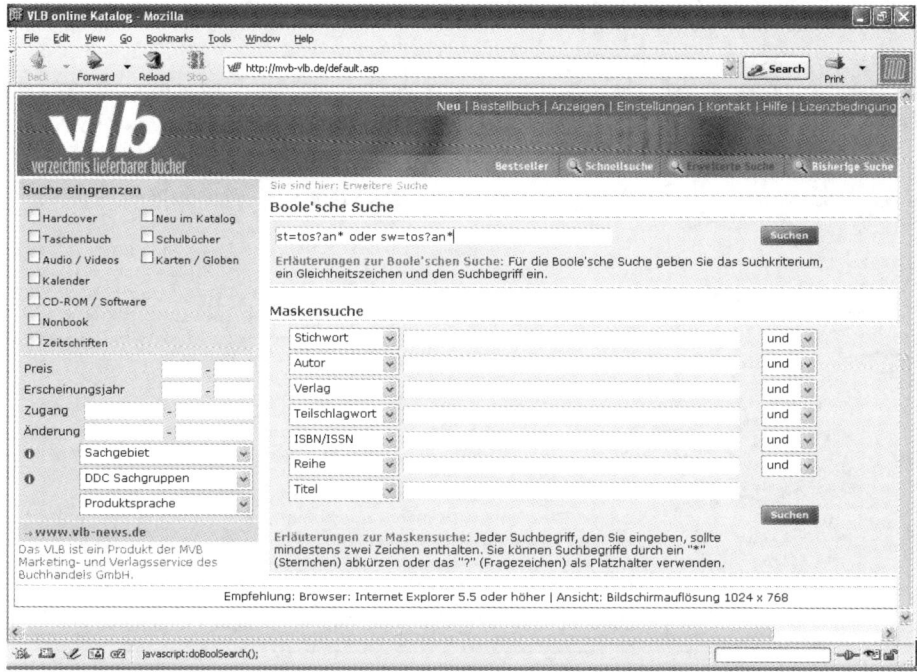

Abbildung 1: Suche in der VLB-Online-Datenbank mit Stich-/Schlagwort

Ferner verbessert die Warengruppen-Systematik die bibliografische Recherche auf der VLB-CD-ROM und den Barsortimentskatalogen auf CD-ROM sowie in der VLB-Online-Datenbank.

Die Abbildungen 1 und 2 zeigen das Vorgehen am Beispiel der Suche nach Toskana-Reiseführern: Mit dem Stich-/Schlagwort tos?an* findet man 415 Treffer (VLB-Online-Datenbank, Juni 2007). Die Aufgliederung der Treffer nach Warengruppen zeigt, dass 173 davon Reiseführer sind, 53 weitere Titel fallen in die Belletristik, 33 Titel in die Geisteswissenschaften etc. Man erspart sich also das Durchmustern einer großen Zahl von nicht in Frage kommenden Titeln. Abbildung 3 zeigt die Auswahl, die man erhält, wenn man die Warengruppe *322 Sport- und Aktivreisen Europa* anklickt. Demselben Kunden kann man gleich gezielt einen Krimi empfehlen, dessen Handlung in seinem Urlaubsgebiet spielt (Abbildung 4).

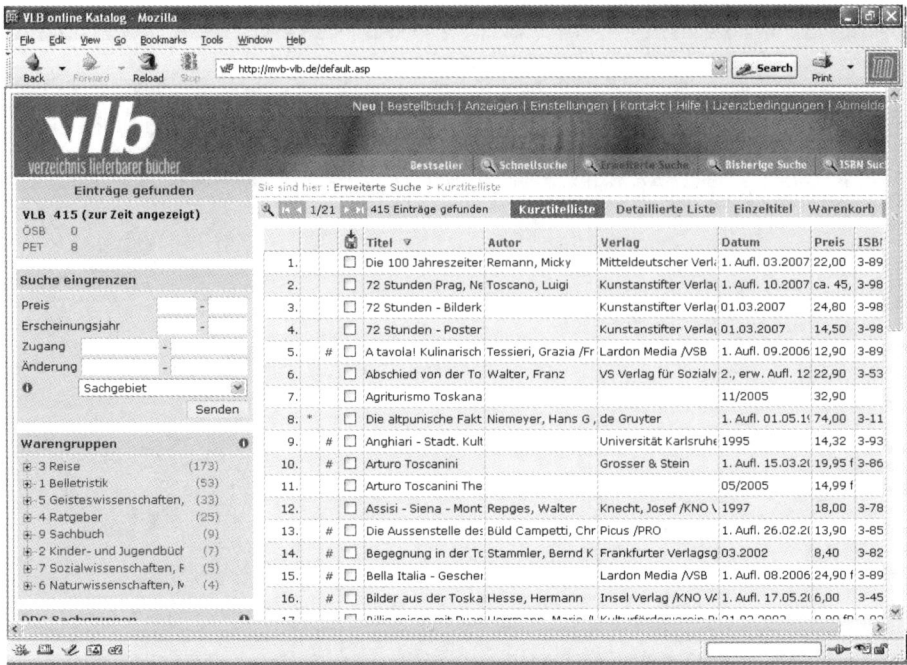

Abbildung 2: Aufgliederung der Treffer nach Warengruppen

Warengruppen-Systematik und Lagerpräsentation

Die Warengruppen-Systematik ist allerdings nicht für die Lagerpräsentation geeignet, da hierbei folgende andere Gesichtspunkte die entscheidende Rolle spielen:

- die Intensität der Nachfrage oder jahreszeitlich schwankende Nachfragen,
- die gemeinsame Präsentation von Titeln, Themen und Artikeln gemäß den Erwartungen der Kunden oder der Verkaufsstrategie der Sortimentsbuchhandlung (beispielsweise Toskana-Reiseführer, Krimis, die in der Toskana spielen und Wein), die aber nach der Systematik in verschiedene Warengruppen gehören,
- ein individuelles Erscheinungsbild der Sortimentsbuchhandlung – gerade der individuelle Auftritt ist eine der wichtigsten Strategien im Konkurrenzkampf.

Im Ergebnis soll betont werden: Die Warengruppen-Systematik ist sowohl ein wertvolles Instrument bei Einkaufsplanung und Sortimentspflege als auch bei Beratung und Recherche – für die Sortimentspräsentation ist sie nur hinsichtlich der Zuordnung neuer Titel zu der eigenen Gliederung des Lagers hilfreich.

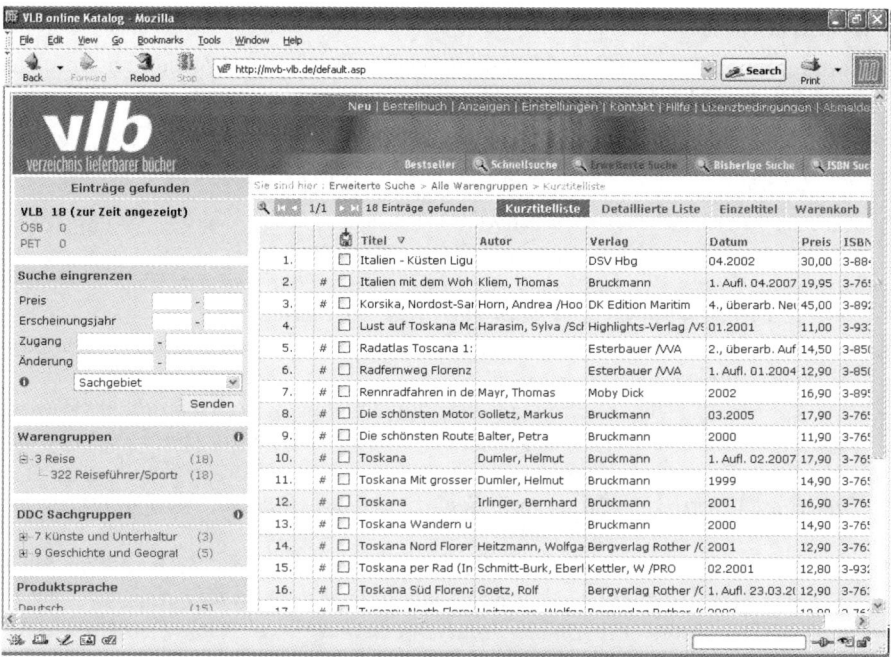

Abbildung 3: Anzeige nur der Treffer in der Warengruppe *322 Sport- und Aktivreisen Europa*

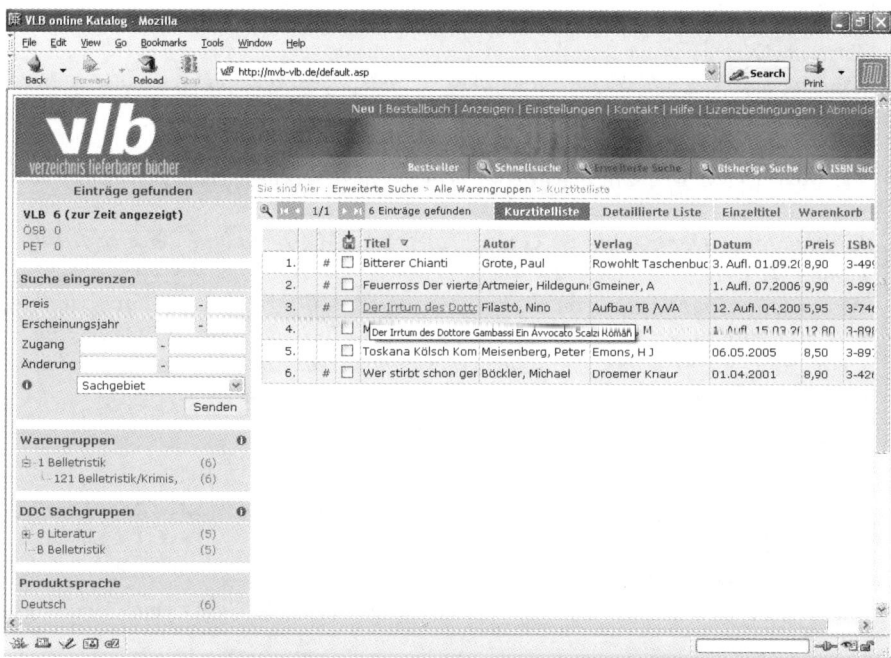

Abbildung 4: Anzeige nur der Treffer in der Warengruppe *121 Krimis, Thriller, Spionage*

Literaturhinweise

Im fortlaufenden Text wird auf Literaturangaben verzichtet. Wesentliche Informationsquellen über den Buchmarkt sind:

- *ABC des Buchhandels. Hrsg. v. Paulerberg, Herbert. 10. Aufl. Würzburg: Lexika 2001.*
- *Aktuelle Strategien von Medienunternehmen. Ottler, Simon; Radke, Petra (Hrsg.) München: R. Fischer 2004 (Medienskripten. 40).*
- *Bramann, Klaus W.; Hoffmann, C. Daniel: Wirtschaftsunternehmen Sortiment. 2. Aufl. Frankfurt a.M.: Bramann 2004 (Ed. Buchhandel 4).*
- *Buch und Buchhandel in Zahlen. Frankfurt a.M.: Buchhändler-Vereinigung, erscheint jährlich.*
- *Das Buch in der Informationsgesellschaft. Ein buchwissenschaftliches Symposion. Delp, Ludwig (Hrsg.) Wiesbaden: Harrassowitz 2006 (Buchwissenschaftliche Forschungen. 6/2005).*
- *Das BuchMarktBuch. Hrsg. von Schütz, Erhard. Reinbek bei Hamburg: Rowohlt Taschenbuch Verlag 2005.*
- *Dorner, Rainer; Abels, Norbert; ZurMühlen, Bernt T. von: Literatur im Buchhandel. 3. Aufl. Frankfurt a.M.: Bramann 2005 (Ed. Buchhandel).*
- *Heinold, Wolfgang E.: Bücher und Buchhändler. 5. Aufl. Frankfurt a.M.: Bramann 2007.*
- *Internet und die Zukunft der Printmedien. Theis-Berglmair, Anna M. (Hrsg.) Münster: LIT 2002 (Beiträge zur Medienökonomie. 4).*
- *Reclams Sachlexikon des Buches. Hrsg. von Ursula Rautenberg. Stuttgart: Reclam 2003.*
- *Umlauf, Konrad: Moderne Buchkunde. 2. Aufl. Wiesbaden: Harrassowitz 2004.*
- *Umlauf, Konrad: Medienkunde. Unter Mitarbeit von Susanne Hein u. Daniella Sarnowski. 2. Aufl. Wiesbaden: Harrassowitz 2006.*
- *Verlagslexikon. Bramann, Klaus W.; Penz, Ralf (Hrsg.) Frankfurt a.M.: Bramann 2002.*
- *Winter, Jörg: Der Kunde ist Gast. Frankfurt a.M.: Bramann 2002 (Ed. Buchhandel. 10).*
- *Wissenschaftspublikation im digitalen Zeitalter (2001). Verlage, Buchhandlungen und Bibliotheken in der Informationsgesellschaft. Hrsg: Börsenverein d. Deutschen Buchhandels /Bundesvereinigung Deutscher Bibliotheksverbände /Deutsche Bibliothek. Harrassowitz (Gesellsch. f. d. Buch 7).*

Ferner wird verwiesen auf die buchhändlerische Fachpresse:

- *Börsenblatt für den Deutschen Buchhandel. Frankfurt a.M.: Buchhändler-Vereinigung.*
- *BuchMarkt. Düsseldorf: Werner.*
- *Buchreport. Dortmund: Harenberg Kommunikation Verlags- und Mediengesellschaft.*

0 Der Warengruppenindex

Der Warengruppenindex kennzeichnet die Ware nicht unter inhaltlich-thematischen Gesichtspunkten, sondern nach der Editionsform (Publikationsform, äußeren Form). Die Ziffer für den Warengruppenindex kann mit allen Warengruppen kombiniert werden; sie steht dann am Anfang der Warengruppenziffer. Folgende Editionsformen werden durch den Warengruppenindex unterschieden:

1 Hardcover, Softcover
2 Taschenbuch
3 Zeitschrift, Loseblatt-Ausgabe
4 DVD, Video
5 Audio-CD, Kassette
6 CD-ROM, DVD-ROM
7 Kalender
8 Karten, Globen
9 Nonbooks, PBS (kein Zwang zur Angabe einer Warengruppe)

Die Einteilung des Warengruppenindex spiegelt auch die gesetzlich vorgegebenen Mehrwertsteuer-Sätze wider:

7 % Mehrwertsteuer gilt beim Warengruppenindex:	*1 Hardcover, Softcover* *2 Taschenbuch* *3 Zeitschrift, Loseblatt-Ausgabe* *7 Kalender* soweit Bindung links (Buchkalender) *8 Karten, Globen*
19 % Mehrwertsteuer gilt beim Warengruppenindex:	*4 DVD, Video* *5 Audio-CD, Kassette* *6 CD-ROM, DVD-ROM* *7 Kalender* soweit Bindung oben (Wandkalender) *9 Nonbook, PBS*

Preisgebunden nach dem Buchpreisbindungsgesetz sind:

1 Hardcover, Softcover
2 Taschenbuch
3 Loseblatt. Zeitschriften dürfen, müssen nicht preisgebunden werden.
6 CD-ROM, DVD-ROM, soweit sie Ersatz des gedruckten Buches sind, also nicht multimedial
8 Karten, Globen

Fremdsprachige Bücher aus deutschen Verlagen sind nur dann preisgebunden, wenn der Hauptabsatzmarkt Deutschland ist, z.B. Wörterbücher.

0.1 Hardcover, Softcover

Der Warengruppenindex *1 Hardcover, Softcover* bezeichnet Hardcover und Softcover. (Der Warengruppenindex vor 2007 schloss außerdem Karten mit ein. Das hat sich nicht bewährt.)

Hardcover

Hardcover sind Bücher mit fester Einbanddecke. Der vordere und der hintere Buchdeckel bestehen aus Karton oder Pappe. Am Buchrücken ist die Einbanddecke mit dem Buchblock nicht fest verbunden, so dass beim Aufschlagen des Buches ein Hohlraum entsteht. Oft sind Kopf und Fuß des Buchblockrückens mit einem Kapitalbändchen geschmückt. Hardcover sind häufig mit einem Schutzumschlag versehen. Der Buchblock wird heute oft durch eine Klebebindung zusammengehalten; eine höherwertige Ausstattung ist die Fadenheftung. Die Anmutungsqualität des Hardcovers kann noch gesteigert werden durch eine Einbanddecke, die mit feinem Textilgewebe (früher Leinen, heute meistens Baumwolle oder Zellwolle) oder sogar ganz oder teilweise mit Leder überzogen ist.

Hardcover haben in den Augen der meisten Kunden eine höherwertige Ausstrahlung als alle anderen Editionsformen der Printpublikationen. Das prädestiniert sie für solche Neuerscheinungen, die in der Verkaufsstrategie der Verlage die führende Rolle einnehmen sollen.

Rund 40 % der lieferbaren Buchtitel sind Hardcover (350.000 Titel mit leicht steigender Tendenz). Das vorherrschende Preisspektrum für Hardcover liegt

- bei der Belletristik zwischen 17 und 30 €,
- beim Kinder- und Jugendbuch zwischen 10 und 20 €,
- beim populären Sachbuch zwischen 17 und 40 €.

Die Zeitungs- und Zeitschrifteneditionen (z.B. *Die Zeit Das Lexikon in 20 Bänden, Bibliographisches Institut*, je 14,90 €; *Spiegel-Edition, Spiegel-Verlag*, je 9,90 €), deren niedrige Hardcover-Preise in den Jahren 2004 bis 2006 zu enormen Verkaufserfolgen geführt haben, setzten den gesamten Hardcover-Bereich, auch die Taschenbücher preislich unter Druck und beeinträchtigten angemessene Preiserwartungen der Kunden.

Im VLB sind beim Hardcover folgende Abkürzungen wichtig; sie stehen vor der Preisangabe:

- Gb oder Geb. für gebunden.
- Hard für Hardcover.
- Hld für Halbleder: Die Einbanddecke ist am Rücken mit Leder überzogen.
- Hln für Halbleinen: Die Einbanddecke ist am Rücken mit Textilgewebe überzogen.
- Ld für Leder: Die Einbanddecke ist mit Leder überzogen.
- Ln für Leineneinband: Die Einbanddecke ist mit Textilgewebe überzogen.
- Pp für Pappband: Die Einbanddecke ist mit bedrucktem und oft glänzend beschichtetem Papier überzogen.

Auf der VLB-CD-ROM kann man Hard- und Softcover gezielt suchen durch Eingabe von hc, z.B. in Kombination mit dem Autorennamen, wenn man von einem Schriftsteller nur Hard- oder Softcover-Ausgaben sucht, also Taschenbücher, Hörbücher usw. ausschließen will.

Softcover

Softcover (synonym: Paperback; veraltet: kartoniertes Buch) sind Bücher mit flexiblem Einband meistens aus Karton, auch aus Kunststoff oder Papier. Softcover sind selten mit einem Schutzumschlag ausgestattet. Der Buchblock wird überwiegend durch Klebebindung zusammengehalten; Fadenheftung ist seltener.

Insbesondere Fachbücher und wissenschaftliche Bücher erscheinen überwiegend als Softcover. Seltener sind Softcover bei Kinder- und Jugendbüchern; diese kommen überwiegend als Hardcover und zu einem kleinen Teil als Taschenbuch. Belletristik erscheint zu 40 % als Hardcover und zu je 30 % im Taschenbuch und im Softcover.

Softcover können eine höherwertige Anmutung bekommen, indem sie als Englische Broschur ausgestattet werden: Am Rücken des meist fadengehefteten Buchblocks ist ein Kartonumschlag fest verklebt und um diesen ein (meist wiederum am Rücken angeklebter) farbig bedruckter Schutzumschlag gelegt. Die Kanten des Umschlags stehen über, oder der Umschlag ist breiter als der Buchblock und der Überstand wird eingeschlagen.

In der Art einer Englischen Broschur bringen etliche Verlage (vor allem *dtv*, *Piper* und der kleine literarische Verlag *Libelle*) seit dem Ende der 1990er-Jahre Belletristik-Neuerscheinungen auf den Markt. Dank dieser Ausstattung kann ein Preisniveau oberhalb des Taschenbuches, aber noch unterhalb der üblichen Preisschwelle für Hardcover realisiert und damit ein breiteres Publikum als allein durch Hardcover angesprochen werden.

Im VLB sind beim Softcover folgende Abkürzungen wichtig; sie stehen vor der Preisangabe:

- Br für Broschur,
- Ebr. für Englische Broschur,
- Efal. für Efalin: Die Einbanddecke ist mit einem zähen Papier (Zellwollgewebe) überzogen, das eine Leinenprägung hat,
- Kt für kartoniert,
- Lin. für Linson: Die Einbanddecke ist mit einem zähen Papier (Zellwollgewebe) überzogen, das eine Leinenprägung hat,
- Pb für Paperback,
- Sn für Snolin: Die Einbanddecke ist mit einem zähen Papier (Zellwollgewebe) überzogen, das eine Leinenprägung hat.

Stellung im Buchmarkt und im Sortimentsbuchhandel

Neun von zehn Neuerscheinungen sind Hardcover oder Softcover. Jährlich erscheinen mehr als 50.000 neue Hard- und Softcovertitel, und nahezu dieselbe Anzahl wird vergriffen. Lieferbar sind rund 800.000 Hard- und Softcovertitel mit leicht steigender Tendenz. Nicht ganz so dominant wie auf dem Buchmarkt ist ihre

Stellung im Sortimentsbuchhandel, weil im Sortimentsbuchhandel weitere Waren (Zeitschriften, Nonbooks, PBS - Papier, Büro-, Schreibwaren) eine Rolle spielen. Gleichwohl bilden Hard- und Softcover auch im Sortimentsbuchhandel den wichtigsten Umsatzträger mit einem Anteil von rund 60 %, bei kleinen Sortimentsbuchhandlungen wegen des höheren PBS-Anteils weniger, bei größeren etwas mehr.

0.2 Taschenbuch

Die Editionsform Taschenbuch

Unter Taschenbuch versteht man heute ein Buch, das in einer einheitlich gestalteten Taschenbuchreihe erscheint und sich durch handliches Format und günstigen Preis auszeichnet. Freilich wird der günstige Preis durch die im selben Preisbereich liegenden Zeitungs- und Zeitschrifteneditionen als Hardcover (z.B. *Süddeutsche Zeitung Kriminalbibliothek* je 4,90 €; *Brigitte Edition, Gruner + Jahr* je 10,00 €) relativiert. Dennoch liegt der Durchschnittspreis der Taschenbücher mit ca. 9 € – Tendenz seit 2003 leicht sinkend – unter dem des populären Hardcover-Segments. Buchbinderisch unterscheiden sich Taschenbücher nicht von Softcovern.

Taschenbuchreihen sind gezählte Reihen. Einige Verlage verwenden die Reihenzählung identisch in der ISBN, wodurch Bestellen und Bibliografieren erleichtert werden. Beispiele:

- *Wichert, Johannes: Albert Einstein. 3. Aufl. 2005. 190 S. (rororo monographien 50666) Rowohlt Taschenbuch Kt EUR(D) 8,50 (978-3-499-50666-6)*
- *Dich süsse Sau nenn ich die Pest von Schmargendorf. Hrsg. v. Geerken, Hartmut. 2006. 272 S. (btb-TB 73527) btb Verlag Gb EUR(D) 9,00 (978-3-442-73527-3)*
- *Christie, Agatha: Ein unerwarteter Gast. 2007. 160 S. (Fischer Tb. 17377) Fischer, S Pb EUR(D) 7,95 (978-3-596-17377-8)*

Im VLB man kann Taschenbücher durch Eingabe von `tb` als Stichwort gezielt suchen, z.B. in Kombination mit Stichwörtern oder Autorennamen.

Taschenbücher im heutigen Sinn wurden 1935 vom britischen Verlag *Penguin Books* erfunden, der über niedrige Preise und neue Vertriebswege (Buchautomaten auf Bahnhöfen) eine bis dahin nicht erreichte Markterweiterung durchsetzte. In Deutschland führte der *Rowohlt Verlag* 1950 das Taschenbuch ein. (Anfangs kam die legendäre Taschenbuchreihe *rororo – Rowohlts Rotationsromane* – allerdings im Zeitungsformat, gedruckt auf Rotationsdruckmaschinen, die sonst für die Herstellung von Zeitungen eingesetzt werden.) Papier- und buchbinderische Qualität, Schriftgröße und Layout sind beim heutigen Taschenbuch nicht mehr schlechter als beim Hard- oder Softcover.

Vom Ausdruck „Taschenbuch" in der Titelformulierung darf man sich nicht irreführen lassen. Beispielsweise ist das seit langen Jahren in stets aktualisierten Auflagen erscheinende: *Dubbel: Taschenbuch für den Maschinenbau. Springer Gb* ein Hardcover mit 25 cm Rückenhöhe und rund 2,5 kg Gewicht.

Stellung im Buchmarkt und im Sortimentsbuchhandel

Der Titelzahl nach sind rund 8 % der Neuerscheinungen Taschenbücher – ein kleines Segment auf dem Buchmarkt. Dennoch haben Taschenbücher eine starke Stellung: Der Sortimentsbuchhandel erzielt durchschnittlich etwa 20 % des Barumsatzes mit Taschenbüchern; je kleiner die Buchhandlung, desto höher ist dieser Anteil. Lieferbar sind dauerhaft über 60.000 Taschenbuchtitel; jedes Jahr kommen über 6.000 Titel heraus, über die Hälfte davon in den dreißig führenden Taschenbuchverlagen.

Der Anteil der Originalausgaben bei Taschenbüchern ist in den späten 1990er-Jahren rapide gesunken und liegt jetzt unter 9 %, steigt aber seit 2006 wieder etwas – im Taschenbuch dominieren trotz der vielen neuen Ratgebertitel solche Werke, die bereits früher im Hard- oder Softcover erschienen sind, beispielsweise die vielen alten und jungen Klassiker von Goethe bis Brecht, von Aristoteles bis Stephen Hawking. Taschenbuchtitel erleben wesentlich häufiger als Hard- und Softcover Zweit- oder sogar Mehrfach-Auflagen.

Der Anteil der Taschenbücher ist je nach Fachgebiet recht verschieden. Die Domänen des Taschenbuches sind (Die Zahlen nennen den gerundeten Prozentanteil der Taschenbuch-Erstauflagen an den Erstauflagen des jeweiligen Gebietes und die gerundete Anzahl der Taschenbuch-Neuerscheinungen pro Jahr.):

- Belletristik: 24 % = 2.700 Titel; diese Titel erzielen dank ihrer höheren Auflagen gegenüber Hardcovern allerdings über die Hälfte des gesamten Belletristik-Umsatzes,
- Philosophie, Psychologie: 10 % = 400 Titel,
- Literaturwissenschaft: 15 % = 200 Titel,
- Kinder- und Jugendliteratur: 11 % = 600 Titel.

Besonders wenige Taschenbücher kommen auf den Gebieten Technik, Naturwissenschaften, Datenverarbeitung und Sprachwissenschaft sowie bei den Sprachlehrbüchern heraus.

Indem Taschenbücher in einer jeweiligen Reihe erscheinen, bekommt die Ware ein Markenzeichen und einen hohen Wiedererkennungswert. Es bestehen etwa 400 Taschenbuchreihen. Die Sortimentsbuchhandlung kann die Reihe abonnieren, spart dann die Einzelbestellung, bekommt aber eventuell auch Titel ans Lager, die in dieser Sortimentsbuchhandlung weniger Absatzchancen haben.

Beispiele für Taschenbuchreihen mit dauerhaft vielen Neuerscheinungen (incl. Neuauflagen):

Aufbau TB:
Aufbau Taschenbücher (Schöne Literatur und populäre Sachbücher), 100-200 Neuerscheinungen im Jahr
Beck, C H:
Beck'sche Reihe (niveauvolle populäre Sachbücher), ca. 50
Btb Verlag
btb TB (gehobene Unterhaltungsliteratur), ca. 130

dtv:
>   *dtv Belletristik*, ca. 140
>   *dtv galleria*, ca. 100
>   *dtv junior*, ca. 90

Fischer, S:
>   *Fischer Tb.* (Belletristik und Biografisches), ca. 400
>   *Fischer Sachb.*, ca. 40
>   *Fischer Schatzinsel* (Kinder- und Jugendbücher), ca. 100

Goldmann Verlag:
>   *Goldmann Allg. Reihe*, ca. 200
>   *Goldmann Krimi*,10-20
>   *Goldmann Sachb.*, ca. 50

Lübbe:
>   *Bastei Lübbe Taschenbücher*, ca. 400
>   *BLT. Bastei Lübbe Tb* (gehobene Unterhaltsliteratur),30-40

Rowohlt TB:
>   *rororo*, 400-500, darunter u.a.:
>   *rororo rotfuchs*, ca. 40
>   *rororo - rowohlts enzyklopädie*, ca. 10
>   *rororo - rowohlts monographien*, ca. 15
>   *rororo sachbuch*, ca. 80
>   *rororo sachb.- computer*, ca. 10
>   *rororo sachb.- science*, ca. 10
>   *rororo sachb.- sport*, ca. 10

Suhrkamp:
>   *Suhrkamp BasisBibliothek* (kommentierte Ausgaben bedeutender belletristischer Werke), ca. 10
>   *Suhrkamp BasisBiogr.* (Biografien bedeutender Persönlichkeiten), ca. 10
>   *Suhrkamp Taschenbücher*, ca. 80
>   *Suhrkamp Taschenbücher Wissenschaft*, ca. 50.

Seit den 1990er-Jahren differenziert sich der Taschenbuchmarkt: Einerseits treten etliche Verlage mit (teils neuen, teils aufgewerteten) Taschenbuchreihen auf den Markt, die durch größeres Format, besseres Papier und edleres Design eine höherwertige Anmutung erhalten und in höhere Preissegmente eindringen (Beispiele: *dtv premium* bei *dtv*, *btb Taschenbücher*), andererseits bringen einige Verlage neue Taschenbuchreihen in einfacher Ausstattung im unteren Preissegment heraus (z.B. *Wunderlich Taschenbuch* im *Rowohlt Taschenbuch Verlag*, 5 €). Der wichtigste Vertriebsweg dieser betont preiswerten Taschenbuchreihen ist nicht der Sortimentsbuchhandel, sondern sind Tankstellen, Supermärkte, Warenhäuser, Kioske. Etliche Taschenbuchverlage versuchen neue Reihen unter dem Markennamen einer Zeitschrift oder Sendung und stellen die Reihe wieder ein, sobald der Erfolg nachlässt (z.B. *rororo sachb.- Men's Health*).

Auf der VLB-CD-ROM kann man Taschenbücher gezielt suchen

- durch Eingabe von `tb` als Stichwort,
- durch Eingabe von `re=<Name der Taschenbuchreihe>`. Den Namen der Reihe findet man über die Listensuche, allerdings ist die Reihenangabe im VLB nicht selten unzuverlässig.

Präsentation

Das Image des Taschenbuches ist es, aktuell, preiswert, populär und leicht lesbar, mehr nützlich als schön zu sein sowie besonders Jugendliche und junge Erwachsene anzusprechen. Tatsächlich jedoch unterscheiden sich Taschenbuchkunden kaum von anderen Buchkunden. Das Taschenbuch ist heute bei allen Kundengruppen unabhängig von Alter, Geschlecht, Einkommen und Lebensstil ungefähr gleichermaßen beliebt.

Deshalb bietet die gemeinsame Präsentation von Hardcovern und Taschenbüchern den Kunden eine bessere Auswahl und für die Buchhandlung die Chance, ein breiteres Preisspektrum anzubieten.

Für die Buchhandlung ausgesprochen rationell, für die Kunden wenig hilfreich bei der Auswahl ist die Präsentation der Taschenbücher in Reihen entsprechend ihrer Zählung. Auch bei Taschenbuchdrehsäulen überwiegen aus heutiger Sicht die Nachteile (ein Kunde an der Drehsäule macht eine größere Anzahl Titel für andere Kunden vorübergehend unerreichbar, wenig ansprechendes Design) die Vorteile (viel Ware auf engem Raum, Animation). Werden die Taschenbücher dennoch separat präsentiert, muss man beachten, dass die verschiedenen Taschenbuchreihen unterschiedliche Formate aufweisen (Rückenhöhe 16 bis 21 cm), dass die Regale und Ständer also die verschiedenen Formate aufnehmen können.

0.3 Zeitschrift, Loseblatt-Ausgabe

Der Warengruppenindex *3 Zeitschrift, Loseblatt-Ausgabe* umfasst Loseblatt-Ausgaben (auch die Grundwerke) und Zeitschriften. Beiden ist gemeinsam, dass sie periodisch erscheinen (bei Loseblatt-Ausgaben die Aktualisierungslieferungen).

Die Editionsform Zeitschrift

Zeitschriften unterscheiden sich durch zwei Merkmale von anderen Publikationsarten: Erstens erscheinen sie periodisch (im Allgemeinen mindestens zweimal pro Jahr, sonst spricht man von Jahrbuch) und zweitens hat die einzelne Nummer zwar vielleicht einen Themenschwerpunkt, aber keinen eigenen Titel. Einige Schriftenreihen ähneln in Format, Papier, Einband, Vertrieb über die Pressegrossisten den Publikumszeitschriften, sind dennoch keine Zeitschriften, z.B. *Merian HEFT* (*Gräfe u. Unzer*), *HB-Bildatlanten* (*HB /Mair*).

Der Warengruppenindex *3 Zeitschrift, Loseblatt-Ausgabe* kennzeichnet gedruckte Zeitschriften, nicht Zeitschriften auf CD-ROM oder DVD (z.B. *Der Spiegel* oder *Geo* als komplette Jahrgänge), auch nicht die wachsende Zahl besonders naturwissenschaftlich-technischer Zeitschriften, die online im Internet publiziert werden. An der Verbreitung der Online-Zeitschriften hat der Sortimentsbuchhandel keinen Anteil; die Verlage schließen die oft sehr teuren Lizenzen direkt mit den Endabnehmern ab, meistens Universitäten, wissenschaftlichen Institute oder den Forschungs- und Entwicklungsabteilungen von Unternehmen. Zeitschriften auf CD-ROM oder DVD werden auch im Sortimentsbuchhandel vertrieben; sie sind mit dem Warengruppenindex *6 CD-ROM, DVD-ROM* markiert.

In Deutschland erscheinen über 15.000 Zeitschriftentitel mit insgesamt mehr als 150 Millionen verkauften Exemplaren pro Erscheinungstag. Die Gesamtauflage der Zeitschriften ist noch höher, weil ein Teil der Zeitschriftentitel nicht verkauft, sondern kostenlos verteilt wird, beispielsweise Kundenzeitschriften.

Der Markt der Publikumszeitschriften

Merkmale der Publikumszeitschriften sind vor allem:

- von Journalisten geschrieben, überwiegend mit verlagseigener Redaktion,
- überwiegend Einzelverkauf am Kiosk, in Supermärkten, Warenhäusern, zum kleineren Teil auch in Sortimentsbuchhandlungen,
- verbreitet vor allem durch Pressegrossisten als Zwischenhändler,
- höhere Auflagen als die Fach- und wissenschaftlichen Zeitschriften,
- immer mehr Special-Interest-Titel, die mehr oder minder spezielle Themen behandeln, beispielsweise Videospiele für nur einen Konsolentyp oder Angeln in Schottland,
- Differenzierungen nach Lebensstilen, nicht nur nach Themen: Beispielsweise behandeln alle Wohnzeitschriftentitel ziemlich dieselben Themen, unterscheiden sich aber im stilistischen und finanziellen Niveau der Zielgruppe. Ähnliches gilt für Frauen- und kulinarische Zeitschriften.
- zunehmend mit Internet-Auftritt, der aber selten die aktuellen Artikel in voller Länge enthält, stattdessen oft zusätzliche Serviceangebote wie die (freie oder kostenpflichtige) thematische Recherche nach älteren Artikeln oder Versand von Nonbook-Artikeln, z.B. CDs oder Modeaccessoires. Einige Publikumszeitschriften schaffen sogar eigene Fernsehsendungen.

Beispiele für Publikumszeitschriften:

Rubrik	Beispiele
Illustrierte	*Stern, Gala, Frau im Spiegel*
Fernsehprogrammzeitschrift	*Gong, TV Movie, Hörzu*
Kinder- u. Jugendzeitschrift	*Bravo, Popcorn, Der bunte Hund*
Mädchenzeitschrift	*Bravo Girl, Mädchen*
Frauenzeitschrift	*Brigitte, Cosmopolitan, Für Sie, Freundin*
Reisezeitschrift	*Geo Saison, Tours*
Kulinarische Zeitschrift	*Essen & Trinken, Feinschmecker, A la carte*
Wohnzeitschrift	*Schöner Wohnen, Zuhause, Homes and Gardens*

Bei den Publikumszeitschriften erscheinen rund 4.000 Titel mit lebhaftem Austausch: Jedes Jahr verschwinden einige Hundert Titel vom Markt, während eine etwas größere Anzahl neuer Titel dazukommt.

Publikumszeitschriften erscheinen in der Regel wöchentlich, 14-täglich, monatlich oder zweimonatlich. Das Jahresabo kostet meistens 35 bis 50 €. Der Preis der Hefte im Einzelverkauf reicht meistens von 1 € (preiswert sind besonders Fernsehprogrammzeitschriften) bis 10 € für edle Mode- und Designzeitschriften.

Der Markt der Fach- und wissenschaftlichen Zeitschriften

Merkmale der Fach- und wissenschaftlichen Zeitschriften sind vor allem:

- von Fachleuten geschrieben, die nicht hauptberuflich für die Zeitschrift arbeiten,
- oft keine hauptamtliche Redaktion, sondern ein Gutachter- bzw. Herausgebergremium aus Fachleuten oder Wissenschaftlern, die nebenberuflich für die Zeitschrift tätig sind, entscheidet über die Aufnahme von Beiträgen,
- Vertrieb überwiegend im Abo,
- Tendenz zu immer spezielleren Themen je Zeitschriftentitel, beispielsweise beschäftigt sich die *Neue Zeitschrift für das Recht der Insolvenz und Sanierung* (*C H Beck*) ausschließlich mit Rechtsfragen bei Zahlungsunfähigkeit,
- rapide steigende Preise,
- zunehmend – besonders auf den Gebieten Medizin, Naturwissenschaften und Technik – erscheinen Online-Ausgaben parallel zur gedruckten Ausgabe oder an ihrer Stelle (E-Journals); sie sind meistens textgleich mit der gedruckten Ausgabe oder enthalten darüber hinaus multimediale Darstellungen oder EDV-Anwendungen.

Ein erheblicher Teil der in Deutschland erscheinenden Fach- und wissenschaftlichen Zeitschriften erscheint in Englisch für den internationalen Markt. Beispiele für Fach- und wissenschaftliche Zeitschriften:

- *Sicherheit am Arbeitsplatz. Lederberufsgenossenschaft. Verlag Dr. Curt Haefner, erscheint vierteljährlich, für Mitglieder kostenlos.*
- *Das Bayerische Kaminkehrer-Handwerk. Mitteilungsblatt des Landesinnungsverbandes für das Bayerische Kaminkehrer-Handwerk. Verlag: Vögel, Ernst, erscheint monatlich.*
- *Cancer Immunology, Immunotherapy, Other Biological Response Modifications. Verlag: Springer, erscheint gedruckt in 12 Heften jährlich und online.*

Fach- und wissenschaftliche Zeitschriften sind das titelreichste Segment bei den Zeitschriften überhaupt: über 10.000 Titel. Auch hier wächst die Zahl der Zeitschriftentitel allmählich.

Das Preisspektrum ist sehr weit und reicht von deutlich unter 50 € im Jahr bis über 1.000 €. In der Regel können Einzelhefte über den Sortimentsbuchhandel bezogen werden; sie sind meistens im Vergleich zum Abo unverhältnismäßig teuer. Nicht selten verlangt der Verlag unterschiedliche Preise für verschiedene Bezugsgruppen (beispielsweise Privatpersonen, Unternehmen, Bibliotheken, Studenten, Mitglieder / Nichtmitglieder der herausgebenden Körperschaft).

Bei etlichen Fach- und wissenschaftlichen Zeitschriften stellt der Verlag (normalerweise aufgrund separater Bestellung und gegen Berechnung) Einbanddecken für den kompletten Jahrgang zur Verfügung.

Weitere Arten von Zeitschriften

Weitere Arten von Zeitschriften sind:

- politische Blätter,
- konfessionelle Zeitschriften,
- amtliche Blätter, die ausschließlich amtliche Verlautbarungen enthalten, vor allem Gesetz- und Verordnungsblätter, Ministerialblätter.

Für den Sortimentsbuchhandel ohne Bedeutung sind:

- Kundenzeitschriften, die den Kunden hochwertiger Produkte (beispielsweise Porsche-Autos) oder Dauerkunden (z.B. Bankkonteninhabern mit überdurchschnittlichem Einkommen) kostenlos zugeschickt werden. Andere Kundenzeitschriften werden zur unentgeltlichen Mitnahme ausgelegt, so die Musikzeitschrift *WOM*. Der Übergang zur Werbung ist fließend.
- kostenlose Amtsblätter, die in manchen Gemeinden im Auftrag der Stadtverwaltung an die Haushalte verteilt werden und Verwaltungs- und Vereinsmitteilungen enthalten.
- Anzeigenblätter, die wie eine Zeitung aufgemacht sind, vor allem Werbung des örtlichen Einzelhandels enthalten und meistens zum Wochenende kostenlos an die Haushalte verteilt werden.

Zeitschriften im Sortimentsbuchhandel

Sortimentsbuchhandlungen führen in der Regel auch ein Zeitschriftensortiment. Es umfasst einen mehr oder minder breiten Ausschnitt aus den Publikumszeitschriften. Fach- und Universitätsbuchhandlungen haben eine meistens sehr schmale Auswahl von Fach- und wissenschaftlichen Zeitschriften am Lager. Der Vertrieb der Fach- und wissenschaftlichen Zeitschriften erfolgt überwiegend im Abo, teilweise unter Beteiligung des Sortimentsbuchhandels, der dann das Abo verwaltet und die Rechnungslegung erledigt, während der Verlag bzw. die Verlagsauslieferung direkt an den Kunden liefert.

Insgesamt erzielt der Sortimentsbuchhandel mit Presseerzeugnissen, Zeitschriften und Fortsetzungen einen Umsatzanteil von 6 %, kleine Buchhandlungen weniger, mittlere und größere mehr, weil bei Letzteren das Rechnungsgeschäft mit Fachzeitschriften und Nachlieferungen von Loseblatt-Sammlungen ins Gewicht fällt.

Im Allgemeinen bekommen die Sortimentsbuchhandlungen die Zeitschriften vom Pressegrosso oder dem Verlag geliefert; das VLB stellt keine bibliografischen Daten und mithin keine Warengruppenziffer zur Verfügung. Deshalb müssen die Sortimentsbuchhandlungen selbst die Warengruppenziffer vergeben. Die einfachste Möglichkeit besteht darin, in der Warengruppe *990 Freibereich* eine Untergruppe für alle Zeitschriften ohne Bestand anzulegen (z.B. *999*): Die Zeitschriftenhefte werden beim Warenzugang nicht in das Warenwirtschaftssystem erfasst, aber beim Verkauf auf diese Warengruppe verbucht.

Auf der VLB-CD-ROM lassen sich die wenigen enthaltenen Zeitschriftenhefte, vor allem Sonderhefte, Themenhefte, Jahresbände u.ä. gezielt suchen durch Eingabe von zs als Stichwort.

Die Editionsform Loseblatt-Ausgabe

Eine Loseblatt-Ausgabe besteht aus gelochten Einzelblättern, die nach dem Aktenordnerprinzip zusammengehalten werden. Der Verlag liefert zunächst das Grundwerk in einem Ordner oder in mehreren Ordnern. Äußerlich entsprechen sie in der Regel ganz dem grafischen Erscheinungsbild der anderen Produkte des jeweiligen Verlags (z.B. bei *C H Beck*: rote Plastikordner) und sind mit Titel und ggf. Bandzählung auf dem Rücken beschriftet. Das Format der Ordner gleicht meistens dem von Büchern bis 25 cm Rückenhöhe, doch sind sie normalerweise dicker.

Die Ergänzungslieferungen (manche Verlage sprechen von Aktualisierungslieferungen) bestehen aus gelochten Einzelblättern in einer Transportverpackung, oft einer Papierhülse. Wenn der Umfang des Werks über ein gewisses Maß hinaus wächst, liefert der Verlag zusammen mit den Ergänzungslieferungen einen weiteren Ordner ohne besondere Anforderung.

Loseblattsammlungen machen dort einen Sinn, wo sich eine umfangreiche Materie mehr oder minder kurzfristig in zahlreichen Details ändert, aber die Auflage nicht so hoch ist, dass eine gebundene Neuausgabe wirtschaftlich wäre.

Die Ergänzungslieferungen werden bei Lieferung extra berechnet und sind nicht im Preis des Grundwerks enthalten. Jedoch sind Grundwerke mancher Loseblattsammlungen nur gegen die Verpflichtung zur Abnahme der Ergänzungslieferungen für eine Mindestfrist erhältlich; mitunter ist das Grundwerk ohne die Abnahmeverpflichtung teurer oder nicht aktualisiert erhältlich.

In der Regel enthalten die Nachlieferungen eine Anweisung, z.B. in Form einer Liste, welche Blätter des Grundwerks durch welche Blätter der Ergänzungslieferungen zu ersetzen sind bzw. an welcher Stelle die Blätter der Ergänzungslieferungen einzuordnen sind. Im Grundwerk ist vorne ein Blatt enthalten, auf dem nachgetragen wird, welche Nachlieferungen wann eingelegt wurden. Auf diese Weise kann der Kunde die Aktualisierung überprüfen.

Die Ergänzungslieferungen müssen in der Reihenfolge des Erscheinens und entsprechend der Nummerierung eingelegt werden, weil sonst die Gefahr besteht, dass die falschen Blätter aus dem Grundwerk herausgenommen werden. Der Kunde muss sich darauf verlassen können, dass die Buchhandlung lückenlos und in der richtigen Reihenfolge liefert.

Loseblattsammlungen sind besonders häufig in den Fachgebieten Recht, Wirtschaft, Steuern, Chemie, Medizin und Technik. Nur etwa 50 Verlage bringen regelmäßig Loseblattwerke heraus. Lieferbar sind über 2.000 Titel.

Der Durchschnittspreis für das Grundwerk von Loseblattsammlungen liegt bei etwa 100 €; bei den Nachlieferungen liegt der Seitenpreis im Mittelwert bei ca.

0,20 €. Die Grundwerke der gängigen Gesetzessammlungen sind meistens preiswerter.

Mehr und mehr erscheinen die bisher als Loseblatt-Ausgabe herausgekommenen Inhalte auf CD-ROMs oder DVDs. Die Vorteile liegen auf der Hand: Für die Kunden entfällt das Einlegen der Nachlieferungen; für den Verlag sind Herstellung und Vertrieb kostengünstiger. Die CD-ROM- bzw. DVD-Ausgaben erscheinen meistens parallel zur weiter laufenden Loseblatt-Ausgabe; man muss sie teils unabhängig von diesen bestellen und bezahlen, teils bieten die Verlage beide Produkte im Paket an. Insgesamt ist aber keine Tendenz erkennbar, die scheinbar veralteten Loseblatt-Ausgaben durch elektronische zu ersetzen.

Bedeutung der Loseblatt-Ausgaben im Sortimentsbuchhandel

Kunden von Loseblatt-Ausgaben sind im Großen und Ganzen Anwaltskanzleien, Behörden, Bibliotheken, Ingenieurbüros, Institute, Unternehmen.

Im Vordergrund steht das Rechnungsgeschäft der zur Fortsetzung bestellten Ergänzungslieferungen. Wie bei allen anderen Fortsetzungen, muss die Sortimentsbuchhandlung:

- überwachen, ob der Verlag unverzüglich neue Nachlieferungen liefert und erforderlichenfalls mahnen,
- sicherstellen, dass die Ergänzungslieferungen zügig bearbeitet und an die richtigen Kunden ausgeliefert werden.

Aus Sicht der Kunden ist immer die Sortimentsbuchhandlung, bei der sie die Nachlieferungen abonniert haben, für die reibungslose Abwicklung verantwortlich. An welcher Stelle der Lieferkette Verzögerungen auftreten und von wem sie verursacht sind, interessiert die Kunden nicht. Sie erwarten einwandfreien Service von ihrem Lieferanten, und das ist der Sortimentsbuchhandel.

Hierzu könnte gehören, dass die Sortimentsbuchhandlung das für den Kunden lästige und zeitaufwändige Einlegen der Nachlieferungen gegen Berechnung übernimmt. Der Mitarbeiter der Buchhandlung liefert also nicht nur, sondern legt in den Geschäftsräumen des Kunden die nachgelieferten Blätter ein und nimmt die Eintragungen auf dem Nachlieferungsblatt vorn im Grundwerk vor. Für den Kunden ist die Leistung des Lieferanten auf diese Weise ersichtlich.

Unabhängig von einem solchen sehr weit gehenden Service kommt es darauf an, die Abonnenten und den potenziellen Kundenkreis mit Informationen, die punktgenau ihrem Bedarf entsprechen, über neue Loseblatt-Ausgaben und weitere Fachliteratur zu informieren.

0.4 DVD, Video

Die Editionsform DVD, Video

Der Warengruppenindex *4 DVD, Video* bezeichnet Filmmedien (Spielfilme, Special-Interest-Filme, Musikfilme, Kinder- und Jugendfilme). Mit *Video* sind hier VHS-Videokassetten gemeint.

Die VHS-Videokassette spielt außer im Bildungsbereich (z.B. vom *Institut für Film und Bild in Wissenschaft und Unterricht FWU*) nahezu keine Rolle mehr. Nie zuvor hat ein neues Medium so rasch Verbreitung gefunden wie die DVD, die erst 1998 auf den Markt trat, nie zuvor so rasch ein älteres Trägermedium nahezu vollständig abgelöst und nie zuvor zu einem so starken Wachstum geführt.

Gut die Hälfte der Haushalte ist mit einem DVD-Player ausgestattet. Die Haushaltsausstattung mit DVD-Rekordern ist noch geringer, steigt aber rapide. Während VHS-Videorekorder zu einem nennenswerten Teil für das zeitversetzte Fernsehen genutzt werden (man nimmt Sendungen auf in der Absicht, sie sich später anzusehen), sind die Konsumenten bei der DVD weit stärker bereit, Geld für bespielte Scheiben auszugeben.

Die DVD ist eine Weiterentwicklung der CD-ROM und bringt vor allem:

- eine wesentlich größere Speicherkapazität als die CD-ROM, auf der ein abendfüllender Spielfilm nicht in befriedigender Bildqualität Platz fand,
- eine erheblich bessere Bild- und Klangqualität,
- Platz für zahlreiche Tonspuren: Mehrkanalstereo, mehrere Synchronfassungen eines Spielfilms auf einer Scheibe,
- Multiangle- und Multistory-Technik: Dasselbe Ereignis – etwa bei Sportaufzeichnungen oder Videoclips von Musikgruppen – ist in mehreren parallelen Kameraeinstellungen festgehalten (Multiangle), zwischen denen der Betrachter wählen kann. Oder der Film bietet an entsprechenden Stellen Wahlmöglichkeiten zwischen verschiedenen Handlungsabläufen (Multistory); dieselbe Funktion kann genutzt werden, um den Film unter Überspringen nicht jugendfreier Szenen vorzuführen. Der gewünschte Schutzlevel wird am Abspielgerät eingestellt. Das Überspringen der Szenen ist bei der Vorführung nicht sichtbar. Bis jetzt werden jedoch fast keine Filme produziert, die diese Techniken ausnutzen.
- Platz für beispielsweise Gehörlosenuntertitel oder Hintergrundinformationen über Schauspieler und Regisseur (*Making of*) und natürlich für viel Werbung.
- Ein Spielfilm kann sowohl im herkömmlichen 4:3-Bildformat (Seitenverhältnisse der älteren Fernsehschirme) wie auch im 16:9-Bildformat, das das ältere Fernsehformat allmählich ablöst, auf einer Scheibe gespeichert werden.
- Vorstellbar ist auch, dass der Konsument beim Programmstart zunächst eine Liste der Inhalte auf dem Bildschirm angezeigt bekommt, ggf. die einzelnen Spielfilmszenen (Bilder) mit der Einstellung zu Beginn jeder Szene als Standbild.

Die Industrie hat Standards für verschiedene Varianten festgelegt, u.a. die DVD-Video für Filme und die DVD-Audio für Musikaufnahmen. Einige Varianten sind auf der Ober- und auf der Unterseite beschrieben; man muss sie mit der gewünschten Seite nach unten einlegen bzw. umdrehen, um die andere Seite abzuspielen. Die meisten DVD-Abspielgeräte können die verschiedenen Varianten lesen, ferner auch die herkömmlichen Musik-CDs und die CD-ROMs, während umgekehrt CD-Player die DVD-Audio nicht abspielen und die älteren CD-ROM-Laufwerke im Computer die DVD-Video nicht lesen können.

Gegen das Kopieren hat die Industrie mehrere Kopierschutzverfahren entwickelt. So sollten sich für den nordamerikanischen Markt hergestellte DVD-Filme nicht auf Geräten für den japanischen und europäischen Markt abspielen lassen und umgekehrt; aber die meisten heutigen Geräte können alle DVDs lesen. Weiterhin soll ein Kopierschutz Überspielungen von der DVD-Video auf eine VHS-Videokassette, auf eine DVD-R oder auf die Computerfestplatte verhindern. Freilich gibt es Software, die diesen Kopierschutz aushebelt.

Inhalte der Filmmedien

Ähnlich wie bei Büchern kann man bei DVD-Filmen vier große Bereiche unterscheiden:

- Spielfilme,
- Special-Interest-Filme, die inhaltlich den Sach- und Fachbüchern entsprechen, darunter auch spezielle Lehrfilme für Aus- und Fortbildung,
- Musikfilme,
- Kinder- und Jugendfilme.

Die in Deutschland erscheinenden DVD-Spielfilme (fast 5.000 Neuerscheinungen pro Jahr bei über 22.000 lieferbaren Titeln mit wachsender Tendenz – erheblich mehr als im Durchschnitt der 1990er-Jahre auf VHS) speisen sich aus vier Quellen:

- Verwertungen aktueller Kinospielfilme,
- Verwertungen älterer Spielfilme – z.T. weit über 10 Jahre alter Spielfilme –,
- Verwertungen von TV-Serien,
- und schließlich solche Filme, die beim Start der Videoverwertung noch nicht in Kino oder Fernsehen gelaufen sind und wahrscheinlich auch nicht ins Kino kommen. Allerdings ist der Anteil dieser Videopremieren je nach Genre sehr unterschiedlich; er steigt mit der Nähe des Genres zum Trivialen an.

Die Verwertungskette aktueller Spielfilme folgt international dem Muster: erst Kinoaufführung, einige Monate später DVD für den Verleih, kurz darauf DVD für den Verkauf, dann Aufführung im Pay-TV und schließlich – oft erst 20 Monate oder mehr nach dem Kinostart – im freien Fernsehen. Die zeitliche Abfolge dieser Auswertungsfenster ist durch Vereinbarungen zwischen den Film- und Medienkonzernen festgelegt. In Deutschland ist die Reihenfolge teilweise anders, weil die öffentlich-rechtlichen Fernsehanstalten sich in nennenswertem Umfang an der Spielfilmproduktion beteiligen und dann ein früheres Zeitfenster für die Sendung realisieren. Immer häufiger werden besonders erfolgreiche Kinofilme sehr bald nach der Kinoverwertung auf DVD herausgebracht, weil sich die Hersteller einen stärkeren Abverkauf gegenüber der üblichen Verwertungskette erhoffen und den Anreiz zur Verbreitung von illegalen Kopien mindern wollen.

Um erfolgreiche Spielfilme entwickelt die Filmwirtschaft multimediale Vermarktungen: Filmbücher, Comics und Romane nach dem Filmstoff, Soundtrack auf Musik-CD, Devotionalien. Umgekehrt wandern zunehmend Stoffe und Figuren aus anderen Medien in den Film, besonders aus Videospielen, teilweise nun als reale Spielfilmgestalt (prominentestes Beispiel: *Lara Croft*). Umgekehrt werden Filmstoffe im Computer- und Videospiel aufgegriffen (z.B.: *Jurassic Park*). Nicht selten sind Filme nach literarischen Vorlagen für die Verlage Anlass, das Buch neu oder in neuer Aufmachung (Cover mit Foto aus dem Film, Szenenfotos im Buch, Buchtitel nach dem Film) herauszubringen. Oder – seltener – Buch und Film werden gleichzeitig in den Markt gedrückt. Teilweise gelingt es so, neue Käuferschichten für die Buchtitel zu gewinnen (exponierte Beispiele: *Patrick Süskind: Das Parfum*; *Dan Brown: Sakrileg - The Da Vinci Code*).

Infolge der Verwertungszwänge bei der Filmvermarktung ist nur ein kleiner und häufig wechselnder Ausschnitt aus der Filmgeschichte und der aktuellen Filmproduktion auf DVD lieferbar, während ständig große Teile der Weltliteratur als Buch lieferbar sind. Ebenso ist es mangels Angebot nicht möglich, diejenigen Filme auf DVD zu bekommen, die im jeweils vergangenen Jahr die begehrtesten Filmpreise bei den zahlreichen Festivals ergattert haben. Das Spielfilmangebot auf DVD ist reichlich und bunt, aber gemessen an der aktuellen und historischen Produktion ziemlich zufällig zusammengesetzt.

Special-Interest-Filme sind ganz überwiegend für die DVD-Verwertung produziert. Themen sind Dokumentationen, Sport, Biografien bzw. Porträts, Reise, Ratgeber, Hobby u.a. Gegenüber den 1990er-Jahren, als auch etliche Buchverlage Kunst-, Reise-, Hobby- und Ratgeber-Videos herausgebracht haben, ist das Special-Interest-Segment stark geschrumpft. Daneben gibt es eine Produktion von Special-Interest-DVDs und -Videos, die in geringen Stückzahlen ein fachlich hochspezialisiertes Publikum (z.B. in Wissenschafts-, Kultur- und Bildungseinrichtungen) erreicht und nicht im Handel angeboten wird, aber teilweise bei den herstellenden Institutionen erhältlich ist. Im Bildungsbereich hat die VHS-Videokassette eine nennenswerte Stellung behalten. Als Produzenten von Special-Interest-Filmen treten auch einige Zeitschriften- und Buchverlage (z.B. *National Geographic*, *Franckh-Kosmos*) auf, ferner Museen, Bildungseinrichtungen, Verbände. Ein wichtiger Produzent von Lehr- und Unterrichtsfilmen ist das staatlich geförderte *Institut für Film und Bild in Wissenschaft u. Unterricht* (FWU); es vertreibt nur direkt, nicht über den Sortimentsbuchhandel.

Der Umsatz mit Musikfilmen (Opern, Konzertmitschnitten, Videoclips, Dokumentationen über Musiker) und das Titelangebot sind seit den 1990er-Jahren um mehrere Hundert Prozent gestiegen – ausschließlich getragen von der DVD.

Bei den Kinder- und Jugendfilmen kommen jährlich rund 1.000 neue Titel heraus, doppelt so viel wie in den 1990er-Jahren (damals auf VHS, heute fast nur auf DVD). Rund 80 % der Titel sind Zeichentrickfilme. Gegenüber einer kleinen Zahl überzeugender Titel (Beispiel: *Die vielen Abenteuer von Winnie Puuh. Nach einer Vorlage von Walt Disney, Buena Vista*) dominieren Streifen von meistens 15 bis 30 Minuten Länge aus oft billiger und cineastisch minderwertiger Produktion mit stark schematisierten Figuren und Handlungen; sie erscheinen teils noch als kurze VHS-Videokassette. Die meisten Kinderfilmtitel sind nur kurze Zeit lieferbar und verschwinden bald wieder vom Markt. Die vergleichsweise wenigen Realfilme für Kinder und Jugendliche und Verfilmungen von Kinderbüchern (Beispiele: *Charlie & Louise – Das doppelte Lottchen*, Deutschland 1993 [Neuverfilmung des Erich-Kästner-Romans]; Astrid Lindgrens Kinderbuchklassiker als Spiel- und Zeichentrickfilm, u.a. *Pippi Langstrumpf*, Schweden / BR Deutschland 1968) werden in Deutschland in erheblichem Maß durch die öffentlich-rechtlichen Fernsehanstalten gefördert, erhalten auch staatliche Filmförderung, sind nach erschöpfter Kino- und Fernsehverwertung meistens auf DVD oder Video erhältlich.

Der Kinderfilm ist stärker als der Spielfilm für Erwachsene in crossmediale Verflechtungen eingebunden. In Kino, Fernsehen, Kinderbuch, Zeitschrift, Audio-Kassette und Comicheft agieren dieselben Figuren: *Micky Maus, Bugs Bunny, Biene Maja, Benjamin Blümchen*, die *Sailor-Moon*-Figuren u.v.a.m. Sie stehen oft im Kontext der multimedialen Vermarktung und des Merchandisings, geben Muster für Spielzeug, erscheinen auf Kinderseife, Zahnbürsten und Schokoriegeln.

Markt, Vertriebswege, Preise

Lieferbar sind über 22.000 Filmtitel auf DVD oder zu einem kleinen Teil auf VHS; jährlich kommen über 8.000 Neuerscheinungen. Das ist gegenüber den 1990er-Jahren ein enormes Wachstum, an dem ausschließlich die DVD Anteil hat.

Seit den 1990er-Jahren liegen die VHS- bzw. DVD-Umsätze über den Kinoumsätzen (Kinoumsätze in 2004: 893 Millionen €, VHS und DVD 2004: 1.747 Millionen €, davon 82 % Verkauf, der Rest Vermietung; die Filmbranche spricht unpräzise von Verleih). Wie die Zahl der Titel, so sind auch die Umsätze infolge der Markteinführung der DVD seit den 1990er-Jahren rapide angestiegen; dieses Wachstum wird sich jedoch abschwächen.

Die Endverbraucherpreise für Spielfilme auf DVD liegen je nach Inhalt und Vertriebsweg zwischen 17 und 30 € (durchschnittlich 20 € mit leicht fallender Tendenz) und damit über den Preisen für VHS-Kassetten.

Abendfüllende Spielfilme am Anfang der Verwertung auf DVD und populäre Special-Interest-Filme kosten überwiegend etwa 20 €, Spielfilme der DVD-Backlist durchschnittlich wenig mehr als die Hälfte. Jeder zweite DVD-Film wird für rund 10 € und weniger verkauft. Die Preise für fachlich spezialisierte Filme (z.B. Sprachlehrprogramme, Filme für die medizinische Ausbildung, für die betriebliche Fortbildung) streuen wesentlich breiter, liegen nicht selten um 50 € und darüber.

Der wichtigste Absatzkanal für Kauf-DVDs sind Elektromärkte und der Internet basierte Versandhandel; hier spielen auch Versandbuchhandlungen eine Rolle. Der Versandhandel verlor in den 1990er-Jahren an Boden, erlebte aber durch die Popularisierung des Internets und die DVD-Einführung einen enormen Aufschwung, der zukünftig anhalten wird, während sich die Bedeutung der Elektromärkte seit Jahren verringert und weiter abnehmen wird.

Nach zögerlichen Versuchen Ende der 1990er-Jahre kommt seit 2001 der Online-Vertrieb von Filmen in Fahrt. Anbieter wie *iTunes* oder *T-Online* bauen Video-on-Demand-Dienste auf Internet-Basis auf; beim Kunden ist ein DSL-Modem erforderlich. Die Dateien sind mit Digital-Rights-Management ausgestattet, wodurch sichergestellt wird, dass die Nutzung im vertraglichen Rahmen bleibt, beispielsweise erfolgt eine Freischaltung für 24 Stunden nach der ersten Wiedergabe des Films. Die Preise liegen zwischen 20 und 50 % einer Kinokarte. Das Titelangebot hat bei weitem noch nicht die Attraktivität des Filmangebots auf DVD erreicht. Europaweit wird für 2010 ein Marktvolumen von 2.500 Millionen € erwartet; das wären rund 20 % des heutigen DVD-Markts.

DVDs im Sortimentsbuchhandel

Ähnlich wie bei den Zeitschriften hat der Sortimentsbuchhandel einen recht begrenzten Anteil am DVD-Geschäft. Aus der Perspektive des Sortimentsbuchhandels entfällt nur 1 % des Umsatzes auf audiovisuelle Medien ohne Tonträger. Indessen macht der DVD- und VHS-Markt (Verkauf und Vermietung) insgesamt nach Wert nur rund 20 % des Buchmarkts aus.

Eine Minderheit der Sortimentsbuchhandlungen hat eine DVD-Auswahl am Lager. Sie ist in aller Regel auf buchhandelsnahe Themen (z.B. Kinder- und qualitätsvolle Spielfilme, Special-Interest-Filme aus Buchverlagen) begrenzt und geht nur vereinzelt über 500 Titel hinaus. Führend sind die Buchhandelsketten. Chancen hat eine DVD-Auswahl im Buchladen, wenn sie auf anspruchsvolle Kinoklassiker, preisgekrönte Dokumentationen und buchaffine Special-Interest-Themen (Bildung, Kultur, Künstlerbiografien) in großzügiger Präsentation setzt. Deshalb sind die preiswerten DVD-Zeitungs- und Zeitschrifteneditionen, die überall angeboten werden (z.B. *SZ Cinemathek, Süddeutsche Zeitung*, je 9,90 €), nicht zur Profilierung geeignet.

Besorgungsgeschäft gibt es im Sortimentsbuchhandel, allerdings nur für einen Teil der lieferbaren Titel, und in etwa 88 % der Videotheken. Dem Sortimentsbuchhandel stehen auch die Barsortimente als DVD-Lieferanten zur Verfügung. Im VLB sind nur DVDs bzw. VHS-Videokassetten mit ISBN gelistet, in 2007 mehr als 6.000 DVD-Titel (zunehmend) sowie fast ebenso viele VHS-Videokassetten (abnehmend) und den thematisch passenden Warengruppen zugeordnet, beispielsweise ein Kriminalfilm der Warengruppe *121 Krimis, Thriller, Spionage*, ein Kinder-Zeichentrickfilm der Warengruppe *250 Kinderbücher bis 11 Jahre* (auch wenn es keine Kinderbuch-Verfilmung ist) oder ein Film über das alte Ägypten der Warengruppe *911 Vor- und Frühgeschichte, Antike*. Insbesondere das Besorgungsgeschäft ist ausbaufähig und müsste vor allem viel stärker beworben werden; den meisten Kunden ist diese Servicefunktion hinsichtlich DVDs unbekannt. In vielen Fällen könnte der Sortimentsbuchhandel kürzere Lieferzeiten realisieren als der Internet basierte Versandhandel.

Auf der VLB-CD-ROM kann man DVDs und VHS-Videokassetten gezielt suchen durch Eingabe von `re=videocassetten` bzw. `re=dvd`.

0.5 Audio-CD, Kassette

Der Warengruppenindex *5 Audio-CD, Kassette* kennzeichnet akustische Medien. Zuerst sollen die technischen Formate umrissen, dann für den Buchhandel wichtige Inhalte angesprochen werden.

Bei Liefereinheiten, die aus Büchern in Begleitung von Audio-CDs oder Kassetten bestehen, richtet sich der Warengruppenindex nach den Büchern.

Den Ausdruck Hörbuch oder Audiobook verwenden die Tonträgerindustrie und die Buchbranche für belletristische Tonträger und für Tonträger, die populäre Sachliteratur enthalten, z.B. Autorenporträts mit biografischer Information und Werkauszügen, philosophische Betrachtungen, geschichtliche Darstellungen. Allerdings wird der Terminus nicht einheitlich verwendet und meint mitunter auch alle Tonträger, die andere Inhalte als Musik enthalten.

Auf der VLB-CD-ROM kann man Audios-CDs und MCs gezielt suchen durch Eingabe von `re=Audio-CD` bzw. `re=Toncassetten`.

Technische Formate akustischer Medien

In technischer Hinsicht spielen hier folgende Trägermedien eine Rolle:

- CD (Compact Disc, Audio-CD) als Longplay-CD mit einer Laufzeit von bis zu 88 Minuten, die als Trägermedium dominiert,
- MP3-CD, die äußerlich der CD vollkommen gleicht, aber im MP3-Format bespielt ist, wodurch sich die Laufzeit vervielfacht, die jedoch auf älteren CD-Playern nicht abgespielt werden kann,
- die CD-Single, CD-Maxi und CD-2-Track-Single mit Popmusik,
- MC (Tonkassette, Tonbandkassette, Audio-Kassette, Compact-Kassette, Kompaktkassette, MusiKassette, Musikkassette), die bei Kinder- und Jugend- sowie Sachprogrammen und Belletristik noch anzutreffen ist, als Musiktonträger kaum noch eine Rolle spielt und insgesamt stark im Rückgang liegt,
- DVD, die als Universalplattform für digitale Bild-, Text-, Sound- und Programmdaten in der zweiten Hälfte der 1990er-Jahre auf den Markt tritt und Ende der 1990er-Jahre zögerlich auch als reiner Tonträger für Musik, seit 2001 vereinzelt auch als Tonträger für Literatur (DVD-Audio ohne Bild) eingesetzt wird und hervorragende Klangqualitäten bietet, aber eigene Player benötigt (CD-Player und CD-ROM-Laufwerke können die DVD nicht lesen),
- die Super-Audio-CD, die Ende der 90er-Jahre auf den Markt tritt, abwärtskompatibel gegenüber der Audio-CD ist, auf speziellen Abspielgeräten mit hochwertiger Wiedergabeanlage überlegene Klangqualitäten zeigt, in scharfer Konkurrenz zur DVD-Audio steht und bisher aus einer 1-%-Nische bei der Musik nicht herausgekommen ist.
- Varianten der Audio-CD sind die Enhanced-CD-Typen CD Extra, Hidden Track CD und die Mixed Mode CD. Sie enthalten zusätzlich zur Musikspur eine meistens kurze Spur, die in CD-ROM-Technologie multimediale Information enthält, beispielsweise Videoclips. Ihre Marktbedeutung ist marginal.

Gehörte in den 1990er-Jahren ein Kassettenrekorder zur Grundausstattung fast jedes Haushalts, nimmt die Verbreitung nach der Jahrtausendwende allmählich zugunsten von MP3-Playern ab (MC-Rekorder 2005 noch in 61 % der Haushalte).

CD-Player stehen in rund 70 % aller Haushalte. Die meisten Abspielgeräte zeigen die Nummer des laufenden Stücks sowie seine Spieldauer an. Für Hörbücher ist die Fortsetzung der Wiedergabe an der Stelle einer Unterbrechung wichtig (Memory-Funktion).

Seit den 1990er-Jahren sind auch für den Amateurbereich CD-Brenner erhältlich, die man an den PC anschließt, um selbst CDs zu beschreiben (CD-Rs sind einmal beschreibbar, beliebig oft abspielbar, CD-RWs lassen sich löschen und erneut bespielen). Das Urheberrechtsgesetz gestattet ausdrücklich das Kopieren von Tonträgern zum privaten Gebrauch. Die Musikindustrie fordert die Einschränkung dieses Rechts und reagiert mit Kopierschutz; dieser führt vereinzelt freilich dazu, dass die CD auf manchen Geräten gar nicht abspielbar ist.

Hörbücher und Bildungsprogramme

Literatur auf Tonträgern (u.a. Thomas Mann, Karl Valentin) gab es schon in den 1920er-Jahren (damals auf den legendären Schellackplatten), doch erst in den 1990er-Jahren kam sie aus einer Nischenexistenz für kleinste Liebhaberkreise heraus. Lieferbar sind über 15.000 Titel auf CD mit wachsender Tendenz, darunter ca. 6.500 belletristische Titel und 2.000 Titel im Bereich Schule und Lernen. Träger bei den Neuerscheinungen ist die CD, noch selten, aber immer öfter die MP3-CD. Die Backlist umfasst noch einige Tausend Titel auf MC. Die Verlage haben seit 2000 die Umstellung bei den Neuerscheinungen auf CD nahezu komplett vollzogen.

Der Inhalt von Hörbüchern sind zum größeren Teil verlesene Werke, auch Briefe oder Tagebücher - meistens liest ein Sprecher, seltener der Autor, noch seltener handelt es sich um Mitschnitte öffentlicher Lesungen. Ein kleineres Segment sind Hörspiele oder Hörfeatures, oft Sekundärverwertungen von Radioproduktionen. Gewissermaßen zwischen beiden Formen stehen mit Musik angereicherte Auftritte, beispielsweise die altbewährte Verbindung von Lyrik und Jazz, szenische Lesungen und mit wachsender Beliebtheit besonders bei jungen Männern Kabarett und Comedy, Satire und Nonsens (wichtiges Label: *Kein & Aber*).

Erschienen noch um das Jahr 2000 belletristische Tonträger aktueller Werke mit einem zeitlichen Abstand von mehreren Monaten nach der Buchausgabe, so kommen heute immer mehr aktuelle Belletristiktitel zeitgleich mit der Buchausgabe heraus. Das hindert den Abverkauf der Papierversion nicht, macht das Hörbuch aber insgesamt attraktiver.

Verstärkt kommen moderne Romane (von Isabel Allende über Gaby Hauptmann bis C.R. Zafón), Krimis (z.B. in 2003 mit der Retrowelle von Radiohörspielen aus den 1950er-Jahren, z.B. *Paul-Temple*-Reihe, *Audioverlag*, *Dickie Dick Dickens* des *Bayerischen Rundfunks*, *DHV – Der HÖR Verlag* oder in 2006 *Dan Brown: Sakrileg, Lübbe*), Science-Fiction und Fantasy (allen voran Joanne K. Rowlings *Harry Potter* und Tolkiens Romane) sowie Erotik (z.B. die Reihe *Just4Women* bzw. *Just 4 Woman* bei *Lübbe*) auf Tonträgern heraus. Seit den späten 1990er-Jahren ist im Hörbuchbereich auch Trivialliteratur vertreten, die als Printmedium in hohen Auflagen und in Form wöchentlicher Heftromane erscheint, u.a. die Science-Fiction-Serie *Perry Rhodan, Lübbe* oder die Schmonzetten-Autorin *Hedwig Courths-Mahler* (*Lübbe*).

Was bei belletristischen Büchern heute selten praktiziert wird, ist bei einigen Hörbuchverlagen üblich: die Kürzung des Werks, damit die Lesung auf einen oder zwei Tonträger passt und der Preis moderat bleibt. Teilweise erarbeiten Sprecher und Autor die Kürzung gemeinsam im Studio. Umfängliche Werke, die mehrere CDs beanspruchen (Beispiel: *Hesse, Hermann: Hörwerke. 37 CDs. DHV – Der HÖR Verlag*), Lyrik, Dramen und literarische Kleinkunst haben einen kleineren Anteil an der Tonträgerproduktion als an der Produktion belletristischer Bücher.

Bei den Bildungsprogrammen spielen neben dem Bereich Schule und Lernen sowie Sprachlehrprogrammen für Erwachsene – meistens CDs als Begleitung zu Lehrbüchern – folgende Themen eine Rolle: Gesundheit, Entspannung, Psychologie, Religion, Meditation. Aber die Themen streuen heute beim Hörbuch sehr breit, einige Beispiele sollen dies zeigen:

- *Agustoni, Daniel: Craniosacral-Selbstbehandlung. Auf die Weisheit des Körpers hören. 17,95 fPr; Kösel.*
- *Der Ball ist rund. Fussballweisheiten. 10,00 fPr; Hoffmann und Campe.*
- *Eberwein, Werner: Lust in der Liebe. Eine erotische Entdeckungsreise. 17,95 fPr; Kösel.*
- *Lesch, Harald: Die Geschichte des Weltalls. 19,95 fPr; Komplett-Media.*
- *Merz, Friedrich: Nur wer sich ändert, wird bestehen. Vom Ende der Wohlstandsillusion. 19,90 fPr; steinbach sprechende bücher.*

Die wichtigsten Produzenten sind Buchverlage oder von diesen gegründete Hörbuchverlage (vertikale Diversifikation). Als Beispiel sei erwähnt der traditionsreiche *Langenscheidt*-Verlag, der neben klassischen Lehrmedien auch englischsprachige Krimi-Hörbücher veröffentlicht, in deren Begleitbroschüre der Text mit Vokabel- und idiomatischen Erklärungen abgedruckt ist.

Eine zweite Gruppe bilden Produzenten aus dem Musiktonträgermarkt bzw. deren Hörbuch-Ausgründungen wie die *Deutsche Grammophon*, die seit 1954 Hörbücher (zunächst auf Vinylschallplatten) produziert.

Marktführer ist der *DHV – Der HÖR Verlag* (36 Millionen € Umsatz in 2006) mit über 1.000 Titeln und Starnamen wie Henning Mankell, Umberto Eco oder Thomas Mann und hohen Auflagen bei Titeln von Agatha Christie, J.K. Rowling oder Elke Heidenreich. Er gehört zu den 100 größten Verlagen in Deutschland und geht auf eine Gemeinschaftsgründung führender belletristischer Verlage zurück.

Weitere starke Hörbuchverlage sind z.B. *Random House Audio* (30 Millionen € Umsatz in 2006), *Lübbe Audio* (18 Millionen €), *Der Audio Verlag* (9,7), *Steinbach sprechende Bücher* (6).

Daneben entstanden unabhängige kleine Verlage, die einzig Hörbücher herausbringen. Beispielsweise produzieren zwei Hörfunkjournalisten im Nischenverlag *geophon* ausschließlich Hörbücher, die in Interviews, Kommentaren, Musik und

Geräuschen der Originalschauplätze die Atmosphäre ferner Länder lebendig werden lassen.

Insgesamt wird ein marktbereinigender Konzentrationsprozess unter den rund 400 Hörbuchverlagen erwartet. Dies wird weniger durch das Ausscheiden als mehr durch den Aufkauf kleiner Verlage mit tragfähigen Geschäftsideen gekennzeichnet sein.

In Deutschland beträgt das Markvolumen der Hörbücher 1999 rund 25 Millionen €; im Sortimentsbuchhandel ist es 2006 dramatisch angewachsen auf über 150 Millionen € (ohne Kinderprogramme) und expandiert weiterhin mit Raten von 10 bis 20 % pro Jahr.

Der Durchschnittspreis mit sinkender Tendenz beträgt

- bei Sachthemen auf CD 22 € pro Titel,
- bei Belletristik auf CD 19 € pro Titel.

Der gegenüber den Sachprogrammen auf Tonträgern höhere Durchschnittspreis erklärt sich aus dem größeren Anteil mehrteiliger Titel. Der Sortimentsbuchhandel betrachtet die hohen Preise mehrteiliger Aufnahmen (bei Werken mit zehn und mehr CDs meistens über 50 €) als Hindernis.

Das Interesse an Hörbüchern mit Sachprogrammen ist bei Männern etwas stärker ausgeprägt als bei Frauen, während sich die Frauen deutlich stärker als die Männer für akustische Belletristik interessieren (was den Neigungen bei gedruckten Büchern entspricht). Die am meisten aufgeschlossene Zielgruppe sind die 30- bis 49-Jährigen. Am beliebtesten, bei Männern noch mehr als bei Frauen, sind – wie beim belletristischen Printbuch – Krimis. Auch Hörspiel- sowie Romanklassiker, literarische Neuerscheinungen als Hörbuch, ferner literarische Hörspiele und überraschenderweise Kinderhörspiele genießen eine hohe Akzeptanz bei Erwachsenen. Je höher das Bildungsniveau und das Einkommen, desto stärker das Interesse an Hörbüchern und besonders an akustischer Sachinformation. Dies entspricht den Korrelationen bei Sachbüchern.

In den Feuilletons haben besonders die vom *Hessischen Rundfunk* herausgegebene hr2-Hörbuchbestenliste und mehrere Hörbuchpreise (am meisten beachtet: *Hörkulos*, der auf einem Hörervotum beruht) dem Hörbuch einen beachteten Platz gebracht. Seit 2001 entwickelt sich ums Hörbuch eine Internet basierte Fan-Kommunikation mit Rezensionen, Chats, Newsgroups und Weblogs.

Der Vertriebsweg ist zu 60 % der Sortimentsbuchhandel (in der zweiten Hälfte der 1990er-Jahre hatte er einen Anteil von 81 %), der Anteil des Online-Versandhandels und der Download-Portale wächst, besonders der Direktvertrieb der Verlage. Hörbücher sind die dem Buchhandel nächste Tonträgergattung überhaupt. Gleichwohl haben nur rund 700 der etwa 4.700 Sortimentsbuchhandlungen (Verdoppelung seit Mitte der 1990er-Jahre) eine Hörbuch-Abteilung (vor allem Großflächenbuchläden), aber nahezu alle Sortimentsbuchhandlungen führen ein belletristisches Hörbuch-Programm und besorgen Hörbücher von einem Tag auf den anderen von den Barsortimenten. In Deutschland erzielt der Sortimentsbuchhandel etwa 2 % seines Gesamtumsatzes mit Hörbüchern, Tendenz steigend. Auf das Medium spezialisierte Ladengeschäfte sind ganz vereinzelt in Großstädten anzutreffen. Ähnlich wie bei Printbüchern erschließen die Verlage branchenfremde Vertriebswege, hier vor allem den Tonträgerhandel, Tankstellen und den branchenfremden Versandhandel. Einige wenige Versandhandlungen haben sich auf Hörbücher spezialisiert (führend: *Wordshop*, Berlin). Seit 2007 erscheint ein monatliches Hörbuch-Magazin (*Hörbuch Report, Infosat Euro-Media*).

Als wichtige Grundsätze eines erfolgreichen Hörbuch-Segments gelten im Sortimentsbuchhandel:

- Die Hörbuchabteilung muss im Ladengeschäft klar erkennbar sein.
- Sie soll mit hochwertigen, individuellen Möbeln ausgestattet sein.
- Probe Hören soll möglich sein. Hierfür haben die Ladenbauer spezielle Möbel mit integrierten Abspielgeräten entwickelt, die gestartet werden, indem der Kunde den Strichcode des gewünschten Titels unter einen Scanner führt.
- Eye-Catcher sollen aufmerksam machen und nach Zielgruppen und Anlässen differenzieren.
- Hörbuch-Bestseller- und -Bestenlisten sollen deutlich sichtbar aushängen.
- Die Ware soll frontal, strukturiert nach Themen präsentiert werden.
- Zu aktuellen Themen sollen Aktionstische in den Hauptverkehrswegen des Ladengeschäfts stehen.
- In allen Verkaufsgesprächen soll die Kompetenz des Personals deutlich werden durch Hinweise auf akustische Fassungen bei der Buch- sowie Aussagen über deren Qualität bei der Hörbuchberatung.
- Jeder gewünschte Titel soll bestellt werden können, auch in anderen Sprachen, auch aus dem Ausland.
- Da die Preisbindung fehlt, können Aktionen mit preisreduzierten Titeln durchgeführt werden. Allerdings lohnen sich Preisaktionen für Sortimentsbuchhandlungen im Allgemeinen nicht, weil die Internet-Händler und die Elektrogroßmärkte preislich nicht zu schlagen sind. Bei hochwertigem Einkaufserlebnis und exzellenter Beratung zahlen die Kunden gerne einen höheren Preis.

Der Download-Vertriebskanal (z.B. Focus/claudio.de, audible.de, soforthoeren.de) kommt seit 2005 langsam in Gang. Mehr als ein Viertel der Hörbuchverlage nutzt diesen Vertriebskanal – Tendenz steigend. Für die Verlage ist das Download-Geschäft vor allem deshalb von Interesse, weil sich in illegalen Tauschbörsen der Erstkunde einer Datei durch nicht löschbare digitale Wasserzeichen feststellen, mithin illegale Weiterverbreitung lückenlos verfolgen lässt. Gegenüber demselben Titel auf CD kosten Downloadtitel im MP3-Format meistens die Hälfte. Viele Verlage meinen, dass sich beide Vertriebskanäle kaum Konkurrenz machen, sondern verschiedene Zielgruppen ansprechen. Der Online-Vertrieb wird zunehmen, jedoch noch auf lange Jahre hin nicht die körperlichen Tonträger ablösen. Die Download-Portale versuchen, den stationären Buchhandel als Partner zu gewinnen, teils durch Einbindung der Download-Technologie in die Website des Sortimenters, teils durch MP3-Zapfsäulen etwa im Dekor einer altmodischen Tanksäule, an der der Kunde auswählen und eine CD brennen oder seinen USB-Stick anstöpseln kann. Es gibt auch Hörstationen speziell für Kinder.

Kinderprogramme auf MC, CD und DVD-Audio

Kinderprogramme auf Tonträgern richten sich an Kinder zwischen etwa zwei und zwölf Jahren. Vom ungefähr neunten Lebensjahr an tritt neben die Nutzung der Kinderprogramme mehr und mehr die Nutzung von Rock- und Poptonträgern, bis diese schließlich – oft mit Eintritt der Pubertät – die Kindertonträger ablösen. Mehr oder minder alle Kinder wachsen heute mit Audio-Kassetten und CDs auf.

Das Spektrum ist umfassend:

- Funnies (Lustige Abenteuergeschichten): Die bekanntesten Beispiele und zugleich Muster sind die Serien um den sprechenden Kinderelefanten *Benjamin Blümchen* (*Kiosk*) und die Mädchenhexe *Bibi Blocksberg* (*Kiosk*). Auch pädagogisch und ästhetisch substanzreichere Stoffe treten als Funny auf, z.B. *Der kleine Vampir* (*BMG*) nach Büchern von Angela Sommer-Bodenburg oder *Ardagh, Philip: Furcht erregende Darbietungen* (*Random House Audio*).
- Manga-Stoffe: Der Manga-Boom begann in Deutschland mit *Sailor-Moon* – japanische Schülerinnen verwandeln sich in hübsche Kriegerinnen, die gegen das Böse und für Gerechtigkeit kämpfen - als Zeichentrickfilm (Anime) und Comic. *Edel Music* brachte die Soundtracks als Tonträger heraus.
- Fantastische und realistische Abenteuer: Die Stoffe lehnen sich für die Jüngeren mehr an Motive aus Märchen, Bilderbüchern oder Zeichentrickfilmen an (Beispieltitel: *Der kleine Eisbär* von Hans de Beer, *PolyGram*). Für die Älteren wird gern auf Science-Fiction- und Fantasy-Filme zurückgegriffen oder realistische Abenteuer werden nach einfachen Mustern präsentiert (Beispieltitel: *Die verbotene Stadt*, *Karussell*; *Blyton, Enid: Fünf Freunde* mit zahlreichen Einzeltiteln nach der Kinderbuchserie, *BMG*). Daneben gibt es qualitätsvolle Produktionen wie Titel nach Büchern von Paul Maar (*PolyGram*) oder Astrid Lindgren (*PolyGram*). Eine eigene Klasse bilden die aus einschlägigen Büchern übernommenen Mädchengeschichten (z.B. *Cornelia Funke: Die wilden Hühner, Jumbo* oder *Madita* von Astrid Lindgren, *Karussell*) und Jugendromane (beispielsweise *Allende, Isabel: Im Reich des goldenen Drachen*, *Hörverlag*).
- Kriminalgeschichten: Meistens handelt es sich um Verwertungen von Stoffen aus Kinderbüchern, oft in Form von Endlosserien. Beispiele: *Wolf, Stefan: Ein Fall für TKKG* (*BMG*); *Die drei ???* nach Alfred Hitchcock mit zahlreichen Einzeltiteln (*BMG*).
- Literatur für Kinder: Autorenlesungen, exzellent vor allem von Peter Härtling und Christine Nöstlinger, Schauspieler- oder Sprecherlesungen von belletristischen Texten, teilweise mit Musikeinlagen oder Erläuterungen bzw. Bühneninszenierungen. Beispieltitel: *Gestatten, Heinrich Heine*, Hörspiel mit Musik über das Leben des Dichters (*Patmos*), Cornelia Funkes Fantasy-Roman *Tintenherz* (*Jumbo*).

- Musik und Lieder für Kinder: Das Spektrum reicht von überlieferten Liedern über schlager- oder rockmusikmäßige Neuschöpfungen respektive Adaptionen bis zur klassischen Musik in kindgerechter Auswahl mit Erläuterungen. Beispiele: *Alle Vögel sind schon da* (*PolyGram*); *BanaBanane, Rockige Kinderlieder* von Lothar Antoni (*Impulse*); *Die Schöpfung* mit Musik von Haydn, der nacherzählten Schöpfungsgeschichte und Erläuterungen zur Musik von Helmut Lohner (*Hieber*).
- Christliche Kinderliteratur: Beispiele: *Kurzmeditationen zu Adventsliedern* (*Lahn*); *Zur Nieden, Eckart: Kinderhörbibel* (*ERF*).
- Sachthemen: Im Vordergrund stehen Themen wie Persönlichkeitsentwicklung, Selbsterfahrung, Entspannung, Meditation, Lerntechniken, spielerische Selbstbeschäftigung, zunehmend auch Themen, die Allgemeinbildung aus Geschichte und Natur vermitteln. Beispiele: *Richter, Wiltrud: Klassenarbeiten? Das schaff ich schon, Beltz*; *Janssen, Ulrich / Steuernagel, Ulla: Die Kinder-Uni, DHV – Der Hörverlag* mit zahlreichen Einzeltiteln.
- Eine wachsende Bedeutung haben fremdsprachige Geschichten und Hörspiele, die sich an junge Lerner richten, aber nicht als unterrichtsbezogenes Trainingsmaterial angelegt sind, z.B. *Music Counts. Zahlenlieder zum Englisch lernen, Terzio*.

Lieferbar sind rund fast 8.000 Titel, was einer Verdoppelung gegenüber den späten 1990er-Jahren entspricht. Im Jahresdurchschnitt kommen etwa 1.000 neue Titel auf den Markt. Das Marktvolumen im Sortimentsbuchhandel beträgt über 30 Millionen €. Die MC spielt noch eine nennenswerte, aber zurückgehende Rolle. Je jünger die Zielgruppe, desto höher der MC-Anteil an den lieferbaren Titeln, die Hersteller folgen damit der Verbreitung der Hardware in den Kinderzimmern.

Die trivialen Serien kosten meistens ca. 7,50 € pro Titel. Hörspiele und Kinderlieder kosten durchschnittlich 12 €; die Preise für literarische CDs für Kinder und Jugendliche gehen bei Mehrteilern bis 30 € hinauf. Im Allgemeinen sind MCs preiswerter.

Die Programmanbieter teilen sich in zwei Gruppen, die verschiedene inhaltliche Profile aufweisen und ihre Produkte vermittels überwiegend verschiedener Absatzwege verbreiten: Erstens Medienproduzenten und zweitens Hör- bzw. Jugendbuch- sowie Musikverlage. Die Buchverlage sind der Zahl der Anbieter und der Titel nach die bedeutend größere, dem Umsatz nach die bedeutend kleinere Gruppe. Entsprechend verhalten sich die Auflagen.

Im Vordergrund steht der Absatz über Verbraucher- und SB-Märkte, wo die billigen trivialen Serien dominieren, oft das einzige Angebot bilden, während der Tonträgerfach- und der Buchhandel eine randständige Bedeutung beim Vertrieb haben. Der Buchhandel schöpft seine Chancen, gemeinsam mit Kinderbüchern auch qualitätsvolle Kindertonträger zu vermarkten, bei weitem nicht aus. Er kann durch ansprechende Präsentation, kluge Sortimentspflege, kompetente Beratung und proaktive Kundenansprache größere Anteile erzielen.

Musik

Der Musiktonträgermarkt ist wesentlich größer als die anderen Tonträgermärkte, aber erheblich kleiner als der Buchmarkt. Mit Musiktonträgern wurden in 2005 1,5 Milliarden € umgesetzt (gegenüber 9,2 Milliarden € in der Buchbranche). Seit 1997 schrumpft der Tonträgermarkt mit teilweise dramatischen Rückgängen, vor allem wegen des kleiner werdenden Anteils der Hauptkäufergruppe in der Bevölkerung (das sind die Unter-40-Jährigen), auch wegen der Abwanderung von Musikkonserven ins Internet, von wo sie als Sounddateien heruntergeladen und auf streichholzschachtelgroßen MP3-Playern abgespielt werden können, und der Verbreitung der CD-Brenner. Die Behauptung der Musikwirtschaft, der Rückgang sei vor allem der Piraterie geschuldet, trifft wohl nicht den Kern: 96 % der selbst hergestellten Tonträger sind legal, d.h. sie werden selbst genutzt oder kostenlos an Freunde und Bekannte gegeben.

Heute kaufen rund 40 % der Bevölkerung überhaupt Tonträger, und dieser Anteil ist seit den 1990er-Jahren etwas kleiner geworden. Anders als beim Buchkauf konzentriert sich das Musiktonträgergeschäft stark auf eine kleine Gruppe von Intensivkäufern: 5 % der Kunden erzeugen 40 % des Musikumsatzes.

Ähnlich wie auf dem Buchmarkt, anders als bei den DVDs ist ständig ein breites und tiefes, sehr differenziertes Repertoire sowohl an E-Musik (Musik bis etwa 1900 und Neue Musik) wie auch an U-Musik (mit den Stilen und Richtungen Pop, Rock, Schlager, Volksmusik, Dance, Metal, Techno, Country, Filmmusik, Jazz usw.) lieferbar. Im Abverkauf dominiert mit 90 % nach Stückzahlen die U-Musik.

Im Sortimentsbuchhandel spielen Musiktonträger eine marginale Rolle. Dominierend sind Megastores, Warenhauskonzerne, Elektromärkte, Filialunternehmen, Verbrauchermärkte. Der Facheinzelhandel hat eine schwache Stellung in diesem Gefüge. Die rund 1.600 Musikfachgeschäfte erzielen etwa zwei Drittel ihres Umsatzes mit Musikinstrumenten und führen daneben auch Musiktonträger. Bei den Titeln in den Charts und vielen anderen CDs wäre für den Sortimentsbuchhandel der Versuch, gegen die Preiskonkurrenz der Großflächenläden und Elektro-Fachmärkte anzugehen, wenig aussichtsreich. Das sind schlechte Voraussetzungen für Musiktonträger im Bucheinzelhandel.

Tonträger werden aber in erheblichem und wachsendem Maß über Versandbuchhandlungen mit dem Internet als Bestellweg verkauft. Bücher und CDs sind geradezu ideale Artikel für den E-Commerce: Sie sind leicht transportabel, robust, unverderblich, preiswert. Die meisten Versandbuchhandlungen im Internet haben Tonträger, DVDs und weitere Artikel in ihr Sortiment aufgenommen; umgekehrt haben Internethändler, die mit Tonträgern angefangen haben, ihr Repertoire um Bücher erweitert.

Mitte der 1990er-Jahre entdeckte die Musikwirtschaft, dass sie ihr Marktpotenzial bei weitem nicht ausgeschöpft hatte. Der Einzelhandel tut sich schwer, die hochdifferenzierten Angebote der Tonträgerindustrie durch eine entsprechende Vielfalt an Einkaufsmöglichkeiten zu vermarkten. Die Masse der Vertriebsstätten hat entweder überhaupt keinen zielgruppenspezifischen Auftritt, so vor allem die Großbetriebsformen (Megastores, Warenhäuser, Elektrogroßmärkte), oder zentriert Beleuchtung, Beschallung, Möblierung, Präsentation, Service und Verkäuferverhalten auf die Zielgruppe der Unter-30-Jährigen. Einzelhandelsgeschäfte mit individueller Atmosphäre oder mit zielgruppenspezifischem Auftritt, beispielsweise hochwertiger Einrichtung im modernen Stil, kompetentem Personal mit Zeit für Beratung, leiser Musik und niedriger Kundenfrequenz für die an Jazz, selektiertem Rock und ausgewählter Klassik interessierte Kundengruppe ab 40 mit überdurchschnittlicher Bildung und überdurchschnittlichem Einkommen bilden die Ausnahme.

Die bisher zu wenig aktivierten Käuferschichten decken sich teilweise mit den Kundenkreisen des Buchhandels. Das könnten Chancen für den Sortimentsbuchhandel sein, zumal die Anzahl der Musikaliengeschäfte zurückgeht und die Lücken besetzt werden können. Erforderlich sind aber große Flächen und erhebliche Investitionen in Möbel, Ausstattung und Ware, vor allem speziell geschultes Beratungspersonal. Einige Großbuchhandlungen, teilweise Neugründungen mit neuem Konzept, sind diesen Weg mit Erfolg gegangen (Musterbeispiel: *Dussmann*, Berlin). Für Buchhandlungen in kleinen Orten könnte ein begrenztes Musiktonträger-Sortiment Erfolg versprechen, wenn infolge erheblicher Entfernungen zu großflächigen Einkaufsstätten die Nachfrage einen lohnenswerten Umfang gewinnt oder wenn diese Einkaufsstätten ein unbefriedigendes Musiksortiment bereithalten. Die Barsortimente führen eine rapide wachsende Auswahl von Musiktonträgern, die nicht im VLB gelistet sind.

0.6 CD-ROM, DVD-ROM

Der Warengruppenindex *6 CD-ROM, DVD-ROM* umfasst die Datenträger:

- CD-ROM (ROM steht für Read Only Memory; der Nutzer kann die Information auf der Scheibe mithilfe des Computers lesen, er kann sie nicht löschen oder überschreiben) und
- zunehmend die DVD-ROM, die als universaler Datenträger für große Datenmengen jeder Art wohl die CD-ROM ablösen wird. Die DVD (Digital Versatile Disc) braucht eigene Abspielgeräte, die zur Wiedergabe je nach Inhalt der DVD an den PC oder den Fernseher angeschlossen werden. Wahrscheinlich wird auch die DVD bald durch Technologien mit noch mehr Speicherkapazität abgelöst: Blue-ray-Disc, HD-DVD (High Density DVD), HVD (Holographic Versatile Disc).

Weitere Datenträgerformate (z.B. Magnetband-Kassette [Cartridge], Diskette, Rom-Card, Flash-Card) spielen hier praktisch keine Rolle. Die Auslieferung der *Brockhaus-Enzyklopädie digital* 2005 auf USB-Stick plus DVDs war ebenso ungewöhnlich wie erfolgreich.

Bei Liefereinheiten, die aus Büchern in Begleitung von Datenträgern bestehen (z.B. CD-ROM in einer Tasche, die im hinteren Buchdeckel klebt), richtet sich der Warengruppenindex nach den Büchern.

CD-ROMs und DVDs sind ähnlich wie Audio-CDs verpackt: Jewel-Cases, Tiefziehsets oder Kartonkassetten mit Booklet.

Die technische Seite von CD-ROM und DVD-ROM

CD-ROM und DVD-ROM sind heute die üblichen Datenträger für Software. Im Buchhandel spielt die Programmsoftware als Handelsware insgesamt eine marginale Rolle. Im Vordergrund stehen buchähnliche oder multimediale Darstellungen auf CD-ROM und DVD-ROM. Diese nennt man elektronische Offline-Publikationen – in Abgrenzung zur Programmsoftware und in Abgrenzung zu Online-Publikationen. Der Ausdruck elektronisches Buch hat sich für texthaltige Produkte auf Datenträgern nicht durchgesetzt.

CD-ROMs können Text, unbewegte Bilder, kurze Videos und Ton sowie multimediale Kombinationen davon speichern. Das Volumen reicht aber nicht für Filme bzw. anspruchsvolle multimediale Präsentationen wie zoombare oder hoch auflösende Karten. Diese Grenze überwindet die DVD-ROM mit einem Speichervolumen von meistens 4,7 Gigabyte, z.T. mehr.

Auf dem Datenträger ist meistens außer den Daten auch eine Retrievalsoftware enthalten, die vor der ersten Benutzung der Publikation auf dem Computer installiert werden muss. Bei anderen elektronischen Publikationen ist das Retrievalprogramm so wenig umfangreich, dass es beim Start der Anwendung lediglich in den Arbeitsspeicher des Computers geladen wird. Um die Zugriffsgeschwindigkeit zu beschleunigen, können bei etlichen Produkten auch die Daten auf die Festplatte überspielt werden. Einige CD-ROM-Produkte erscheinen parallel online oder sind mit der Online-Fassung verknüpft. Folgende Varianten sind nicht selten:

- Das Produkt auf Datenträgern ist mit Links zu WWW-Seiten versehen, auf denen der Kunde zusätzliche Informationen erhält (Musterbeispiel: *Der Brockhaus multimedial 2007 DVD für Windows, Bibliographisches Inst.*). Der Trend geht in Richtung Medienverbund.
- Dem Kunden stehen Online Aktualisierungen zum Download zur Verfügung.
- Der Kunde kann einen Lizenzvertrag abschließen, der ihm zu gewissen Zeiten statt der Offline-Recherche eine aktuellere Online-Recherche erlaubt; die Online-Recherche ist dann preiswerter als bei einer reinen Online-Nutzung (Beispiel: die juristische Datenbank *Juris*).

Stürmischer als der Bereich der elektronischen Offline-Publikationen entwickelt sich der Bereich der Online-Publikationen. Als Beispiele seien www.xipolis.net (*Brockhaus Duden Neue Medien*) und www.wissen.de (*wissen.de*) erwähnt. Sie enthalten unter je gemeinsamer Rechercheoberfläche Kompilationen von Nachschlagewerken, die eine Tradition als Printausgabe haben und weiterhin auch so erscheinen, seit den 1990er-Jahren auf Disketten bzw. CD-ROM vermarktet wurden und hier online kostenpflichtig zugänglich sind (*Duden* u.a. Wörterbücher, *Brockhaus-* u.a. Allgemeinlexika, *Kindlers Literaturlexikon* u.v.a.m.). In anderen Fällen ist die Printfassung durch digitale Ausgaben abgelöst worden (z.B. das online kostenfreie Produkt- und Dienstleistungsverzeichnis *Wer liefert was?*, www.werliefertwas.de, oder das lizenzpflichtige chemisch-physikalische Faktenverzeichnis *Landolt-Börnstein*, www.landolt-boernstein.com). In wieder anderen Fällen scheiterte der Versuch einer kostenlosen, aus Werbung finanzierten Online-

Version bei Aufgabe der Printfassung, so dass der Verlag zum bewährten Ausgabeformat auf Papier, CD-ROM und DVD neben einer kostenpflichtigen Online-Fassung zurückkehrte (so bei der international renommierten Universal-Enzyklopädie *Encyclopaedia Britannica*, www.britannica.com, die laufend aktualisiert erscheint). International dominiert im Geschäft mit elektronischen Online-Publikationen eine überschaubare Zahl von Zeitschriften-Konzernen mit lizenzpflichtigen wissenschaftlichen E-Journals (*Academic Press, Elsevier, HighWire Press, Kluwer, Springer* u.a.). Meistens kann der Nutzer die Online-Publikation über das Internet nutzen, erhält die Dateien aber nicht und kann sie auch nicht herunterladen.

Daneben entwickelt sich der Markt der E-Books: Der Nutzer kann das Buch ganz oder kapitelweise gegen Bezahlung als PDF-, zum geringeren Teil als HTML-Datei herunterladen. Die Dateien sind mit Digital-Rights-Management versehen, programmtechnischen Eigenschaften, die die Nutzung auf den vertragsgemäßen Rahmen beschränken, z.B. ist Kopieren auf eine andere Festplatte nicht möglich. Die Preise sind meistens niedriger als bei den Printfassungen derselben Werke, z.T. gelten für Studierende niedrigere Preise. Das Angebot erstreckt sich vor allem auf die Bereiche Lehrbuch, Fachbuch, Wissenschaft. Wichtigster Anbieter ist www.ciando.com. Etliche Verlage haben auf ihren eigenen Seiten entsprechende Angebote (führend: www.springer.com). Der Vertrieb von Online-Publikationen geht weit gehend am Bucheinzelhandel vorbei; einige leistungsstarke Internet-Buchhändler und wissenschaftliche Filial-Buchhandlungen haben Angebote in ihre Websites integriert.

Wissenschaftliche Online-Publikationen kommen mehr und mehr nach dem Open-Access-Modell heraus: Die Publikationen sind über das Internet für die Nutzer kostenfrei erhältlich. Finanziert werden sie durch die publizierenden Einrichtungen (Universitäten, Institute usw.). Teilweise erscheinen Open-Access-Publikationen auf den Servern dieser Einrichtungen ohne Verlag, teilweise auch in Verlagen, die dann in Umkehrung des bisherigen Geschäftsmodells nicht von den Kunden, sondern den Anbietern der Publikationen bezahlt werden. Das Open-Access-Geschäftsmodell wird wissenschaftspolitisch gefördert.

In 2005 verfügten über 71 % der deutschen Haushalte über einen PC; die Internetreichweite kletterte auf 62 % der Haushalte und jeder dritte Internetzugang erfolgt über Highspeed-Technologie (Breitband/DSL). Computeranwender sind typischerweise auch stärkere Nutzer von Printmedien als der Bevölkerungsdurchschnitt; insbesondere gilt das für Fachbücher. Allerdings werden längere Texte am Bildschirm selten gelesen, aber auf der Suche nach interessanten Passagen überflogen. Diese einschlägigen Seiten druckt man dann aus, um sie gründlich zu studieren.

Ebenso wie bei der Audio-CD bietet die Industrie auch für den Heimgebrauch einmalig (CD-R, DVD-R) oder wiederholt bespielbare (CD-RW, DVD-RW) Scheiben und die dazugehörigen Brennergeräte an; Letztere sind in neueren PCs üblicherweise bereits enthalten.

Die Tendenz geht dahin, dass die Verlage Inhalte erarbeiten lassen und von vornherein die Vermarktung in verschiedenen Editionsformen planen, als Printprodukt, als Multimedia-Produkt offline und online. Die Inhalte (Texte, z.B. Lexikonartikel, Bilder, Grafiken, ggf. multimediale Elemente wie Videos und Sounddateien) werden in einer Datenbank (Content Management System) vorgehalten. Für die jeweilige Ausgabeform erstellt der Verlag Layout-Muster, in die das System die vorgesehenen Inhalte automatisch einfüllt.

Inhalte elektronischer Offline-Publikationen

Die Themen von elektronischen Publikationen sind heute universell; sie erstrecken sich über alle Sachgebiete und reichen von hochspeziellen wissenschaftlichen Fragestellungen und Fachpublikationen über allgemein interessierende Informationen, z.B. Fahr- und Flugpläne, bis hin zu moderner Literatur und Unterhaltungsstoffen. Schwerpunkte liegen in den Warengruppen Mathematik, Naturwissenschaften, Technik, Medizin, Recht, Wirtschaft, Schule und Lernen.

Belletristik in elektronischer Form ist marginal geblieben; die überschaubare Anzahl Titel enthält außer Wiederveröffentlichungen belletristischer Werke meistens Materialien wie Kommentare, Erläuterungen, Interpretationen, Einführungen in Leben und Werk des Autors, Bilder, Werklesungen, Faksimiles schön gestalteter Erstausgaben oder der Handschriften u.a.m. (Beispieltitel: *Karl Mays Werke, Directmedia*; *Franz Kafka, "Die Verwandlung", Co.Tec Verlag*). Wenig erfolgreich waren Reiseführer und populäre Ratgeber auf CD-ROM mit Ausnahme von Einkommensteuer-Ratgebern.

Ein großes Segment sind Nachschlagewerke und Fachbücher. Von einem elektronischen Nachschlagewerk erwartet man neben Hypertextfunktionen, die die Artikel miteinander vernetzen, auch Multimedialität; beispielsweise soll die richtige Aussprache nicht nur in Lautschrift angegeben, sondern auch hörbar sein (ausgereiftes Beispiel: Reihe *Office-Bibliothek, Bibliogr. Inst.*), oder Filmsequenzen und Animationen veranschaulichen die textliche Darstellung. Durch vielfältige Navigationssysteme soll ein thematischer Zugriff über bloße Hypertextverknüpfungen hinaus möglich sein (herausragendes Beispiel: *Brockhaus Enzyklopädie digital, F.A. Brockhaus*).

Einen Übergang zur Programmsoftware stellen Übersetzungsprogramme, Einkommensteuerprogramme u.a.m. dar: Die Software wendet Wörterbuch und Grammatik auf einen Text an und liefert einen übersetzten Text bzw. verarbeitet die vom Anwender abgefragten Werte gemäß den rechtlichen Bestimmungen zu einer Steuererklärung und errechnet die Einkommensteuer. Eine Reihe von Produkten lässt sich in Office-Programme integrieren, so dass man aus der Textverarbeitung heraus im Lexikon nachschlagen oder beim Schreiben die Übersetzung erzeugen lassen kann (Beispiel: Reihe *Personal Translator, Linguatec*).

Viele elektronische Fachbücher enthalten Formulare, Briefvorlagen usw., die man am Bildschirm nur noch ausfüllen muss (Beispiel: *Meissner, Barbara / Wiegard, Helmut: PC-Formulare VOB/A, Rehm*).

Das expandierende Spektrum der Lehr-, Lern- und Übungsmaterialien ist vor allem auf Schule und Schüler und die berufliche Aus- und Fortbildung ausgerichtet, während Publikationen für die Hochschullehre eher in Print oder online kommen.

Bei Edutainment hebt man auf die Verknüpfung von unterhaltsam-spielerischen mit erzieherisch-belehrenden Aspekten ab, wobei die spielerische Seite überwiegt. Meistens spricht man nur hinsichtlich Kinder- und Jugendprogrammen von Edutainment. Beim Infotainment steht der Aspekt der Wissensvermittlung oder der gezielten Informationsrecherche im Vordergrund. Beispiele für überzeugende Edutainment- bzw. Infotainment-Produkte auf Datenträgern sind *Biolab, Heureka-Klett* (2 CD-ROMs + Beiheft: Das Programm zum Erlernen von Biologie-Kenntnissen für Jugendliche ab zwölf Jahren beruht auf einem Szenario, bei dem eine Wissenschaftlerin aus einem verschütteten Labor befreit werden soll – wozu der Spieler beträchtliche Biologie-Kenntnisse einbringen muss. Ihm steht dabei eine Datenbank mit biologischen Inhalten zur Verfügung.) oder *Faszinierende Erde, United Soft Media* (1 CD-ROM + Beilage: Multimediales Lexikon zur Geologie mit Quiz und Animationen zum Steuern von Erdbeben und Vulkanausbrüchen).

Wichtig sind Druckoptionen und Exportfunktionen, das heißt, einzelne Inhaltselemente, beispielsweise Bilder, Artikel, markierte Textstellen, können gedruckt oder in andere PC-Anwendungen übernommen und dort weiterverwendet werden.

Ein der Titelzahl nach kleinerer Bereich sind Zeitschriften. Auf CD-ROM bzw. DVD-ROM erscheinen einige Hundert Zeitschriftentitel, meistens die kompletten Jahrgänge (z.B. *Der Spiegel*). Zielgruppe sind insbesondere Bibliotheken, Universitäten, Forschungsinstitute, Kanzleien.

Weitere, mit zahlreichen Titeln vertretene Bereiche sind:

- Tools: Hilfsprogramme, die Erleichterungen bei den PC-Anwendungen bringen sollen, beispielsweise zum Aufräumen der Festplatte und Löschen überflüssiger Daten oder Virenschutzprogramme,
- Fonts: Schrifttypensammlungen zur Verwendung in Text- und Grafikprogrammen,
- Fotos, Grafik, Bildvorlagen, Cliparts, die zum Herauskopieren und Weiterverwenden in anderen Programmen gedacht sind,
- Sounds, beispielsweise zum Vertonen von eigenen Videos,
- Computer- und Videospiele.

Der Markt

Das Publikationsaufkommen auf Datenträgern wuchs besonders in den 1990er-Jahren. Heute erscheinen in Deutschland jährlich 10.000 bis 15.000 neue Titel pro Jahr (1998: 2.200), international das Drei- bis Vierfache. Lieferbar sind auf dem deutschen Markt über 30.000 Titel (1998: ca. 10.000). Die Titelzahl expandiert bei elektronischen Publikationen ungebrochen, während die Auflagen stagnieren oder sogar zurückgehen.

Elektronische Veröffentlichungen für den Publikumsmarkt kosten durchschnittlich 25 bis 30 €. Titel, mit speziellen fachlichen oder wissenschaftlichen Inhalten sind oft sehr viel teurer. Die meisten elektronischen Publikationen lassen sich ohne weiteres nicht nur auf einem einzelnen PC, sondern auch in einem PC-Netz installieren. Bei anderen Titeln verlangt der Verlag für die Installation im Netz einen Lizenzvertrag, der direkt mit dem Kunden abgeschlossen wird. Beispielsweise kos-

kostet das auch als Printausgabe erscheinende technische Standardwerk *Dubbel interaktiv. Das elektronische Taschenbuch für den Maschinenbau (Springer)* als Einzelplatzversion mit Industrielizenz 349 € und als Mehrplatzversion 799 €.

Nachdem die Verlage elektronische Publikationen jahrelang eher in Hoffnung auf zukünftige Gewinne als auf einer wirtschaftlich tragfähigen Basis verlegt und in starkem Maß aus den Erlösen mit Printpublikationen, teils auch aus Werbung, finanziert haben, kam das Geschäft nach dem Jahr 2000, wenn auch zögerlich, in Fahrt. 2005 machten 29 % der rund 1.000 deutschen Verlage, die elektronische Produkte verlegen, damit Gewinne und weitere 43 % erlitten immerhin keine Verluste.

Die Vertriebskanäle elektronischer Publikationen sind vielfältig. Ein Drittel des Gesamtumsatzes entfällt auf den Unterhaltungselektronik- und den sonstigen Fachhandel (ohne Buchhandel), ein Viertel auf den Buchhandel, 15 % auf den Versandhandel – damit ist der Versand-Anteil bei elektronischen Publikationen deutlich geringer als bei Printmedien – und jeweils unter 6 % auf den Elektronik- und Computerhandel. Gegenüber früheren Jahren ist der Anteil des Buchhandels auf Kosten des Anteils beim sonstigen Fachhandel erheblich gestiegen – insbesondere Fachsortimente können sich als kompetente Einkaufsstätten profilieren.

Rolle im Sortimentsbuchhandel

Großflächenbuchhandlungen führen fast ausnahmslos eine größere Softwareabteilung. Hier wird außer elektronischen Publikationen auch ein Sortiment an Programmsoftware angeboten: die gängigen PC-Betriebssysteme und eine Palette von Anwendungsprogrammen wie Textverarbeitung, Tabellenkalkulation, Datenbank-Bildbearbeitungs- und Präsentationsprogramme, Kommunikationssoftware gemeinsam mit den dickleibigen EDV-Handbüchern und weiterer Fachliteratur.

In mittleren und kleineren Sortimentsbuchhandlungen herrscht eher Zurückhaltung. Zwar blieb der Anteil der elektronischen Publikationen am Gesamtumsatz des Bucheinzelhandels insgesamt – unabhängig von der Betriebsgröße – weit unter 10 %. Doch darf der Buchhandel nicht das falsche Image einer Papierhandlung bekommen. Und er muss seine Kunden an sich binden. Eine Kundenbefragung im Auftrag des Börsenvereins ergab:

Aus Sicht der Kunden stehen elektronische Publikationen keineswegs in einem Konkurrenzverhältnis zu Printmedien. Im Gegenteil: Diejenigen Benutzer, die am intensivsten gedruckte Bücher lesen, nutzen auch elektronische Publikationen und überhaupt den Computer stärker als seltene Leser oder Nie-Leser. Davon gibt es eine Ausnahme, und das betrifft die Videospiele. Wer besonders wenig liest, beschäftigt sich meistens besonders ausgiebig mit Bildschirmspielen. Plakativ zusammengefasst kann man sagen: Elektronische Publikationen sind die Medien der Jungen, Gebildeten, Erfolgreichen.

Buchhandelskunden sind also die interessantesten potenziellen Käufer elektronischer Publikationen. Freilich haben große Teile der Kunden unrealistische Preiserwartungen. Während man bereit ist, für ein 15-bändiges gedrucktes Lexikon rund 500 € auszugeben, lässt sich derselbe, aber zudem multimedial aufbereitete Inhalt höchstens für 100 € vermarkten. Und fast ein Viertel der Verbraucher sehen im Buchhandel eine unzureichende Beratungskompetenz.

Je nach Betriebsgröße mag es nicht lohnend sein, ständig ein breites und tiefes Sortiment elektronischer Publikationen am Lager zu haben. Alternativen sind:

- Durchführung einer Marketing-Aktion ein- oder zweimal im Jahr: Warenpräsentation, Presseinserate, Werbegeschenke (Demo-Programme auf CD-ROM, die von etlichen Verlagen herausgebracht werden); Partner können Bibliotheken, Schulen, Volkshochschulen, örtliche Computerhändler sein.
- Konzentration auf einen klar umrissenen Sortimentsausschnitt, z.B. Angebote für Schüler, und gezielte Werbung bei dieser Zielgruppe.
- werbliche Herausstellung des Besorgungsservice.

Verkaufsargumente für die elektronischen Offline-Ausgaben trotz Internet-Konkurrenz sind:

- Bei vielen Titeln kommt es durchaus auf den Preis an. Beispielsweise bei www.xipolis.net, wo man in 50 Nachschlagewerken recherchieren kann, kostet ein Artikel im 15-bändigen Brockhaus 0,83 €, wenn man nicht das Jahresabo für 9,95 € pro Monat abgeschlossen hat. Die Artikelpreise summieren sich deshalb (außer für ganz seltene Nutzer) rasch auf beträchtliche Summen, so dass der Kunde mit der Print- oder CD-ROM-Ausgabe Geld spart.
- Mit dem Kauf der CD-ROM hat der Kunde einmalig bezahlt und ist jede weitere Kostenbelastung los. Beim Internet entstehen ihm zusätzlich zu den Artikelpreisen oder Abokosten weitere Kosten – je nach Provider und Vertragsgestaltung. Ähnlich wie beim Vergleich der Kosten von Auto und Bahn unterschätzt oder übersieht man diese Grundkosten für den Internetzugang.
- Die Offline-Publikation läuft immer dann, wenn der Kunde sie in seinen PC einlegt, oder er hat die Daten auf die Festplatte überspielt. Beim Internet gibt es immer wieder ärgerliche Wartezeiten wegen Datenstaus im Netz, oder man bekommt eine Meldung wie: *Server ist wegen Wartung vorübergehend nicht zugänglich.*
- Hat man die elektronische Publikation einmal installiert, ist der Zugriff auf die Daten viel schneller als der Zugriff auf einen Server im Internet, wenn der Kunde seinen Internet-Zugang nicht ständig online hält.
- Außer bei einer überschaubaren Anzahl von Websites, die ununterbrochen aktualisiert werden und wohl eine sichere Perspektive haben (Musterbeispiel ist der Bahnfahrplan unter www.bahn.de), kann ein Internetangebot jederzeit von heute auf morgen aus dem Netz genommen werden. Dagegen steht die gekaufte elektronische Publikation dem Kunden unbegrenzt zur Verfügung.

Wichtig bei der Kundenberatung ist die Information über die Systemvoraussetzungen. Sie werden auf der Packung elektronischer Publikationen und in den Verlagsprospekten meistens aufgeführt, auf der VLB- und den Barsortiment-CD-ROMs nicht. Die Beratung erstreckt sich hier also ebenso auf den technischen Aspekt. Das Buchhandelspersonal muss auch hier kompetent sein.

Beispiele für die Angaben zu den Systemvoraussetzungen:

- *Kiribatis Erde für Kinder (Kiribati)*
  Systemvoraussetzungen: IBM kompatibler PC mit 80486-Prozessor oder höher (Pentium empfohlen); 8 MB Arbeitsspeicher, 10 MB freier Platz auf der Festplatte; 4fach CD-ROM-Laufwerk; Grafikkarte, die 16 Bit Farbtiefe darstellt, Soundkarte, Windows 95 oder Windows 98.
- *Das Jahr im Bild (Carlsen)*
  Voraussetzungen: PC 486er und höher, Arbeitsspeicher 4 MB RAM, Betriebssystem Windows 3.1, Grafikkarte (VGA), Soundkarte, Peripherie CD-ROM-Laufwerk (double speed) oder Mac, System 7, QuickTime 1.6.1.

Auf der VLB-CD-ROM kann man elektronische Offline-Publikationen gezielt suchen

- durch Eingabe von `cd` als Stichwort,
- durch Eingabe von `re=Software (CD-ROM)`,
- durch Eingabe von `re=DVD`.

0.7 Kalender

Im Sortimentsbuchhandel dominieren solche

- Wandkalender mit Bindung am oberen Rand und
- Buchkalender mit Bindung am linken Rand,

die beide mehr als das Kalendarium und Raum für Eintragungen (Nutzkalendarium) enthalten, etwa Bilder, Sprüche, Textauszüge. Aber es gibt nahezu unendlich viele Kalenderformen bis hin zu Mousepad-Kalendern und Kalendern auf CD-ROM oder in Form einer Audio-CD (z.B. klingende Adventskalender).

Weitere Kalenderformen werden vor allem über den Schreibwarenhandel, ggf. auch von Buchhandlungen im PBS-Bereich (Papier, Bürobedarf, Schreibwaren) vertrieben, der insbesondere bei kleineren Buchhandlungen ein wichtiges wirtschaftliches Standbein darstellt: Abreiß-, Adress-, Arbeits-, Notiz-, Schreibtisch-, Steck-, Taschen-, Termin-, Umlege-, Umsteck-, Vormerkkalender, Querterminer, Terminplaner.

Bei Postkartenkalendern kann man die Kalenderblätter heraustrennen und als Bildpostkarte verschicken. Fachkalender sind überwiegend Buchkalender und enthalten zusätzlich zum Kalendarium spezielle Informationen für die Zielgruppe, z.B. Anwälte, Apotheker, Betriebsräte, Erzieher, Juristen, Lehrer, Steuerberater.

Für immerwährende Kalender steht eine eigene Warengruppe zur Verfügung: *193 Immerwährende Kalender*.

Lieferbar sind über die Bezugswege des Buchhandels über 6.000 Titel im Preisspektrum von unter 3 bis über 80 €, und fast so viele erscheinen jedes Jahr neu. Das Kalender-Segment im Buchhandel wächst im Umsatz. Management-

Terminplaner im lederbezogenen Ringbuch mit Taschenrechner, edlem Drehbleistift und weiterem Zubehör kosten vereinzelt über 150 €. Limitierte Kunstkalender in sehr kleinen Auflagen, z.B. unter 1.000 Exemplaren, signalisieren Exklusivität, dürfen und sollen deutlich über 100 € kosten, müssen besonders beworben werden (z.B. *DuMont Kalenderverlag, Edition Panorama, te Neues Verlag*).

Wandkalender

Die Wandkalender, die der Sortimentsbuchhandel anbietet, sind meistens Bildkalender. Der Kalender wird durch das unter oder neben dem Bild abgedruckte Kalendarium für meistens einen Monat zum nützlichen Wandschmuck. Wandkalender mit Nutzkalendarium sind seltener, werden aber beliebter, z.B. als Familienkalender mit Terminspalten für jedes Familienmitglied und Bildmotiven aus Kinderbüchern.

Wichtige Themen von Wandkalendern sind: Ballett, Blumen, Heimat, Humor - Satire - Cartoons - Comics, Hunde, Katzen, Kinder, Kunst, Länder - Städte - Menschen, Literatur, Pferde, Tiere; beliebt sind ferner religiöse Kalender. Das thematische Spektrum und die Gestaltung sind so unerschöpflich wie die Fantasie.

Meistens ist das Kalendarium für einen Monat auf einem Kalenderblatt enthalten, doch es gibt auch Tages-, Wochen-, Zweiwochen- und Zweimonatskalender, die man an die Wand hängen kann.

Das Kalendarium und ggf. Texte sind bei der großen Mehrheit der Kalender mehrsprachig, weil sie aus Kostengründen für den Markt mehrerer Länder produziert werden. Die Formate sind überwiegend größer als ca. 21 x 30 cm und reichen vereinzelt bis 100 x 50 cm. Im Trend sind Wandkalender mit Extras wie Samentütchen, Gummibärchen, Hörbüchern oder Türchen, denen man Wissenskarten entnehmen kann.

Buchkalender

Buchkalender kann man wie ein Buch aufschlagen. Das Spektrum reicht von Taschenkalendern über Terminplaner im DIN-A-5-Format bis zu großformatigen Broschüren.

Die Verlage bieten eine Fülle von Titeln für jede Zielgruppe, jeden Geschmack und jedes Thema: Fans, Frauen, Fußballer, Lesben, Literaturliebhaber, Schüler, Schwule, Sportler usw. Hier gibt es Softcover und Hardcover, kartoniert oder Kunststoffeinband, Broschüren, Spiralbindung, Loseblattformen im Ringbuch u.v.a.m. Das Segment hält sich trotz Konkurrenz zum Palmtop mit Schnittstelle zum PC.

Kalender im Sortimentsbuchhandel

Kalender bestellt man ab Januar beim Vertreterbesuch oder im Spätsommer und Herbst auf einer Ausstellung des Barsortiments. Dabei sollte man einen Ausdruck der Verkaufszahlen im Warengruppenindex *7 Kalender* nach Warengruppen zur Hand haben. Dann hat man die Übersicht, auf welche Nachfrage die unterschiedlichen Themen stießen (Kunst oder Kinder, Teddies oder Essen und Trinken usw.). Hier wird exemplarisch deutlich, wozu die Warengruppen-Systematik verwendet wird. Das sollte nicht die Bereitschaft mindern, Innovation zu wagen.

Denn der Kalendermarkt unterliegt heftigen Modeschwankungen. Motive und Aufmachungen, die gerade im Mittelpunkt des Publikumsinteresses standen, können im Folgejahr zu Ladenhütern werden. Ein großer Teil des Publikums erwartet Wechsel. Daneben gibt es die treuen Dauerkunden, die sich jedes Jahr im Dezember den Apotheker- oder Art-deco-Kalender holen. Das Kalendersortiment muss dem Niveau der Sortimentsbuchhandlung entsprechen, sich im Profil von anderen Anbietern (Warenhäusern, Büroartikel-Fachhandel usw.) unterscheiden und zugleich Trends und Moden aufgreifen.

Das Kalendergeschäft beginnt teilweise bereits im Spätsommer; es konzentriert sich auf die Monate November bis Januar, kann bei großen Präsentationsflächen fast aufs ganze Jahr ausgedehnt werden.

In der Buchhandlung präsentiert man die Wandkalender entlang einer gut frequentierten Verkaufsfläche an der Wand, an Stellwänden oder auf platzsparenden Kalenderständern. Die Kunden erwarten ein breites Spektrum an Themen und Formaten. Aus der Kalender-Präsentation kann in Zusammenarbeit mit Partnern (z.B. einer Bank, einem historischen Gebäude), die ihre Flächen zur Verfügung stellen, ein Event werden. Buchkalender liegen bevorzugt im Kassenbereich, wo sie zu Spontankäufen einladen.

Auf der VLB-CD-ROM kann man Kalender gezielt suchen

- durch Eingabe von `kl` als Stichwort,
- durch Eingabe von `re=kalender`.

0.8 Karten, Globen

Mit Karten sind im Rahmen des Warengruppenindexes gemeint:

- Faltkarten: auf Papier oder Kunststofffolie gedruckte Karten, die handlich zusammengefaltet (gefalzt) in den Handel kommen,
- Planokarten: auf Papier oder Kunststofffolie gedruckte Karten, die meistens zusammengerollt oder auch plan liegend vertrieben werden.

Einzelheiten über Karten werden bei den Warengruppen *34* Karten, Stadtpläne, Atlanten*, über Globen bei der Warengruppe *380 Globen* behandelt.

Bis 2006 wurde der Warengruppenindex *8* für Nonbooks und PBS verwendet. Dafür steht ab 2007 der Warengruppenindex *9 Nonbooks, PBS*.

0.9 Nonbooks, PBS

Nonbook als Bezeichnung für diesen Warengruppenindex ist zwar prägnant, aber auch ungenau, denn genau genommen sind Audio-CDs oder Zeitschriften ebenfalls Nonbooks (Nicht-Bücher). PBS ist die Abkürzung für Papier, Bürobedarf, Schreibwaren. Im Bereich PBS muss eine Warengruppe nicht angegeben werden, der Warengruppenindex genügt. Der Warengruppenindex *9 Nonbooks, PBS* umfasst im Sortimentsbuchhandel vor allem:

- Arbeitstransparente (bedruckte Overheadfolien); wenige Titel sind lieferbar,
- Bildpostkarten, Kunstpostkarten: Mit der Produktion von Verlagen wie *Edition Inkognito, Verlag Neue Kritik, Discordia* kann die Buchhandlung ein Sortiment präsentieren, das an Buchinhalte anknüpft (z.B. *Der weiße Neger Wumbaba* oder *Der kleine Prinz*) oder durch Geschmack, Originalität und Niveau ein Alleinstellungsmerkmal erlangt,
- Diaserien,
- Geschenkartikel,
- Gesellschaftsspiele, Spiele, Spielkarten, Spielzeug, Tarotkarten,
- Stofftiere, T-Shirts,
- Mikroformen,
- Weine: Das Barsortiment *Koch, Neff & Oetinger* ergänzt sein Wein- und Kochbuchsortiment mit einer Kollektion italienischer Weine, die über die buchhandelsüblichen Bestell- und Lieferwege laufen.

Für Globen und Kartenzubehör sieht die Warengruppen-Systematik je eine eigene Warengruppe vor (*380 Globen* und *390 Kartenzubehör, Sonstiges*).

Besonders interessant für das Vollsortiment sind solche Artikel, die in enger Verbindung mit Büchern und Buchinhalten stehen, z.B.:

- Leselupen, Leselampen, *moses Verlag*, Lesezeichen, *Groh*,
- *Rat & Zitat. Weise Schokolade, ars vivendi* (Schoko-Täfelchen mit literarischen Zitaten),
- *Sams Stempel, Cornelsen* (nach der Kinderbuchfigur von Paul Maar),
- T-Shirts mit aufgedruckten Zitaten prominenter Autoren von Goethe bis Heidenreich.

Etliche Verlage und einige Barsortimente bieten derartige Artikel an, teils als Aktionsware – u.a. monatliche Themenwelt-Pakete bei *Libri* – oder Merchandising-Artikel. Wichtig sind beispielsweise die Angebote der Verlage *edition moses, Maier Ravensburger, Prestel, Spiegelburg*.

Nach den Kundenbefragungen des *Börsenvereins* genießen folgende Nonbooks hohe Akzeptanz im Buchhandel:

- Gesellschaftsspiele. Hier erwarten die Kunden vom Buchhandel eine hohe Beratungskompetenz. Die Verkaufschancen sind gut, besonders bei thematischer und saisonaler Bündelung in attraktiver Präsentation. Erfolgreich sind auch crossmediale Zusammenstellungen nach Themen, z.B. Kinderbücher, Hörbücher, Spielzeug und Gesellschaftsspiele mit Bezug zu Rittern und Mittelalter. Einige Buchhandlungen haben mit Spiele-Abenden erfolgreiche Akzente gesetzt. Die Barsortimente halten über 2.000 Titel mit steigender Tendenz auf Lager,
- Geschenkartikel,
- Spielzeug.

Sehr gering ist die Akzeptanz bei Haushaltswaren und Drogerieartikeln.

Das Nonbook-Sortiment unterliegt von Jahr zu Jahr deutlichen Modeschwankungen und umfasst gleichwohl meistens über 5.000 Artikel, die über die Vertriebswege des Buchhandels lieferbar sind.

Auf der VLB-CD-ROM kann man Nonbooks und PBS-Artikel gezielt suchen durch Eingabe von nb als Stichwort.

Nonbooks haben im Sortimentsbuchhandel eine Chance, wenn sich das Angebot von den lokalen Mitbewerbern durch Design, Witz oder Originalität abhebt, zum Niveau und Stil des Ladengeschäfts und Sortiments passt, themenbezogen und saisonal verführerisch präsentiert wird, das Buchangebot dekoriert und aufwertet, aber durch Preisauszeichnung als Verkaufsware erkennbar bleibt. Das Barsortiment KNV bietet spezielle Möbel an.

Der Warengruppenindex *9* wurde bis 2006 für *Modernes Antiquariat* verwendet. Hierfür ist seit 2007 kein Warengruppenindex mehr vorgesehen. Buchhandlungen, die ihr einschlägiges Sortiment in der Warenwirtschaft kennzeichnen wollen, können eine Warengruppe im Freibereich reservieren, z.B. *991*, müssen diese entweder selbst erfassen oder als Warengruppe ohne Bestand anlegen und beim Kassieren auf diese Warengruppe verbuchen.

Mikroformen

Über den Sortimentsbuchhandel, stärker im Direktvertrieb der Verlage, werden belichtete Mikroformen (oft auch Microform geschrieben) vertrieben. Kunden sind weit gehend Universitäts- und Institutsbibliotheken. Doch werden die Mikroformen mehr und mehr durch Online-Angebote abgelöst.

Mikroformen enthalten meistens stark verkleinert abfotografierte Buch-, Zeitungs- oder Zeitschriftenseiten oder auch Archivgut. Als Mikroform werden beispielsweise historische Lexika oder das Aktenmaterial bedeutender Archive publiziert bzw. neu herausgebracht. Zum Lesen braucht man ein MF-Lesegerät. Belichtete Mikroformen gibt es vor allem in zwei Formaten:

- Mikrorollfilme (oft ungenau als Mikrofilme bezeichnet): Das sind unperforierte 35-mm-Filme, die zusammengerollt geliefert werden, teilweise auf Spulen. In diesem Format erscheinen vor allem historische Zeitungen.
- Mikrofiches: Das sind Mikroplanfilme (Filmblätter) im DIN-A-6-Format. Sie werden meistens in Papiertaschen geliefert.

Viele Titel auf Mikroformen können in zwei Varianten bezogen werden: als Diazofilm oder als Silberhalogenfilm. Der Diazofilm ist preiswert und robust, hat aber eine weniger gute Abbildungsqualität als der Silberfilm, kann keine Grauwerte darstellen. Der Silberfilm ist teurer, zerkratzt leicht, kann auch Fotos in Schwarzweiß mit Grauwerten und in Farbe darstellen.

Beispiel für einen Mikroformtitel in Diazo- oder Silberfiche:

Bibliothek der Deutschen Literatur
Mikrofiche-Gesamtausgabe nach Angaben des Taschengoedeke
Hrsg.: Kulturstiftung der Länder
ISBN/EAN: 978-3-598-50000-8
Preis: EUR[D] 19800,00 fPr
Preiszusatz: Diazofiche
Auflage: 1990-1999
Format: ca. 9,7 Millionen S. auf 20675 Fiches. Incl. Bibliographie und
                    Register. Lesefaktor 42x
Verlag: Saur, K G /SVK

Bibliothek der Deutschen Literatur
Mikrofiche-Gesamtausgabe nach Angaben des Taschengoedeke
ISBN/EAN: 978-3-598-50001-5
Preis: EUR[D] 34000,00 fPr
Preiszusatz: Silberfiche
Verlag: Saur, K G /SVK

Auf der VLB-CD-ROM kann man die meisten Mikroformen gezielt finden durch Eingabe von `mi?rof*` als Stichwort.

1 Die Hauptwarengruppe
1 Belletristik

Belletristik und ihre Entwicklung werden in der Literaturgeschichte behandelt. Hier eine Kurzfassung zu liefern, würde dieses Buch sprengen. Im Vordergrund sollen buchmarktspezifische Aussagen stehen. Die Sortimentsbuchhändler müssen sich laufend aus Feuilletons, Werbematerialien der Verlage, literarischen Sendungen in Hörfunk und Fernsehen über das literarische Leben informieren (das *Börsenblatt* kündigt laufend Literatur- und Buchsendungen sowie Literaturverfilmungen an). Besonders sollen empfohlen werden:

- *Die Zeit,*
- *Die Frankfurter Allgemeine Zeitung* oder *Neue Zürcher Zeitung,*
- *Der Spiegel,*
- *Literaturen,*
- die Literaturbeilagen aller großen Tageszeitungen zur Buchmesse. Sie liegen auf der Buchmesse zum kostenlosen Mitnehmen aus.
- Auch die Buchempfehlungen in der auflagenstarken *Brigitte* finden starke Beachtung.

Unverzichtbar ist die Kenntnisnahme der Bestsellerlisten. Für die Mehrheit des Publikums geben die Bestsellerlisten, so sehr sie auch geschmäht werden, eine wichtige Orientierung. Bestsellerlisten (rubriziert u.a. nach Hardcover, Taschenbuch, CD-ROMs, Hörbuch und Bestseller Ost, nach Belletristik und Sachbuch) sind in den buchhändlerischen Fachzeitschriften *Buchmarkt* und *Buchreport* abgedruckt. Die oberen Plätze der Listen aus *Buchreport* werden in *Der Spiegel* und *Gong* nachgedruckt. Wichtig ist auch die Bestsellerliste in *Focus*.

Von den rund 78.000 Erstauflagen in Deutschland (2005) sind 11.000 belletristische Bücher (14 %). Die Zahl der Neuauflagen ist bei der Belletristik ungefähr halb so hoch wie die Zahl der Erstauflagen – weit höher als bei jeder anderen Warengruppe. Ebenfalls ausgeprägter als bei anderen Warengruppen ist die zeitgleiche Vermarktung desselben Titels in verschiedenen Ausgaben, in unterschiedlicher Ausstattung, in mehreren Taschenbuchreihen usw. Die Verlage möchten erreichen, dass derselbe Titel wenigstens in großen Buchhandlungen an mehreren Stellen im Regal steht, z.B. bei den Krimis, gleichzeitig aber auch bei den Thrillern, bei der Frauenliteratur und in der allgemeinen Reihe. Beispielsweise ist Anfang 2007 der Krimi *Gott schütze dieses Haus* der Erfolgsautorin Elizabeth George gleichzeitig lieferbar in den Reihen *Goldmann Krimi* und *Goldmann Allgemeine Reihe*, außerdem gebunden in der preiswerten *Stern Krimibibliothek* sowie als Großdruck- und als Hörbuch.

Lieferbar sind in den Warengruppen *110-190* über 90.000 Titel. Niemand kann diese Fülle auch nur annähernd überblicken. Aber nur eine einigermaßen überschaubare Zahl der belletristischen Neuerscheinungen findet höchste Aufmerksamkeit. Auf die von der buchhändlerischen Fachzeitschrift *Buchreport* ermittelte Bestsellerliste, die jede Woche die 200 am stärksten abverkauften Titel nennt (je 50 Hardcovertitel Sachbuch und Belletristik, je 50 Taschenbuchtitel in denselben beiden Sparten), kommen pro Jahr etwa 400 neue Belletristiktitel. Die oberen Rangplätze werden auch im *Spiegel* veröffentlicht (Spiegel-Bestsellerliste mit ca. 140 neuen Belletristiktiteln pro Jahr). Im *Börsenblatt* – und dann im *Focus* – erscheint eine Bestsellerliste mit 25 Rangplätzen, auf die pro Jahr 150-200 Belletristiktitel wandern.

Weniger als die Hälfte der Belletristik-Neuerscheinungen wird in den Feuilletons der Zeitungen rezensiert, erreicht zum Teil gleichwohl hohe Verkaufszahlen. Die meisten Rezensionen bringen die *Frankfurter Allgemeine Zeitung* und die *Neue Zürcher Zeitung* (jährlich je 1.500 bis 2.000 Besprechungen einschließlich Sach- und Kinderbüchern). Auch populäre Zeitschriften stellen belletristische Bücher vor und wecken Neugierde. Einen größeren Einfluss auf die Nachfrage als Buchkritiken in der Presse und im Fernsehen haben Empfehlungen von Freunden und Bekannten sowie Leser-Rezensionen auf den Seiten der Internet-Versandbuchhandlungen.

Für die einzelne Sortimentsbuchhandlung kommt es vor diesem Hintergrund darauf an, ein individuelles Profil im Belletristik-Sortiment zu entwickeln. Einerseits müssen die Kunden vorfinden, was sie erwarten – und dazu gehören natürlich auch die vielgefragten Titel, die im Mittelpunkt der öffentlichen Wahrnehmung stehen. Mitreden zu können, und das heißt hier, die besonders beachteten Neuerscheinungen gelesen zu haben, ist ein wichtiges Lesemotiv. Andererseits haben die Kunden kein Motiv mehr, gerade diese Buchhandlung wieder aufzusuchen, wenn sie dort das geboten bekommen, was sie überall und zum selben Preis antreffen.

Der Umsatzanteil der Belletristik im Sortimentsbuchhandel liegt durchschnittlich bei 23 %, davon gut die Hälfte mit Hardcovern, knapp die Hälfte mit Taschenbüchern. Je kleiner die Buchhandlung, desto höher ist der Belletristik-Anteil. Und deshalb trifft es die kleinen Sortimentsbuchhandlungen umso härter, dass der Umsatzanteil der Belletristik stagniert oder sogar zurückgeht, während der Bereich Sachbuch und Ratgeber leicht expandiert. In der Konkurrenz um die Freizeit der Kunden hat die Belletristik einen zunehmend bedrängten Stand. In dieser Situation sind persönliche Kundenbindung und überlegene Beratungskompetenz wirksamere Mittel um gegenzusteuern als austauschbare Bücherstapel. Deshalb sind die preiswerten Zeitungs- und Zeitschrifteneditionen (z.B. *Stern Krimibibliothek, Süddeutsche Zeitung Kriminalbibliothek*) nicht zur Profilierung geeignet. Chancen durch den Kinostart einer literarischen Vorlage müssen durch Präsentationstische für das Buch genutzt werden (exponiertes Beispiel: *Patrick Süskind: Das Parfum*).

Wachsende Umsätze erzielt Belletristik auf Tonträgern (siehe Kapitel *0.5 Audio-CD, Kassette*).

Erstausgaben, Neuausgaben, Erstauflagen, Neuauflagen

Ein ins Gewicht fallender Teil auch der Erstauflagen sind keineswegs neue Werke, sondern Neuausgaben älterer Werke. Beispielsweise die Erstausgabe von Thomas Manns *Buddenbrooks* erschien 1901 bei *S. Fischer* in zwei Bänden. Seitdem ist der Roman ständig lieferbar (außer während der Nazi-Zeit, als Thomas Mann im Exil lebte und seine Werke in Deutschland unterdrückt wurden) – jedes Mal, wenn er in neuer Ausstattung erscheint (z.B. neuer Schriftsatz, neue Einbandgestaltung, Taschenbuchausgabe), also als Neuausgabe auf den Markt kommt, handelt es sich um eine Erstauflage. Während mehrere andere Ausgaben noch lieferbar waren, brachte *S. Fischer* 1997 eine weitere Ausgabe mit dem geprägten Umschlagmotiv der ersten einbändigen Ausgabe von 1903 heraus und hatte mit dieser Erstauflage (nicht Erstausgabe) bemerkenswerten Erfolg.

Bei der Sachliteratur erleben nur ganz wenige Titel über lange Zeit hin immer erneute Erstauflagen, meistens religiöse oder philosophische Werke, z.B. die Bibel, Senecas *Vom glücklichen Leben* oder Nietzsches *Zarathustra*. Dagegen befinden sich unter den belletristischen Erstauflagen jedes Jahr in nennenswertem Umfang ältere Werke, mitunter Wiederentdeckungen. Der Grund ist, dass jene Autorinnen und Autoren dank ihrer Imagination und ihrer poetischen Kraft über Generationen hin noch immer zu uns sprechen können. Und das Faszinierendste ist, dass sie zu jeder Generation anders sprechen. Jeder, der Goethe, Balzac, Manzoni, die Brontës, Edgar Allen Poe, Lu Xun, Longos oder Dostojewski liest, eignet sich nicht nur oder gar nicht in erster Linie überliefertes Bildungsgut an, sondern findet durch die Literatur einen neuen Zugang zu sich selbst und gewinnt neue Perspektiven für das eigene Leben und die Zukunft. Darum ist die Vermittlung der Belletristik eine der schönsten Aufgaben des Buchhandels. Und deshalb gehört zum individuellen Profil einer guten Sortimentsbuchhandlung, dass sie nicht ausschließlich die Neuerscheinungen herausstellt, sondern ihren Kundinnen und Kunden immer wieder auch Gelegenheit schenkt, Lesestoff zu finden, der ebenso alt wie persönlich bereichernd ist, auf Bücher zu stoßen, die man schon immer einmal lesen wollte, oder Altbekanntes in schönen Neuausgaben zu erwerben.

Übersetzungen

Bei der Belletristik spielen Übersetzungen eine überdurchschnittliche Rolle (14 % Anteil an den Erstauflagen, Durchschnitt über alle Warengruppen: 8 %). Allerdings ist der Anteil der Übersetzungen bei der Belletristik seit den 1990er-Jahren gesunken; die Verlage scheuen zunehmend das Kostenrisiko der Übersetzung.

Gut die Hälfte der Belletristik-Übersetzungen kommt aus dem Englischen; die Bedeutung anderer Herkunftssprachen nimmt zu. Das jeweilige Länderthema der Frankfurter Buchmesse bewirkt in der Regel, dass in dem betreffenden Jahr mehr Übersetzungen aus dem betreffenden Land erscheinen als sonst.

Die englischen und amerikanischen Autoren haben ein besonderes Talent, den Geschmack breiter Publikumsschichten auf gutem Niveau zu treffen. Das breite Spektrum der Unterhaltungsliteratur ist in den englischsprachigen Ländern wesentlich stärker ausgebaut als in Deutschland. Dahinter steht die ausgeprägte Zweiteilung des deutschen Literaturbetriebs, der Wertungen der Kritiker und der Vergabepraxis bei Literaturpreisen (nicht des Lese- und Kaufverhaltens): Nur Hochliteratur gilt hierzulande als „echte" Literatur; Autoren und Werke, die diese Messlatte nicht erreichen, werden ungerechtfertigt gering geachtet. Deshalb kann sich unter deutschsprachigen Autoren das breite Mittelfeld, das intelligente Unterhaltung liefert ohne permanenten Anspruch auf große Kunst, nur begrenzt entwickeln.

Trivialliteratur, Unterhaltungsliteratur, Hochliteratur

Ergiebiger als die undifferenzierte Abwertung der so genannten Unterhaltung ist ein Drei-Schichten-Modell. Danach unterscheidet man Hochliteratur, Unterhaltungsliteratur und Trivialliteratur.

- Charakteristisch für Trivialliteratur ist die mehr oder minder starke Schematisierung in inhaltlicher und formaler Hinsicht: Die Handlungsmuster wiederholen sich von Werk zu Werk, die Figuren sind klischeehaft dargestellt, Wortschatz und sprachliche Differenzierung sind begrenzt. Die zur Lektüre erforderliche intellektuelle Leistung, die nicht verwechselt werden darf mit der intellektuellen Leistungskraft des Lesers; auch Nobelpreisträger lesen Triviales, ist beschränkt wegen der fehlenden oder nur gering ausgeprägten Originalität und der stark vorhersehbaren sprachlichen Gestalt. Dem entspricht, dass die Trivialliteratur verbreitete Leseerwartungen erfüllt und nicht irritiert oder durchbricht. Ein großer Teil der Trivialliteratur weicht auf der Inhaltsebene den Fragen und Problemen, vor denen die Leser täglich stehen, aus und gaukelt eine heile Welt vor – und wird genau aus diesen Gründen bevorzugt. Trivialliteratur entspricht dem Massengeschmack und widerspricht dem literarischen Geschmack derjenigen Gebildeten, deren Werturteile sich im Feuilleton, bei der Vergabe der Literaturpreise und in den Abhandlungen zur Literaturgeschichte betätigen.
- Unterhaltungsliteratur weist gegenüber der Trivialliteratur eine größere thematische und formale Vielfalt auf, ist aber weniger gedankentief und sprachlich weniger ausgefeilt als die Hochliteratur, der Alltagssprache näher als die Hochliteratur und deshalb leichter zugänglich. Sie ist formal und inhaltlich konventioneller als diese. Freilich sind die Übergänge so fließend, dass man eher an ein Kontinuum der Qualitäten und Werturteile im Spannungsfeld zwischen oben und unten denken sollte als an drei klar abgrenzbare Schichten. Zeitgenössische Autoren der Unterhaltungsliteratur sind unter anderem Isabelle Allende (mit Ausnahme von *Das Geisterhaus*), Andrea Camilleri, Michael Crichton, Patricia Duncker, Donna Leon, Charlotte Link, Peter Mayle, Martin Suter, Anne Tyler, Minette Walters.
- Hochliteratur ist die Literatur, die den Adel der Kunst für sich in Anspruch nehmen kann. Zwar gibt es inhaltliche und formale Traditionen und Muster (z.B. Bildungsroman, Simultanstück, konkrete Poesie), doch steht die Individualität des Werks im Vordergrund. Zeitgenössische Autoren der Hochliteratur sind beispielsweise Joseph Brodsky, Irene Dische, Kerstin Ekman, Dario Fo, Gabriel García Márquez, Seames Heaney, Javier Marías, Kenzaburō Ōe, Salman Rushdie, José Saramago, Wisława Szymborska.

Weitere Unterscheidungsmerkmale sind: Die Trivialliteratur erscheint vor allem in Form von Romanheften, zunehmend aber auch in nicht selten mehr als 400 Seiten umfassenden Taschenbüchern mit Liebespaar auf dem knallbunten Cover (führend: *Blanvalet, Lübbe, Heyne, Ullstein TB*), Unterhaltungs- und Hochliteratur als Taschenbuch und Hardcover. Die Romanhefte werden über die Pressegrossisten an Zeitschriftenkiosken und in Kaufhäusern verkauft; triviale Taschenbuchreihen bieten auch Bahnhofsbuchhandlungen an. Der Vertriebsweg der Hochliteratur ist dagegen fast ausschließlich der Sortiments- und Versandbuchhandel, für eine schmale Auswahl älterer Hochliteratur daneben auch der Buchclub. Die Unterhaltungsliteratur wird über alle Vertriebswege abverkauft. Bei der Trivialliteratur steht der Markenname der Heft- oder Taschenbuchreihe oder das Pseudonym der Autoren im Vordergrund, bei der Unterhaltungs- und Hochliteratur der Markenname des Autors bzw. der Autorin. Hinter gleich bleibenden Pseudonymen, unter denen ein großer Teil der Trivialliteratur erscheint, verbergen sich mitunter mehrere Autoren, während die Autoren der Unterhaltungs- und Hochliteratur fast ausnahmslos Einzelpersonen sind, um die sich ein Personenkult entwickeln kann.

Bei der Unterhaltungsliteratur stellen Frauen einen relevanten Anteil unter den Autoren, die Autorenteams der Trivialliteratur sind überwiegend männlich. Im Inhalt der Trivialliteratur dominieren Helden, die im Rahmen einer linearen Handlung in Konflikte verstrickt werden, aber schließlich kommt es zur Lösung, meistens zu einer guten Lösung. Der Inhalt der Unterhaltungs- und der Hochliteratur kann diesem Muster folgen, oft jedoch dominieren andere Elemente als der Stoff, beispielsweise die Ironie des Erzählers, oder der Leser wird durch den Wechsel der Erzählperspektive veranlasst, den Handlungsverlauf selbst aus einer Vielzahl von Details zusammenzusetzen. Schließlich besteht ein Unterschied darin, dass die Leser der Unterhaltungs- und Hochliteratur ihre Lektüre zum Gesprächsgegenstand machen, Trivialliteratur wird fast nie Gesprächsstoff.

Wie immer die Unterscheidungen und Wertmaßstäbe im Einzelnen gesehen werden, Qualitätsunterschiede und in diesem Sinn auch Schemaliteratur und Unterhaltungsliteratur ohne beachtlichen Kunstgehalt gibt es keineswegs nur bei der erzählenden Belletristik, den Romanen, sondern ebenso bei der Lyrik und der Dramatik.

Literaturpreise

Von den zahllosen Literaturpreisen – es gibt allein in Deutschland über 5.000 – nimmt das literarisch interessierte Publikum nur ganz wenige zur Kenntnis, vor allem die folgenden (in Klammern die Stelle, die den Preis verleiht):

- Literaturnobelpreis (Schwedische Akademie der Schönen Künste Stockholm),
- Prix Goncourt (Académie Goncourt, Paris),
- Pulitzer Prize (School of Journalism an der Columbia University, New York),
- Booker Prize (Booker McConnell Prize; gestiftet von dem Industriekonzern Booker McConnell, verliehen von der National Book League, Großbritannien),
- Ingeborg-Bachmann-Preis (Stadt Klagenfurt und Österreichischer Rundfunk),
- Georg-Büchner-Preis (Deutsche Akademie für Sprache und Dichtung, Darmstadt),
- Kleist-Preis (Heinrich-von-Kleist-Gesellschaft),
- Friedenspreis des Börsenvereins des Deutschen Buchhandels, meistens nur Friedenspreis des Deutschen Buchhandels genannt.

Besonders diese Literaturpreise können ein Verkaufsargument werden. Die Verlage bringen oft eine Sonderausgabe oder eine neue Auflage des preisgekrönten Werks oder Autors mit Bauchbinde, Aufkleber oder dergleichen heraus und feiern den Autor mit verstärkter Werbung. An diese Aufmerksamkeitswerte kann die einzelne Buchhandlung mit ihren individuellen Empfehlungen anknüpfen, die sie um die besonders beworbenen Titel herum gruppiert.

Auswahl wichtiger Verlage

Ammann
Arche
Argument-Verl.
Aufbau Taschenbuch Verlag
Aufbau Verlag
Beck C H
Berlin Verlag
Bertelsmann, C
Blanvalet
Bloomsbury Publishing
Claassen
Deuticke
Diana
Diogenes
Droemer Knaur
dtv
DuMont Literatur und Kunst
DVA
edition ebersbach
Eichborn
Eulenspiegel – Das Neue Berlin

Fischer, S
Frankfurter V.-A.
Goldmann
Hammer, P
Hanser
Herbig
Heyne, W
Hoffmann und Campe
Insel
Jung u. Jung
Kiepenheuer & Witsch
Kindler
Klett-Cotta
Krüger, Wolfgang
Kunstmann
Lamuv
Langen-Müller
Lenos
Libelle
List, Paul
Lübbe
Luchterhand Literaturverl.

Nagel & Kimche
Orlanda Frauenverlag
Piper
Reclam
Residenz
Rogner & Bernhard
Rowohlt
Rowohlt Berlin
Rowohlt Taschenbuch
Ruetten & Loening
Scherz
Schirmer Graf
Schöffling
Steidl
Suhrkamp
Ullstein Buchverlage
Ullstein Taschenbuch Verlag
Unionsverlag
Wagenbach
Wunderlich

Die einzelnen Warengruppen

Die Literaturwissenschaft unterscheidet belletristische Gattungen und Formen, so Epik, Roman, Novelle, Kurzgeschichte, Kunstmärchen, Volksmärchen, Lyrik, Dramatik, Boulevardkomödie, Hörspiel u.v.a.m. In der Praxis des Buchhandels spielen diese Begriffe eine untergeordnete Rolle.

Die Gliederung der Hauptwarengruppe */ Belletristik* soll den Kunden wie dem Personal pragmatisch und voraussetzungslos eine klare Orientierung geben:

Rechte Spalte: Prozentanteil an lieferbaren Titeln der Hauptwarengruppe */ Belletristik* Anfang 2007			
110	Erzählende Literatur	auch: Epen, Vers-Erzählungen	11
111	Hauptwerk vor 1945	auch: Gesamtausgaben	8
112	Gegenwartsliteratur (ab 1945)	auch: Gesamtausgaben	21
113	Historische Romane und Erzählungen	Romane, in der Gegenwart verfasst, die vor 1900 spielen.	3
114	Märchen, Sagen, Legenden	auch: Fabeln	3
115	Anthologien	nur Prosa; auch: Anekdoten	2
116	Romanhafte Biographien		3
117	Briefe, Tagebücher		2
118	Essays, Feuilleton, Literaturkritik, Interviews	auch: Reden	3
119	Aphorismen		<1
120	Spannung		3
121	Krimis, Thriller, Spionage		7
122	Historische Kriminalromane	Kriminalromane, in der Gegenwart verfasst, die vor 1900 spielen.	<1
123	Horror		<1
130	Science Fiction, Fantasy	auch: fantastische Literatur	1
131	Science Fiction		1
132	Fantasy		2
133	Fantastische Literatur		<1
140	Gemischte Anthologien	Prosa + Lyrik	1
150	Lyrik, Dramatik	auch: Balladen	1
151	Lyrik	auch: Oden und Sonette	6
152	Dramatik	auch: Komödien und Tragödien	2
160	Zweisprachige Ausgaben	deutschsprachige Publikationen	<1
161	Deutsch/Englisch		<1
162	Deutsch/Französisch		<1
163	Deutsch/Italienisch		<1
164	Deutsch/Spanisch		<1
165	Deutsch/weitere Fremdsprache		<1
180	Comic, Cartoon, Humor, Satire		1
181	Comic		3
182	Manga, Manhwa		4
183	Cartoons		<1
185	Humor, Satire, Kabarett		2
190	Geschenkbücher, Alben, Immerwährende Kalender, Postkartenbücher		1
191	Geschenkbücher		6
192	Alben		<1
193	Immerwährende Kalender		<1
194	Postkartenbücher		<1

Bis 2006 war die Hauptwarengruppe Belletristik anders, vor allem gröber geglie-dert.

Im Folgenden werden einige Warengruppen nach der Warengruppen-Systematik 2007 erläutert.

1.1 Die Warengruppe *110 Erzählende Literatur* mit Untergruppen

Romane und längere, ein ganzes Buch füllende Erzählungen sind seit dem 18. Jahrhundert zur mit Abstand dominierenden Form der Belletristik geworden. 80 bis 90 % der belletristischen Neuerscheinungen sind erzählende Literatur. Ne-ben den Großformen spielen Märchen, Sagen, Legenden, kürzere Erzählungen in Anthologien, Briefe, Tagebücher, Essays, Feuilletons, Reden und Interviews eine nachgeordnete Rolle im Buchhandel. Hierfür sind eigene Warengruppen vorgese-hen (siehe die Übersicht S. 63).

1.1.0 Die Warengruppen
110 Erzählende Literatur
111 Hauptwerk vor 1945
112 Gegenwartsliteratur (ab 1945)

Da die Warengruppen *1*0* eigentlich Obergruppen zu *1*1, 1*2* usw. darstellen, sollte man erwarten, dass ihnen keine Titel zugeordnet sind; das ist aber nicht der Fall. Die Vergabe der Warengruppen durch die Verlage ist offenbar im Juni 2007 noch nicht konsistent. Für die Recherche heißt das, man muss, wenn man in einer Warengruppe *1*1* bis *1*9* nicht fündig geworden ist, zusätzlich in *1*0* recherchie-ren.

Beispiele für Autoren in der Warengruppe *111 Hauptwerk vor 1945* sind:

Amery, Carl	Austen, Jane	Petrarca, Fransesco
Andersen, Hans Ch.	Fitzgerald, F. Scott	Tolstoi, Leo N.
Apuleius	Murasaki	Zola, Emile

Es wird deutlich, dass die Warengruppe *111 Hauptwerk vor 1945* vor allem „Klassiker" in irgendeiner Bedeutung des Wortes enthält – einschließlich Autoren wie Hedwig Courths-Mahler, die zu den ganz wenigen Trivialliteratur-Autoren gehört, die weit über ihre Zeit hinaus gelesen und immer wieder aufgelegt werden.

Beispiele für Autoren in der Warengruppe *112 Gegenwartsliteratur (ab 1945)* sind:

Auster, Paul	Daschkowa, Polina	Vargas Llosa, Mario
Coelho, Paulo	Lennox, Judith	Wassmo, Herbjorg
Coetzee, John M.	Roth, Philip	Wood, Barbara

Eine zunehmende Rolle spielen Autoren, die – z.T. bei bescheidener literarischer Begabung – bei Film oder Fernsehen bekannt wurden und nun das Image ihres Namens, ihr „kulturelles Kapital", auch auf dem Buchmarkt verwerten (z.B. Michael Degen, Juliane Hielscher, Hape Kerkeling, Bernd Lichtenberg).

Einen großen Teil der Romane und Erzählungen kann man Genres zuschlagen, hierfür sind z.T. eigene Warengruppen vorgesehen. Ein nicht geringer Teil der Kundschaft bevorzugt bestimmte Genres und fragt immer wieder nach neuen Titeln gerade aus diesen Genres. Deshalb kann man einen Teil des Belletristik-Sortiments in entsprechenden Rubriken präsentieren. Aber je „höher" der literarische Anspruch, desto weniger ist eine Genre-Zuordnung möglich. Die Genres, für die keine eigene Warengruppe vorgesehen ist, und Titel, die sich einer Zuordnung entziehen, stecken in den Warengruppen *110 Erzählende Literatur* bis *119 Aphorismen*. Wichtige Romangenres, die in der Warengruppen-Systematik keine eigenen Warengruppen bekommen haben, sind:

- **Abenteuerroman:** Im Mittelpunkt steht ein Held, der in einer klar überschaubaren, überall sinnfällig greifbaren Welt gegen alle Widersacher die Oberhand behält. Psychologische Interessen spielen in Figurendarstellung und Handlungsführung keine Rolle. Das Geschehen spielt bevorzugt auf See, auf Reisen, bei den Fliegern, im Krieg oder im Wilden Westen (Western). Abenteuerliche Kriegsromane enthalten nicht selten Handlungselemente in ethisch verwerflicher Perspektive (z.B. unreflektierte Freude über das Töten der aus rassistischem Blickwinkel dargestellten Feinde). Die neuere Produktion des Genres ist stärker trivial ausgeprägt als andere Genres und im Aussterben begriffen. Jedoch haben sich etliche Abenteuerklassiker gehalten, die in immer neuen Ausgaben erscheinen (*Jules Verne, Alexandre Dumas, Alexander Kent, Herman Melville*).

- **Heimatroman:** Die Handlung spielt auf dem Land unter Bauern. Geschildert werden Sitten und Gebräuche, Dorf und Landschaft, Arbeit und Jahreslauf, die Verbundenheit der Menschen mit ihrer Heimat. Während das Genre im 19. Jahrhundert auch beste Beispiele des literarischen Realismus hervorbrachte (*Jeremias Gotthelf*), verflachte es später immer mehr zu schematischen Geschichten, in denen es vor austauschbarer Kulisse um das Happy End zwischen dem Hoferben und einer bei allen Anfeindungen charaktergeraden jungen Bäuerin geht. Seit den 1920er-Jahren, besonders während der Nazizeit, wurde ein Teil des Genres zum Transportmittel reaktionärer und nationalsozialistischer Ideologien. Eine überschaubare Zahl von Klassikern (z. B. *Peter Rossegger, Ludwig Ganghofer*) hat sich gehalten, wird besonders in Süddeutschland unverändert gelesen. Neben der serienmäßigen Produktion meist aus kleineren Verlagen (*Rosenheimer Verlagshaus*) gibt es immer wieder vereinzelte Titel qualitätsvoller Heimatromane (*Erwin Strittmatter, Arno Surminski*).

- **Zeitroman:** Im Mittelpunkt der realistischen Handlung stehen Personen, wie sie in der Gegenwart gelebt haben oder leben könnten. Da dieser Stoff unerschöpflich und das einzige Kriterium dieses Genres ist, kann man bezweifeln, ob es sich hier um ein Genre handelt, das den anderen Genres vergleichbar ist.

Es gibt kein wiederkehrendes Personal, keine konventionellen Handlungsverläufe. Entscheidend ist, dass die Gesellschaft der Gegenwart und die Zeitgeschichte in mehr oder minder typischen Figuren und Situationen widergespiegelt werden, teils mit satirischen Zügen. Viele Zeitromane tragen mehr oder minder gesellschaftskritische Züge, sei es grundsätzlicher Art, sei es bezogen auf einzelne Missstände. Immer wieder behandelte Themen sind Ausländerfeindlichkeit, Umweltschäden, Dritte Welt, Konsumgesellschaft, bis vor etlichen Jahren auch die Arbeitswelt. Alle Verlage, die überhaupt Belletristik veröffentlichen und sich nicht ausschließlich auf triviale Reihen spezialisiert haben, verlegen auch zahlreiche Zeitromane, teils als Hardcover, teils als Taschenbuch. Beispielautoren: *Nadine Gordimer, Lars Saabye Christensen, Irene Dische, Heinrich Böll, Walter Kempowski, Ingo Schulze, Thomas Brussig, Amos Oz.*

- **Kriegsroman**: Der Kriegsroman ist durch seinen Stoff bestimmt, ein Krieg des 20. oder 21. Jahrhunderts. Je nach Art und Weise der Behandlung dieses Stoffes steht er dem Abenteuerroman (meist wird dann der Krieg verharmlost oder verherrlicht) oder dem Zeitroman nahe. Abgesehen von trivialen Heftromanreihen (Musterbeispiel: *Der Landser, Pabel Moewig*), gibt es keinen Verlag und keinen Autor, der sich auf Kriegsromane festgelegt hätte. Beispielautoren: *Lothar G. Buchheim, C.H. Guenter, Herman Wouk.*

- **Familien- und Liebesroman**: Synonyme sind konventioneller Frauenroman und Gesellschaftsroman. Im Mittelpunkt stehen Frauen, die moralisch integer, schön, aber nicht sexy, gefühlsstark, aber nicht ekstatisch sind, die das Herz auf dem rechten Fleck haben, pragmatisch und durchaus zielstrebig, aber bestimmt nicht intellektuell sind. Sie kämpfen um ihre Liebe, ihre Kinder, ihr Haus, ihre Familie, sind in der aktuellen Romanproduktion auch berufstätig, treten aber fast nie bei der Hausarbeit in Erscheinung, finden vor allem an der Seite eines Mannes ihr Glück. Der zeitgeschichtliche oder historische Hintergrund der realistischen, meistens chronologisch erzählten Handlung bleibt blass, eventuell unstimmig; Politik und Wirtschaft spielen keine erwähnenswerte Rolle. Die Handlung kann sich zu Generationen umspannenden Sagas ausweiten.
Der Stoff wird natürlich auch in der Hochliteratur ständig aufgegriffen (*Theodor Fontane, Toni Morrison, Joyce Carol Oates*), aber dort nicht nur erzählerisch und sprachlich differenzierter verarbeitet, sondern auch inhaltlich reflektierter und vielschichtiger. Autoren der Unterhaltungsromane dieses Genres sind überwiegend Frauen, die über lange Jahre ihres Lebens hin Bucherfolg auf Bucherfolg verfassen.
Alle belletristischen Verlage bedienen dieses Genre mit einer Vielzahl von Titeln als Hardcover und Taschenbuch, meistens aber in den allgemeinen Taschenbuch-Reihen. Typische Autoren sind *Nicholas Sparks, Ildikó von Kürthy, Charlotte Link, Rosamunde Pilcher.* Es gibt Übergänge zum modernen Frauenroman, die freilich auf ältere Vorbilder zurückverweisen (*Elizabeth von Arnim, Vicki Baum*).

- **Moderner Frauenroman**: Wachsendes Selbstbewusstsein, steigende Teilnahme am Erwerbsleben, zunehmendes Qualifikationsniveau der Frauen und allgemein der Wandel der traditionellen Frauenrolle sind der Hintergrund für moderne Frauenromane. Eine engere, aber der Literaturproduktion und -rezeption nicht gerecht werdende Betrachtung richtet den Blick allein auf Werke, die aus feministischer Perspektive geschrieben oder im Zusammenhang mit der Neuen Frauenbewegung entstanden sind (*Margaret Forster, Barbara Gowdy*). Aus feministischem Blickwinkel entstehen jedoch auch Fantasy- und Science-Fiction-Romane (*Marion Zimmer Bradley*) oder Kriminalromane (z.B. *Pieke Biermann*, ferner die Reihe *Ariadne-Krimi, Argument Hamburg*).

  Der moderne Frauenroman lässt sich hauptsächlich aufgrund seines Frauen- und Männerbildes vom Zeitroman abgrenzen (*Irmtraud Morgner, Doris Lessing*); freilich gibt es auch Übergänge zum konventionellen Frauenroman (*Gaby Hauptmann, Hera Lind*). Die Handlung dreht sich meistens um eines der folgenden Themen: Selbstverwirklichung der Frau außerhalb der überlebten Frauenrolle, neue Rollenverteilung in der Partnerschaft, weibliche Sexualität, Gewalt gegen Frauen, geschlechtsspezifische Sozialisation, die Situation der Frau in anderen Kulturen.

  Moderne Frauenromane erscheinen in fast allen belletristischen Verlagen teils als Hardcover, mit Rücksicht auf die Kaufkraft des Publikums, z.B. Studentinnen, aber in erheblichem Umfang auch als Softcover, was sonst bei Romanen weniger häufig der Fall ist, und vor allem als Taschenbuch in den allgemeinen Reihen. Eine Vorreiterrolle spielen Frauenbuchverlage, die nicht selten risikofreudiger und innovativer bislang unbekannte Autorinnen einführen und thematisch neue Seiten aufschlagen (*Frauenoffensive, Orlanda Frauenverlag, edition ebersbach*).

  Nachfrage und Produktion sind weniger umfangreich als beim konventionellen Frauenroman.

- **Arztroman**: Im Mittelpunkt steht ein guter Mensch, von Beruf Arzt oder Ärztin, der im Krankenhaus, im Wohnquartier oder im Problemviertel sympathische Identifikationsfigur, Hoffnungsträger für die kleinen Leute, ausgleichendes Element und unerschütterlicher Optimist ist. Oder es handelt sich noch schlichter um eine Variante des konventionellen Liebesromans: eine junge Frau gewinnt ihren Platz an der Seite eines erfolgreichen, gut aussehenden, gut situierten, verständnisvollen Mannes, der von Beruf Arzt ist. Medizinische und philosophische Fragen nach Krankheit, Tod, Verantwortung werden nicht ernsthaft angeschnitten. Triviale Heftromane bedienen das Genre in wöchentlichen Lieferungen, deren Inhalte austauschbar sind. Es sind nur wenige Titel lieferbar, die qualitativ darüber hinausgehen. Beispiele: *Leo Bach, Taylor Caldwell, Archibald J. Cronin, Noah Gordon: Die Erben des Medicus*. Im Zusammenhang mit Fernsehserien um Ärzte und Krankenhäuser erscheinen Filmbücher und Romane, die meistens nur kurze Zeit lieferbar sind.

- **Heitere Romane** zeichnen sich durch Humor, teils auch Ironie oder Komik aus. Nicht selten wird das Heitere vor allem durch Ausblenden ernsterer Themen erreicht. Beliebt als Handlungsrahmen sind Reisen in Gegenden mit angenehmem Klima wie Südfrankreich oder die Toskana oder Erinnerungen an eine unbeschwerte Kindheit. Die meisten der vorgenannten Genres können auch im heiteren Gewand auftreten. Beispiele: *Jan Weiler, Eugen Roth* (hauptsächlich Verse, auch Erzählungen), *Evelyn Sanders*.
- **Erotische Literatur** umfasst zwar in geringem Umfang auch Lyrik, aber mit Blick auf heutige Leseerwartungen spielen fast nur noch Romane eine Rolle. Das Spektrum reicht von der Schilderung sexueller Abenteuer (Klassiker z.B. *Josefine Mutzenbacher*; *Anaïs Nin: Das Delta der Venus*; *Djin Ping Meh/King Ping Meh*) über mehr oder minder freizügige erotische Unterhaltung (z.B. von *Lonnie Barbach*) bis zu etlichen Werken oder Werkauszügen von Autoren der Weltliteratur (z.B. von *Guillaume Apollinaire, Guy de Maupassant, Boccaccio; Vladimir Nabokov: Lolita; David H. Lawrence: Lady Chatterley's Lover*).

Gesamtausgaben und umfangreichere Werkausgaben sind wie die Einzelausgaben in der Warengruppe *111 Hauptwerk vor 1945* bzw. *112 Gegenwartsliteratur (ab 1945)* enthalten, je nachdem ob die wichtigsten Werke des betreffenden Autors vor oder nach 1945 entstanden.

Neben den Werken selbst, möglicherweise auch bis dahin unveröffentlichten Werken, enthalten Gesamtausgaben oder Werkausgaben oft:

- Briefe des Autors und an den Autor,
- Tagebücher und Notizen des Autors,
- Einleitungen, Kommentare und Apparat des Herausgebers,
- Register, besonders der Werktitel, Gedichtüberschriften und -anfänge, der erwähnten Personen.

Die meisten Gesamt- oder Werkausgaben haben einen persönlich benannten Herausgeber, hinter dem nicht selten ein ganzes Team von Mitarbeitern steht. Seine Leistung besteht in der Auswahl und der Anordnung der Werke und weiterer Texte, ferner in der Erstellung der Einleitungen, der Kommentare, des Apparats und der Register, ggf. auch erst einmal in der Erstellung eines gesicherten Werktextes. Letzteres, die Textkritik, ist besonders häufig erforderlich bei Werken mit wechselhafter Editionsgeschichte, bei verloren gegangenen Manuskripten, bei variantenreichen und unsicheren Textüberlieferungen (z.B. bei *Heinrich von Kleist, Friedrich Hölderlin*, der *Edda*).

Ausgaben von Werken, deren Text und Textüberlieferung erst vermittels der Textkritik rekonstruiert wurde, nennt man kritische Ausgabe; das kommt besonders häufig bei mittelalterlichen und antiken Werken vor, die nicht authentisch überliefert sind.

Im wissenschaftlichen Apparat, dargestellt in Form von Fußnoten oder Anhängen mit Angabe der Seiten- und Zeilenzahl, manchmal auch als separater Band, gibt der Herausgeber vor allem folgende Informationen wieder:

- abweichende Textvarianten mit Quellenangaben,
- überlieferungs- und editionsgeschichtliche Angaben,
- Erklärung von Namen und Wörtern, die nicht ohne weiteres verständlich sind,
- Übersetzungen fremdsprachiger Partien und Zitate im Werk,
- vom Werkautor ursprünglich vorgesehene, später aber wieder gestrichene Textpassagen sowie vorbereitende Skizzen, die nicht in das Werk eingegangen sind (Paralipomena),
- Verweise auf gleich lautende oder verwandte Textstellen in demselben oder in anderen Werken.

Manchmal auch im Apparat, eher in einem davon abgesetzten Kommentar, kann der Herausgeber Informationen bieten über die Entstehungszeit, biografische Umstände der Entstehung, an der Entstehung direkt oder indirekt beteiligte Personen, autobiografische Äußerungen des Autors und seine Eigenkommentare, die geistigen und kulturellen Voraussetzungen des Werks, Wirkungen des Werks und seine Rezeption.

Eine historisch-kritische Ausgabe dokumentiert die verschiedenen Fassungen des Werks von den ersten Entwürfen bis zur Ausgabe letzter Hand; das ist die letzte, vom Autor selbst überwachte Ausgabe, die sozusagen seinen „letzten Willen", was die Textgestalt angeht, verkörpert. Historisch-kritische Gesamtausgaben sind sowohl Forschungsergebnis wie auch Grundlage der Geisteswissenschaften.

Unterhalb der Ebene der historisch-kritischen Gesamtausgaben gibt es außerordentlich reichhaltige Abstufungen:

- Werkausgaben mit Apparat und Kommentar, die nur die wichtigen, auch heute noch lesenswerten und oft zitierten Werke meistens in moderner Orthografie enthalten; sie verzichten oft auf Tagebücher und Briefe und nennen sich gleichwohl nicht selten Gesamtausgabe, Gesamtwerk oder Gesammelte Werke, auch Studienausgabe; ehrliche Titelformulierungen sind z.B. Werke, Werke in ... Bänden,
- Werkausgaben, die nur eine Auswahl aus dem Werk in moderner Orthografie enthalten, mit auf Wort-, Namen- und Sacherklärungen reduziertem oder ohne Apparat und mit kurzem Kommentar, der sich auf biografische und kulturgeschichtliche Hintergründe konzentriert (Leseausgaben),
- Werkauswahl ohne Apparat und Kommentar (Textausgabe), vielleicht mit einer Einleitung, die in das Werk einführt und insofern einige Funktionen des Kommentars übernimmt. Auch hierfür verwenden die Verlage mitunter Formulierungen wie Leseausgabe, Gesammelte Werke, ehrlicherweise meist schlicht Werke oder Werke in ... Bänden.

Eine einheitliche Terminologie in den Titelformulierungen der Verlage gibt es nicht. In einem Vorwort sollte der Herausgeber erklären, was der Standard seiner Ausgabe ist. Als *Gesammelte Werke in Einzelausgaben* o.ä. bezeichnen die Verlage gerne solche Werkausgaben, bei denen die Bände einzeln zu kaufen, deshalb nicht durch übergreifende Register, durch Verweisungen auf andere Bände usw. verknüpft sind. Das Haupttitelblatt in den Einzelbänden solcher Ausgaben sieht oft wie bei einer Einzelausgabe desselben Werks aus; ein Vortitelblatt oder die Rückseite des Titelblatts nennt den Zusammenhang.

Kunden historisch-kritischer Gesamtausgaben, deren Einzelbände oft weit über 100 € kosten und teilweise in beträchtlichen Abständen erscheinen, sind vor allem große Bibliotheken. Privatkunden kaufen aber durchaus auch Werk- und Gesamtausgaben besonders bedeutender Autoren, z.B. Jorge Luis Borges, Bertolt Brecht, Elias Canetti, Charles Dickens, Theodor Fontane, Max Frisch, Goethe, Hermann Hesse, Friedrich Hölderlin.

1.1.3 **Die Warengruppe** *113 Historische Romane und Erzählungen*

Die Handlung spielt vor 1900. Die historischen Umstände werden realistisch geschildert; hier findet man also nicht die Fantasy-Romane, deren Handlung in einer kaum greifbaren Vergangenheit spielt.

Im Vordergrund steht die freie Nacherzählung des historischen Geschehens, das der Autor deuten oder in dem er Parallelen zur Gegenwart finden will. Haupt- oder Nebenfiguren sind literarische Abbildungen historischer Gestalten. Das Interesse gilt entweder mehr den Motiven der Handelnden, die oft die Folgen ihres Tuns nicht absehen können (Lion Feuchtwanger), oder dem überpersönlichen geschichtlichen Prozess (James Michener), auch den konkreten Umständen und Gegenständen der Vergangenheit (Noah Gordon).

Die Hochliteratur hat immer wieder im historischen Gewand Gegenwarts- und philosophische Fragen erörtert (z.B. Thomas Mann); diese Literatur findet man bevorzugt in den Warengruppen *110 Erzählende Literatur, 111 Hauptwerk vor 1945* und *112 Gegenwartsliteratur (ab 1945)*.

Die schlichteren Formen des historischen Romans spielen vor austauschbarer und manchmal nicht stimmiger historischer Kulisse; es geht um die abenteuerliche Handlung oder die Liebesgeschichte, die mit Elementen vergangener Zeiten koloriert werden (z.B. Charlotte Link, Christian Jacq). Das Kundeninteresse an historischen Romanen ist seit den 1990er-Jahren gewachsen; heute erscheinen einige Hundert Titel im Jahr. Hardcover-Neuerscheinungen haben einen erheblichen Anteil.

1.1.5 **Die Warengruppe** *115 Anthologien*

Anthologien (griechisch: „Blumenlese") sind Sammlungen belletristischer Texte mehrerer Autoren, meistens kürzerer Werke oder Werkauszüge, teilweise sind auch nicht-fiktionale Texte mit enthalten. Pro Jahr erscheinen in dieser Warengruppe 200 bis 300 neue Titel. Typische Zusammenstellungen sind:

* Anthologien unter geografischen Gesichtspunkten, Titel wie *Hoffnung der Besiegten. Erzählungen des polnischen Realismus (Suhrkamp); Traumbrücke ins ausgekochte Wunderland. Ein japanisches Lesebuch (Insel)*.
* Anthologien unter thematischen Gesichtspunkten, z.B. Liebesgeschichten, Katzenerzählungen (*Auf samtweichen Pfoten, Insel*), erotische Anthologien,

- Anthologien, die einen Querschnitt einer literarischen Gattung bieten, etwa der amerikanischen Kurzgeschichte, der deutschen Erzählung der Gegenwart (*Beste Deutsche Erzähler 2004, DVA*) usw.

Lyrik- und Dramenanthologien sind in den Warengruppen *150 Lyrik, Dramatik, 151 Lyrik* und *152 Dramatik* enthalten, gemischte Anthologien (Prosa und Lyrik, selten auch noch Dramatik) in der Warengruppe *140 Gemischte Anthologien*. Anthologien von Kriminalerzählungen (*Mordgeschichten...*) stecken meistens in der Warengruppe *121 Krimis, Thriller, Spionage*, Anthologien von Science-Fiction und Fantasy in den Warengruppen *130 Science Fiction, Fantasy* usw.

Die wenigsten Anthologien nennen sich so; die Verlage verwenden oft Titelformulierungen wie Lesebuch, Erzählungen, Kurzgeschichten usw. Anthologien finden insgesamt eine wesentlich geringere Nachfrage als Romane. Häufig ist der Impulskauf mit Blick auf Situationen, in denen man sich lieber kurze Lektüren vornimmt, z.B. Kurzreisen, Klinikaufenthalt. Etliche Titel eignen sich ausgezeichnet als Präsent und können gemeinsam mit den Geschenkbüchern (Warengruppe *191 Geschenkbücher*) angeboten werden.

1.1.6 Die Warengruppe 116 Romanhafte Biographien

Wenn die Hauptfigur auf eine reale Gestalt zurückgeht und die Handlung auf die Erzählung ihres Lebens ausgerichtet ist, dann spricht man von romanhaften Biografien, unabhängig davon, wie getreu sich der Autor an die historischen Tatsachen hält. Zum romanhaften Charakter gehört, dass Zitate nicht belegt sind, dass Nominalstil vermieden wird, dass Situationen konkret erzählt werden. In vielen Fällen findet man romanhafte Biografien über den Namen der realen Gestalt als Schlagwort in Kombination mit der Warengruppe *116 Romanhafte Biografien*. Romane, die ein mögliches Leben realistisch in seinem Verlauf und seinen Verflechtungen mit den Zeitläufen erzählen, aber sich nicht auf eine reale Person beziehen, findet man hauptsächlich in den Warengruppen *111 Belletristik / Hauptwerk vor 1945* bzw. *112 Belletristik / Gegenwartsliteratur (ab 1945)*.

- *Kühn, Dieter: Clara Schumann, Klavier. Fischer, S*
- *Stern, Carola: Der Text meines Herzens. Das Leben der Rahel Varnhagen. Rowohlt.*

Mehr oder minder alle Publikumsverlage bringen auch romanhafte Biografien heraus, ähnlich wie die historischen Romane nicht selten als Hardcover oder verstreut in den allgemeinen Taschenbuchreihen. Beispielhafte Autoren, von denen sich jedoch keiner auf romanhafte Biografien spezialisiert hat, sind beispielsweise: Marguérite Yourcenar, Gisbert Haefs, Sigrid Damm.

Wissenschaftliche Biografien bzw. Biografien als Sachbuch findet man in den thematisch zuständigen Warengruppen.

1.2 Die Warengruppe
120 Spannung mit Untergruppen

Patricia Highsmith hat in ihrem Essay *Suspence oder wie man einen Thriller schreibt* zwischen *suspence* (engl. für Gespanntheit) und *tension* (Spannung) unterschieden. *Tension* beruht auf Überraschung, nicht vorsehbarer Aktion und ist an die kurzfristige Situation gebunden. *Suspence* fasst den Spannungsbogen weiter und lässt die Gefühle des Lesers zwischen befürchteter und erhoffter Erfüllung der Erwartung hin- und herspringen, indem vielleicht das ganze Buch hindurch falsche Fährten gelegt wurden, von denen am Ende keine bestätigt wird – der Mörder ist nämlich der Gärtner.

Die Warengruppen *120 Spannung, 121 Krimis, Thriller, Spionage, 122 Historische Kriminalromane* und *123 Horror* versammeln den Ausschnitt aus der Spannungsliteratur, der in der Verkaufsberatung und der Nachfrage im Vordergrund steht. Allein Krimis haben an der Belletristik insgesamt einen Umsatzanteil von 22 % bei einem Titelanteil von 7 % – und diese Anteile wachsen.

1.2.1 Die Warengruppen
121 Krimis, Thriller, Spionage und
122 Historische Kriminalromane

Im Mittelpunkt des Krimis steht ein Verbrechen. Das Personal besteht aus Tätern und Komplizen, Opfern und Zeugen, Detektiven und Polizisten. Inhalt der Handlung und Spannungsmoment ist meist die Aufklärung der Tat, die Verfolgung des Täters, die Schilderung der Tat, das Aufdecken der psychologischen Tatmotive. Mitunter liefern Krimis auch treffende Gesellschaftsporträts und geben eindringliche Milieuschilderungen oder psychologische Charakterstudien (z.B. *Henning Mankell, Elizabeth George, Ruth Rendell*).

Krimis spielen meistens in der Gegenwart des Autors; eine kleine Gruppe von Titeln siedelt die Handlung in der Vergangenheit an; hierfür steht die Warengruppe *122 Historische Kriminalromane* zur Verfügung.

Das Genre ist flexibel, innovativ und reicht von trivialen Serien bis zu Meisterstücken der Literatur (*Patricia Highsmith, Sjöwall/Wahlöö*). Krimis können Sozialkritik oder Lokalkolorit transportieren (immer beliebter sind Regionalkrimis, die in der deutschen Provinz oder in deutschen Großstädten spielen), von besonders brutalen Szenen leben (hard boiled), die Verbrecher mit illegalen Methoden bekämpfen oder gar triumphieren lassen.

Jährlich erscheinen über 1.000 Krimis; der überwiegende Teil davon in Taschenbuchreihen, vereinzelt in reinen Krimi-Taschenbuchreihen (u.a. die Reihen *Goldmann Krimi, Grafitäter und Grafitote* bei *Grafit, Kriminalromane-Hörbuch* bei *Hörbuchproduktionen*).

Der Thriller ist dem Krimi verwandt, jedoch steht die spannungsgeladene Aktion im Vordergrund. Der Held ist kein gewöhnlicher Polizist, sondern ein Geheimagent oder gehört zu einer Spezialeinheit. Oft dreht sich die Handlung um organisierte Kriminalität, um politische Verwicklungen, um Kriegsvorbereitung oder Spionage, um die Ausschaltung feindlicher Mächte. Die Schauplätze wechseln rasch zwischen Großstädten in aller Welt, exotischen Stränden, exklusiven Hotels, Skipisten im Hochgebirge und den Betten rassiger Frauen.

Einige Thriller greifen tatsächliche Geschehnisse auf oder lassen, mehr oder minder geschickt in die Handlung integriert, Personen der Zeitgeschichte auftreten. Etliche Thriller, besonders Übersetzungen aus dem angloamerikanischen Raum, erscheinen auch als Hardcover. Die besten Thriller überzeugen durch die realistische Ausgestaltung von Zeitfragen in packender Darstellung. Beispiele für bewährte Autoren: *Ian Fleming, Ken Follett.*

1.2.3 Die Warengruppe 123 Horror

Der moderne Horrorroman wählt gerne eine überschaubare, scheinbar heile Welt, z.B. eine verschlafene amerikanische Kleinstadt, zum Handlungsort, um einen größtmöglichen Kontrast zur Horrorhandlung zu erzeugen. Diese besteht beispielsweise in unerklärlichen Morden; oder es werden Tote lebendig, Unsichtbare bedrohen die nichts ahnenden Nachbarn, unfassbare Monster greifen an. Es geht mehr oder minder einseitig um Gewalt, Ekel, Schock, Grauen, Brutalität als Selbstzweck.

Die Dimension der qualitätsvollen Horrorgeschichte, nämlich die bildhafte Verarbeitung tiefenpsychologischer Vorgänge, tritt im modernen Horrorroman in den Hintergrund oder entfällt. Der Buchmarkt liefert jedes Jahr an die Hundert Taschenbuchtitel und dickleibige Soft- und Hardcover (*Stephen King, Dean R. Koontz, Jason Dark, Brian Lumley*).

1.3 Die Warengruppe 130 Science Fiction, Fantasy mit Untergruppen

1.3.1 Die Warengruppe 131 Science Fiction

Die Handlung des Science-Fiction-Romans spielt fast immer in der Zukunft, die aber auch archaische Züge annehmen kann. Im Mittelpunkt stehen abenteuerliche Weltraumreisen, Verwicklungen, Machtkämpfe, Kriege mit Beherrschern fremder Galaxien und Sternenreiche. Das Interesse gilt teilweise technischen Zukunftsvisionen mit Supercomputern, Laserkanonen, riesigen Raumstationen, Mensch-Maschine-Systemen, utopischen Kommunikationstechniken (*Isaac Asimov, Frank Herbert*), teilweise aber auch negativen oder positiven Gesellschaftsutopien (Glück, Gerechtigkeit, Selbstentfaltung, aber auch Totalitarismus und Gleichschaltung), oder die Handlung reflektiert in fantastischer Verkleidung die Gegenwartsgesellschaft (*Stanislaw Lem, Ray Bradbury*).

Science-Fiction-Romane kommen mit mehreren Hundert Titeln im Jahr, viele in den allgemeinen Taschenbuch-Reihen. Daneben gibt es einige spezielle Reihen, u.a. *BLA – Fantasy* und *Science Fiction. Bastei Lübbe Tb*. Die Übergänge zwischen Teilen der Science-Fiction-Literatur und dem Fantasy-Roman sind gleitend (Beispiel: *Tad Williams*).

1.3.2 Die Warengruppe
132 Fantasy

Das erst in den 1970er-Jahren entstandene Genre hat Vorläufer in der älteren fantastischen Literatur. Diese ließ in eine realistische Umgebung surreale und irrationale Elemente überraschend einbrechen (bedeutende Vertreter: *Bram Stoker, Gustav Meyrink, Edgar Allen Poe, E.T.A. Hoffmann*). Der Fantasy-Roman geht einen Schritt weiter und erfindet ganze fantastische Welten, die Züge von Märchen, alten Mythen und Epen mit Kriegern, Schwert und Zauber tragen. Das Personal, ja oft der Stoff insgesamt ist Mythen, Märchen, Legenden, Sagen entnommen oder von deren Gestalten inspiriert. Die Handlung läuft meist auf ein Ziel zu, das unerreichbar sein mag; es geht um die Suche nach dem wahren Selbst, dem Gral, einem magischen Ort, ja einer säkularisierten Offenbarung.

Einige Autoren schaffen kulturgeschichtlich anspruchsvolle Bezüge (*J.R.R. Tolkien*) und reflektieren Themen wie Tod und Wiedergeburt, Archetypus und Selbstfindung, Harmonie zwischen Mensch und Natur oder bedienen wohl letztlich auch religiöse Bedürfnisse (etwa *Hans Bemmann*). Für andere Autoren steht die abenteuerliche Handlung im Vordergrund (z.B. *Marion Zimmer Bradley, Sara Douglass*).

Die Fantasy-Literatur steht in besonderem Maß im Kontext einer multimedialen Vermarktung der Stoffe als Roman und Comic, als Fantasy-Rollenspielbuch, als CD, als Kultobjekt, als Zeichentrickfilm, als konventionelles, Video- und Computerspiel, als Poster, als Kalender usw.

Fantasy-Romane sind heute nach den Krimis das beliebteste und titelreichste Genre der Romanproduktion mit Hunderten von Neuerscheinungen und Neuauflagen jedes Jahr. Der Anteil von Fantasy und Science-Fiction zusammen am Belletristik-Umsatz beträgt 6 %. Die meisten Titel kommen in allgemeinen Taschenbuch-Reihen, einige Reihen bedienen den Markt gezielt (u.a. *Fantasy. Bastei Lübbe Tb, Serie Piper Fantasy*).

1.3.3 Die Warengruppe
133 Fantastische Literatur

Die der Zahl der lieferbaren und der Zahl der neu erscheinenden Titel nach kleine Warengruppe umfasst Romane der Gegenwartsliteratur, die mehr in der Tradition der älteren fantastischen Literatur stehen und nicht die märchenhaften und mythologischen Züge der Fantasy aufweisen. Auch eine (willkürlich wirkende) Auswahl der älteren fantastischen Literatur ist enthalten. Ein typisches Werk ist *Walter Moers: Rumo & die Wunder im Dunkeln (Piper)* – der Wolpertinger Rumo entwickelt sich über zahllose und absonderliche Abenteuer zum größten Helden Zamoniens, eine eher witzige als magische Geschichte, die mehr von überbordender

Fantasie als Fantastik lebt. Weitere wichtige Autoren der Warengruppe sind Ray Bradbury, Jasper Fforde, Neal Stephenson.

1.5 Die Warengruppe
150 Lyrik, Dramatik mit Untergruppen

1.5.1 Die Warengruppe
151 Lyrik

Die Warengruppe dient vor allem dazu, die Suche nach einschlägigen Werken von Autoren, die viel geschrieben haben, gezielter zu gestalten, ohne dass man Titelformulierungen auf Verdacht mit der Stichwortsuche durchprobieren muss (z.B. Gedicht*, Lyrik* usw.). Man findet hier Balladen, Elegien, Gedichte, Hymnen, Oden, Sonette und andere lyrische Formen.

Die Suche mit Stichwörtern wie Gedicht*, Lyrik* etc. führt zu einem unvollständigen Ergebnis, weil ein Teil der einschlägigen Ausgaben andere Titelformulierungen (z.B. *Liebesgedichte*) trägt oder gar keine Gattungsbezeichnung. Allerdings macht sich hier die nicht zuverlässig vorgenommene Warengruppenzuordnung bemerkbar – etliche Gedichtbände von Goethe z.B. findet man in anderen Warengruppen.

Die Warengruppe *151 Lyrik* enthält sowohl Gedichtanthologien als auch (wegen der Kürze der Werke seltenere) Einzelausgaben. Etliche Lyriker veröffentlichten ihre Gedichte in zusammenhängenden Zyklen, die aus Respekt vor dem Willen des Autors auch später immer wieder in dieser Zusammenstellung publiziert werden, z.B. Rilkes *Duineser Elegien*.

Lyrikbände erscheinen einige Hundert im Jahr. Zu einem ganz erheblichen Teil handelt es sich dabei um Neuausgaben von bereits früher veröffentlichten Werken, teilweise in neuer Auswahl (z.B. Bände mit Gedichten von Hilde Domin, Wislawa Szymborska, William Shakespeare).

1.5.2 Die Warengruppe
152 Dramatik

Dramentitel erscheinen unter Hundert im Jahr; sie enthalten Farcen, Komödien, Possen, Schwänke, Stücke, Tragikomödien, Tragödien usw., ganz vereinzelt auch Hörspieltexte. Ähnlich wie bei Gedichtbänden handelt es sich ganz überwiegend nicht um neue Stücke, sondern um Neuausgaben von Dramen, die zum Kanon an Schule und Hochschule gehören (z.B. von Georg Büchner, Friedrich Dürrenmatt, Arthur Miller, Jean-Paul Sartre; führend: *Reclams Universal-Bibliothek*). Außerhalb dieser Bildungseinrichtungen werden Dramen fast nicht gelesen.

Deshalb erscheinen die meisten neuen Dramen nicht als Buch im Buchhandel, sondern als Bühnenmanuskript in den rund 100 Theaterverlagen (Bühnenvertrieben). Die Theaterverlage bieten die Manuskripte den in Frage kommenden Bühnen unabhängig vom Buchhandel an. Erst wenn auf diese Weise ein neues Stück eine Resonanz gefunden hat, erscheint vielleicht eine Buchausgabe. Wichtig ist hierfür das Jahrbuch *Spectaculum* (*Suhrkamp*).

1.6 Die Warengruppe *160 Zweisprachige Ausgaben* mit Untergruppen

Das der Titelzahl und dem Umsatz nach kleine Segment besteht aus Titeln, die auf der einen Seite den ins Deutsche übersetzten, auf der gegenüberliegenden Seite den fremdsprachigen Text geben. Der Zweck ist die Verbesserung der Fremdsprachenkenntnisse, mehr noch das Einlesen in historische Stufen heutiger Sprachen (z.B. Mittelhochdeutsch, Altfranzösisch) oder in tote Sprachen (Lateinisch, Griechisch). Lohnend ist das kleine Segment vor allem in Universitätsbuchhandlungen, wo es anhand der Literaturangaben im kommentierten Vorlesungsverzeichnis zusammengestellt wird. Führend ist die Reihe *Reclams Universalbibliothek* (Titel mit roten bzw. orangefarbenen Umschlägen). Die Untergliederung der Warengruppe richtet sich nach gängigen Sprachen.

Ein wachsender Umsatzträger ist ein fremdsprachiges, vor allem englisches Angebot an Originalausgaben in der Buchhandlung. Erstmals stand ein englischer Titel in 2005 mehrere Wochen lang auf Platz eins der *Spiegel*-Bestsellerliste (*Harry Potter 6*). Das VLB stellt dafür keine Warengruppe zur Verfügung, weil es sich um die Produktion britischer, US-amerikanischer, italienischer usw. Verlage handelt. Der Bezug kann bei gängigen Titeln über die Barsortimente erfolgen; sie liefern auch eine regelmäßig aktualisierte Auswahl beliebter Titel (Warengruppenpaket). Wichtig ist, dass die Kunden, auch wenn nur ein paar Dutzend Titel im Regal stehen, bei möglichst jedem Besuch in der Buchhandlung eine veränderte Auswahl vorfinden – unter einem gleich bleibenden, auffallenden Motto, z.B. *English Books*, *Internationale Bücher*, *World Wide Corner*.

1.8 Die Warengruppe *180 Comic, Cartoon, Humor, Satire* mit Untergruppen

1.8.1 Die Warengruppe *181 Comic*

Comics sind Bildgeschichten mit einer eigenen Bildsprache, z.B. bedeutet die gestrichelte Sprechblase Gedanken statt gesprochener Rede, ein Ausrufezeichen über einer Figur stellt Erstaunen dar usw. Die Bilder können mit Texten versehen sein, meistens Sprechblasen. Ein Teil der Comics erreicht künstlerische Qualitäten, indem z.B. die Anordnung der Bilder auf der Seite einen ästhetischen Eigenwert durch Symmetrie oder Expressivität gewinnt.

Comics richten sich an alle Altersgruppen vom Vorschulalter bis zu den Erwachsenen. Je nach Zielgruppe ist der Inhalt, die Darstellungsweise, die Komplexität der Erzählweise verschieden. Freilich lesen auch Erwachsene in beachtlichem Ausmaß Kinder- und Jugendcomics (aber selten Kinder- und Jugendliteratur).

Man unterscheidet folgende Arten von Comics:

- Funnies leben von Situationskomik, Slap-Stick-Humor, Possen und karikaturhafter Überzeichnung von Menschen und Tieren. Funnies richten sich meist an Kinder und treten bei den Comics für Jugendliche und Erwachsene in den Hintergrund. Beispiele: *Micky Maus* und *Bugs Bunny*.
- Abenteuergeschichten werden von älteren Kindern, vor allem von Jugendlichen und Erwachsenen gelesen. Klassiker: *Lucky Luke*; *Asterix*; *Tim und Struppi*; *Spawn* (*Infinity*), *Preacher* (*SPEED Comics*). Eine wachsende Rolle spielen zeichnerisch und in der Story oft anspruchslose Comic-Umsetzungen von Filmen bzw. Videospielen oder Film bzw. Videospiel und Comic wurden zugleich crossmedial konzipiert (z.B. *SpongeBob Schwammkopf, Tokyopop; Tomb Raider, Infinity; Star Wars, Tokyopop*).
- Erwachsenencomics richten sich vor allem an Jugendliche und junge Erwachsene. Sie sind teils schlichte Abenteuer- oder klamaukige Spaßgeschichten, erzählen teils über die Episodenreihung hinaus Geschichten mit reflektierenden Ansprüchen, sei es in Bezug auf Alltag, Geschlechterkampf, Politik, Erotik. Vor allem ist ihre visuelle Sprache komplizierter, oft voller Anspielungen auf Kunststile und Designrichtungen. Beispiele für Erwachsenencomics: Comics von Marie Marcks, Gerhard Seyfried, Claire Bretecher; *Barbarella* von Jean-Claude Forest; *Corto Maltese* von Hugo Pratt; *Werner* von Brösel (d.i. Rötger Feldmann). Wenn Comics von einzelnen Autoren oder Zeichner-/Autorenpaaren mit künstlerischen Ambitionen stammen, so spricht man von Autorencomics (analog zu Autorenfilm).
- Selten werden Sachthemen in Bilderfolgen umgesetzt, meist mit einer Erzählfigur, die durch das Thema führt, z.B. *Geschichte der Rockmusik in Comics* (*Ed. Francis Van de Velde/Thienemann*).
- Mangas haben eine so starke Stellung, dass hierfür eine eigene Warengruppe vorgesehen ist (*182 Manga, Manhwa*).

Die Palette der etablierten wöchentlich bis monatlich erscheinenden Magazine (*Micky Maus Magazin, Batman & Superman, Clever & Smart, Simpsons* u.a.) wurde in den 1990er-Jahren durch Heftreihen mit neuen Stoffen und Figuren, vor allem aus dem Fantasy- und Mangabereich stark verändert (u.a. *Banzai, Diddl Magazin, Dragonball GT, Koneko, Sissi,* teilweise in enger Verflechtung mit Filmen, mit denen sie vom Markt verschwinden). Sie richten sich hauptsächlich an Kinder und Jugendliche, oft auf enge Zielgruppen nach Geschlecht, Alter und Freizeitinteressen fokussiert und mit Beigaben wie Figuren oder Devotionalien, und werden über den Zeitschriftenhandel vertrieben; der Heftpreis liegt meistens bei 2,40 bis 7,50 €. Zunehmend erscheinen die trivialen Heftserien in Taschenbuchform.

Comicalben werden primär im Buch- und Comicfachhandel vertrieben; ihre Preise liegen ganz überwiegend zwischen 5 und 15 €. Ihre Bedeutung ist seit den 1980er-Jahren zurückgegangen.

In Comicläden hat sich mancherorts der Handel mit bzw. der Tausch von gebrauchten Alben und Heften herausgebildet. Ferner spielen lokale Sammlerbörsen eine Rolle.

Die dominierenden Verlage (incl. Mangas) in Deutschland sind *Carlsen, Cross Cult, Egmont EHAPA, Egmont Manga und Anime Europe, Infinity, Panini, Tokyopop*.

1.8.2 **Die Warengruppe** *182 Manga, Manhwa*

Mangas sind eine aus Japan kommende und seit Mitte der 1990er-Jahre auch in Deutschland verbreitete Stilrichtung der Comics mit eigener Ästhetik. Die Zielgruppen reichen von kleinen Kindern bis zu Erwachsenen; verschiedene Altersgruppen werden mit spezifischen Themen, Identifikationsfiguren und Genres bedient: Abenteuergeschichten mit harten Kampfsport- und Actionszenen (Genre Martial Arts, z.B. *Watsuki, Nobuhiro: Kenshin, Egmont Manga & Anime*), in denen sich beispielsweise unscheinbare Mädchengestalten in stark sexualisierte Kämpferinnen verwandeln, Magie, Mythen, Endzeit-Visionen, Huldigungen an die Technik (Genre Mecha, z.B. *Sadamoto, Yoshiyuki*; *Studio Gainax: Neon Genesis Evangelion, Carlsen Comics*), Rettung der Welt vor bösen Mächten, Verbrecherjagd, Fantasy- und Science-Fiction-Stoffe (*Takahashi, Rumiko: Inu Yasha, Egmont Manga & Anime*), Polit- und Genetikkrimis. Auch Liebesgeschichten werden hineingemengt (Genres Girl Shojo und Boy Shojo, z.B. *Sugisaki, Yukiro: D.N. Angel, Carlsen Comics*; Genre Shonen Ai mit homoerotischen Beziehungen, z.B. *Matoh, Sanami: Fake, Carlsen Comics*). Viele Geschichten beginnen im Schul- und Familienalltag und entführen die Leser in von Drachen besiedelte Märchenreiche, auf Raumstationen oder ins Japan der Samurai, reflektieren so pubertäre Gefühlslagen. Oft vermischen sich die Genres unter Einschluss erotischer Elemente. Einige Serien schaffen mit Mädchenfiguren, die ihre Zauberkräfte entdecken oder sonst wie gegen das Böse kämpfen, Identifikationen für Leserinnen (Genre Magical Girl, z.B. *Clamp: Magic Knight Rayearth, Carlsen Comics*). Viele gedruckte Manga-Serien sind an eine Zeichentrick-Fernsehserie gekoppelt (Anime, führend auf rtl2, Viva und MTV), die auch auf DVD vermarktet wird, und geben Motive für Werbung, Mode, Food, Design, Videoclips und Popmusik. Manga-Serien für Kinder sind teilweise mit Spielzeug oder Sammelkarten verkoppelt. Manhwas sind koreanische Mangas, z.B. *Ami – Queen of hearts (Tokyopop)*.

Mangas erscheinen meist als Magazin (zeitschriftenartige Hefte) oder als (oft nach den japanischen Vorbildern rechts gebundenes) Taschenbuch mit Preisen von 4 bis 10 € pro Band; lieferbar sind über 2.000 Titel in meist vielbändigen Serien. Sie machen heute über die Hälfte des gesamten Comic-Markts aus; erst mit den Manga-Taschenbüchern zog die Gattung Comic in nennenswertem Umfang in die deutschen Sortimentsbuchhandlungen ein.

1.8.3   Die Warengruppe
183 Cartoons

Im Cartoon geht es um alltägliche Situationen, die komisch, grotesk, absurd oder witzig sind und so zum Nachdenken, zum tieferen Verständnis, zur Stellungnahme oder einfach zum Lachen und Schmunzeln anregen. Cartoons sind fast immer Strichzeichnungen, vereinzelt gemalt, oft koloriert. Von größter Beliebtheit bleiben Sempé, Uli Stein, F.K. Waechter. Viele Titel sind auf Zielgruppen angelegt, z.B. Autofans, Biker, Eltern, Erzieherinnen, Esoteriker, Golfer, Kunstsammler, Männer, Radfahrer, Skifahrer.

Deshalb eignet sich die Mehrheit der Titel in dieser der Titelzahl nach kleinen, dem Umsatz nach interessanten Warengruppe ausgezeichnet zum Verschenken, wird überwiegend für diesen Zweck gekauft und kann gemeinsam mit der Warengruppe *191 Geschenkbücher* präsentiert werden. Das Preisniveau ist insgesamt etwas höher als bei den Geschenkbüchern, reicht auch bis 20 €, sehr selten darüber.

1.8.5   Die Warengruppe
185 Humor, Satire, Kabarett

Die Warengruppe *185 Humor, Satire, Kabarett* enthält:

- Bücher und Tonträger mit Humoresken (heiteren Kurzgeschichten), lustigen Anekdoten, Witzen, Limericks, Blödeleien, Kalauern, SMS-Sprüchen, Ausreden, Comedy und Kabarett,
- Bücher und Tonträger mit Satiren, Glossen (scharf pointierten Meinungsäußerungen in erzählerischer Form) oder schwarzem Humor.

Literarische Satiren, z.B. von Voltaire, Heinrich Heine, Jonathan Swift, Kurt Tucholsky, Erich Kästner, Alex Huxley, George Orwell, sind in den Warengruppen *110 Erzählende Literatur* bis *112 Gegenwartsliteratur (ab 1945)* mit enthalten.

Ein Teil der Titel bezieht sich auf regional- oder kulturtypischen Humor, z.B. den rheinischen, ostfriesischen, sächsischen, britischen, arabischen Humor. Einige Titel leben vom unvergleichlichen jüdischen Humor.

Unter den großzügig gedehnten Begriffen Comedy und Kabarett fassen seit den späten 1990er-Jahren Tonträgerverlage und -Labels (*Eichborn, WortArt, Kein & Aber* u.a.) ein auf wachsende Nachfrage treffendes Spektrum zusammen, das sich zwischen politischem Kabarett, spaßigem Klamauk und Blödelei bewegt (wichtige Autoren bzw. Entertainer: *Axel Hacke, Dieter Hildebrandt, Gerhard Polt*). Im Buchhandel dürfen besonders die Tonträger der jeweils gerade wieder durch Fernseh- oder Live-Auftritte bekannten Künstler nicht fehlen.

1.9 Die Warengruppe *190 Geschenkbücher, Alben, Immerwährende Kalender, Postkartenbücher* mit Untergruppen

1.9.1 Die Warengruppe *191 Geschenkbücher*

Längst hat das Buch als Geschenk den Pralinés und Blumensträußen den Rang abgelaufen. Beliebter werden als Geschenk Kulinaria: edle Essig- und Ölsorten, hochwertige Weine oder besondere Gewürze in exklusiven Behältnissen. Bücher und Kulinaria kann man ausgezeichnet kombinieren. Die Kunden schätzen es, wenn sie in „ihrer" Buchhandlung auf Angebote stoßen, die man andernorts nicht bekommt. Jedes Buch kann Geschenk werden. Eine besonders ansprechende, originelle Verpackung in einem Papier, das es weit und breit sonst nirgendwo gibt, gehört zum Service der erfolgreichen Sortimentsbuchhandlung.

Die über 4.000 Titel umfassende Warengruppe *191 Geschenkbücher* mit lebhaftem Austausch enthält solche Bücher, die eigentlich nur als Geschenk gekauft werden. Viele Titel sind in Titelformulierung und Inhalt auf typische Geschenkanlässe bezogen, etwa Ehejubiläen, Firmung, Geburtstag, Genesung, Hochzeit, Jahresfeste, Kommunion, Konfirmation, Partybesuch, Taufe. Andere Geschenkbücher sprechen den Beschenkten in sozialen Rollensituationen oder -wechseln an, als Geschäftspartner, Großmutter, -vater, Kollege, Lebens-, Beziehungspartner, Mutter, Taufpate, Vater, Ruheständler. Wieder andere Geschenkbücher nehmen auf Vorlieben, Hobbys, Sternzeichen oder den Glauben Bezug.

Typische Inhalte von Geschenkbüchern sind kurze Texte in Kombination mit Illustrationen nach Gemälden, Aquarellen, Cartoons, Porträt-, Landschaftsfotos. Die Texte sind bei etlichen Titeln nicht original für das Geschenkbuch verfasst, sondern Zitate aus der Weltliteratur, aus der Bibel, aus philosophischen Werken. Verbreitet sind Geschenkbücher mit meditativem, vor allem christlichem Charakter. Auch humoristische Inhalte sind gängig.

Text, Illustration und Ausstattung (Papierqualität, Einbandgestaltung und -material, Format, Bindung, Schrifttype, Layout) sollen eine geschmackvolle, auf Anlass und Zielgruppe bezogene Einheit bilden.

Die Formate sind meistens ausgesprochen handlich. Die Preise liegen ganz überwiegend unter 10 €, oft unter 5 €. Bei niedrigen Preisen kommt ein Besorgungsgeschäft nicht in Frage. Etliche Titel kann die Buchhandlung nur im 5er- oder 10er-Pack beziehen.

Entscheidend bei der Warenpräsentation ist, dass das Sortiment einerseits vielfältig, andererseits in Stil, Geschmack und Niveau auf den gesamten Auftritt der Buchhandlung abgestimmt ist. Eine gemeinsame Präsentation mit Nonbooks wie Gruß- und Geschenkkarten, Weinen, ausgewählten Geschenkartikeln kommt den Kundenwünschen entgegen.

Beispieltitel:

- *Für nette Kolllegen. 48 S., 22 farb. Fotos – 16,5 ×17,5 cm. Groh Gb EUR[D] 8,90*
- *Fölsing, Ulla: Schokolade. 122 S. – 8,4 ×7 cm. arsEdition (Mini-Libri) Gb EUR[D] 4,95* Mindestabnahme 3 Ex.
- *Danke! 48 S., vierfarb. Abb. – 10,2 ×10,2 cm. Herder Gb EUR[D] 5,00* Christliche Bildmeditation

1.9.2 **Die weiteren Warengruppen**
192 Alben
193 Immerwährende Kalender
194 Postkartenbücher

Warengruppe	Erläuterungen
192 Alben	Die beispielsweise mit Blumenmotiven oder Dekor gestalteten, meist großformatigen Seiten enthalten Freiraum zum Einkleben von Fotos, für Tagebucheintragungen usw., in Gestaltung und Titelei auf den Anlass bezogen, z.B. Taufe, Gäste, Rezepte, Hund, Katze, Kind.
193 Immerwährende Kalender	Das Kalendarium verzichtet auf die Angabe des Wochentags. Viele Titel sind mit Illustrationen, Gebeten, Tageslosungen, besinnlichen Texten oder den Namenspatronen für den jeweiligen Tag versehen, wichtig im christlichen Sortiment. Andere Titel enthalten Freiraum für eigene Fotos oder zum Eintragen der Geburtstagskinder. 5 bis 30 €, oft mit Spiralbindung.
194 Postkartenbücher	Meistens 10 bis 20 Postkarten zum Heraustrennen mit hochwertigen oder ungewöhnliche Motiven, 5 bis 10 €.

Bei diesen Artikeln spielt die Präsentation eine herausragende Rolle: Postkartenbücher können zum Spontankauf neben der Kasse einladen. Für die Präsentation der Alben bietet sich ein elegantes Regalsegment an, in dem auch hochwertige PBS-Artikel präsentiert werden.

2 Die Hauptwarengruppe
2 Kinder- und Jugendbücher

Hier gilt ebenso wie bei der Belletristik: Eine gründliche Darstellung der Inhalte und Formen würde dieses Buch sprengen. Stärker als bei jeder anderen Warengruppe steht die Ware hier im Zusammenhang der Leseförderung, denn Kinder, die heute nicht ans Buch herangeführt und nicht zum Lesen erzogen werden, werden morgen keine Kunden sein.

Kinder-, Jugend- und Bilderbücher haben grundsätzlich dieselbe Funktion wie alle Bücher, doch sind die folgenden, auf die emotionale, soziale und kognitive Entwicklung der Kinder und Jugendlichen bezogenen Funktionen besonders wichtig:

- Übung und Entwicklung der Lesefertigkeit und der Fähigkeit zum Dekodieren von Bildern; seit 1997, teilweise bereits früher, legen die Kinder- und Jugendbuchverlage ihren Neuerscheinungen und Neuauflagen die neue Rechtschreibung zugrunde,
- Übung und Entwicklung des Wortschatzes,
- Entwicklung der Fantasie,
- Erzeugung von Leselust und Wissensdurst,
- Entwicklung von Ichgefühl und Mündigkeit, Hinführung zur Selbstreflexion, symbolische Verarbeitung seelischer Vorgänge wie z.B. Angst, Freude, Trotz, Liebe, Hass, allgemein Entwicklungsangebote,
- Erzeugung eines sozialen Optimismus, d.h. einer gegenüber den Mitmenschen grundlegend vertrauensvollen und positiven Einstellung, ohne die höhere Formen der Gesellschaftlichkeit nicht entstehen können,
- Vermittlung von Kenntnissen über Mensch und Umwelt, Erweiterung der Erfahrung,
- Vermittlung sozialer Rollen und ethischer Werte wie z.B. Gerechtigkeit, Solidarität, Hilfsbereitschaft, Nächstenliebe, Ehrfurcht vor der Schöpfung, Pflichtbewusstsein, Unterscheidung zwischen richtigen und falschen Werten, insbesondere durch Identifikationsfiguren und Vorbilder,
- Entwicklung der Fähigkeit zur Dekodierung verfremdender Formen wie z.B. ästhetischer Redeweisen oder karikierender Bilddarstellungen.

Jedoch können Kinder- und Jugendbücher allein diese Funktionen nur unvollkommen erfüllen; es kommt maßgeblich auf die Verwendung der Kinder- und Jugendbücher an: Kindern vorlesen, mit Kindern über Lektüren sprechen, Kinder loben, wenn sie lesen und lesendes Vorbild sein, Kindern vorleben, wie man Lesen genießt und wie man sich Rat aus Büchern holt. Auch bei Jugendlichen kommt es auf die Einbindung der Buchlektüre in kommunikative Zusammenhänge an, doch sind bei Jugendlichen die Weichen der Buchaffinität meistens längst gestellt. Insgesamt erleben Kinder- und Jugendbücher jedoch seit den 1980er-Jahren einen Funktionswandel, indem die Bedürfnisse der Kinder und Jugendlichen nach Action und Spannung, nach Unterhaltung und Fiktion vorrangig von audiovisuellen Medien befriedigt werden (Fernsehen, Video, multimedialen Produkten wie insbesondere Video- und Computerspielen). Die unterhaltende Kinder- und Jugendliteratur verliert an Boden zugunsten der Sachliteratur für Kinder und Jugendliche.

Die lebenslange Leseneigung hängt vor allem vom Buchzugang in der Kindheit ab; insbesondere die Eltern und ihr Buchnutzungsverhalten haben einen prägenden Einfluss. Entscheidend sind hier die soziale Einbindung des Lesens, z.B. der Austausch von Zärtlichkeiten beim Vorlesen, und die Vorbildfunktion der Eltern. Maßgeblich ist, dass die Eltern mit den Kindern gemeinsam lesen, den Kindern vorlesen, Abzählverse und Reime sprechen, mit den Kindern über Lektüren Gespräche führen, mit Kindern Buchhandlungen und Bibliotheken besuchen.

Die Buchhandlungen haben im Gefüge der Leseerziehung und -förderung eine wichtige Funktion und können ein Stück weit Defizite der familialen Leseerziehung ausgleichen helfen. Diese Funktion drückt sich in zahlreichen Veranstaltungsformen aus, die über den unmittelbaren Zweck hinaus (allgemein Werbung, insbesondere: Entwicklung und Verstärkung der Kundenbindung, Imagestärkung, tiefere Verankerung im lokalen Umfeld) darauf zielen, dass Kinder und Jugendliche Lesen und die Beschäftigung mit Büchern als spannend, unterhaltend, lohnenswert, bereichernd, beglückend erleben können. Wer liest, soll soziale Anerkennung erfahren. Nur wer dies erlebt hat, bleibt lebenslang Kunde im Buchhandel. Wichtige Veranstaltungsformen sind etwa:

- Schulklassen und Kindergartengruppen besuchen die Buchhandlung, dürfen stöbern, schmökern und ihre Entdeckungen mitnehmen für die Schulbibliothek, den Kindergarten. Die Rechnung geht an die Einrichtung.
- Lesenächte mit Zauberer, Vorlesen und Erzählen nach dem Lieblungsbuch, mit Schmökern bei Taschenlampenlicht.
- Kinder malen und basteln nach ihren Lieblingsbüchern und stellen in der Buchhandlung aus. Die Lokalzeitung berichtet: ein kostenloser Presseauftritt.
- Der vom *Börsenverein* organisierte bundesweite Vorlesewettbewerb.
- Veranstaltungen für Eltern, Pädagogen und Erzieher, in denen neue gute Kinder- und Jugendbücher empfohlen werden, auf denen Eltern und Erzieher Grundsätze der Leseerziehung kennen lernen und sich über ihre Erfahrungen austauschen können.

Alterseignung

Kinder-, Jugend- und Bilderbücher richten sich an Kinder und Jugendliche und berücksichtigen die intellektuellen und emotionalen Voraussetzungen ihrer Zielgruppe. Deshalb spielt eine Differenzierung nach der Alterseignung eine Rolle. Viele Verlage geben ein empfohlenes Alter auf dem Buchrücken an. Jedoch entwickeln sich Kinder und Jugendliche individuell recht unterschiedlich; mancher Zehnjährige kann intellektuell verstehen, was seinem Vater zu schwierig ist (z.B. EDV-Fachliteratur), während mancher 14-Jährige emotionale Botschaften nicht erfasst, die seiner neunjährigen Schwester sofort zugänglich sind. Die folgende

Tabelle nennt die in der jeweiligen Phase neu auftretenden Merkmale; die Merkmale aus früheren Phasen bleiben z.T. erhalten. Die Übergänge zwischen den Phasen sind gleitend.

Alterseignung von Kinder- und Jugendbüchern
(nach Malte Dahrendorf, Kinder und Jugendliteratur im bürgerlichen Zeitalter. Königstein 1980.)

	Vorschule	Primarstufe	Sekundarstufen I und II
	3-6 Jahre	6-10 Jahre	ab 10 Jahre
entwicklungs-psychologische Voraus-setzungen	Subjekt-Objekt-Symbiose	Trennung von Subjekt und Objekt	Trennung von Subjekt und innerer Natur
	unmittelbare, Bedürfnisbefriedigung	Aufschub der Bedürfnisbefriedigung symbolische Bedürfnisbefriedigung	
Werte	Belohnung des Guten Bestrafung des Bösen		Klärung der Frage: Was ist gut, was böse?
Textstruktur	zuhörerbezogene Vereinfachungen	verbbestimmte Aktionalität	Verständnis für nicht-aktionale Textteile
	konkretes Vokabular		Vokabular der Gefühle
			Ironie, Satire
	parataktischer Satzbau geringerer Wortschatz		hypotaktischer Satzbau erweiterter Wortschatz
Erzählstruktur	chronologisches Erzählen		Rückblende und Montage
	einsträngige Handlung		mehrsträngige Handlung
	monoperspektivisches Erzählen		Perspektivenwechsel
	kürzere Spannungsbogen	längere Spannungsbogen mit episodischer Gliederung	lange Spannungsbogen
Inhalte	Realistik oder Fantastik	Realwelt der eigenen Erfahrung	Innenwelt, Gesellschaft
	unreflektiertes, außengesteuertes Handeln	normgerechtes Handeln	Normreflexion

Bücher für Kinder zwischen sieben und zwölf Jahren sollten in Schriftgraden über elf Punkt (Buchstabenhöhe über 4,125 Millimeter einschließlich Unterlängen) gedruckt sein. (Normalerweise sind Bücher in Schriftgraden zwischen acht und zehn Punkt gedruckt = 3,0 bis 3,75 Millimeter.) Sie sollten mehrere Absätze pro Seite aufweisen; Illustrationen und häufige Kapitelüberschriften erleichtern die Orientierung im Text.

Je jünger die Zielgruppe, desto stärker werden die Bücher nicht von den Kindern selbst, sondern von Eltern und Großeltern gekauft. Diese orientieren sich nicht selten an Namen und Normen, Formen und Erfahrungen aus ihrer eigenen Kindheit und Jugend. Im Verkaufsgespräch kommt es darauf an deutlich zu machen, dass Erfahrungs- und Erlebniswelt sowie kognitiver Horizont heutiger Kinder und Jugendlicher sich von damals unterscheiden: Heute sind Kinder oft unmittelbar mit Themen wie Tod, Drogenabhängigkeit, Ehescheidung, Fremdenfeindlichkeit, Geschehnissen in fernen Ländern konfrontiert, bekommen viel früher Taschengeld zur eigenen Verfügung, müssen sich jünger in Situationen, wo sie selbst wählen und entscheiden sollen, bewähren. Darauf müssen Kinder- und Jugendbücher Antworten geben, müssen Werte vermitteln statt Themen auszublenden.

Buchmarkt

Jährlich erscheinen etwa 5.600 Erstauflagen bei den Kinder- und Jugendbüchern – eine Steigerung um rund 50 % seit 2001. Ähnlich wie bei der Belletristik kommt dazu eine erhebliche Anzahl Neuauflagen. Abgesehen von ganz wenigen Autoren (z.B. *Kenneth Grahame, Erich Kästner, Beatrix Potter, Lewis Caroll*), schrieb erst die nach dem Zweiten Weltkrieg produktive Generation der Kinderbuchautoren Bücher, die frei von belehrender Manier pädagogisch wertvoll und spannend, lustvoll zu lesen und voller unverändert gültiger Identifikationsangebote sind (etwa *Astrid Lindgren, Paul Maar, Michael Ende*).

Der Anteil der Übersetzungen ist bei den Kinder-, Jugend- und Bilderbüchern überdurchschnittlich hoch und wird weiter steigen. Kindersachbücher und Jugendsachbücher unterliegen zunehmend einer Tendenz zur Internationalisierung in der Produktion: Darauf spezialisierte Verlage (führend: *Dorling Kindersley*, London) entwickeln Konzepte für Kinder- und Jugend-Sachbücher, deren Lizenzen an Verlage in bis zu 30 Ländern verkauft werden. Das ermöglicht einerseits niedrige Preise infolge Verteilung der Kosten für Redaktion und Illustrationen auf eine hohe Auflage, erzwingt andererseits inhaltliche Konglomerate. In der Tat nähern sich Kulturformen und Lebensverhältnisse jedenfalls in den bedeutenden Industrieländern immer mehr an.

Kinder- und Jugendtitel erscheinen ganz überwiegend als Hardcover. Als Taschenbuch kommen überwiegend bewährte Titel, von denen die Verlage mehrfache Neuauflagen wiederum als Taschenbuch erwarten können.

Freilich haben Taschenbücher auch hier schon wegen der niedrigeren Preise einen höheren Anteil an den Verkaufs- als an den Titelzahlen.

Stärker als bei anderen Buchmarktsegmenten konzentriert sich das Marktgeschehen in der Folge des enger werdenden Markts (der Anteil der Kinder und Jugendlichen in der Bevölkerung schrumpft) und verstärkter Verflechtung der Buchinhalte in Medienverbünde zunehmend auf eine kleiner werdende Zahl von Titeln – oft im Gefolge von Filmen oder als Teil erfolgreicher Serien –, die in hohen Stückzahlen auf den Markt gedrückt werden.

Stärker als bei der Belletristik werden Stoffe und Figuren der Kinder- und Jugendliteratur von Heidi bis Harry Potter, vom Kleinen Eisbären (*Hans de Beer*) bis zu den Wilden Kerlen (*Joachim Masannek*) multimedial vermarktet, als Buch, als Film, als Zeichentrickserie, als Comic und Tonträger, als Spielzeug sowie als Video- und Computerspiel oder als Infotainment- oder Edutainment-CD-ROM. Die Figuren aus dem Medienverbund erscheinen auf Kinderkleidung und Gebrauchsgegenständen, markieren Fahrräder und Papierkörbe, prangen auf Lebensmittelverpackungen und in der Werbung. Kinder- und Jugendstoffe im Fernsehen können zu verstärkter Nachfrage nach korrespondierenden Büchern führen. Beispielsweise erwirtschaften Verlage wie *Coppenrath* (mit dem Label *Spiegelburg*) oder *Esslinger* nennenswerte Teile ihres Umsatzes mit Plüsch-, Textil- und Holzaccesoires, mit Spielen und PBS-Artikeln für Freizeit und Schule auf Basis ihrer Kinderbuchstoffe. Der Schweizer *NordSüd Verlag* stellt zu ausgewählten Bilderbüchern die gesprochenen Texte als MP3-Dateien auf seiner Website zum kostenlosen Download anhand eines Codes im Buch bereit.

Das bietet der Sortimentsbuchhandlung freilich auch Chancen zu einer verlockenden, verschiedene Artikel mischenden Warenpräsentation: Bücher und Kuscheltiere, Spiele und CD-ROMs, Spielzeug und CDs, Modeschmuck und Taschenbücher. Ausgangs- und Zielpunkt darf nicht das Buch an sich, sondern muss die Erlebniswelt der Kinder und Jugendlichen sein.

Kinder- und Jugendbücher erzielen 8 bis 15 % des Gesamtumsatzes im Sortimentsbuchhandel, je kleiner die Buchhandlung, desto höher ist ihr Umsatzanteil. Der Umsatzanteil ist seit den 1990er-Jahren gestiegen – überraschend, denn der Anteil der Kinder und Jugendlichen in der Bevölkerung geht zurück. Der Grund ist, dass der Anteil des Sortimentsbuchhandels am Buchmarkt insgesamt zugunsten des Direktvertriebs der Verlage und des Internet basierten Versandbuchhandels etwas geschrumpft ist, aber die Kunden von Kinder- und Jugendbüchern bleiben dem Sortimentsbuchhandel und seiner Beratung treu. Diesen Vorteil gilt es auszuspielen, indem der Sortimentsbuchhandel sich gegenüber Eltern, Erziehern, Lehrern als das lokale Kompetenzzentrum für Kinder- und Jugendliteratur profiliert, z.B. durch Buchempfehlungen in Kindergärten und Schulen, durch Veranstaltungen in Kooperation mit Pädagogen.

In den statistisch sehr niedrigen Durchschnittspreis von unter 10 € gehen die zahlreichen, sehr preiswerten Titel ein, die bevorzugt in Warenhäusern und Supermärkten verkauft werden. Im Sortimentsbuchhandel betragen die Verkaufspreise

- für Bilderbücher 4 bis 15 €,
- für Kinder- und Jugendbücher im Hardcover 6 bis 20 €,
- für Kinder- und Jugendbücher im Taschenbuch 5 bis 7 €. (Die Preisobergrenze für Buchgeschenke von Kindern an Freunde liegt bei 10 €.)

Literaturpreise, Buchbesprechungen

Ähnlich wie bei der Belletristik orientiert sich das Publikum an nur ganz wenigen der über zwei Dutzend Literaturpreise für Kinder- und Jugendbücher im deutschsprachigen Raum. Viel beachtet werden:

- der *Deutsche Jugendliteraturpreis* (früher: Deutscher Jugendbuchpreis), Träger ist das für Jugendfragen zuständige Bundesministerium, das die Auswahl der Preisträger in guter demokratischer Tradition an die staatsunabhängige *Jury des Arbeitskreises für Jugendliteratur* (München) delegiert hat,
- der *Buxtehuder Bulle*, gestiftet von der Stadt Buxtehude. Der Jury gehören auch Jugendliche an.

Buchbesprechungen über Kinder- und Jugendbuch-Neuerscheinungen bringen heute die meisten großen Tageszeitungen. Wichtiger sind für Kinder und Jugendliche selbst die Empfehlungen auf den Kinder- und Jugendseiten und in den Chatrooms des Internets. Zwei Drittel der Kinder ab 6 Jahre und fast 90 % der 12- bis 19-Jährigen sind mehr oder minder regelmäßig online. Wichtige WWW-Adressen, die auch Buchempfehlungen enthalten, sind:

- Bayerischer Rundfunk:
  www.br-online.de/kinder/musik-geschichten/buchtipps/
- Mitteldeutscher Rundfunk:
  www.mdr.de/kinderwelt/figarino/buch-spiele-tipps/
- Südwestdeutscher Rundfunk:
  www.kindernetz.de/infonetz/buchtipps/-/id=7128/1ikpf1f/index.html
- Virtuelle Kinderbibliothek Stuttgart:
  www.stuttgart.de/stadtbuecherei/kinderbuecherei/
- Westdeutscher Rundfunk:
  www.wdr5.de/lilipuz/lesepuz/neue_buecher/lesepuz.phtml,
  www.wdr.de/radio/schulportal2007/buecher_software/index.phtml
- ZDF-TiVi:
  www.tivi.de/infosundtipps/buecher__pcspiele/start/index.html.

Auswahl wichtiger Verlage

Aare Verlag	*Dachs*	*Klopp, Erika*
Aktive Musik (Tonträger)	*DHV – Der Hörverlag* (Tonträger)	*Knesebeck*
Altberliner Verlag	*Diogenes*	*Loewes Verlag*
Arena	*Dorling Kindersley*	*Menschenkinder* (Tonträger)
arsEdition	*dtv: dtv junior*	*Nagel & Kimche Verlag*
audio media verlag (Tonträger)	*ERF-Verlag* (Tonträger)	*Nord-Süd Verlag*
Audionauten (Tonträger)	*edel media & entertainment* (Tonträger)	*Ökotopia*
Baumhaus Medien	*EDITION SEE-IGEL* (Tonträger)	*Oetinger*
Beltz & Gelberg		*Ravensburger Buchverlag*
Benziger	*Egmont Franz Schneider*	*Rowohlt Taschenbuch*
Betz, Annette	*Ellermann Verlag*	*Sauerländer*
Bibliographisches Institut	*Esslinger Verlag*	*Schneider, Franz*
	Fischer, S: Fischer Schatzinsel	*Terzio* (Software)
Bohem Press	*Gerstenberg Verlag*	*Tessloff*
Bloomsbury Publishing	*Hammer, P*	*Thienemann*
Boje	*Hanser, Carl*	*Tivola* (Software)
Campus	*Jumbo* (Tonträger)	*Ueberreuter*
Carlsen	*KeRLE*	*United Soft Media* (Software)
cbj	*KinderBuchVerlag*	*Urachhaus*
Coppenrath, F	*KHSweb* (Software)	*Verlag Freies Geistesleben*
		Xenos

87

Bis 2006 war die Warengruppen-Systematik für die Kinder- und Jugendbücher etwas weniger differenziert als heute. Die Warengruppen-Systematik 2007 hat für die Sachbilderbücher keine eigene Warengruppe mehr, sondern ordnet sie den thematisch passenden Sachbüchern für Kinder- und Jugendliche zu. Damit wird sie dem größer werdenden Angebot gerecht.

Schulbücher (Warengruppe *810 Schulbücher Allgemeinbildende Schulen*) sowie Lehr-, Lern- und Übungsmaterialien für Kinder und Jugendliche (Warengruppen *840 Lernhilfen & Abiturwissen* mit Untergruppen bis *849*) gehören nicht zur Hauptwarengruppe *2 Kinder- und Jugendbücher*. Comics sind in den Warengruppen *181 Comic* und *182 Manga, Manhwa* untergebracht.

2.1 Die Warengruppe *210 Bilderbücher* mit Untergruppen

Die meisten Bilderbücher erzählen in Text und Bild eine Geschichte (Warengruppe *211 Erzählerische Bilderbücher*). Wachsende Bedeutung haben Sachbilderbücher, die kleinen Kindern Sachverhalte in Text und Bild erklären und zum richtigen Verhalten anleiten. Wichtige Motive der Sachbilderbücher sind beispielsweise Berufe, Tiere, Bauernhof, Straßenverkehr, Arztbesuch und Krankenhausaufenthalt, die Bibel, Leben in früheren Zeiten oder bei anderen Völkern. Sachbilderbilder sind in den thematisch passenden Warengruppen *280 Sachbücher / Sachbilderbücher* bis *289 Sonstiges* enthalten.

2.1.1 Die Warengruppe *211 Erzählerische Bilderbücher*

Themen und Darstellungsweisen von erzählerischen Bilderbüchern sind außerordentlich vielfältig und reichen von der allernächsten Erfahrungswelt der Kinder (z.B. *Apenrade, Susa / Hard, Iris: Ich will aber Spaghetti! Arena*) über Themen, die die Kinder aus eigener Erfahrung nicht oder noch nicht kennen (z.B. *Mitgutsch, Ali: Das große Bauernhof-Spielbuch, Ravensburger Buchverlag*) und existenzielle Themen und Wertevermittlung (über den Tod: *Randerath, Jeanette: Der Abschiedsbrief von Opas Maus, Thienemann*) bis hin zu Fabeln, Märchen (z.B. *Lionni, Leo: Frederick, Beltz*), Fantastik (z.B. *Maurice Sendak: Wo die wilden Kerle wohnen, Diogenes*) und Abstraktion (z.B. *Schär, Brigitte: Geschichten vom Roll und vom Ruh, Bajazzo*). Auch problematische Themen, z.B. die Begegnung eines Vierjährigen mit einer Drogenabhängigen werden behandelt.

Kinder, die selbst noch nicht lesen können, betrachten die Abbildungen und erschließen sich auf diese Weise die Geschichte, oder ein Erwachsener oder ein älteres Kind liest vor.

Im Idealfall sind die Abbildungen von ästhetisch hochwertiger Qualität und zugleich kindgerecht. Wie bei allen Buchgattungen gibt es auch hier eine mangelhafte, triviale Produktion: Bilderbücher, deren Abbildungen die Art von Kinderzeichnungen oberflächlich nachahmen, oft unter süßlicher Anwendung des Kindchenschemas und Vorspiegelung einer heilen Welt.

Die Bedeutung der Abbildungen, die Rezeptions- und motorischen Fähigkeiten der Zielgruppe, auch die Preispolitik der Verlage – Bilderbücher sollen weniger als 15 € kosten – bedingen, dass Bilderbücher mit Ausnahme der Pappbilderbücher meistens großformatig sind (bis 35 cm Rückenhöhe), aber selten mehr als 40 Seiten umfassen. Daneben gibt es einige Titel im Überformat mit bis ca. 60 cm Rückenhöhe, vereinzelt ungewöhnliche Formate, z.B. Bilderbücher in Form eines Lastautos. Bilderbücher sind überwiegend Hardcover.

Pop-up-Bücher sind Bilderbücher, bei denen sich, wenn man die Seiten aufschlägt, zusammengefaltete Figuren aufrichten.

Nicht zu den Bilderbüchern rechnet man Malbücher. Sie enthalten Vorgaben von Bildelementen, meist Umrisszeichnungen, die Kinder ausmalen, umgestalten oder vollenden können. Sie werden weniger über den Sortimentsbuchhandel, mehr über Kioske und den Schreibwarenhandel vertrieben (Warengruppenindex *9 Nonbooks, PBS*).

2.1.2   Die Warengruppen
212 Pappbilderbücher mit und ohne Zusatzteile, Fühlbilderbücher
213 Stoff-, Holz- und Badebücher

Bilderbücher für die ganz kleinen Kinder zeigen pro Seite einzelne oder wenige Gegenstände aus der Erfahrungswelt des Kindes; sie sind teilweise kleinformatig, z.B. 16 x 16 cm, damit die Mutter das Buch in der einen und das Kind auf dem Schoß mit der anderen Hand halten kann, und aus abwaschbarer Pappe (Pappbilderbücher). Nicht selten haben sie die Form eines Leporellos. Der Trend geht seit den späten 1990er-Jahren zu von der Multimedia-Welt inspirierten Erlebnisbilderbüchern, bei denen das Kleinkind nicht nur schauen, sondern auch fühlen, tasten, riechen kann: Man kann Teile zusammensetzen oder herausnehmen, versteckte Dinge hinter aufklappbaren Fenstern entdecken, Schnüre oder Plüschtiere durch passende Gucklöcher ziehen. Schrittmacher ist der Verlag *ArsEdition*.

Je junger die Kinder sind, desto realitätsnäher, aber nicht zu detailreich (deshalb keine Fotos) sollen Bilderbuchabbildungen sein. Ab 3 bis 4 Jahren können Abbildungen und die Geschichte auch fantastisch, märchenhaft sein.

Die kleine Gruppe der Stoff-, Holz-, Badebücher stellt ein Mittelding zwischen Buch und Kuscheltier dar; z.B. enthalten sie eine Badefigur oder tragen selbst die Form eines Tieres.

2.1.4   Die Warengruppe
214 Religiöse Bilderbücher

Religiöse Bilderbücher vermitteln kindgerecht Themen der Bibel von Adam und Eva bis zur Kreuzigung, erzählen Heiligen-Legenden, erklären christliche Feste und beantworten Kinderfragen zur Religion (z.B. *Bartos-Höppner, Barbara: Aller-*

erste Bibelgeschichten, arsEdition). Viele Titel leiten zum Beten an oder enthalten Gebete.

2.3 Die Warengruppe
230 Vorlesebücher, Märchen, Sagen, Reime, Lieder mit Untergruppen

Im Lesen, vor allem Sprechen von Kinderreimen und -versen betätigt sich die kindliche Lust am Sprechenkönnen, am physiologischen und lautlichen Hantieren mit Wörtern und Worten. Kinderverse und -lieder vermitteln durch Reim, Gesang und Rhythmus ästhetische Urerlebnisse und regeln das Sozialverhalten unter Kindern. Bücher mit Reimen, Versen und Liedern sind wichtiger für Eltern und Erzieher als für die Kinder selbst, die mehr indirekt durch Vorsprechen, Vorsingen usw. vom Inhalt profitieren. An die Zielgruppe selbst richtet sich die große Zahl an Tonträgertiteln mit Kinderliedern in dieser Warengruppe.

Die Warengruppe *231 Vorlesebücher* enthält Titel, die kürzere Geschichten enthalten, teilweise Zusammenstellungen von verschiedenen Autoren, oder eine längere Erzählung ist in kurze Kapitel untergliedert. Sie sind deshalb besonders zum Vorlesen vor kleinen Kindern geeignet und oft illustriert; das Kind soll also beim Vorlesen ins Buch schauen können.

Märchen, Legenden und Fabeln sind Kindern ab drei bis vier Jahren zugänglich. Das heißt, die Kinder finden durch Vorlesen den Zugang. Die kindgerechte Aufmachung der Bücher soll bewirken, dass die Kinder die Stoffe selbst lesen können, sobald sich ihre Lesefertigkeit entwickelt hat, dass die Kinder spielerisch mitlesen lernen, wenn sie beim Zuhören auf die Buchseiten blicken. Sagen mit ihrer abenteuerlichen Handlung sind eher für Kinder ab acht Jahren geeignet.

Die Warengruppe *232 Märchen und Sagen* enthält vor allem die tradierten Volks- und Kunstmärchen, überlieferten Fabeln, Sagen und Legenden in für Kinder bearbeiteter Form, sehr oft illustriert. Auch bei den bearbeiteten Ausgaben verwenden die Verlage die Namen der ursprünglichen Autoren (Brüder Grimm, Wilhelm Hauff, Ludwig Bechstein, Gustav Schwab usw.). Die Ausgaben mit dem Originaltext dieser Märchen usw., teilweise mit den Illustrationen alter Ausgaben, sind in der Warengruppe *114 Märchen, Sagen, Legenden* enthalten.

Untergliederung	Beispieltitel
231 Vorlesebücher	*Benthin, Anna: Das grosse Buch von Hexe Billebix. Ill. v. Skibbe, Edda. KeRLE* *Abedi, Isabel: Kleine Piraten-Geschichten zum Vorlesen. Gest. v. Egger, Sonja. Ellermann*
232 Märchen und Sagen. Hier findet man auch Fabeln und Legenden für Jugendliche	*Aladin und die Wunderlampe. 1 CD. Jumbo* *Andersen, Hans Ch: Des Kaisers neue Kleider. 1 CD. Terzio* *Hofbauer, Friedl / Recheis, Käthe: Das Geheimnis der weißen Katze. Residenz* *Kratzer, Hertha: Die Nibelungen. Ueberreuter*
233 Gedichte und Reime	*Fänger, Rolf / Möltgen: Träum schön, kleiner Mondbär. Coppenrath* *Goethe, Johann W von: Der Zauberlehrling. Ill. v. Wilharm, Sabine. Kindermann-Bieri*
234 Lieder und Songs	*10 kleine Zappelmänner. Interpret: Lenz, Angela. 1 CD. Universal Music* *Hirler, Sabine: Bunte Lieder schenk ich dir. Ill. v. Wissmann, Maria. Coppenrath*

2.4 Die Warengruppe
240 Erstlesealter, Vorschulalter

Bücher für das Erstlesealter (Kinder in den Klassenstufen eins und zwei) sollen folgende Merkmale aufweisen:

- Die Schrift soll zwölf Punkt oder größer sein (Schrifthöhe mindestens 4,5 Millimeter einschließlich Unterlängen).
- Die Zeilen sollen kürzer als der Satzspiegel breit sein; Flattersatz erleichtert das Lesen.
- Der Text soll durch Absätze und Kapitelüberschriften klar und häufig untergliedert sein.

Die realistischen oder fantastischen Geschichten für das Erstlese- und Vorschulalter spielen vornehmlich in der Familie, in der Schule, unter Geschwistern, Spielpartnern, erzählen in diesem Rahmen aber auch von fantastischen Dingen. Wichtig für Kinder ist, dass Handlung und Figuren lustig sind. Die meisten dieser Bücher sind illustriert und erleichtern so die Lektüre. Einige Titel sind in Schreibschrift gedruckt. Heute beginnt der Schreibunterricht meistens mit Druckbuchstaben; Schreibschrift im Buch ist problematisch, weil an verschiedenen Schulen unterschiedliche Schreibschriften unterrichtet werden.

Wichtige Reihen für Erstleser:

- *Leserabe (Ravensburger Buchverlag)*
- *Känguru (arsEdition)*
- *Laterne, Laterne (Oetinger)*
- *Leselöwen (Loewe)*
- *Sonne, Mond u. Sterne (Oetinger).*

2.5 Die Warengruppen
250 Kinderbücher bis 11 Jahre
260 Jugendbücher ab 12 Jahre

Die beiden Warengruppen enthalten die erzählende Kinder- und Jugendliteratur für Kinder ab etwa acht Jahren. Die trennscharfe Unterscheidung anhand des Alters muss man in der Praxis nur als Tendenzaussage werten. Erstens lässt sich bei vielen Kinder- und Jugendbüchern eine so scharfe Unterscheidung nicht vornehmen, zweitens verschlingen manche Neunjährige dicke Wälzer, die für manche Vierzehnjährige zu schwierig sind. Gleichwohl erwarten viele erwachsene Kunden eine klare Orientierung. Deshalb geben die meisten Kinder- und Jugendbuchverlage eine Altersempfehlung auf dem Buchrücken, aber in feineren Abstufungen als die Warengruppen-Systematik, z.B. *Ab 8*, *8+* oder ein bis vier Punkte (ab 6, ab 8, ab 10, ab 12 Jahre). Diese Abstufungen können auch Grundlage der Warenpräsentation sein.

Besonders beliebt sind folgende Stoffe. Viele Titel vermischen diese Stoffe, wodurch das Interesse besonders bei Jugendlichen gesteigert wird.

- **Abenteuergeschichten** mit der immer wichtiger werdenden Ausformung als **Kinder-Krimi**. Die realistische oder fantastische, unbedingt spannende Handlung dreht sich um Verwicklungen, Entdeckungen, Verfolgungen, um Chance und Gefahr, Held oder Heldin und Gegenspieler, Wagnis und glücklichen Ausgang, sei es in naher Umgebung, an einem geheimnisvollen Ort, unter Indianern oder Tieren, in der Ferne oder Zukunft. Beispieltitel: *Paul Maar: Am Samstag kam das Sams* zurück und weitere Sams-Titel (*Oetinger*); *Jules Verne: Die Reise zum Mittelpunkt der Erde, 1 CD* (*Aktive Musik*); *Tilman Röhrig: In 300 Jahren vielleicht* (*Arena*); *Die drei ???* (*Kosmos*); *Die drei !!!* (*Kosmos*); wichtige Reihen: *Thienemanns Buchpiraten, RTB Knickerbocker-Bande* (*Ravensburger*).
- **Abenteuerliche Grusel-, Science-Fiction- und Fantasy-Stoffe.** Der Übergang zum Buch für Erwachsene ist fließend. Jugendliche bevorzugen Lesestoffe mit Identifikationsfiguren ihres Alters. Beispieltitel: *Hohlbein, Wolfgang: Midgard* (*Carlsen*); *J. K. Rowling: Harry Potter...* (*Carlsen*); *Stine, Robert L.: Gänsehaut... CDs* (*Audionauten*); *Sedgwick, Marcus: Das Buch der toten Tage* (*Hanser*); Light-Novels, im Manga-Stil illustrierte Kurzromane (Reihen: *Rosen unter Marias Obhut, Boogiepop, Kinos Reise*, alle bei *Tokyopop*).

- **Mädchengeschichten für Kinder**: Im Mittelpunkt stehen Mädchenfiguren. Der Hauptinhalt der realistischen Handlung ist weniger die Erzählung äußerer Abenteuer, bei denen solche mit Pferden besonders beliebt sind, sondern die Auseinandersetzung der Mädchenfiguren mit ihrem eigenen Denken, Fühlen, Wollen. Auf dem Hintergrund der geschlechtsspezifischen Sozialisation bietet das Mädchenbuch – es richtet sich an Leserinnen ab acht Jahre, umfasst aber mit anderen Inhalten und anderen Erzählweisen auch Leserinnengruppen bis über 16 Jahre – besondere Identifikationsmöglichkeiten und trägt so zu einer Persönlichkeitsentwicklung bei, die bei Jungen oft zu kurz kommt. Mädchen sind bei ihren Lektüren stärker als Jungen sozial-emotional beteiligt. Auch traditionalistische Mädchenbücher mit Figuren in antiquierten Rollen (Musterbeispiel: *Enid Blyton: Hanni und Nanni, Schneider*, zahlreiche Bände) werden weiterhin gelesen – nicht wenige ihrer früheren Leserinnen wurden Karrierefrauen statt Heimchen am Herd. Beispieltitel: *Dagmar Chidolue: Lady Punk (Beltz & Gelberg)*; *Cornelia Funke: Die wilden Hühner (Dressler)*; *Christine Nöstlinger: Gretchen Sackmeier (Oetinger)*; *Johanna Spyri: Heidi (Lentz,* hauptsächlich als CDs bei *Jumbo)*.
- **Mädchengeschichten**, die in Fortsetzung der Mädchengeschichten für Kinder nun Pubertätsprobleme und die Orientierung in der Erwachsenenrolle aufgreifen. Gemäß der geschlechtsspezifischen Rollenzuweisung interessieren sich weit mehr weibliche als männliche Jugendliche für Lesestoffe, die zum Mit- und Nachdenken über das eigene Leben anregen, in denen Sozialverhalten und die eigene Gefühlswelt und Körperlichkeit reflektiert werden. Die Mädchengeschichten differenzieren sich in Richtungen, die teils zum konventionellen Frauenroman, teils zum modernen Frauenroman führen. Beispieltitel: *Dagmar Chidolue: Liebe ist das Paradies (Dressler)*; *Renate Welsh: Einmal sechzehn und nie wieder (Rowohlt TB)*; *Adele Griffin: Eine Freundin wie Amandine (dtv)*.
- **Jungengeschichten:** Seit einigen Jahren thematisiert eine kleine Gruppe von Jugendromanen Pubertätsprobleme männlicher Jugendlicher. Beispiele: *Jon Ewo: Die Erde ist nackt und hart (cbt)*; Reihe *Für Mädchen verboten (Thienemann)*.
- **Jugendgeschichten** (Problembücher). Jugendfiguren setzen sich in einer realistischen Handlung mit Problemen wie Schulstress, zerrütteten Familien, Außenseitern, Ausländerfeindlichkeit, Drogen, Unterdrückung und Unfreiheit, Kriminalität, Dritter Welt, sozialer Not, Pubertät und Selbstfindung auseinander. Beispieltitel: *Peter Härtling: Krücke (Beltz)*; *Welsh, Renate: Besuch aus der Vergangenheit (Nagel & Kimche)*; *Michael Borlik: Unsichtbare Augen (Thienemann)*; *Kevin Brooks: Martyn Pigs (dtv)*.

Eine Reihe von Autoren haben sich zu Kinderbuchklassikern entwickelt, die seit den 1960er-Jahren, z.T. seit den 1920er-Jahren, von jeder Generation aufs Neue begeistert gelesen werden und wohl auch künftig zum Standardrepertoire des Buchhandels gehören werden. Hervorgehoben seien:

Enid Blyton,	Peter Härtling,	Christine Nöstlinger,
Kirsten Boie,	Erich Kästner,	Scott O'Dell,
Frances Hodgson Bur-	James Krüss,	Gudrun Pausewang,
nett,	Astrid Lindgren,	Otfried Preussler,
Charles Dickens,	Paul Maar,	Mark Twain,
Michael Ende,	A. A. Milne,	Renate Welsh.

Wichtige Reihen bzw. Titelgruppen sind:

- *Boyz'n Girls. Arena*
- *Die drei !!!. Kosmos*
- *Die drei ???. Kosmos*
- *Dressler Klassiker. Dressler*
- *Freche Mädchen. Thienemann*
- *Gänsehaut. Omnisbus TB*
- *Das magische Baumhaus. Loewe*
- *Leseratten (8-10). Klopp*
- *Oetinger-Auslese. Oetinger*
- *Sternenschweif. Kosmos*
- *Die wilden Fußballkerle. Baumhaus Medien.*

2.7 Die Warengruppe
270 Biographien

Die kleine Warengruppe enthält Einzel- und Sammelbiografien, die sich an Kinder und Jugendliche richten. Einige Titel (z.B. *Matten-Gohdes, Dagmar: Heine ist gut. Beltz*) verbinden Lebensgeschichte und Einführung in das Werk mit ausgewählten Gedichten und anderen Werken. Die führenden Jugendbuchverlage bringen jedes Jahr ein paar Dutzend Titel, die ohne pädagogischen Zeigefinger das Leben von Persönlichkeiten vermitteln, die gerade für Kinder und Jugendliche Orientierungen geben. Neben weltbekannten Personen (z.B. Dietrich Bonhoeffer, Galilei, Goethe, Lise Meitner, Mozart, Marilyn Monroe) sind das nicht selten unbekannte Zeitgenossen, deren Leben beispielhaft ist (z.B. *Erben, Eva: Mich hat man vergessen. Erinnerungen eines jüdischen Mädchens. Beltz, J*).

2.8 Die Warengruppe
280 Sachbücher / Sachbilderbücher
mit Untergruppen

Sachbücher für Kinder vermitteln Kenntnisse der Umwelt der Kinder, auch der weiteren Umwelt außerhalb ihres unmittelbaren Erfahrungsbereichs, und beantworten in jeweils altersgerechter Form die Fragen, die Kinder stellen (z.B. „Wo bleibt der Wind, wenn er nicht weht?"). Bevorzugte Themen sind Natur und Tiere, Naturphänomene wie Licht, Wetter und der Sternenhimmel, der menschliche Körper und Sexualaufklärung, Auto, Eisenbahn, Flugzeug, Verhalten im Straßenverkehr, Stadt und Land, Leben in der Vergangenheit, christliche Themen wie Motive aus der Bibel, Heilige und religiöses Leben im Jahreslauf, ferner kindgerechte Bibelbearbeitungen, oft mit historischen Hintergrundinformationen. Häufig ist der Stoff erzählerisch aufbereitet. Wenige Titel behandeln Themen aus den Bereichen Recht und Wirtschaft.

Der Marktanteil der Kinderbücher mit Sachinformation wächst gegenüber den erzählenden Kinderbüchern. Kindersachbücher werden für die Kinder auch deshalb immer wichtiger, weil viele ihrer Fragen in der Schule zu kurz kommen, denn die Lebenserfahrung des einzelnen Kindes entspricht eben meistens nicht dem Lehrplan. Durch den Umgang mit Kindersachbüchern lernen Kinder, Bücher als stets verfügbare Informationsquelle zu behandeln – eine umso mehr überlebenswichtige Einstellung, je abstrakter die Lebenszusammenhänge und je komplizierter die Gesellschaft werden. Kinder, die Vorbehalte gegenüber fiktionalen Texten haben, können mit Kindersachbüchern Zugang zum Lesen finden.

Der Buchmarkt bietet zu einer Reihe von Themen fast keine Jugendsachbücher an, z.B. für Computertechnik, elektronische Musikinstrumente, Sport, Tierpflege, sieht man einmal von Schulbüchern und schülergeeignetem Material sowie Lehrbüchern für die Berufsausbildung ab. Dagegen erscheint eine Vielzahl von Jugendsachbüchern, die bestimmte Interessen und Fragestellungen von Jugendlichen auf zielgruppengerechte Weise behandeln: religiöse und esoterische Themen, Stars der Rock- und Popmusik, Sexualaufklärung, Erfindungen und Entdeckungen, Berufswahl, Technik, Themen aus der Geschichte. Sachbücher schaffen wirksame Leseimpulse auch für solche Jugendliche – besonders männliche Jugendliche –, die sonst wenig lesen.

Lexika und Wissenshandbücher für Kinder und Jugendliche sind ebenfalls in dieser Warengruppe enthalten, sollten der Nachfrage entsprechend als eigene Gruppe im Laden präsentiert werden. Beispieltitel:

Untergliederung	Beispieltitel
281 Allgemeines, Nachschlagewerke, auch Atlanten und Geografie	*Encyclopaedia Britannica 2007 Schülerausgabe, CD-ROM, United Soft Media* *Hille, Astrid / Schäfer, Diana: Fremde Länder, gute Freunde, Mildenberger* *Mein erster Brockhaus, Brockhaus* *Meyers Kinderlexikon, Bibliograph. Inst. Mannheim*
282 Tiere, Pflanzen, Natur, Umwelt	*Gohl, Christiane: Das Kosmos-Buch der Pferde und Ponys, Kosmos* *Markmann, Erika: Das Ravensburger Gartenbuch für Kinder, Ravensburger Buchverlag* *Wind und Wetter, Ravensburger Buchverlag*

283 Naturwissenschaft, Technik, z.B. Fahrzeuge, Mathematik, EDV, Medien	*Hanke, Johann Ch: PHP und MySQL für Kids, RED-LINE* *Teichmann, Jürgen: Das unendliche Reich der Sterne, Arena*
284 Recht, Wirtschaft	*Crummenerl, Rainer: So ist das mit dem Geld, Arena* *(R)echt cool! Kinder fragen nach ihren Rechten – prominente Juristen antworten, Fischer S*
285 Mensch, auch Aufklärung, Anatomie, Sexualität	*All about Eve. Alles, was Jungs über Mädchen wissen müssen, cbt* *Bydlinski, Georg: Bald bis du wieder gesund, Betz* *Kampwerth, Karin: Bye, bye, Liebeskummer, Thienemann*
286 Geschichte, Politik	*Aston, Claire: Eine Stadt im Wilden Westen, Bibliographisches Institut* *Gombrich, Ernst H: Eine kurze Weltgeschichte für junge Leser, DuMont* *Ben-Jelloun, Tahar: Papa, was ist ein Fremder? Rowohlt Taschenbuch*
287 Religion, Philosophie, Psychologie, auch Bibelgeschichten, Kinderbibeln, Gebetbücher	*Seidelmann, Thilo: Die Heilige Messe erleben und verstehen, Herder* *Meine allererste Bibel, Herder* *Baussier, Sylvie: Welt der Mythen, Fleurus* *Calvert, Kristina: Können Steine glücklich sein? Rowohlt Taschenbuch*
288 Kunst, Musik	*Appleford, Steve: The Rolling Stones – Rip this Joint. Die Story zu jedem Song, Rockbuch* *Swoboda, Maria / Lintzen, Ilse: Das will ich wissen... Musikalisches Wissen rund um das Keyboard, Schott Musik International* *Ward, Martina: Stell dir vor... Ein Kunstbuch für junge Leser, Daedalus*
289 Sonstiges, auch Kochen, Sport, Schönheit, Entspannung.	*Erkert, Andrea: Naschkatze & Suppenkasper. Mit Spiel und Spaß essen und trinken, Ökotopia* *Weimer, Britta / Hess, Sabine / Brademann, Manuela: Schluss mit schlechten Noten, Ueberreutter*

Wichtige Reihen:

Abenteuer & Wissen. Gerstenberg
Abenteuer Kunst / Adventures in Art. Prestel
Alles was ich wissen will. Ravensburger Buchverlag
Für Kinder erzählt. Knesebeck (Pseudoreihe: jeweils gleicher Untertitel)
Gerstenberg visuell. Gerstenberg
Kinder erforschen die Welt. Ökotopia
Leselöwen-Wissen. Loewe

Mach mit! – Spielend neues Lernen. Ravensburger Buchverlag
Meyers kleine Kinderbibliothek. Bibliographisches Institut
Sehen – Staunen – Wissen. Gerstenberg
Was ist Was. Tessloff
Was ist Was TV Video. Tessloff
Wieso? Weshalb? Warum? Ravensburger Buchverlag; auf CD bei *Jumbo*
Wieso? Weshalb? Warum? – junior. Ravensburger Buchverlag; auf CD bei *Jumbo*
Wissen mit Pfiff. Fleurus.

2.9 Die Warengruppe *290 Spielen, Lernen* mit Untergruppen

Die Titel der Warengruppe *290 Spielen, Lernen* mit ihren Untergruppen sind Sachbücher für Kinder und Jugendliche aller Altersstufen einschließlich Sachbilderbü-
chern sowie Softwareprodukten, die ihnen Anleitungen zum Spielen, Basteln usw.
geben, die Fremdsprachenkenntnisse und Wissen unabhängig von der Schule spielerisch vermitteln sowie spaßige Inhalte transportieren. Ferner gehören Kinderka-
lender und Nonbooks für Kinder dazu. Die Titel für Kinder und Jugendliche in der
Hauptwarengruppe *8 Schule und Lernen* haben einen engeren Bezug zur Schule als
die Titel in *290 Spielen, Lernen.*

Untergliederung (springende Zählung)	Beispieltitel
291 Lernen, enthält vor allem: Lernspiele Vorschulalter, Lernsoftware Vor-schulalter	*Becker, Christian: Die schlaue kleine Hexe – Kon-zentration und Feinmotorik, Oetinger* *Brauner, Anne: Sicher zur Schule, Carlsen* *miniLÜK-Set Bilder-ABC, Westermann Lernspielvlg*
292 Sprachen	*Englisch lernen mit dem kleinen Gespenst. Sprach-Hörspiel für Kinder nach Motiven des gleichnami-gen Kinderbuchs von Otfried Preußler; 1 CD, Der Audio-Verlag*
293 Mathematik	*Lernspass intensiv Mathematik 4. Klasse, 1 CD-ROM, Terzio*
295 Kreativität, enthält vor allem: Malen, Zeichnen, Basteln	*Bastelkalender, gold 2006, Kunstverlag Weingarten* *ABC-Malbuch vom kleinen Raben Socke, Esslinger* *Fantasievolle Mandalas, Loewe*
296 Abenteuer, Spielge-schichten, Unter-haltung, enthält vor allem: Kinderspiele, Kinderbeschäfti-gung	*Griesbeck, Josef: Die 50 besten Gruppenspiele, Don Bosco Medien* *Halloween und Kürbisgeist. Ill. von Oberdieck, Bern-hard, Patmos* *Reitberger, Reinhold: Witze für die Schultasche, Loe-we*

297 Quiz, Rätsel	*Bartl, Almuth: Stau macht schlau. 133 Spiele und Knobeleien für Grundschulkinder unterwegs, moses Verlag* *Beer, Hans de: Der kleine Eisbär. Puzzle Spielbuch, NordSüd Verlag*
299 Sonstiges	enthält vor allem: Kinder-, Advents-, Geburtstags-Schülerkalender, (Poesie-)Alben, Stofftiere, T-Shirts

3 Die Hauptwarengruppe
3 Reise

Die Hauptwarengruppe *3 Reise* umfasst Bücher, Karten und andere Medien, die man zur Reisevorbereitung und -durchführung braucht, ferner verwandte Warengruppen, nämlich Bildbände, Reiseberichte, Atlanten und Globen. Im Einzelnen ist die Hauptwarengruppe *3 Reise* in folgende Warengruppen untergliedert:

310 Reiseführer
320 Sport- und Aktivreisen
330 Hotel- und Restaurantführer
340 Karten, Stadtpläne, Atlanten
350 Bildbände
360 Reiseberichte, Erzählungen
380 Globen
390 Kartenzubehör, Sonstiges.

Die Warengruppen *310* bis *360* sind in jeweils gleicher Weise untergliedert:

3*1 Deutschland (z.B. *311 Reiseführer Deutschland, 341 Karten Deutschland*)
3*2 Europa (genau gesprochen: Europa – nicht nur Europäische Union – außer Deutschland, auch Türkei, Zypern, Russland, Kanarische Inseln)
3*3 Afrika (ohne Ägypten, auch Kapverdische Inseln, Madagaskar, Seychellen)
3*4 Naher Osten (Ägypten, Bahrain, Irak, Iran, Israel, Jemen, Jordanien, Katar, Kuwait, Libanon, Oman, Palästina, Saudi-Arabien, Syrien, Vereinigte Arabische Emirate)
3*5 Asien (ohne die in Asien liegenden Länder des Nahen Ostens, auch GUS-Staaten außer Russland, ehemalige Sowjetunion insgesamt)
3*6 Nord- und Mittelamerika (USA, Kanada, Mexiko, Kuba, Antigua und Barbuda, Bahamas, Barbados, Belize, Costa Rica, Dominica, Dominikanische Republik, El Salvador, Grenada, Guadeloupe, Guatemala, Haiti, Honduras, Jamaika, Kuba, Martinique, Nicaragua, Niederländische Antillen, Panama, Saint Kitts and Nevis, Saint Lucia, Saint Nevis and the Grenadines, Trinidad and Tobago)
3*7 Südamerika (Argentinien, Bolivien, Brasilien, Chile, Ecuador, Kolumbien, Paraguay, Peru, Uruguay, Venezuela)
3*8 Australien, Neuseeland & Ozeanien (auch Fidschi-Inseln, Französisch-Polynesien, Mikronesien, Neue Hebriden, Samoa, Tahiti)
3*9 Welt, Arktis, Antarktis (auch mehrere Kontinente).

Seit den 1980er-Jahren des vorigen Jahrhunderts expandierte die Warengruppe kräftig, bis seit 1999 ein Rückgang beim Umsatz eintrat. In 2007 gingen etliche neue Reihen an den Start, Indiz für eine Erholung des Markts. Im Sortimentsbuchhandel hat die Hauptwarengruppe *3 Reise* einen Umsatzanteil von 5 % mit seit 2006 wieder leicht steigender Tendenz, in großen Buchhandlungen etwas mehr, in kleinen deutlich weniger. Für die Warenpräsentation stellen die Reiseführerverlage Displays, Verkaufsmöbel und Dekomaterial wie z.B. Pilotenmützen, elektrische Zugschlussleuchten, Picknickdecken, Umhängetaschen, Reisetruhen, Liegestühle zur Verfügung.

Perspektivisch werden für diese Warengruppe dramatische Veränderungen prognostiziert. Hierzu einige Stichwörter:

- Allmählich werden Navigationssysteme in Autos üblich, mehr und mehr in allen Neuwagen, auch im Fahrzeugbestand. In der Folge geht der Umatz mit Auto- und Stadtatlanten sowie mit Karten und Plänen zurück; in einigen Jahren könnten sie an den Rand gedrängt sein.
- Die neueren Handy- und Handheld-Generationen erlauben eine genaue Ortung des Gerätes und ihre großen Displays gestatten die Anzeige von Karten. Der Stadtbesucher der nahen Zukunft orientiert sich vielleicht nicht anhand eines gedruckten Stadtplans, sondern er wird sein Ziel – eine Adresse, die nächste Pizzeria, einen Benetton-Shop – ins mobile Gerät eintippen und dieses wird ihn aufgrund einer Internet-Verbindung zum Ziel weisen.
- Die Berliner Firma *Dreifach Einfach* hat den mobilen Reiseführer *Cruso* auf GPS-Basis entwickelt. Das taschenbuchgroße Gerät ermöglicht einfaches Navigieren, indem Sehenswürdigkeiten über den Touchscreen angewählt und in einer ausgewählten Tour bestimmt und geortet werden können. Über Kopfhörer kommen Erklärungen und zum Objekt passende Tondokumente, unterlegt mit Musik.
- Mehr und mehr Reiseführerverlage stellen aktuelle Ergänzungsinformationen sowie Podcasts zu ihren Reiseführern ins Internet und präsentieren auf ihren Web-Seiten Links zu Reiseveranstaltern oder Hotels. Fast die Hälfte aller Internet-User nutzt das Netz auch zur Reiseplanung und soll motiviert werden, immer wieder auf die Seiten der Reiseführerverlage zu gehen.
- Last-Minute-Buchungen von besonders preiswerten Reisen finden immer mehr Interessenten nach dem Motto: Ich will verreisen, weiß nicht wohin, schau mal die Angebote im Internet durch, heute Abend soll mein Flieger starten. Finden diese Kunden noch den Weg in die Reise-Abteilung der Buchhandlung – und hat die Reise-Abteilung den passenden Reiseführer am Lager?
- Die Reiseveranstalter individualisieren ihre Angebote immer mehr. Entsprechend erwartet der Tourist individuelle Touren-, Wander-, Erlebnis-, Kultur-, Sightseeing-Informationen, z.B. zehn Vorschläge für Erlebnis-Wandern auf Mallorca, aber nur mit geringen Steigungen und schattig, bitte mit Einkehr. Und er wird wenig Neigung haben, sich diese Informationen aus dicken Büchern selbst herauszusuchen. Wird ihm das Reisebüro oder der Buchhändler dieses individuelle Informationspaket verkaufen?

3.1 Die Warengruppe
310 Reiseführer mit Untergruppen

Reiseführer informieren über das Reisegebiet, seine Sehenswürdigkeiten und Infrastruktureinrichtungen für Freizeit und Reise, über Klima und Natur, Land und Leute unter touristischen Gesichtspunkten. Sie geben Hinweise auf mögliche Routen, Reisevorbereitungen und die praktische Organisation der Reise (Verkehrsverbindungen, Unterkunft, Ernährung, Restaurants, Verständigung u.a.m.). Die Kunden erwarten Kartenmaterial im Reiseführer, am besten kleine Karten auf der Seite gegenüber der Beschreibung und zusätzlich eine große aufklappbare Karte. Manche Reiseführer lösen das Problem, dass insbesondere die praktischen Reiseinformationen (Hotels, Öffnungszeiten, Telefonnummern) rasch veralten, indem diese Informationen in einem abgrenzbaren, aber eingebundenen Teil zusammengefasst werden (z.B. die gelben Seiten in den *DUMONT Kunst Reiseführern*). Dieser Teil wird von Auflage zu Auflage aktualisiert, während der Hauptteil über mehrere Auflagen hin unverändert bleiben kann.

Die unglaublich gewachsene Reiselust schlägt sich nicht mehr in einer zunehmenden Nachfrage nach Reiseführern nieder; mehr und mehr Menschen sind mit Broschüren des Reiseveranstalters und mit Ausdrucken aus dem Internet zufrieden. Oder man bekommt seinen Reiseführer als Dreingabe vom Reiseveranstalter.

Die Funktion der Reiseführer verlagert sich teilweise vom Begleiter der langen Urlaubsreise stärker auf die Funktion des Impulsgebers für immer häufigere kurze Freizeitfahrten und -reisen. Neben die meistens zwei- oder sogar dreiwöchige Sommerreise, deren Beliebtheit abnimmt, weil die Nebensaisonpreise niedriger und immer weniger Familien auf die Schulferien angewiesen sind, tritt für viele Menschen ein Strauß von Kurztrips an Wochenenden oder freien Tagen. Reiseziele in Afrika, Asien, Australien werden beliebter, auch für den Kurzurlaub zwischendurch. Doch reist nur knapp die Hälfte der Touristen – aber fast alle Teilnehmer an Studienreisen – mit Reiseführern. Der Typ Kulturtourist, der anhand des Kunstreiseführers sein Programm durch Museen und zu den Sehenswürdigkeiten abarbeitet, wird immer seltener. Urlaub gewinnt immer stärker den Charakter erlebnisbetonter Selbstverwirklichung auf der Suche nach Anregungen und Überraschungen.

Für die meisten Reisegebiete (Städte, Inseln und Inselgruppen, Landesteile, Regionen, Länder, Kontinente, Flussläufe, Gebirge usw.) gibt es mehrere allgemeine Reiseführer; für einige Reisegebiete sind auch Kunstreiseführer lieferbar. Kunstreiseführer extra zu präsentieren, ist nicht sinnvoll, weil das Titelangebot schmal ist.

Reiseführer sind ganz überwiegend Softcover und erscheinen meistens in Reihen. Gewicht und Handlichkeit sind Verkaufsargumente. Innerhalb einer Reihe sind die einzelnen Titel hinsichtlich Anlage und Zielgruppe, Ausstattung, Umfang, Preis in aller Regel ganz einheitlich gestaltet. Noch stärker als beim Taschenbuch ist die Reihe Markenzeichen. Andere Verlage bringen zwar keine Reihen heraus, gestalten aber ihre Reiseführer dennoch nach einem einheitlichen Muster und bringen dies durch wiederkehrende Untertitel oder Titelformulierungen zum Ausdruck (z.B. *Reisehandbuch mit vielen praktischen Tipps*, Verlag *Müller, Michael*).

Etliche Reiseführerverlage (z.B. *MAIRDUMONT, Travelhouse Media*) verknüpfen ihr Angebot an Printmedien mit WWW-Angeboten: Der Verlag bietet ein Internet-Portal, über das man Downloads als Aktualisierung der Printausgabe bekommt, Hinweise auf neue interessante Reiseziele erhält oder in Kooperation mit einem Reiseveranstalter sogar Reisen buchen kann. Durch interessante kostenlose Inhalte wie etwa einen Routenplaner (www.marcopolo.de), einen Kulturkalender (www.dumontreise.de) oder Stadtpläne (www.falk.de) soll der Kunde motiviert werden, immer wieder diese Seite zu besuchen und so mit der Verlagswerbung in Kontakt zu kommen.

Akustische Reiseführer auf CD blieben bis jetzt ein kleines Segment (Beispiele: Verlag *geophon Urlaub im Ohr*; *mare Hörbuch, HörbucHHamburg*).

Das Reisegebiet stellt nur einen Aspekt des Reiseführers dar. Reiseführer für mehr oder minder dasselbe Reisegebiet stehen deshalb teilweise nicht in einem Konkurrenzverhältnis, weil sie sich an verschiedene Zielgruppen richten.

Da gibt es zunächst die breite Palette sportlicher Urlaubsaktivitäten von Bergsteigen über Segeln bis Radwandern. Diese Reiseführer sind in einer eigenen Warengruppe (*320 Sport- und Aktivreisen*) untergebracht. Ferner unterscheiden sich Zielgruppen nach den Merkmalen:

- Einkommen und Urlaubskasse, entsprechend ist das Interesse an Hinweisen auf preislich angemessene Unterkünfte, preiswerte Aktivitäten und Restaurants. Dem kommen einige preiswerte Reihen entgegen (Beispiel: *Marco Polo, MAIRDUMONT*).
- Freizeitwerte der Reisenden und damit Orientierungen in Richtung Erholen, Erleben, Genießen, Nervenkitzel, Bildung erwerben, Kontakte herstellen, Entdecken, aktiv sein, Sport treiben usw. Kunstreiseführer beschreiben ausführlich die kunstgeschichtlich interessanten Sehenswürdigkeiten bis hin zu einzelnen bedeutenden Gemälden in Museen. Auch der geschichtliche Hintergrund wird ausführlich gewürdigt. Die Zielgruppe ist überwiegend älter als 40 Jahre mit deutlich überdurchschnittlichem Einkommen und überdurchschnittlicher Bildung (*DUMONT Kunst Reiseführer* und *Merian Reiseführer*; die Reihen *Baedeker Allianz Reiseführer* und *Michelin – Der Grüne Reiseführer* behandeln Kunst weniger ausführlich).
- Gesellschaftsbild der Reisenden und mithin Interessenausprägungen für echte oder unechte Folklore, kulturelle und soziale Strukturen, heimische Wiedererkennungswerte oder Reiz an Exotik etc. Die Titel des *Iwanowski*-Verlags sind zugleich Reiseführer und ausführliche Landeskunde.

Weiterhin unterscheiden sich Reiseführer-Reihen in der Darstellung und in der Ausstattung:

- Besonders reich bebilderte Reiseführer sind im Format meistens etwas größer und bewegen sich eher im oberen Drittel des Preisspektrums. Beispiele: Reihen *Vis à Vis* bei *Dorling Kindersley, National Geographic Art Guide*.

- Kartenmaterial: Die meisten Reiseführer-Reihen enthalten ausführliches Kartenmaterial, z.B. *HB Bildatlanten*, oder sind mit beigelegter loser Faltkarte ausgestattet (Beispiel: *Baedeker Allianz Reiseführer*). Der Umfang des Kartenmaterials ist für viele Kunden neben dem Preis ein Entscheidungskriterium.
- Touren oder systematische bzw. alphabetische Präsentation des Stoffes, ggf. in einem separaten Kapitel Tourenvorschläge.

Im Beratungsgespräch soll das Buchhandelspersonal verdeutlichen, dass man den Preis für den Reiseführer im Verhältnis zu den Kosten der Reise bewerten muss – wenn die Reise 2.000 € kostet, ist ein Reiseführer für 20 € keineswegs zu teuer und erhöht den Wert des Urlaubs (Werbemotto von MAIRDUMONT: *Man sieht nur, was man weiß*). Die Titel der preiswerten Reihen kosten 5 bis 10 €.

Reiseführer-Reihen (Auswahl)

ADAC Reiseführer	*ADAC*	5-7 €
ADAC Reiseführer plus	*ADAC*	8,95 €
ADAC Special Reisemagazin	*ADAC*	8-10 €
Baedeker Allianz Reiseführer	*MAIRDUMONT*	13-30 €
DUMONT direkt	*MAIRDUMONT*	7,95 €
DUMONT Kunst Reiseführer	*MAIRDUMONT*	25,90 €
DUMONT Reise-Taschenbücher	*MAIRDUMONT*	12-14 €
DUMONT Richtig reisen	*MAIRDUMONT*	23 €
Ein Jahr in ...	*Herder Freiburg*	12,90 €
Falk Spirallo Reiseführer	*MAIRDUMONT*	6,50 €
Go Vista City Guide	*Vista Point*	2,99 €
Go Vista Info Guide	*Vista Point*	2,99 €
HB Bildatlas	*HB*	8,50 €
Lonely Planet	*MAIRDUMONT*	16-29 €
Loose by DuMont	*MAIRDUMONT*	16-30 €
MARCO POLO	*MAIRDUMONT*	8,95 €
Merian Heft	*Gräfe u. Unzer*	7,50 €
MERIAN guide	*Travelhouse Media*	12,90 €
MERIAN live!	*Travelhouse Media*	8,95 €
Merian Reiseführer	*Travelhouse Media*	24-29 €
Michelin –Grüne Reiseführer	*Michelin*	15-18 €
MM City	*Müller, Michael*	12,90 €
National Geographic Traveler	*Natonal Geographic Deutschland*	15-20 €
Outdoor Handbuch	*Stein, C*	8-10 €
Peter Meyer Reiseführer	*pmv*	15-25 €
Polyglott APA-Guides	*APA Publ*	19,95 €
Polyglott APA-Guides Premium Edition mit DVD	*APA Publ*	24,95 €
Polyglott City Box	*APA Publ*	16,95 €
Polyglott-Reiseführer /on tour	*Polyglott*	7,95 €
Polyglott Special	*Polyglott*	12,95 €

Reisehandbuch (Untertitel)	*Iwanowski*	18-26 €
Reisehandbuch ... Tipps (Untertitel)	*Müller, Michael*	13-25 €
Reise Know-How	*Reise Know-How*	11-24 €
Vis à Vis	*Dorling Kindersley*	17-27 €
Vista Point Reiseführer	*Vista Point*	20-25 €

3.2 Die Warengruppe
320 Sport- und Aktivreisen mit Untergruppen

Die Warengruppe mit ihren Untergruppen umfasst vor allem Reiseführer, die spezialisiert sind auf:

- Angeln,
- Bergsteigen, Bergwandern,
- Biking,
- Canyoning (Wandern zu Fuß oder mit Booten in tiefen Tälern, meistens mit Übernachtungen in Zelten oder im Freien),
- Flussfahrten mit Ruder-, Schlauchboot, Flößen, Rafting (Schlauchboot-, Floßfahren),
- Kanuwandern, Kajakwandern,
- Klettern,
- Motorradreisen,
- Outdoor,
- Radwandern, Radeln,
- Segeln,
- Ski, Skilanglauf, Winterwandern mit Schlitten und Schneeschuhen,
- Survival,
- Tauchen, Schnorcheln,
- Trekking (längere Wanderung oder Fahrt durch unwegsames Gelände, meist mit Rast und Übernachtung in Zelten oder im Freien),
- Wandern.

Besonders beliebt ist die Kombination von Wandern oder Radfahren und Besichtigungen von kulturell interessanten Bauwerken.

Erklärt wird in den Sport-Reiseführern weniger, wie der betreffende Sport ausgeübt wird, vielmehr wo er ausgeübt werden kann – bis hin zu detaillierten Routenbeschreibungen. Entsprechend sind in den Buchtiteln Formulierungen wie z.B. Unterwasser**führer**, Klettersteig**führer**, Rad**touren**, Ski**touren** häufig.

Verkaufsargumente richten sich auf folgende Merkmale:

- Umfang des Reisegebiets,
- Anfahrt in die Region, zum Startpunkt von Touren,
- empfohlene Reisesaisons, Klima,
- Übersichtskarte der behandelten Touren,
- Kartenmaterial für die einzelnen Touren,
- Schwierigkeitsgrade und erforderliche Ausrüstung,
- Angaben über weitere Möglichkeiten von Aktivitäten am Ort, z.B. kulturelle Sehenswürdigkeiten (z.B. die Reihe *DUMONT aktiv*) oder Diskotheken.

Anleitungen für die jeweilige Sportart findet man in den Warengruppen *440 Sport* und ihren Untergruppen.

3.3 Die Warengruppe *330 Hotel- und Restaurantführer* mit Untergruppen

Die Warengruppe enthält Hotel-, Restaurant- und Campingführer. Etlichen Titeln liegt eine CD-ROM mit dem Inhalt des Buches als Datenbank bei. Sie sind teilweise Adressverzeichnisse, angereichert mit meistens in Form von Symbolen wiedergegebenen Informationen über die Ausstattung, das Preisniveau u.ä., teilweise ausführlich beschreibende Verzeichnisse. Letztere bringen sehr oft Bilder der Hotels, Restaurants usw. Neben einer überschaubaren Zahl von etablierten Titeln, die jedes Jahr in Neuauflage kommen, bieten die Verlage eine wechselnde Fülle von stark auswählenden und wertenden Zusammenstellungen, z.B. *Kleine Hotels mit Charme* (Christian Mchn).

Viele gehobene Restaurants und Hotels legen eine Auswahl der Hotel- und Restaurantführer aus, weil sie eine Stärkung der Kundenbindung erwarten, wenn sie auf ein gutes Urteil von dritter Seite hinweisen können, und sind deshalb eine relevante Kundengruppe. Für einen Teil des Buchhandelspublikums sind Hotel- und Restaurantführer Impulsgeber und Orientierungsmarken für Kurzreisen und Essengehen. Beides bekommt den Charakter eigenständiger Freizeitbeschäftigungen.

Wichtige Titel sind (z.T. mit Spezialisierungen, z.B. *Gault Millau Schweiz*):

ACSI Campingführer Europa	*Sybex*	Campingplätze
ADAC Camping Führer	*ADAC*	Campingplätze
ADAC Camping-Caravaning-Führer	*ADAC*	Campingplätze
DCC Campingführer	*DCC Wirtschaftsdienst*	Campingplätze
Schlummer Atlas	*Busche*	Hotels
Feinschmecker Guide	*Travelhouse Media*	Hotels u. Restaurants
Gault Millau	*Christian Mchn*	Hotels u. Restaurants
Michelin Hotels & Restaurants	*Michelin*	Hotels u. Restaurants
Varta Führer Deutschland	*MAIRDUMONT*	Hotels u. Restaurants
Schlemmer Atlas	*Busche*	Restaurants

Etliche weitere Titel sind nicht nur geografisch, sondern auch thematisch spezialisiert, beispielsweise auf:

- Bio-, Vollkorn-, Vollwert-, vegetarische Küche,
- italienische Restaurants in Deutschland,
- Familienhotels,
- Hotels im Country Style,

- literarische Kneipen,
- preiswerte Hotels und Restaurants,
- reisemobilfreundliche Restaurants,

- Hotels, die keine Kinder oder keine Haustiere aufnehmen,
- Intreffs, Nightlife,

- Hotels,
- Schlosshotels,
- Tagungshotels,
- Urlaub auf d. Bauernhof.

Immer wieder scheuen Kunden vor den als zu hoch wahrgenommenen Preisen der umfangreichen Hotel- und Restaurantführer zurück. Hier muss man im Verkaufsgespräch betonen:

Die Hotel- und Restaurantkosten für einen Wochenendurlaub zu zweit schlagen ohne besondere Ansprüche mit 300 bis 500 € zu Buche. Selbst wenn der Hotel- und Restaurantführer nur zum Gelingen eines einzigen Wochenendurlaubs genutzt wird, war er mit Kosten von 5 % der Gesamtkosten allemal sein Geld wert. Aber wahrscheinlich wird er häufiger genutzt, wenn man ihn griffbereit zu Hause hat.

3.4 Die Warengruppe *340 Karten, Stadtpläne, Atlanten* mit Untergruppen

Karten und Pläne sind verkleinerte Abbildungen der Erdoberfläche, der Oberfläche eines anderen Himmelskörpers (z.B. Mondkarte) oder des Sternenhimmels (Sternenkarte, Sternkarte, Himmelskarte). Atlanten sind Kartenwerke.

Karten und Stadtpläne

Einzelkarten und Stadtpläne kommen in folgenden Formen in den Handel:

- **Faltkarten** sind handlich zusammengefaltet und oft mit einem Deckel (Fachausdruck für den angeklebten Umschlag bei einer Karte) aus Karton oder mit einer losen Kunststoffhülle versehen. Besonders Wander- und Freizeitkarten stecken nicht selten zusammen mit einer Broschüre über Touren, Sehenswürdigkeiten usw. in einer aufklappbaren Kunststofftasche. Die Stadtpläne mit *Falkfaltung* (!) von *MAIRDUMONT* und die *ADAC FaltPläne* von *Carto Travel* haben eine Patentfaltung, so dass man sie wie ein Buch aufschlagen oder alternativ auseinander falten kann. Die Formate der Faltkarten sind von Verlag zu Verlag unterschiedlich (meistens 12 x 25 cm bis 14 x 25 cm), so dass der Sortimentsbuchhandel geeignete Tröge und Schuber im Regal haben muss. Faltkarten sind die mit Abstand am weitesten verbreitete Form. Die Preise liegen für Karten aus dem deutschsprachigen Raum meistens zwischen 5 und 10 €, für Karten aus anderen Ländern reicht das Preisspektrum bis 35 €.
- **Planokarten** sind nicht gefaltet. Sie sind naturgemäß unhandlich, haben aber eben keine Falze, so dass sie völlig glatt auf dem Tisch liegen. Poster-Wandkarten sind das wichtigste Segment bei den Planokarten; sie kommen gerollt im Kunststoffrohr in den Handel. Inhalte der Poster-Wandkarten sind fast ausschließlich Weltkarten, Übersichtskarten ganzer Länder und Erdteile, meistens physische Karten, auch Organisations- und politische Karten, vor allem Panoramen, die mehr Wandschmuck als Karte sind. Es gibt auch Ausführungen

mit einem Stab am oberen und unteren Rand, damit man sie besser aufhängen kann. Andere Planokarten werden höchst selten verlangt, spielen nur in geografischen Fachbuchhandlungen eine Rolle und werden dort in Stahlschränken mit flachen Schubfächern aufgewahrt. Ein Teil der amtlichen Karten kommt als Planokarten heraus. Die Preise für die Wandposter liegen meistens zwischen 10 und 30 €, für sehr große Wandkarten mit Stäben (z.B. für den Schulbedarf) vereinzelt bei mehreren 100 €.

- **Stadtatlanten** (Städteatlanten) und Großraum-Pläne in Form eines großformatigen Buches, meistens mit Spiralbindung, manchmal als Broschur. Daneben erscheinen Stadtpläne auch als Faltkarten. Die Preise liegen meistens bei 7 bis 15 €.

- **Karten als Software**: Die im Vergleich zur großen Zahl von Faltkarten wenigen lieferbaren Kartentitel auf CD-ROM oder DVD-ROM sind meistens Routenplaner oder topografische Karten, z.T. in 3-D-Ansichten, die auf Luftbildaufnahmen beruhen (Beispiel: *Zugspitze und Wettersteingebirge 3D, RSS Remote Sensing Solutions*). Bei Routenplanern kann der Kunde Start, Ziel, Viastationen und Optionen wie z.B. „schnellste Verbindung" oder „kürzeste Verbindung" eingeben und erhält die markierte Strecke auf der Bildschirmkarte sowie eine ausdruckbare Liste der Wegstrecke. Routenplaner enthalten oft zugleich einen Hotelführer oder das Telefonbuch. 3-D-Karten beruhen auf digitalen Geländemodellen und können nicht nur Strecken, sondern auch deren Höhenprofil berechnen. Weit verbreitet sind Schnittstellen zu GPS-Anwendungen für die Satelliten gestützte Navigation.

Das Maß der Verkleinerung nennt der Maßstab. Ein Maßstab von 1:100.000 bedeutet: 1 Zentimeter auf der Karte entspricht 100.000 Zentimetern (= 1 Kilometer) in der Natur. Der Maßstab 1:100.000 ist ein **kleinerer** Maßstab als der Maßstab 1:50.000, weil die Natur bei ihm stärker verkleinert wird. Je größer der Maßstab, desto mehr Details können im Kartenbild abgebildet werden. Großmaßstäbige Karten nennt man in der Kartografie Pläne. Deshalb spricht man von Stadtplänen (Maßstäbe meistens 1:10.000 bis 1:25.000).

Anders als bei Luftbildern beruht das Kartenbild auf Abstraktion, Generalisierung und Symbolisierung: Wichtiges wird hervorgehoben, Unwichtiges verkleinert oder weggelassen. Beispielsweise sind auf Straßenkarten die Straßen übertrieben breit dargestellt und Bahnlinien kaum zu erkennen. Auf vielen Wanderkarten sind Hochspannungsleitungen nicht abgebildet – ihre Linien können zur Verwirrung des Kartenlesers führen. Viele Sachverhalte sind durch Symbole wiedergegeben, z.B. werden Städte auf kleinmaßstäbigen Karten als rote Kreisflächen wiedergegeben. Die Legende erklärt die verschiedenen Linien, Muster, Symbole, Zeichen. Auch verschiedene Schrifttypen und -größen bedeuten auf Karten Verschiedenes: So kann man auf vielen Autokarten Ortsnamen von den Namen der Ortsteile anhand der Schrifttype unterscheiden.

Karten „verebnen" die Erdoberfläche; die natürlichen Höhenunterschiede der Landschaft müssen also mit zweidimensionalen Mitteln ausgedrückt werden. Diese sind:

- Auf Stadtplänen und Autokarten werden Höhenunterschiede der Landschaft meistens gar nicht dargestellt. Straßenabschnitte mit besonders großer Steigung sind mit > oder ähnlich markiert.
- Höhenlinien (Isohypsen): Auf vielen großmaßstäbigen Karten werden Punkte gleicher Höhenlage durch eine Linie verbunden. Dicht beieinander liegende Linien bedeuten steiles Gelände. Der Vorteil ist Genauigkeit, der Nachteil für ungeübte Kartenleser ist ein unübersichtliches Kartenbild mit rätselhaften Linien.
- Schummerung und Schraffur sollen diesen Nachteil ausgleichen: Ein simulierter Schattenwurf, dargestellt durch verschieden starke Grautöne, deutet die Unebenheit des Geländes an. Der Vorteil ist Anschaulichkeit, der Nachteil mangelnde Präzision – was für die meisten Kartennutzer nicht wichtig ist. Die Lösung ist die Kombination von zurückhaltenden Höhenlinien mit leichter Schummerung.
- Farblich unterschiedene Höhenschichten: Kleinmaßstäbige Karten (z.B. ganz Deutschland auf einem Kartenblatt) verwenden meistens diese Darstellungsform: dunkelgrün für Gelände knapp über dem Meeresspiegel, gelbbraun für Mittelgebirge, tiefbraun für Hochgebirge. Freilich darf diese Farbskala nicht verwechselt werden mit der Bedeutung der Farben auf großmaßstäbigen Karten, bei denen die Farben Bodenzustand, Besiedlung oder Vegetation darstellen. Dort bedeutet Hellgrün meistens Wiesen, Dunkelgrün Wälder, Rosa geschlossene Besiedlung.

Der Blattschnitt bezeichnet den Ausschnitt aus der Natur, den die Karte abbildet. Oft sind die Blattschnitte mehrerer Karten mit benachbartem Blattschnitt auf dem Deckel einer Karte in Form einer sehr kleinmaßstäbigen Übersichtskarte abgebildet. In Kartenverzeichnissen sind Übersichtskarten mit den Blattschnitten ein wichtiges Orientierungsmittel. Nur für vielbereiste Gebiete gibt es mehrere Karten, die sich bei ähnlichem Maßstab nur im Blattschnitt unterscheiden.

Wichtige Arten von Karten im Sortimentsbuchhandel sind:

- **Amtliche Karten** werden von den in Deutschland für Landesvermessung zuständigen Landesvermessungsämtern und dem *Bundesamt für Kartographie und Geodäsie BKG*, Frankfurt a.M. (bis 1997: *Institut für Angewandte Geodäsie IfAG*) herausgebracht und vertrieben. Sie bilden die Grundlage für die Karten der Verlage.
- **Topografische Karten** (Topografie = Ortsbeschreibung) bilden die Erdoberfläche bis höchstens zum Maßstab 1:200.000 detailliert ab. Für alle entwickelten Länder gibt es flächendeckend topografische Karten, teilweise bis hinauf zum Maßstab 1:25.000, für besiedelte Gebiete in Deutschland sogar bis 1:5.000. Sie enthalten einerseits Höhenlinien, zeigen Hochspannungsleitungen, sehr großmaßstäbige topografische Karten sogar Zäune und einzeln stehende Bäume. Andererseits verzichten sie völlig auf touristische Zusatzinformationen wie markierte Wanderwege. Ihr Detailreichtum ist für ungeübte Kartenleser eventuell schwer deutbar. Wichtigste Produzenten der topografischen Karten in Deutschland sind die Landesvermessungsämter. Ihr Blattschnitt ist deutsch-

landweit einheitlich festgelegt und deshalb vereinzelt ungünstig. Topografische Karten im Maßstab 1:25.000 werden immer noch unter der veralteten Bezeichnung Messtischblatt verlangt (bezieht sich auf das für die Kartenaufnahme in freier Landschaft früher verwendete Gerät). Topografische Karten 1:50:000 sind die Standardkarte für Wanderer und Radfahrer, insbesondere für die Gebiete, für die es keine Wander- bzw. Radkarten gibt.

- **Straßenkarten** geben das Straßennetz stark hervorgehoben wieder, vor allem nach einer Klassifizierung in Kreis-, Bundes-, sonstige Straßen, Autobahnen, zwei- und vierspurige Straßen usw., so dass der Autofahrer seine Fahrt verkehrstechnisch besser planen kann. Weitere wichtige Informationen auf Straßenkarten sind: Tankstellen, Rastplätze, Kilometrierung (Entfernungsangaben im Kartenbild), Winterbefahrbarkeit im Gebirge, reizvolle Streckenführung, sehenswerte Stadtbilder u.a.m. Straßenkarten als Faltkarten kommen meistens im Maßstab 1:200.000 bis 1:1 Million.

- **Wanderkarten** enthalten weniger topografische Detailinformation als topografische Karten, zeigen dafür markierte Wanderwege, Gasthäuser, Jugendherbergen und Freizeit- und Sportmöglichkeiten (z.B. Grillplätze, Trimm-Dich-Pfade). Der Maßstab ist meistens 1:50.000.

- **Radwanderkarten** (Fahrradkarten, Radkarten) sind ähnlich wie Wanderkarten aufgebaut, enthalten statt Wanderwege Radwege und Angaben über Steigungen, Straßenzustand und Befahrbarkeit. Bevorzugte Maßstäbe sind 1:75.000 bis (für mehrtägige Touren mit guter Ausrüstung) 1:200.000.

- **Freizeitkarten** kombinieren die Merkmale der Straßen-, Rad- und Wanderkarten und reichern sie mit zusätzlichen Informationen über Freizeitangebote von Bootsverleih über Freizeitparks bis Zoos an. Zielgruppe sind meistens Autofahrer oder Radfahrer, die gemütlich radeln statt Kilometer fressen wollen. Die Maßstäbe liegen meistens zwischen 1:100.000 und 1:200.000. Wanderkarten, Radwanderkarten und besonders Freizeitkarten kommen oft zusammen mit einer Reiseführerbroschüre heraus oder enthalten auf der Rückseite Routentipps.

- **Generalkarte**: So nennt *MAIRDUMONT* seine Karten im Maßstab 1:200.000.

- **Thematische Karten** stellen auf der Basis einer vereinfachten topografischen Karte Sachverhalte in räumlicher Dimension dar, z.B. aus Geologie, Botanik, Landesentwicklungsplanung, Verwaltung. Die meisten Themen sind für wissenschaftliche Zwecke von Belang. Wichtig für die Planung in Wirtschaft und Verwaltung sind Organisationskarten (Verwaltungsgliede-rung nach Gemeinden, Kreisen, Regierungsbezirken; Postleitzahlen).

Für das Beratungspersonal kommt es darauf an, der jeweiligen Zielgruppe die „richtige", also die für den jeweiligen Zweck und die Voraussetzungen des Kunden passende Karte zu verkaufen. Aus Sicht des Buchhandels gibt es keine guten oder schlechten Karten „an sich". Beispielsweise können die Höhenlinien auf den üblichen topografischen Karten von ungeübten Kunden als Wege missverstanden werden, so dass sich eher Wanderkarten ohne Höhenlinien von Verlagen empfehlen.

Auf der VLB-CD-ROM kann man Karten und Stadtpläne gezielt suchen

- über Stichwörter in Kombination mit der Warengruppe,
- durch Eingabe des geografischen Stichworts und 1: (als Bestandteil der Maßstabsangabe).

Atlanten

Atlanten als Printmedien haben meistens ein großes Format, da sich kleinformatige Karten nicht gut lesen lassen, und sind Hardcover. Atlanten als Taschenbuch gibt es nur ganz wenige Titel. Man unterscheidet:

- **Weltatlanten** enthalten physische Landkarten Mitteleuropas im Maßstab 1:1 Million (die südliche Hälfte Deutschlands passt auf eine großformatige Atlasdoppelseite) bis 1: mehreren Millionen für die anderen Teile Europas und die anderen Kontinente. Außerdem enthalten viele Weltatlanten Karten im größeren Maßstab für Deutschland und thematische Karten, besonders politische, geologische und Boden-, Klima- Wirtschafts- und Vegetationskarten, teilweise auch landeskundliche Artikel und Abbildungen, auch ausgewählte Stadtumgebungskarten, Satellitenfotos der Erdoberfläche, Weltraum- und Sternkarten.
- **Schulatlanten** sind weniger umfangreich als Weltatlanten, orientieren sich am Schulstoff und sind damit in der Kartenauswahl stärker auf Deutschland und Europa konzentriert, enthalten andererseits oft mehr thematische, teilweise auch historische Karten, zeigen an Karten beispielhaft geografische Fragestellungen. Das Kartenbild ist selbst bei gleichem Maßstab wie in Weltatlanten gegenüber diesen vereinfacht: Die wichtigen Informationen über die großen Flüsse, Städte, Landesgrenzen usw. sollen deutlicher hervortreten.

Weltatlanten sind in der Warengruppe *349 Weltatlanten* enthalten (bis 2006 in *371*), Schulatlanten in *810 Schulbücher*. Weitere Arten von Atlanten sind:

- **Autoatlanten (Straßenatlanten)** enthalten Karten von Deutschland im Maßstab 1:100.000 bis 1:500.000, eventuell auch Karten anderer europäischer Länder in Maßstäben bis hinunter zu 1:1 Million, außerdem ausgewählte Stadtumgebungskarten und Stadtpläne in großen Maßstäben, auch touristische Hinweise bis hin zu Hotel- und Restaurantadressen, Öffnungszeiten von Freizeiteinrichtungen, Einreisebestimmungen, Verkehrszeichen u.a.m. Das Kartenbild reduziert die physische Information beträchtlich zugunsten der deutlichen Abbildung der Straßen und reichert das Kartenbild an mit Informationen für Autofahrer (Tankstellen, Rasthäuser, Nummern von Straßen und Autobahnausfahrten), Erlebnistouristen (Freizeit- und Erlebnisparks u.a.m.) und touristischen Hinweisen (schöne Strecken, Sehenswürdigkeiten). Die meisten lieferbaren und neu erscheinenden Atlanten sind Autoatlanten. Viele Titel erscheinen in häufig, teilweise jährlich aktualisierten Neuauflagen und enthalten eine CD-ROM mit einem Routenplaner als Beilage. Bis 2006 waren die Autoatlanten der Warengruppe *372* zugeordnet, jetzt *34**.

- **Regionalatlanten** enthalten Karten einer Region (z.B. Donauländer, Rheinlande, Bundesländer) in Maßstäben von 1: einigen Hunderttausend, beispielhaft auch größeren Maßstäben, und zwar insbesondere historische und thematische Karten zur Wirtschaftsentwicklung, zur Siedlungsgeografie, zur Landesgeschichte, zur Sozialstruktur und -geschichte u.a.m. Regionalatlanten sind je nach ihrem Charakter ggf. der Warengruppe *810 Schulbücher* zugeordnet.

- **Historische Atlanten** enthalten Karten, die Verkehrswege, Siedlungsstrukturen, Landesgrenzen u.a.m. früherer Epochen zeigen, aber auch thematische Karten, anhand von denen historische Entwicklungen aufgezeigt werden, z.B. die Klosterfiliationen im Mittelalter, Schlachten und Verwüstungen des Dreißigjährigen Kriegs, die Ausdehnung der Industrialisierung usw. Historische Atlanten sind wichtig für Geschichtsunterricht und -studium. Sie sind teilweise auch in der Warengruppe *550 Geschichte* enthalten.

- **Luftbildatlanten (Satellitenbildatlanten)** enthalten Fotografien der Erdoberfläche, senkrecht aus einem Flugzeug oder Satelliten aufgenommen.

- **Thematische Atlanten** stellen ein Thema in seiner räumlichen Dimension dar. Häufig behandelte Themen sind hier: Umweltschäden, Naturschutz und natürliche Ressourcen, Verkehr und Verkehrsplanung, Raumordnungspolitik und Siedlungsgeografie, Krankheiten und Gesundheitswesen, Wirtschaftsgeografie, Pflanzen- und Tiergeografie, Wetter und Klima, Geologie, Geomorphologie, Gewässerkunde, Volkskunde. Thematische Atlanten mit speziellen Themen sind der jeweils thematisch zuständigen Warengruppe zugeordnet.

- **Weltraum-, Himmelsatlanten** enthalten Himmelskarten, die Stellung und Bewegung der Fixsterne und Planeten in Zeichnungen, Fotos und Tabellen angeben. Auch auf Satellitenbeobachtungen beruhende Karten der Oberflächen von Planeten und Monden, besonders des Erdmondes, können enthalten sein, ebenso grafische Darstellungen der Lage von Milchstraßen, Sternwolken, Spiralnebeln usw. im Weltraum. Weltraumatlanten dienen je nach Ausformung der wissenschaftlichen Forschung, der Wissenspopularisierung und der Amateurastronomie. Himmelsatlanten gehören zur Warengruppe *647 Astronomie* bzw. die populären Titel zu *983 Astronomie: Allgemeines, Nachschlagewerke*.

In der Kundenberatung ist wichtig, der jeweiligen Zielgruppe den geeigneten Atlas zu vermitteln. Die folgenden Fragen helfen dabei:

- Entspricht die Auswahl an Information dem Verwendungszweck? Soll der Schwerpunkt der Karten mit größeren Maßstäben auf Europa liegen oder sollen auch andere Kontinente in größeren Maßstäben abgebildet sein?

- Sind bei Weltatlanten die Karten ausreichend detailreich, aber dennoch klar lesbar?

- Sind die Informationen in den Karten durch ein Register in leicht auffindbarer Weise erschlossen oder sind die Registerangaben gewöhnungsbedürftig und damit nur für den brauchbar, der den Atlas oft benutzen wird?

- Sind im Register von Welt- und Schulatlanten die Namen der geografischen Objekte sowohl eingedeutscht wie auch in der Landessprache wiedergegeben, bei Namen aus anderen Alphabeten sowohl nach deutscher wie auch internationaler Transliteration, auch in veralteten Namensformen enthalten (z.B. Florenz / Firenze, Wladiwostok / Vladivostok, Oran / Wahran, Zarizyn / Stalingrad / Wolgograd, Peking / Beijing)? Sind bei touristischen Atlanten die Namen der geografischen Objekte in der Sprache wiedergegeben, in der sie auf Wegweisern, auf Ortsschildern usw. erscheinen?

Der Ausdruck Atlas wird auch verwendet

- für wissenschaftliche Werke, die vor allem großformatige Abbildungen enthalten, z.B. von medizinischen Sachverhalten (anatomischer Atlas) oder von Insekten,
- für visuell aufbereiteten Wissensstoff (z.B. *dtv-Atlas Chemie*),
- für Restaurant- und Hotelführer (*Schlemmer Atlas, Schlummer Atlas*).

Diese Artikel werden nicht in der Warengruppe *340 Karten, Stadtpläne, Atlanten* geführt, sondern in den thematisch entsprechenden Warengruppen (z.B. *692 Medizin / Nichtklinische Fächer*; *330 Hotel- und Restaurantführer*).

3.5 Die Warengruppe *350 Bildbände* mit Untergruppen

Die Warengruppe *350 Bildbände* umfasst Bildbände über Landschaften, Städte, Länder, keine Kunstbildbände oder andere Themen. Jene findet man in der thematisch zuständigen Warengruppe, beispielsweise Kunstbildbände in den Warengruppen *580 Kunst* mit Untergruppen und *953 Bildende Kunst*. Die Bildung einer eigenen Warengruppe *Bildbände* zielt darauf, die Kunden besser bedienen zu können: Wer einen Reiseführer über Bayern sucht, kann mit den Dutzenden schöner Bildbände über Bayern nichts anfangen. Freilich bringen einige Verlage (*Bruckmann* und *Bucher*) auch Reisebildbände heraus, die mit einem herausnehmbaren Reisebegleiter ausgestattet sind oder sich durch eingedruckte Karten und Reiseinformation den Reiseführern annähern.

Bildbände sind oft mehrsprachig und stellen wunderbare Geschenke für Austauschschüler, Gäste und Kollegen sowie private und geschäftliche Gastgeber dar. Auf die Flut austauschbarer Reisebildbände, die jahrelang den Markt verstopften, haben einige Verlage (z.B. *Brandstätter, Edition Panorama, Frederking & Thaler, Hinstorff*) mit hochwertigen, fotografisch exzellenten, gut betexteten, teilweise thematisch originellen Titeln reagiert. Dann akzeptieren die Kunden auch Preise über 50 €.

Standard sind farbige Bildbände. Bildbände in Schwarz-Weiß haben dann eine Chance, wenn die Fotografien künstlerische Qualitäten aufweisen oder wenn es sich um Reproduktionen historischer Aufnahmen handelt.

Die Nachfrage nach Bildbänden ist teils aufgrund des Interesses, teils aufgrund der Preise (meistens 15–40 €) geringer als bei Reiseführern. In kleinen und mittleren Sortimentsbuchhandlungen wird man Bildbände weit gehend nur in den geschenkträchtigen Jahreszeiten ans Lager nehmen. Überall wichtig ist aufgrund nicht sehr starker, aber doch regelmäßiger Nachfrage ein dauerhaftes Angebot ausgewählter Bildbände über die eigene Stadt und Region in einem breiten Preis-spektrum.

Argumente für die gemeinsame Präsentation von Bildbänden und Reiseführern gegliedert nach Reisegebieten sind:

- Für Personal und Kunden wird die Orientierung erleichtert.
- Die Kunden entdecken ein tieferes Sortiment und die Anregung, sich auch anhand eines Bildbandes über mögliche Reiseziele zu informieren bzw. umgekehrt als Tourist eine Erinnerung an das Reisegebiet mit nach Hause zu nehmen. Ein Teil der Reiseführer, etwa die *Polyglott APA Guides*, sind hervorragend und reich illustriert, so dass sie als Alternative zu einem nicht am Lager vorhandenen Bildband empfohlen werden können.

Dagegen spricht vor allem, dass der Platzbedarf wegen der bei Bildbänden nahe-liegenden Frontalpräsentation größer ist. Stellt man Bildbände und Reiseführer gleichermaßen mit dem Rücken nach vorne ins Regal, so sind die Reiseführer zwischen den größeren Bildbänden schlecht zu erreichen; die Bildbände beherr-schen dann den Eindruck. Man könnte die Bildbände in den Fachböden in Augen-höhe frontal präsentieren und die Reiseführer in den Fachböden darunter.

3.6 Die Warengruppe *360 Reiseberichte, Reiseerzählungen* mit Untergruppen

Reiseliteratur ist so alt wie Literatur überhaupt. Homers *Odyssee* steht am Anfang einer langen Tradition, die sowohl fiktionale Literatur wie auch dokumentarisch-informierende Werke umfasst. Das Zeitalter der Entdeckungen brachte die Berichte der berühmten Entdeckungsreisenden hervor, in der Aufklärung standen zivilisati-onskritische Absichten (z.B. *Swift, Jonathan: Gullivers Reisen*) im Vordergrund. Seit *Laurence Sterne: Yoricks empfindsamer Reise* (1768) werden reale oder er-fundene Reiseberichte oft zur Projektionsfläche der eigenen Persönlichkeits-entwicklung, so besonders bei Goethe und Hermann Hesse.

Die Warengruppe *360 Reiseberichte, Reiseerzählungen* umfasst im Einzelnen:

- klassische Reiseberichte der berühmten Entdeckungsreisenden, z.B. Vasco da Gama, Marco Polo, James Cook, Alexander von Humboldt, Alfred E. Brehm,
- zahlreiche Reiseberichte großer Schriftsteller, die – besonders seit dem 19. Jahrhundert – ihr Lesepublikum mit interessantem Stoff versorgen oder auch Vorurteile abbauen wollten, etwa von Ernst Moritz Arndt, Bruce Chatwin, Hu-bert Fichte, Klaus und Erika Mann, Henry Miller, Cees Nooteboom,
- romanhafte Berichte über ungewöhnliche Reisen der Gegenwart, Extremtou-rismus oder einfach herzerfrischenden Erzählstoff (z.B. *Selby, Bettina: Ararat!*

Mit dem Fahrrad durch Kurdistan, Piper), wichtige Autoren: Reinhold Messner, Jon Krakauer, Rüdiger Nehberg,

- journalistische Reportagen, die weniger auf nachahmenden Tourismus zielen als auf politisch-zeitgeschichtliche Aufklärung, allgemein menschliche Verständigung, naturkundliche oder ethnologische Information (z.B. *Klaus Bednarz: Östlich der Sonne. Vom Baikalsee nach Alaska, Rowohlt Taschenbuch*), weitere wichtige Autoren: Lawrence Durrell, Egon Erwin Kisch, Thor Heyerdahl, Jacques Yves Cousteau,
- auf ein Reisegebiet bezogene literarische Textsammlungen und literarische Führer (z.B. *Bayerischer Wald Reise-Lesebuch, Lichtung*; *Haight, Mary E. Jordan: Spaziergänge durch Gertrude Steins Paris, Arche*).

Hervorzuheben ist die Produktion aus dem *Malik*- und dem *Insel*-Verlag; erwähnenswert sind die Reihen *Alte abenteuerliche Reiseberichte (Edition Erdmann)* und *Reisen. Menschen. Abenteuer (Frederking & Thaler)*.

Im Ladengeschäft kann die Warengruppe gewiss als eigene Gruppe präsentiert werden. Ein Experiment ist es wert, eine Auswahl aus dieser Warengruppe gemeinsam mit geografisch entsprechenden Reiseführern zu präsentieren. Besonders gut geeignet sind hierfür natürlich Textsammlungen und Reiseberichte bekannter Autoren (z.B. Hermann Hesse, Alexandre Dumas, Goethe) und Beschreibungen berühmter Reisen oder Reisewege (Beispieltitel: *Brilli, Attilio: Italiens Mitte. Alte Reisewege und Orte in der Toskana und Umbrien, Wagenbach*). Bestenfalls drapiert man Reiseliteratur, Reiseführer, Karten und korrespondierende Nonbooks, z.B. eine Flasche irisches Ale, einen Regenschirm und ein großes Landschaftsfoto zu einem stimmungsvollen Warenbild, das den Kunden das Gefühl schenkt, auch beim nächsten Besuch wieder eine wundervolle Idee für die eigene Lebensgestaltung zu erhalten.

3.8 Die Warengruppe *380 Globen*

Ein Globus ist ein dreidimensionales Modell der Erde, eines anderen Himmelskörpers (z.B. Mondglobus) oder der gedachten Himmelskugel (zeigt den Sternenhimmel, wie er von der jeweiligen Position auf der Erde aus gesehen erscheint, astronomischer Globus).

Globen bestehen aus dem Kugelmodell, dem als Haltebügel ausgebildeten Meridian und dem Fuß. Standard ist eine Innenbeleuchtung, die beim Anschalten einen Wechsel der Darstellung bewirkt, meistens von der physischen Oberfläche zur politischen Einteilung (Doppelbild-Globus). Je nach Preis, Zielgruppe und Thema kommt ein differenziertes Spektrum an Globen zu Preisen von unter 10 € bis über 1.000 € in Frage:

- verschiedene Größen ab zwölf Zentimetern Durchmesser; Globen mit 30 cm Durchmesser werden am häufigsten gewünscht und bleiben preislich unter 100 €,

- verschiedene Ausführungen: Material des Fußes (Holz, Metall, Marmor-Onyx), Material des Meridians (Messing, Kunststoff), Material der Kugel (meistens Kunststoff, selten Glas) – ein schwerer Globus lässt sich besser drehen,
- verschiedene Darstellungen und Themen: Ein Kinderglobus zeigt die Erdoberfläche vereinfacht und mit Bildsymbolen für Länder und Völker. Ferner gibt es Globen mit Reliefdarstellung der Erdoberfläche, Nachbildungen historischer Globen, Globen mit Klimakarten, mit Satellitenbild-Darstellung sowie stumme Globen (enthalten Umrisse der Kontinente und Länder, können abwaschbar mit Filzstift für Unterrichtszwecke beschrieben werden).

Einige Globen werden mit Begleitbuch verkauft.

Globen sind ein Zusatzgeschäft von sehr begrenztem Umfang. Bis sie verkauft werden, dienen sie auch der Ladendekoration in der Reiseabteilung.

3.9 Die Warengruppe
390 Kartenzubehör, Sonstiges

Themen bzw. Artikel der kleinen Warengruppe *390 Kartenzubehör, Sonstiges* sind:

- Kartenhalter für den Fahrradlenker,
- Kartenlesen,
- Kartenmesser,
- Kompasse,
- Maßstabsumrechner,
- Outdoor-Vorbereitungen,
- Point-it,
- Reisen mit Kindern,
- Reiseplanung allgemein,
- Schrittzähler,
- Survival.

4 Die Hauptwarengruppe
4 Ratgeber

Die Hauptwarengruppe *4 Ratgeber* enthält vor allem Ratgeber und Anleitungen, die ihre Themen handlungs- und nutzenorientiert für den privaten Bereich darstellen. Es geht um Freizeit- und Hobbythemen, um Essen und Trinken, um gesundes Leben, Sport und private Sinnsuche, um Rechts- und Geldfragen des Privathaushalts. Ähnliche Themen, aber für berufliche Anwendungen bzw. für die fachliche oder wissenschaftliche Verwendung – z.B. Trainingsanleitungen für Profisportler, Bankbetriebslehre, theologische Themen – sind in den Hauptwarengruppen *5 Geisteswissenschaften, Kunst, Musik, 6 Naturwissenschaften, Medizin, Informatik, Technik* und *7 Sozialwissenschaften, Recht, Wirtschaft* untergebracht. Thematische Überschneidungen gibt es auch mit der Hauptwarengruppe *8 Schule und Lernen*, in der die Themen aber auf Lernen in der oder für die Schule bzw. für die Erwachsenenbildung bezogen sind, sowie mit der Hauptwarengruppe *9 Sachbuch*, in der die Themen wissensorientiert statt handlungs- und nutzenorientiert präsentiert werden.

Die Hauptwarengruppen *4 Ratgeber* und *9 Sachbuch* haben zusammen im allgemeinen Sortimentsbuchhandel eine starke Stellung, auch wenn die Umsätze – außer bei den Themen Garten, Pflanzen, Natur und Tiere – seit 2000 leicht rückläufig sind. Der Sortimentsbuchhandel insgesamt erzielt mit Ratgebern und Sachbüchern einen Umsatzanteil von durchschnittlich 14 %, in kleinen Sortimenten mehr, in großen weniger. Ratgeber im Sortimentsbuchhandel sind einer zunehmenden Konkurrenz von zwei Seiten ausgesetzt: Die Verlage drängen immer stärker in Garten-, Bau- und Heimtiermärkte, in Apotheken und Sportgeschäfte; und die Rat suchenden Verbraucher finden immer mehr – nicht immer qualitativ hochwertige – Information und Erfahrungsaustausch kostenlos im Internet.

An dieser Stelle sollen die Begriffe Ratgeber und Anleitung, Fach- und wissenschaftliches Buch, Sachbuch, Bildband angesprochen werden. Freilich gibt es in der Praxis Übergänge zwischen diesen Buchgattungen.

- **Ratgeber und Anleitung** sind allgemein verständliche Darstellungen. Dies haben sie mit dem Sachbuch gemeinsam. Aber sie sind auf einen praktischen Verwendungszusammenhang ausgerichtet, z.B. Gartenteichanlage, Bodybuilding, Bewältigung von Beziehungskrisen oder Kochen und Backen (Kochbuch, Backbuch); dies haben sie mit dem Fachbuch gemeinsam. Der praktische Zweck bei einer Anleitung ist mehr handwerklicher oder körperlich-tätiger Art, bei einem Ratgeber mehr mental oder intellektuell. Ratgeber und Anleitungen kann man also als handlungs- oder nutzenorientiert für den privaten Bereich kennzeichnen. Sie sind meistens handlich im Format; man möchte keine dicken Wälzer studieren, bevor man praktisch ans Werk geht. Beide Buchgattungen sind üblicherweise durch aussagefähige Überschriften klar und differenziert gegliedert, durch Register erschlossen. Der Text soll durch Absätze, Hervorhebungen, Gliederungsmarkierungen, Umrahmungen, Schattierungen etc. so strukturiert sein, dass der Leser des Buches die gewünschte Information leicht finden und erfassen kann. Ratgeber und Anleitungen unterstützen die verbale Darstellung oft, besonders bei handwerklichen Themen, durch grafische Darstellungen und Abbildungen, die auf das Wesentliche reduziert sind. Die Abbildungen können auch rein illustrativen Charakter haben oder nur den Zweck, das Buch visuell ansprechender zu gestalten. Zitate und Fußnoten sind überflüssig und störend; ausgewählte, möglichst erläuterte Literaturangaben können eine Hilfe sein.

Die Kunden orientieren sich stark an Markennamen (Verlag oder Reihe mit unverwechselbarem Design und gleich bleibender Qualität, z.B. *Gräfe u. Unzer* oder *dtv Beck Rechtsberater*).

Ein Teil der Themen von Ratgebern unterliegt einem raschen Wechsel, bedingt z.B. durch mehr oder minder jährliche Änderungen im Steuerrecht (Einkommensteuer-Ratgeber) oder durch den Wandel des Geschmacks beispielsweise bei Diät- oder Garten-Ratgebern. Andere Themen bleiben, aber die Verlage überarbeiten Ausstattung und visuelle Präsentation ihrer Bücher häufig, weil die Titel sonst als überholt wahrgenommen werden, auch wenn der Inhalt eigentlich unverändert ist. Daneben hält sich eine überschaubare Zahl von Titeln, z.B. bei Kochbüchern oder Meditations-Anleitungen, in altmodischer Aufmachung, die durchaus von einer kleinen Kundengruppe geschätzt wird.

Der Ratgeberproduktion der führenden Verlage (vor allem *Gräfe u. Unzer*) liegt eine aufwändige Marktforschung zugrunde, damit Themen, Layout, Ausstattung und Vertriebsstrategien mit Displays für den Sortimentsbuchhandel optimal auf die Zielgruppen ausgerichtet werden können. Dennoch sind hier wie überhaupt auf den Medienmärkten sichere Prognosen kaum möglich. Das Besorgungsgeschäft spielt bei Anleitungen und Ratgebern eine deutlich geringere Rolle als bei Sach- und Fachbüchern. Wichtig sind Kaufimpulse aufgrund einer verlockenden, atmosphärisch angereicherten Warenpräsentation. Die Verlage stellen Displays und Verkaufshelfer wie z.B. beschriftete Regalleitern oder Deko-Artikel zur Verfügung. Auf die Warenpräsentation geben wir bei den einzelnen Warengruppen weitere Hinweise.

Die Warengruppen-Systematik 2.0 versammelt Ratgeber und Anleitungen in erster Linie in der Hauptwarengruppe *4 Ratgeber*.

- **Fachbuch und wissenschaftliches Buch** behandeln ein Thema für ein Fachpublikum meist mit Blick auf die professionelle Anwendung oder die Gewinnung neuer wissenschaftlicher Erkenntnisse. Sie sind handlungs- oder wissensorientiert mit primär beruflichem oder akademischem Nutzwert. Wegen ihrer Zielgruppe verwenden Fachbücher Fachterminologie, ohne sie zu erklären. Die faktenorientierte, unter dem Aspekt der Verwendungsrelevanz ausgewählte Information ist beim Fachbuch wichtiger als eine differenzierte Begründung und die abwägende Argumentation. Quellen- und Literaturangaben können fehlen, besonders bei technischen, handwerklichen und angewandt-naturwissenschaftlichen Fachbüchern, z.B. Landbau oder Medizin. Je nach Fachgebiet spielen dagegen Tabellen, Diagramme, Abbildungen und grafische

Darstellungen eine wesentliche Rolle. Wissenschaftliche Bücher unterscheiden sich vom Fachbuch in der Zielgruppe: Studierende und Akademiker, die neue Erkenntnisse erlangen wollen. Im Vordergrund steht die wissenschaftliche Gründlichkeit, Methodik und Nachprüfbarkeit. Diese äußern sich in einer Fülle von Zitaten, Fußnoten und Literaturangaben. Fach- und wissenschaftliche Bücher, die hauptsächlich aus Abbildungen bestehen, nennt man auch Atlas, z.B. zeigt ein anatomischer Atlas Abbildungen der Körperorgane für Medizinstudenten.

Die Präsenz der Fach- und wissenschaftlichen Bücher in Sortimentsbuchhandlungen nimmt ab, weil die Nachfrage schwieriger als bei Sachbüchern abzuschätzen ist, so dass die Buchhändler das Lagerrisiko scheuen, weil der Direktvertrieb aufgrund von Inseraten in Fachzeitschriften zunimmt, weil besonders hier der E-Commerce (Versandhandel aufgrund von Internet-Bestellungen) expandiert. Wir weisen bei den einschlägigen Warengruppen darauf hin, wo und wie der Sortimentsbuchhandel gegensteuern kann. Lediglich in Fachbuchhandlungen und sehr großen Sortimentsbuchhandlungen spielt dieses Segment eine bedeutendere Rolle.

Fachbücher und wissenschaftliche Bücher sind vor allem untergebracht in den Hauptwarengruppen

- o *5 Geisteswissenschaft, Kunst, Musik*
- o *6 Naturwissenschaften, Medizin, Informatik, Technik*
- o *7 Sozialwissenschaften, Recht, Wirtschaft.*

• Das **Sachbuch** vermittelt in zusammenhängender Darstellung Kenntnisse, Tatsachen, Werte, Sichtweisen und Meinungen an ein nicht fachspezifisches Publikum; sie lassen sich als wissensorientiert mit primär privatem Nutzwert kennzeichnen. Sachbücher sind deshalb mehr oder minder allgemein verständlich. Das Spektrum reicht von nüchternen, ja trockenen über polemische bis hin zu wissenschaftsorientierten Darstellungen. Im besten Fall zeichnet sich das Sachbuch sowohl durch sachlich einwandfreie Darstellung als auch durch fesselnde Schreibart aus. Die Titelformulierung ist oft eingängig, Neugier weckend, Stellung beziehend, Assoziationen hervorrufend, rhythmisch oder alliterierend, z.B. *Ceram, C. W.: Götter, Gräber und Gelehrte* (über die Geschichte der Archäologie). Viele Sachbücher sind illustriert, vorzugsweise mit Fotos. Die Illustrationen haben nicht nur, manchmal kaum eine informierende, sondern auch eine ästhetische und unterhaltende Funktion. Sie sollen das populäre Sachbuch interessanter, ansprechender, verführerischer und leichter rezipierbar machen.

Gleichwohl geht die Bedeutung des Sachbuches auf den Buchmärkten zurück. Gründe sind das zunehmende Erfordernis, mehr berufliche Fachliteratur zu lesen, häufiger Ratgeber-Bücher zu konsultieren und die nachlassende Kraft von Büchern, sich in einer bunten Medienwelt als Faszinosum zu behaupten. Für den Sortimentsbuchhandel kommt es darauf an, solche Sachbücher auffallend zu präsentieren (statt durch penible Zuordnung zu einer passenden Warengruppe im Regal zu verstecken), die in den Massenmedien als Ereignis inszeniert werden, mit deren Autorennamen sich Aufmerksamkeitswerte verbinden. Daneben ist es wichtig, durch eine persönliche Auswahl auf Empfehlungstischen usw. individuelles Profil zu zeigen, das auf die eigenen Kundengruppen abgestimmt ist und diesen vermittelt, dass es sich lohnt, gerade in dieser Buchhandlung zu stöbern.

Die Domäne der Sachbücher über alle Themen hin ist die Hauptwarengruppe *9 Sachbuch*.

- Der **Bildband** ist ein Sachbuch, das hauptsächlich Abbildungen enthält. Bildbände dürfen nicht mit Bilderbüchern verwechselt werden: Bilderbücher sind illustrierte Kinderbücher für kleine Kinder. Damit die Abbildungen im Bildband schön groß werden können, haben Bildbände meistens ein überdurchschnittliches Format, das heißt, der Buchrücken ist an die 25 Zentimeter hoch oder höher. Die Abbildungen beruhen in aller Regel auf Farbfotografien. Schwarz-weiß-Fotos und Zeichnungen haben nur da eine Chance, wo sie von künstlerischem oder historischem Wert sind. Hochpreisige Bildbände können im Ladengeschäft hervorgehoben präsentiert werden und stellen repräsentative Geschenke dar, spielen also in den geschenkträchtigen Jahreszeiten eine besondere Rolle.

  Bildbände stecken vor allem in den Hauptwarengruppen
  - *3 Reise* (z.B. Bildbände über Landschaft, Land und Leute),
  - *4 Ratgeber* (Bildbände mit Garten-, kulinarischen, Fahrzeug- und vielen anderen Motiven),
  - *5 Geisteswissenschaften, Kunst, Musik* (Kunstbildbände u.a.),
  - *9 Sachbuch* (z.B. Bildbände mit Motiven aus Kunst, Natur, Technik).

Viele Publikumsverlage decken mit ihrer Produktion auch weite Bereiche der Hauptwarengruppe *4 Ratgeber* ab. Wichtige Verlage (Auswahl):

BLV Buchverlag,	*Gräfe u. Unzer,*	*REDLINE,*
Bucher,	*Heyne, W,*	*Stürtz,*
Christopherus-Verlag,	*Hugendubel Kreuzlingen,*	*Taschen,*
Compact,	*Kosmos,*	*Ullstein Taschenbuch*
Dorling Kindersley,	*Kreuz Verlag,*	*Verlag,*
Droemer Knaur,	*Motorbuch,*	*Ulmer, E,*
dtv,	*Müller Rüschlikon,*	*Urania,*
Goldmann Verlag,	*Pabel-Moewig,*	*Weidlich & Flechsig.*

Weitere Verlage, deren Schwerpunkt bei einzelnen Warengruppen liegt und die teilweise spezielle Nischen besetzen, werden jeweils dort aufgeführt.

Gegenüber der Warengruppen-Systematik bis 2006 ist die Hauptwarengruppe *4 Ratgeber* seit 2007 thematisch differenzierter, besser gruppiert und klarer strukturiert, vor allem wird der Bereich Sachbuch mit Lexika, Wörterbüchern und einigen Themen wie z.B. Verkehrstechnik nun in einer eigenen Hauptwarengruppe, nämlich *9 Sachbuch* getrennt ausgewiesen. Das soll die Recherche und die Auswertung der Verkaufsstatistik effizienter machen.

4.1 Die Warengruppe
410 Hobby, Haus mit Untergruppen

Die Warengruppe *410 Hobby, Haus* mit Untergruppen enthält Anleitungen und Ratgeber für zahlreiche praktische Hobbys und Freizeitaktivitäten von Basteln über Malen und Musizieren bis Briefmarkensammeln, für Heimwerken, Hausbau und Wohnungsrenovierung. Fachbücher für dieselben Themen, z.B. Fachkunden für die Ausbildungsberufe Damen- und Herrenschneider/in oder Fotograf/in, sind in den zuständigen Warengruppen enthalten.

Die Preise liegen überwiegend unter 20 €. Farbillustrationen sind Standard, der Umfang ist häufig unter 100 Seiten.

Auf diesem Gebiet erscheinen besonders viele, darunter auch hochpreisige Publikumszeitschriften.

4.1.1 Die Warengruppe
411 Kreatives Gestalten

Die Themen der Warengruppe *411 Kreatives Gestalten* umfassen vor allem:

Aufbaukeramik,	Geschenkebasteln, -verpacken,	Origami,
Basteln,	Glasätzen,	Papierfalten,
Batik,	Gravieren,	Papierschöpfen,
Blumenarrangement,	Holzwerken,	Schmuckherstellung,
Buchbinden,	Ikebana,	Seidenblumen,
Bumerang,	Laubsägen,	Seidenmalerei,
Découpage,	Makramee,	Spielzeug basteln,
Drachenbau,	Masken herstellen,	Tischdekoration,
Drechseln,	Korbflechten,	Töpfern,
Fensterbilder,	Modellieren,	Tonkarton-Basteln,
Filzen,	Mosaik,	Wachs-Modellieren,
Floristik als Hobby,	Moosgummi,	Werken.

Alle Themen sind gemäß dem Profil der Hauptwarengruppe *4 Ratgeber* auf Hobby und Freizeit bezogen. Die meisten Bücher dieser Warengruppe mit ihren vielen sehr ähnlichen Titeln sind preiswerte Softcover (5 bis 10 €), oft im ungefähr quadratischen Format von geringem Umfang. Deshalb bietet sich die Frontalpräsentation in Trögen an, in denen man wie bei CDs blättern kann. Wenn es zum Profil der Buchhandlung passt, gibt man Kunden Gelegenheit, ihre Arbeiten (Papierfalten, Fensterbilder usw.) in der Buchhandlung zu präsentieren und arrangiert dazu die entsprechenden Bücher.

Wichtige Verlage sind:

* *Bücherzauber,*
* *Christophorus,*
* *Frech,*

- *OZ,*
- *SKV-EDITION.*

4.1.2 Die Warengruppe
412 Handarbeit, Textiles

Hier geht es um Handarbeiten daheim und die eigene Herstellung oder Bearbeitung von Textilien:

Applikationen,	Patchwork,	Sticken,
Häkeln,	Quilten,	Stricken,
Handarbeiten,	Schneidern,	Teppichknüpfen,
Nähen,	Stepptechnik,	Weben.

Zum Thema Handarbeiten und Schneidern erscheinen zahlreiche Sonderhefte der Handarbeitszeitschriften und Einzeltitel, die wie ein Zeitschriftenheft aufgemacht sind.

Die Volkshochschulen bieten zahllose Kurse für Handarbeiten an; die Buchhandlung kann diesen Kursen – soweit keine Nähmaschinen gebraucht werden – Raum geben oder eine Modenschau der Teilnehmerinnen durchführen, umgeben von einschlägigen Anleitungen in Buchform.

Die wichtigen Verlage dieser nicht sehr titelreichen Warengruppe sind dieselben wie in der Warengruppe *411 Kreatives Gestalten*.

4.1.3 Die Warengruppe
413 Malen, Zeichnen, Farbe

Für Hobbymaler und -zeichner bietet der Buchmarkt Anleitungen und Darstellungen für alle Mal- und Zeichentechniken, oft in Kombination mit bestimmten Motiven, z.B.:

- *Blake, Wendon: Aktzeichnen mit Bleistift, Kohle und Kreide, Urania*
- *Hart, Christopher: Zeichnen – Tiere. Taschen*
- *How To Draw Manga. eidalon*
- *Knake, Jeanette: Encaustic Bilder. Creative Ideen mit Wachskreiden und Bügeleffekten. OZ*

Die Bücher dieser Warengruppe bieten den Kunden sowohl Sammlungen von Motiven, die man nachschaffen kann, wie auch handwerkliche Anleitungen und Gestaltungsgrundsätze. Häufiger gefragte Mal- und Zeichentechniken und -anwendungen sind:

Acrylmalerei,	Drucken,	Porzellanmalerei,
Airbrush,	Encaustic,	Schablonenmalerei,
Aquarellmalerei,	Kalligrafie,	Wachsmalerei,
Brandmalerei,	Malen,	Wachsstifte,
Dekorationsmalerei,	Ölkreide,	Wasserfarben,
	Ölmalerei,	Zeichnen.

Außer den oben genannten Verlagen spielen hier eine wichtige Rolle: *Edition Michael Fischer*, *Englisch*, *Taschen* und (für ambitionierte Künstler) *Welz, Reinhard*.

4.1.4 Die Warengruppe
414 Singen, Musizieren

Liederbücher (manche Verlage titeln auch: *Singbuch*) enthalten Liedtexte und die Noten dazu, oft auch Hinweise auf die Aufführungspraxis, denn viele Lieder, besonders für Kinder, können mit Gebärden und Tanzschritten begleitet werden. Das Segment wird sozusagen aus allen Richtungen bedient: Kinderlieder, überlieferte Volkslieder, Schlager, moderne Volksmusik, Rock-, Pop-, Country-, Folkmusik (Songbooks), christliche Lieder sowie thematische, jahreszeitliche und regionale Liedersammlungen für Singgruppen und Chor – insgesamt fast 1.000 Titel. Viele Titel erscheinen mit Tonträgern oder sind eigentlich ein Tonträger mit Booklet, das die Liedtexte enthält. Auch Vorlagen zum Instrumentalspiel und Anleitungen zur Chorleitung, zur Stimmbildung und zum richtigen Atmen gehören dazu.

Kinderlieder sind auch in dieser Warengruppe, hauptsächlich aber in der Warengruppe *234 Kinder- und Jugendbücher / Lieder, Songs* enthalten.

Gesangbücher für den Gottesdienst findet man in der Warengruppe *547 Religiöse Schriften, Gebete, Gesangbücher, relig. Meditationen.*

Der mit Abstand wichtigste Verlag ist *Schott Musik International.*

4.1.5 Die Warengruppe
415 Fotografieren, Filmen, Videofilmen

Für alle Fragestellungen des Freizeit- und Profifotografen und Hobbyfilmers enthält diese Warengruppe Sachbücher, Ratgeber und Anleitungen:

- Motivwahl und Beleuchtung, Regie,
- Aufnahmetechnik für bestimmte Motivgruppen, z.B. Porträt, Akt, Mikro-, Makrofotografie, Nahaufnahmen, Natur, Tiere, erotische Fotografie,
- Kameratechnik und -bedienung, Zubehör wie Blitzgeräte, Objektive – hier gibt es neben allgemeinen, meistens auf Gerätetypen (z.B. Digitalkameras, Spiegelreflexkameras, Camcorder) ausgerichteten Titeln eine Fülle von Titeln für einzelne Kamerafabrikate und -modelle –,
- Technik der Bildbearbeitung in der Dunkelkammer oder meistens digital mit dem PC, digitale Videobearbeitung,
- Archivierung, Präsentation.

Vom Niveau und den erforderlichen Vorkenntnissen her reicht das Spektrum von Anleitungen, mit denen auch absolute Anfänger klar kommen, bis hin zu Darstellungen für Profis. Diese Warengruppe enthält auch die Fachliteratur für professionelle Anwender.

Auch Preisniveau und Ausstattung dieser kleinen Warengruppe streuen sehr breit, von preiswerten Softcovern mit geringem Umfang für unter 5 Euro bis zu opulent illustrierten Anleitungen für über 50 Euro.

Nahezu in jeder Stadt haben sich die Amateurfotografen in Clubs oder Vereinen organisiert, oft im Umkreis der Volkshochschule, und suchen nach Ausstellungsflächen für ihre Fotografien. Das können die Schaufenster der Buchhandlung sein. Dabei geht es weniger darum, dieser Zielgruppe Fotoliteratur anzubieten, sondern sie überhaupt als Stammkunden zu gewinnen. Mit einem glänzend dekorierten Schaufenster kommt keine Buchhandlung in die örtliche Presse, aber mit jeder Ausstellung der örtlichen Fotoamateure.

Wichtige Verlage sind:

- *Addison Wesley in Pearson Education Deutschland* (digitale Bildbearbeitung),
- *DruckVerlag Kettler,*
- *Franzis* (Digitalfotografie),
- *Galileo Presse* (digitale Bildbearbeitung),
- *Markt & Technik in Pearson Education Deutschland* (digitale Bildbearbeitung),
- *Photographie,*
- *Schiele & Schön,*
- *Sybex* (Digitalfotografie),
- *vfv.*

Fotobildbände (Fotokunst, bestimmte Motive, Geschichte der Fotografie, das Werk einzelner Fotografen) sind in der Warengruppe *954 Fotokunst* enthalten; Sekundärliteratur, Bildbände und theoretische Schriften über Foto und Film findet man in *587 Fotografie, Film, Video, TV.*

4.1.6 Die Warengruppe
416 Spielen, Raten

Der Buchmarkt bietet für mehr oder minder alle Freizeitspiele und Rätselbeschäftigungen Anleitungen, Lösungshilfen und allgemeine Darstellungen. Häufiger nachgefragte Themen sind (bei den Stichwörtern mit * empfiehlt sich besonders die trunkierte Recherche):

Boule,	Gesellschaftsspiele,	Rätsel, Rätselwelt,
Bowling,	Gruppenspiele,	Rätselwörterbuch,
Brettspiele,	Halma,	Rommé, Rommee,
Canasta,	Kartenspiele,	Schach,
Carrom,	Kakuro,	Sikaku,
Dame,	Kegeln,	Skat,
Darts,	Kreuzworträtsel*,	Sudoku,
Denkspiele,	Knobeln,	Spiele,
Doppelkopf,	Maskerade,	Tarock,
Fantasyspiele,	Mühle,	Würfelspiele,
Fantasy-Rollenspiele,	Musikalische Spiele,	Zaubern.
Fantasy Rollenspiel,	Poker,	

Mit den Sudoku-Büchern hat diese Warengruppe eine bemerkenswerte Umsatz-Expansion erlebt.

Viele Bücher behandeln nicht nur einzelne oder mehrere Spiele, sondern sind auch auf Jahreszeiten, Anlässe, Situationen, Zielgruppen bezogen, z.B.

- *Anderfuhren, Toni: Das Spielplatzbuch. Wege zu Trauminseln der Kindheit. Mit praktischen Anleitungen und Beispielen. AT Verlag AZ Fachverlage*
- *Backhaus, Arno: Arnos Spielebuch für die ganze Familie. Spiel und Spass für jeden Tag des Jahres, Brendow*
- *Broich, Josef: Seniorenspiele. Über einhundert neue Gruppenspiele mit Bewegung, Kontakt, Vergnügen, Maternus*
- *Bücken, Hajo / Schimmelpfeng, Reinhard: Nachtspiele. Spiele im Dunkeln - drinnen und draussen, Ettlinger Vlg*
- *Häussler, Helmut: Draussen aktiv. Outdoorspiele für junge Leute. ejw-Service*
- *Macht, Siegfried: Gemeinsam durch das Kirchenjahr. Buch und CD, Brunnen*
- *Münchmeier, Anne B.: Spielen mit Kleinkindern und Babys. Ideen - Anregungen - Spielzeug im Test, Rowohlt Taschenbuch*

Die Beispiele zeigen auch, dass einige Titel auf unbeschwerten Spielspaß zielen, während andere Titel einen pädagogischen oder christlichen Hintergrund haben. Ein Teil der Kunden fragt gezielt danach.

Etliche Titel sind Verbrauchsmaterial zum Ausfüllen (Kreuzworträtsel, Sudoku usw.). Rätselwörterbücher findet man gezielt mittels Sucheingabe auf der VLB-CD-ROM: Rätselwörter* oder Kreuzwort*.

In der Warengruppe *416 Spielen, Raten* findet man auch kulturgeschichtliche Darstellungen zum Spiel.

Hier lassen sich ebenso die Spiele selbst zuordnen. Im Ladengeschäft bietet sich eine Präsentation gemeinsam mit Spielzeug und Spielen an. Einige Barsortimente führen ein Spielesortiment.

4.1.7 Die Warengruppe
417 Sammeln, Sammlerkataloge

Sammlerkataloge enthalten meistens Beschreibungen der Sammelobjekte, Abbildungen und eine Preisangabe des Sammlerwerts. Zu der Warengruppe gehören auch Bestimmungsbücher für bestimmte Sammelobjekte, z.B. *Cieslik, Jürgen /Cieslik, Marianne: Ciesliks Puppen-Bestimmungsbuch (Porzellanpuppen bis 1950). Erkennen und Entschlüsseln, Cieslik, M.* Ferner findet man hier auch Anleitungen zum Sammeln dieser Gegenstände. Gefragte Themen sind:

Barbie-Puppen,	Modellbahn,	Schiffsmodelle,
Briefmarkenkataloge,	Modellautos,	Spielzeug, Spielzeugkataloge,
Blechspielzeug,	Modellflugzeuge,	Steiff-Tiere,
Buddelschiffe,	Modellmotorräder,	Teddybären,
Eisenbahn,	Münzkataloge,	Telefonkarten,
Heraldik,	Puppen,	Waffen.

Unter den Sammlerkatalogen gibt es sowohl Verzeichnisse mit einfacher Ausstattung als auch hochpreisige Bildbände, beispielsweise für Keramik-Marken.

Für die Sammler von Antiquitäten ist natürlich auch die kunstgeschichtliche Literatur (besonders Warengruppe *588 Antiquitäten* mit Antiquitätenkatalogen), für Bibliophile die buchgeschichtliche Literatur von Interesse. Entsprechend können die Sammlerkataloge im Sortiment präsentiert werden.

Spezialisierte Verlage sind vor allem:

- *Schwaneberger* (*Michel*-Briefmarkenkataloge),
- *Battenberg* (Münzkataloge),
- *Fantasia* (Spielzeug),
- *Gietl, H* (Münzen, Papiergeld).

4.1.8 Die Warengruppe
418 Heimwerken, Do it yourself

Hier geht es um Themen wie Reparieren in Haus und Wohnung, die Wohnung verschönern, Holzarbeiten, Möbel bauen und restaurieren. Die Beispieltitel verdeutlichen Typisches:

- *Bodoano, Bridget: Handbuch für praktische Mädels. Do it yourself - ohne Stress und abgebrochene Nägel. Busse + Seewald*
- *Collins, Josephine: Glücklich wohnen. Wohn-Wellness mit Feng Shui Ideen. Callwey*
- *DeBierre, Julia /Smith, James B.: Antike Möbel restaurieren. Techniken, Materialien, Projekte mit Schritt-für-Schritt-Anleitungen. Battenberg*

- *Edwards, Lynn /Lawless, Julia: Naturfarben-Handbuch. Natürliche Farben herstellen und anwenden: Rezepturen - Maltechniken – kreative Raumgestaltung. Ökobuch*

Über die oben genannten Verlage für die Hauptwarengruppe *4 Ratgeber* hinaus sind für diese kleine Warengruppe drei Verlage zu nennen: *Callwey, Compact* und *Vincentz Network.*

4.1.9 Die Warengruppe
419 Hausbau, Renovierung, Umbau, Innenausbau

In der Warengruppe *419 Hausbau, Renovierung, Umbau, Innenausbau* findet man hauptsächlich Anleitungen und Ratgeber zu folgenden Themen, alles bezogen auf die häusliche Ausübung bzw. auf die eigene Wohnung, das selbst bewohnte Haus. Fachliteratur für Handwerker steckt in den Warengruppen *68* Technik* und *830 Berufs- & Fachschulbücher.*

Alarmanlagen einbauen,	Einrichten,	Hausbau,
Altbau modernisieren,	Elektroinstallation,	Hausrenovierung,
Bad renovieren,	Elektronik (Selbstbau	Innenausbau,
Bilderrahmen bauen,	rund ums Haus),	Küchenbau,
Dachausbau,	Fliesen legen,	Raumausstattung,
Einbruchsicherung, -schutz,	Glasanbau,	Renovieren,
		Wintergärten anbauen.

Damit die Bücher ihre Anleitungsfunktion erfüllen können, bringen die meisten Verlage schöne Fotos der Arbeitsergebnisse, die auch als Anregung und Idee gemeint sind, aber auch Zeichnungen, um Handgriffe und Werkzeugeinsatz deutlich zu machen. Zeichnungen sind hierfür besser geeignet als Fotos, weil sie vereinfacht und klarer sind.

4.2 Die Warengruppe
420 Natur mit Untergruppen

Der eigene Garten und wie man ihn schöner macht, Hobbytierhaltung, Reiten, Angeln und die Naturbeobachtung als Freizeitbeschäftigung stehen im Zentrum der Warengruppe *420 Natur.* Botanische und zoologische Fachliteratur findet man in zuständigen Untergruppen der Warengruppe *670 Biologie.*
  Die Preise bewegen sich in einem Spektrum unter 5 bis über 50 Euro, liegen überwiegend unter 20 €. Farbige Illustrationen, die den Inhalt veranschaulichen, auch einen Augenschmaus bilden, sind üblich.

4.2.1 Die Warengruppe
421 Garten

Die Anleitungen und Ratgeber der Warengruppe *421 Garten* behandeln vor allem folgende Themen:

Balkonpflanzen,	Kakteen,	Rasen,
Bäume,	Koniferen,	Rosen,
Bestimmungsbuch,	Kräuteranbau, -garten,	Stauden,
Blumen,	Nadelbäume,	Sträucher,
Garten,	Natur,	Teich, Teiche,
Gartenteich,	Obstbau,	Teichbau,
Gartenkalender,	Pflanzen,	Teichpflanzen,
Gemüsegarten, -anbau,	Pflanzenbau,	Wiesenblumen,
Grabbepflanzung,	Pflanzenführer,	Ziergarten,
Hecken,	Pflanzenkrankheiten,	Zimmerpflanzen.
Heilpflanzenanbau,	Pflanzenschutz,	

Bewährter Beispieltitel:

- *Kreuter, Marie L.: Der Biogarten, BLV Buchverlag.*

Etliche Titel stehen unter dem Zeichen bestimmter Anbaumethoden oder Lebenseinstellungen, etwa des ökologischen oder des organischen Landbaus (z.B. der jährlich neu erscheinende Titel: *Thun, Maria: Aussaattage, M. Thun*).

Die Bücher dieser Warengruppe sollen auch Ideen für die Gestaltung des eigenen Gartens, Balkons usw. geben. Etliche großformatige Titel tragen deshalb den Charakter von Bildbänden und empfehlen sich als Coffee-Table-Books. Andere Bücher sind schmale, kleinformatige Anleitungen.

Präsentation und Lagerumfang sind saisongebunden. Wichtig ist eine frühzeitige Einkaufs-, Dekorations- und Werbeplanung.

Fachbücher für den professionellen Landbau (Gärtner, Bauern, Winzer) findet man in der Warengruppe *678 Landwirtschaft, Gartenbau, Forstwirtschaft, Fischerei, Ernährung.* Das Thema Gartenarchitektur ist in der Warengruppe *584 Architektur* untergebracht. Bestimmungsbücher und Verbreitungsatlanten sind in der Warengruppe *422 Naturführer* enthalten.

4.2.2 Die Warengruppe
422 Naturführer

Die Titelformulierungen des *Kosmos*-Verlags:

- *Was fliegt denn da?*
- *Welche Blume ist das?*
- *Welche Giftpflanze ist das?*
- *Welche Heilpflanze ist das?*
- *Welche Tierspur ist das?*

- *Welcher Baum ist das?*
- *Welcher Pilz ist das?*
- *Welcher Singvogel ist das?*
- *Welcher Vogel ist das?*
- *Welches Insekt ist das?*

kennzeichnen treffend den Inhalt der Warengruppe. Der andere starke Verlag ist hier der *BLV Buchverlag*. Ein besonders beliebter ist Titel ist *Aichele, Dietmar /Golte-Bechtle, M.E.: Was blüht denn da? Kosmos*.

Meistens stellen die Verlage Farbfotos ähnlicher Arten und knappe Beschreibungen auf je einer Seite zusammen. Einige Titel sind auf bestimmte Verbreitungsgebiete bezogen, z.B. mediterrane Wildpflanzen, und lassen sich erfolgreich zusammen mit entsprechenden Reiseführern präsentieren. Etliche Titel beschränken sich nicht auf Abbildung und knappe Beschreibung, sondern geben Anleitungen zum Beobachten.

4.2.3 Die Warengruppe
423 Astronomie

Die kleine Warengruppe richtet sich an Hobby-Astronomen und interessierte Nicht-Astronomen („Welches Sternbild ist das?"). Hobby-Astronomen finden sich nicht selten in VHS-Kursen zusammen und können auf diese Weise gezielt angesprochen werden. Für sie geht es nicht nur um die Erklärung der Planetenbahnen, um Sternkarten und Himmelsatlanten, sondern auch um Anleitungen zum Bau von Spiegelfernrohren und anderen Instrumenten zur Himmelsbeobachtung. Viel gefragte Titel, die im allgemeinen Sortimentsbuchhandel ständig gute Verkaufschancen haben, sind beispielsweise:

- *Hahn, Hermann M. / Weiland, Gerhard: Das Kosmos Sternhimmel-Set. Sternkarte für Einsteiger + Sternführer + Astroposter. Kosmos*
- *Hahn, Hermann M. / Weiland, Gerhard: Nachtleuchtende Sternkarte für Einsteiger. Kosmos*
- *Keller, Hans U.: Kosmos Himmelsjahr. Sonne, Mond und Sterne im Jahreslauf. Kosmos*
- *Roth, Hans: Der Sternenhimmel. Astronomisches Jahrbuch für Sternfreunde. Kosmos.*

Kinder- und Jugendbücher über Astronomie findet man in den Warengruppen *282 Kinder- und Jugendbücher / Tiere, Pflanzen, Natur, Umwelt* und *283 Kinder- und Jugendbücher / Naturwissenschaft, Technik..*

Bücher über Astrologie und Horoskope – Themen, die die Hobby-Astronomen meistens strikt ablehnen – stecken in der Warengruppe *473 Astrologie, Kosmos* (Ratgeber) und *936 Astrologie* (Sachbücher).

Bücher über Raumfahrt findet man in den Warengruppen *437 Flugzeuge, Raumfahrt* und *686 Luft- und Raumfahrttechnik.*

4.2.4 Die Warengruppe
424 Hobbytierhaltung

Hier findet man Anleitungen und Ratgeber, auch Bildbände für die Tierhaltung daheim vom Goldfisch bis zum Papagei, vom Hamster bis zur Ziege. Die meisten Titel sind auf eine Art oder verwandte Gruppen von Arten spezialisiert und gehen auch auf die Behandlung von Krankheiten ein. (Fachliteratur für Tierärzte steckt in der Warengruppe *698 Veterinärmedizin.*) Neben den einzelnen Arten und Rassen, die hier nicht aufgelistet werden können, sind wichtige Stichwörter: Aquarium, Aquaristik, Terrarium, Terraristik, Tierernährung. Alles über Pferde in der Warengruppe *425 Pferde, Reiten.*

Fachliteratur für die professionelle Tierzucht und -haltung, für bäuerliche und Fischereibetriebe sowie für die Forstwirtschaft findet man in der Warengruppe *678 Landwirtschaft, Gartenbau, Forstwirtschaft, Fischerei, Ernährung.*

4.2.5 Die Warengruppe
425 Pferde, Reiten

In dieser Warengruppe stecken hauptsächlich Anleitungen (Reitlehren, Reitschulen) und Ratgeber für die Sportarten und Freizeitbeschäftigungen rund ums Pferd sowie für Pferdehaltung und -zucht einschließlich Behandlung von Pferdekrankheiten:

Akademische Reitkunst,	Lipizzaner,	Reiterabzeichen,
Araber,	Kutschenführerschein,	Reiterpass,
Bodenarbeit,	Longieren,	Rennpferde,
Distanzreiten,	Militaryreiten,	Rennreiten,
Doppellonge,	Pferd, Pferde,	Springreiten,
Dressur,	Pferdefütterung,	Trabrennen,
Einspänner,	Pferdehaltung,	Trabrennfahren,
Fahrabzeichen,	Pferdekrankheiten,	Trabrennsport,
Fahrsport,	Pferderassen,	Turnier,
Fohlen,	Pferderennen,	Turnierreiten,
Gespannfahren,	Pferdesport,	Voltigieren,
Islandpferde,	Pferdetraining,	Wanderreiten,
Jagdreiten,	Pferdezucht,	Westernfreizeitreiten,
Kaltblutpferde,	Reitabzeichen,	Westernreiten.
Kandare,	Reiten,	

Wichtige einschlägige Verlage sind *Cadmos, FN Verlag* und *Müller Rüschlikon.*

Kinder- und Jugendbücher über Pferde, Pferdehaltung, -zucht, Reiten findet man in der Warengruppe *282 Kinder- und Jugendbücher / Tiere, Pflanzen, Natur, Umwelt.*

4.2.6 Die Warengruppe
426 Angeln, Jagd

Die Ratgeber und Anleitungen dieser Warengruppen behandeln meistens

- die Technik des Angelns und Fischens, z.B. Brandungsangeln, Flugangeln, das Angelgerät und die Köder,
- die Technik des Jagens, z.B. die Beizjagd, die Jagdhunde, ihre Haltung und Abrichtung, besonders die Schweißarbeit, ferner Fährten- und Spurenkunde,
- die Jagdwaffen und die Jägerprüfung,
- jagdliches Brauchtum und Jägersprache,
- Angeln einzelner Arten, z.B. Aale, Barben, Karpfen,
- Jagd auf einzelne Arten, z.B. Fasan, Haarwild, Rebhuhn, Rotwild, Schalenwild,
- und das fachgerechte Zerlegen des Wildes.

Etliche Titel sind regionale oder Landesführer für Angeln und Jagd. Einige Titel enthalten Jagdgeschichten und humorige Jagdanekdoten. Gelegentlich erscheinen teure Reprints älterer Werke zur Jagd. Insgesamt ist der Anteil von Büchern über 20 Euro höher als bei den anderen Untergruppen der Warengruppe *420 Natur.*

Einschlägige Verlage sind *Jahr Top Special, Stocker, Österreichischer Jagd-und Fischerei-Vlg.*

Die Zielgruppe sollte nicht unterschätzt werden. Neben den vielen anspruchslo-sen Hobbyanglern gibt es Angler, die ihrem Hobby mit Ehrgeiz nachgehen und sich auf diesem Gebiet aus Büchern oder mit DVDs weiterbilden. Jäger sind eine kleine Zielgruppe mit meistens überdurchschnittlichem Einkommen und über-durchschnittlicher Bildung. Sie interessieren sich oft für viele Themen und sollten entsprechend angesprochen werden. Die Zielgruppen kann man über ihre lokalen Vereinigungen erreichen.

4.3 Die Warengruppe
430 Fahrzeuge, Flugzeuge, Schiffe, Raumfahrt mit Untergruppen

Die Warengruppe *430 Fahrzeuge, Flugzeuge, Schiffe, Raumfahrt* umfasst sowohl Ratgeber und Anleitungen für den Alltag, z.B. für die Führerscheinprüfung, für die Autoreparatur und den Modellbau, Sachbücher und Bildbände für das allgemeine Interesse als auch technische Fachliteratur für Händler, Handwerker, Techniker und Ingenieure, denn die Warengruppen *68* Technik* enthalten keine Gruppen für Fahrzeugtechnik. Fachliteratur über Verkehrsplanung, Verkehrspolitik, Verkehrs-sicherheit, Öffentlichen Personennahverkehr (ÖPNV) steckt je nach dem behandel-ten Blickwinkel (Politik, Recht, Wirtschaft) hauptsächlich in den Warengruppen *735 Staatslehre und politische Verwaltung, 773 Öffentliches Recht, Verwaltungs-, Verfassungsprozessrecht, 782 Volkswirtschaft.*

Spezialisierte Verlage sind:

Bruckmann,	*Krafthand,*	*Motorbuch,*
Bucheli,	*Moby Dick,*	*Podszun.*
Heel,		

4.3.1 Die Warengruppe
431 Allgemeines, Lexika, Handbücher

Die Warengruppe *431 Allgemeines, Lexika, Handbücher* enthält allgemeine Darstellungen, Lexika und Handbücher zum Thema Verkehr und Fahrzeuge, ferner Bücher über die Themen:

- Führerscheinprüfung,
- MPU (Medizinisch-psychologische Untersuchung für die Beurteilung der Eignung zum Führen von Kraftfahrzeugen insbesondere nach Alkoholmissbrauch, sog. Idiotentest).

4.3.2 Die Warengruppe
432 Auto, Motorrad, Moped

Diese Warengruppe enthält vor allem Ratgeber, Anleitungen und Bildbände über den technischen Aspekt und das Design von aktuellen und historischen Personenkraftwagen, Sportwagen und Kraftädern. Etliche Titel, vor allem Bildbände, behandeln die Geschichte einzelner Fahrzeugmodelle oder Firmen.

Die Titel der sehr umfangreichen Gruppe der Reparaturanleitungen beziehen sich fast durchweg auf einzelne Fahrzeugtypen. Bei Bestellungen für Kunden muss man auf die genaue Typenbezeichnung und das Baujahr achten (z.B. *BMW 3er-Reihe. Ab Modelljahr 2005).* Zwei Reihen sind hier wichtig:

- *So wird's gemacht, Delius Klasing* richtet sich an Autobesitzer, die ihren Wagen selbst reparieren
  (Recherche mit den Stichwörtern `so wird* gemacht`)
- *Auto-Reparaturanleitungen, Bucheli* richtet sich an handwerklich-technisch vorgebildete Fachleute und sehr geübte Nicht-Techniker.

Folgende Beispieltitel sollen den Inhalt der Warengruppe weiter erläutern:

- *ADAC Special Autokosten 2006. Kostenvergleich für Profis, New Look*
- *Berse, Andreas A.: Borgward lebt. Auferstanden aus Intrigen, Delius Klasing*
- *Degelmann, René: Offroad perfekt! Mit dem Motorrad im Gelände, Bruckmann*
- *Das große Autokennzeichen Buch. Wer kommt woher?, Unterwegsverlag Manfred Klemann*

- Porter, Lindsay: *Restaurierungs-Handbuch für Karosserie und Lack*, Motorbuch.

Bücher über Rennfahrzeuge für den Motorsport sind hauptsächlich in der Warengruppe *442 Auto-, Motorrad-, Rad-, Flugsport* enthalten.

4.3.3 Die Warengruppe
433 Fahrrad

Die sehr kleine Warengruppe besteht in erster Linie aus Anleitungen zur Wartung und Reparatur von Fahrrädern – u.a. Rennrädern und Mountainbikes – und für die Pannenhilfe. Ferner gibt es eine überschaubare Zahl von Titeln über Fahrradtypen und von Bildbänden. Ein profilierter Verlag ist *Moby Dick*.

Eine Zusammenarbeit mit dem *Allgemeinen Deutschen Fahrradclub ADFC* oder lokalen Fahrrad-Vereinen kann die Warengruppe fördern und zur Kundenbindung beitragen.

Reiseführer für Fahrradtouren findet man in den Warengruppen *32* Sport- und Aktivreisen*, Bücher über Radsport (u.a. Tour de France) in der Warengruppe *442 Autosport, Motorradsport, Radsport, Flugsport*.

4.3.4 Die Warengruppe
434 Nutzfahrzeuge

Die wichtigsten Nutzfahrzeugarten, um die es in dieser kleinen Warengruppe geht, sind:

- Autobusse,
- Feuerwehrfahrzeuge,
- Lastkraftwagen,
- Omnibusse,
- Trucks.

Im Vordergrund stehen Bildbände und Beschreibungen der Fahrzeuge als technisches Faszinosum, vor allem der Feuerwehrfahrzeuge, ihrer Typen, technischen Ausstattung und Geschichte. Einige Titel behandeln Alltag und Einsatz der Feuerwehr oder die Geschichte des Omnibusverkehrs.

In diese Warengruppe sind auch die Reparaturanleitungen für Kleinlaster und Kleinbusse eingeordnet.

Lohnenswert kann die besondere Präsentation dieser Warengruppe im Weihnachtsgeschäft sein: Die Themen sind ein Fundus für Geschenke an ältere Jugendliche und Männer, bei denen man sonst weniger an Buchgeschenke denkt.

4.3.5 Die Warengruppe
435 Schienenfahrzeuge

Die Warengruppe *435 Schienenfahrzeuge* richtet sich ebenso wie die Warengruppe *434 Nutzfahrzeuge* in erster Linie an Liebhaber und Fans. In vielen Titeln werden einzelne Fahrzeugtypen und -baureihen, einzelne Eisenbahnstrecken und ihre Fahrzeuge, z.B. Schienenomnibusse aus Uerdingen, die rhätische Eisenbahn, die 18 201 (eine berühmte Dampflokomotive), auch einzelne Ausstattungsdetails wie etwa Eisenbahneruniformen in Text und vor allem Bildern behandelt.

Auf diesem Gebiet erscheinen auch viele DVDs und Videos; ein Teil davon hat keine ISBN, ist deshalb nicht auf der VLB-CD-ROM gemeldet, aber über Barsortimente lieferbar.

Die Warengruppe enthält auch die Nachdrucke historischer Kursbücher und anderer Eisenbahndokumente wie beispielsweise Karten, Bahnhofsverzeichnisse und Eisenbahnatlanten, die sich großer Beliebtheit bei Eisenbahnfans erfreuen.

Wichtige einschlägige Verlage sind *EK-Vlg* und *GeraMond Verlag*.

Die ganz überwiegend männliche Zielgruppe organisiert sich gerne in Vereinen, die teilweise nostalgisch-historische Bahnlinien betreiben, und ist darüber ansprechbar.

4.3.6 Die Warengruppe
436 Schiffe

Die kleine Warengruppe *436 Schiffe* ist thematisch und hinsichtlich der Zielgruppen vielfältig und umfasst insbesondere folgende Themen:

Boote,	Jollen,	Schiffsführung,
Bootsbau, Bootsreparatur,	Kreuzfahrt,	Seefahrt,
Dampfer, Dampfschif(f)fahrt,	Nautik,	Segelschiff,
Flusskreuzfahrt,	Radarkunde,	Segelschif(f)fahrt,
Historische Schif(f)fahrts-	Schiffbau,	Werft,
Kursbücher (Nachdrucke),	Schiffe,	Yacht, Yachtbau.
Holzboot,	Schif(f)fahrt,	

In dieser Warengruppe stecken sowohl praktische Anleitungen zum Bootsbau, historische Darstellungen als auch Bildbände und Verkaufskataloge über Motor- und Segelboote, ferner nautische Fachliteratur und geschichtliche Darstellungen über einzelne Schiffe, Schifffahrtslinien und Werften. Ein viel gefragter Titel, der jedes Jahr erscheint, ist *Köhlers Flottenkalender. Internationales Jahrbuch der Seefahrt, Koehlers V.-G.*

Einschlägige Verlage sind vor allem *DK Edition Maritim* und *Koehlers V.-G.*

Lehrbücher für Sportboot-Führerscheine, das Bodensee-Schifferpatent und die nautische Navigation sind in der Warengruppe *443 Wassersport, Segeln* enthalten.

4.3.7 Die Warengruppe
437 Flugzeuge, Raumfahrt

Die der Titelzahl nach überschaubare Warengruppe *437 Flugzeug, Raumfahrt* ist ebenso wie die Warengruppe *436 Schiffe* sowohl in den behandelten Themen als auch in den Zielgruppen mannigfaltig, wie die Auflistung der häufigsten Stichwörter zeigt:

Fliegerei,	Luftfahrt,	Segelflugzeuge,
Flughafen, Flughäfen,	Luftschiffe,	Triebwerk,
Flugmotor,	NASA,	Verkehrsflugzeug,
Flugzeuge,	Pilot, Pilotentest,	Wasserflugzeuge,
Frachtflugzeug,	Raketen,	Zeppelin.
Hubschrauber,	Raumfahrt,	

In dieser Warengruppe stecken sowohl historische Darstellungen wie auch Bildbände und Verkaufskataloge über Motor- und Segelflugzeuge, ferner Fachliteratur für Freizeitpiloten und geschichtliche Darstellungen über einzelne Fluglinien und Unternehmen der Luftfahrt.

Über Flugzeuge, Flugabenteuer und Fliegerei erscheinen auch etliche DVDs und Videos.

Einschlägige Verlage sind vor allem *Aviatic* und *Bernard & Graefe*.

Lehrbücher für Piloten und die Flugnavigation, Darstellungen des Ballonfahrens sind in der Warengruppe *442 Autosport, Motorradsport, Radsport, Flugsport* enthalten, Fachliteratur über Luft- und Raumfahrttechnik in der Warengruppe *686 Luft- und Raumfahrttechnik*. Die Warengruppe *983 Astronomie: Allgemeines, Nachschlagewerke* enthält auch Sachbücher über die Raumfahrt.

4.3.8 Die Warengruppe *438 Militärfahrzeuge, -flugzeuge, -schiffe*

Die Themen der Warengruppe *438 Militärfahrzeuge, -flugzeuge, -schiffe* sind etwas breiter als die Formulierung andeutet und umfassen hauptsächlich:

Faustfeuerwaffen,	Kriegsschiffe,	Panzerschiffe,
Flottentaschenbuch,	Marine*,	Schlachtschiffe,
Flugzeugträger,	Maschinenpistolen,	Segelkriegsschiffe,
Geheimwaffen,	Militärfahrzeuge,	Torpedos,
Handfeuerwaffen,	Militärflugzeuge,	Torpedoboote,
Jagdbomber, Jagdflieger,	Militärische Waffen,	U-Boot,
Jagdflugzeuge,	Militärschiffe,	Unterseeboot,
Kettenfahrzeuge,	Militärtechnik,	Waffen,
Kreuzer,	Panzer,	Zerstörer.

Viele Titel behandeln Militärfahrzeuge und Waffen des Zweiten Weltkriegs, ihre Entwicklung und ihren Einsatz unter Ausblendung des geschichtlichen Zusammenhangs und sind insoweit nicht unproblematisch.

Bücher über Jagdwaffen findet man in der Warengruppe *426 Angeln, Jagd*, Sammlerkataloge über Militaria in *417 Sammeln, Sammlerkataloge*.

4.3.9 Die Warengruppe
439 Modellbau

Die Bücher der nicht sehr titelreichen Warengruppe *439 Modellbau* richten sich an Freizeit-Modellbauer und behandeln meistens in Form einer illustrierten Anleitung Bau, Konstruktion, Betrieb von

- Modelleisenbahn-Anlagen in ihren verschiedenen Spurweiten und ihrer Steuerung, wozu heute oft digitale elektronische Bauteile verwendet werden,
- Modellflugzeugen,
- Modellfahrzeugen und ihren Motoren.

Ferner erscheinen Bücher, auch DVDs und Videos über einzelne Fabrikate sowie Bildbände über historische Modelle.

Einschlägige Verlage sind *Neckar-Vlg* und *Verlag für Technik und Handwerk*.

Sammlerkataloge über Modellbahnen und -autos, deren Sammlung ein teures Hobby ist, stecken in der Warengruppe *417 Sammeln, Sammlerkataloge*, Fachkunden für den Modell- und Formenbau in *830 Berufs- & Fachschulbücher*.

4.4 Die Warengruppe
440 Sport mit Untergruppen

Die Warengruppe *440 Sport* mit ihren Untergruppen umfasst hauptsächlich Anleitungen und Ratgeber für Freizeit- und Berufssportler und ihre Trainer, ferner historische Darstellungen und Bildbände. Die Untergliederung orientiert sich an den einzelnen Sportarten.

Profilierte Verlage sind vor allem:

- *Delius Klasing,*
- *Hofmann,*
- *Kovac, J.,*
- *Meyer & Meyer,*
- *Philippka,*
- *Sportverlag Europa Medien.*

Sportlerbiografien und -autobiografien (z.B. Muhammad Ali, Uwe Seeler, Max Schmeling) sind der Warengruppe *971 Biographien, Autobiographien* zugeordnet. Fachbücher zur Sportwissenschaft findet man in der Warengruppe *691 Medizin / Allgemeines*, zur Sportmedizin in der Warengruppe *693 Klinische Fächer*.

4.4.1 Die Warengruppe
441 Allgemeines, Lexika, Handbücher, Jahrbücher, Geschichte

Diese Warengruppe enthält außer allgemeinen Darstellungen, Lexika, Handbüchern und Jahrbüchern, die sich mit dem Sport insgesamt, auch regional befassen, ebenso Titel zu etlichen speziellen Themen, die sozusagen quer zu den einzelnen Sportarten liegen:

Alterssport,	Doping*,	Seniorensport,
Aufbautraining,	Ernährung für Sportler,	Sportbund,
Ausdauertraining,	Frauensport,	Sportgeschichte,
Behindertensport,	Jugendsport,	Sportjahrbücher,
Bewegung*,	Krafttraining,	Sportlerernährung,
Breitensport,	Leistungssport,	Sportspiele,
	Olympische Spiele,	Sportvereine.

Beispieltitel, auch zur Einführung in das Thema:

- *Deutsches Sporthandbuch. Einschließlich Regelwerk des Deutschen Sports. Loseblattausgabe, 5 Bde. Decker, R. v.*
- *Amler, Wolfgang /Bernatzky, Patrick /Knörzer, Wolfgang: Integratives Sportmentaltraining. Meyer & Meyer*
- *Dräbing, Reinhard: Kinder brauchen Bewegung! Bewegung in der Jugendhilfe? Meyer & Meyer*

4.4.2 Die Warengruppe
442 Autosport, Motorradsport, Radsport, Flugsport

In der kleinen Warengruppe findet man hauptsächlich Ratgeber, Anleitungen und Bildbände über die Sportarten, zu denen man ein Fahrzeug verwendet, von der Freizeitbetätigung bis zum Profisport. Häufige Themen:

Autorennen,	Gleitschirmfliegen,	Rennfahrer,
Autosport,	Grand Prix,	Rennwagen,
Ballonfahren,	Motorflug,	Segelfliegen,
Drachenfliegen,	Motorsport,	Segelflugzeuge,
Fallschirmspringen,	Mountainbiken, Mountainbiking,	Sportfliegerei,
Flugnavigation,	Paragliding,	Sportflugzeuge,
Flugsport,	Pilot*,	Tour de France,
Formel 1,	Radsport, Radtraining,	Tourenwagen-
	Rallye,	Rennen.

Die Warengruppe enthält auch die kleine Zahl der Lehrbücher für die zum Segelfliegen und zum Motorflug erforderlichen Prüfungen.

Über die Sportarten, die von lebhaftem Journalismus begleitet werden, erscheinen besonders viele Bildbände und Reportagen über einzelne Wettkämpfe und

Sportereignisse, besonders Formel-1-Autorennen und die Tour de France, meistens als Bildband. Diese Ware ist stark an die Rennsaisons und die Berichterstattung in den Massenmedien gebunden.

Führer für Radtouren findet man in den Warengruppen *32* Sport- und Aktivreisen*.

4.4.3 Die Warengruppe
443 Wassersport, Segeln

Die Warengruppe *443 Wassersport, Segeln* enthält Anleitungen und Ratgeber, Bildbände, Lehr- und Fachbücher für die Sportarten und Freizeitaktivitäten im und auf dem Wasser. Einzelthemen sind in erster Linie:

Bodensee-Schifferpatent,	Rafting,	Sporthochseeschifferschein,
	Rudern,	Sportschifffahrt,
Bootsführerschein,	Schwimmen,	Sportseeschifferschein,
Funboard,	Segelboote,	Sporttauchen,
Jollen,	Segeln,	Surfen,
Kanufahren,	Segelschein,	Tauchen,
Kanusport,	Sportboot,	Wassersport,
Kanuwandern,	Sportbootführerschein,	Wasserball,
Kunstschwimmen,	Rafting,	Wildwasserfahren,
Motorboote,	Regatten,	Windsurfing,
Nautische Navigation,	Rettungsschwimmen,	Yachten.

Zielgruppen dieser Warengruppe sind je nach Aufmachung des Buches Freizeit-Sportler, Profi-Sportler und ihre Trainer, Sportlehrer und Gruppenbetreuer, aber auch Liebhaber, die den Sport nicht (mehr) aktiv ausüben und beispielsweise Reportagen oder Bildbände genießen wollen. Bildbände über Segeln und einzelne Regatten eignen sich besonders gut zum Verschenken.

Anleitungen und Lehrmaterial zum Segeln und speziellen Manövern oder Fahrweisen gibt es auch auf DVD und Video. Zu diesen Themen erscheinen auch viele, z.T. hochpreisige Wandkalender mit exquisiten Fotos (z.B. *Windjammer, DK Edition Maritim*, erscheint jedes Jahr mit neuen Bildern).

Geografische Führer zum Tauchen, Segeln, Surfen, Kanuwandern usw. sind in den Warengruppen *32* Sport- und Aktivreisen* enthalten.

4.4.4 Die Warengruppe
444 Wintersport

Skifahren ist eine der beliebtesten sportlichen Freizeitbeschäftigungen. Entsprechend dominieren in dieser der Titelzahl nach überschaubaren Warengruppe Anleitungen und Ratgeber für Skigymnastik und den Skilanglauf. Insgesamt geht es um:

Biathlon,	Rodeln,	Skispringen,
Carven, Carving,	Schlitten,	Skitouren,
Curling,	Schneeschuhgehen,	Snowblade,
Eishockey,	Skibergsteigen,	Snowboard,
Eiskunstlauf,	Skifahren,	Snowboardgymnastik,
Eissport,	Skigymnastik,	Trickski,
Eisschnel(l)lauf,	Skisport,	Wintersport,
Langlauf,	Skilanglauf,	Wintertrekking.
Schlittschuh,	Skiwandern,	

Jedes Jahr ab Herbst präsentiert man mit entsprechendem Display:

- eine kleine Auswahl aus dieser Warengruppe, dazu
- Skiatlanten, vor allem
  - *ADAC SkiGuide, ADAC,*
  - *ADAC Ski & Snowboard, ADAC,*
  - *DSV Ski Atlas, Fink, J.,*
- Skitourenführer (aus der Warengruppe *32* Sport- und Aktivreisen*)
- und die zahlreichen Karten für Skirouten (Skitouren), viele davon mit Kurzführer in Form einer Broschüre (aus der Warengruppe *34* Karten, Stadtpläne, Atlanten*).

4.4.5 Die Warengruppe
445 Ballsport

Der Ball ist rund! Gibt es noch andere Ballsportarten außer Fußball? Jedenfalls in den Massenmedien und auf dem Buchmarkt steht der Fußball mit Abstand im Vordergrund. Auch zum Golf (Golfbücher machen 20 % des Umsatzes mit Sportbüchern aus) und zum Tennis erscheinen viele Bücher. Während bei Golf und Tennis Trainingsanleitungen, die oft einzelne Trainingsmethoden und Spieltechniken behandeln, die Mehrheit bilden, geht es bei Fußballbüchern überwiegend um Fanliteratur: Reportagen, Geschichte(n), einzelne Vereine. Und Fanbücher über die berühmten Fußball- und Tennisstars, meistens als Bildbände. Vor allem über Fußball, Golf und Tennis erscheinen auch Jahrbücher, z.B. *Golf Regeln in Frage und Antwort, Albrecht Golf Verlag.*
Insgesamt sind die Themen dieser Warengruppe:

American Football,	Fußball,	Softball,
Badminton,	Golf,	Squash,
Ballsport,	Handball,	Streetball,
Baseball,	Hockey,	Tennis,
Basketball,	Kricket,	Tischtennis,
Federball,	Rugby,	Volleyball.

Führer zu Golfplätzen findet man auch in der Warengruppe *32* Sport- und Aktivreisen.*

Für Golf und Tennis gibt es Anleitungen auch auf DVD und Video.

Fußballbücher sind in starkem Maß Saisonware; nach jeder Europa- und Weltmeisterschaft erscheinen mehrere Titel. Die Ware muss rechtzeitig geordert und sofort für die Laufkundschaft in Stapeln präsentiert werden; die Nachfrage ist zeitlich begrenzt und endet mit dem Verschwinden des Themas aus den Massenmedien. Die Verlage stellen Plakate und Displays.

4.4.6 Die Warengruppe
446 Leichtathletik, Turnen

Die kleine Warengruppe *446 Leichtathletik, Turnen* enthält hauptsächlich Anleitungen und Ratgeber für folgende Sportarten:

Berglauf,	Jugendturnen,	Mehrkampf,
Bodenturnen,	Kinderturnen,	Mittelstreckenlauf,
Duathlon,	Kunstturnen,	Sportgymnastik,
Fünfkampf,	Langstreckenlauf,	Triathlon,
Geräteturnen, Gerätturnen,	Laufen,	Turnen,
Gewichtheben,	Lauftraining,	Walking,
Gymnastik,	Leichtathletik,	Zehnkampf.
Joggen, Jogging,	Marathonlauf,	

Anleitungen und Ratgeber zur Gymnastik nicht als Sportart, sondern für die individuelle Fitness sowie Bücher über Callanetics findet man in der Warengruppe *464 Fitness, Aerobic, Bodybuilding, Gymnastik*.

4.4.7 Die Warengruppe
447 Kampfsport, Selbstverteidigung

Die der Titelzahl nach überschaubare Warengruppe besteht vor allem aus Anleitungen, Ratgebern, Lehrbüchern für die einschlägigen Sportarten:

Aikido,	Judo,	Selbstverteidigung,
Bassai,	Kampfsport,	Shaolin,
Bo,	Karate,	Shaolin Kempo,
Bogen, Bogenschießen,	Katame-no-Kata,	Sumo-Ringen,
Boxen,	Kendo,	Taekwondo,
Budo, Budo-Taijutsu,	Kick Boxen, Kickboxen,	Thai-Boxen,
Catchen,	Kung Fu,	Tonfa,
Dju Su,	Muay Thai,	Vo Vi Nam,
Fechten,	Nage-no-Kata,	Wrestling,
Jeet Kune Do,	Pok Kek,	Wushu,
Jiu Jitsu, Ju Jutsu,	Ringen,	Zuijiuquan.

Im Vordergrund stehen die ostasiatischen Kampfsportarten. Deren Wahrnehmung unterliegt beträchtlichen Modeschwankungen. Sie sind in Deutschland insgesamt wohl mehr Faszinosum männlicher Jugendlicher als praktizierter Sport. Nicht ganz einheitlich handhaben die Verlage die Schreibweisen dieser Sportarten; man sollte bei der Recherche auf der VLB-CD-ROM denkbare Varianten probieren, z.B. mit oder ohne Bindestrich oder als ein Wort geschrieben.

Besonders über die ostasiatischen Kampfsportarten kommen auch etliche DVDs Videos heraus (wichtig: *Abanico Video Productions*).

4.4.9 Die Warengruppe
449 Sonstige Sportarten

Die jeweils wenigen Titel über folgende Sportarten oder Freizeitbeschäftigungen sind hier untergebracht:

Akrobatik,	Einradfahren,	Rollerblading,
Alpinismus,	Eisklettern,	Schießen, Schießsport,
Artistik,	Gesellschaftstanz,	Skateboard,
Bauchtanz,	Inline-Skating,	Sportschießen,
Bergsteigen,	Jazz Dance,	Strandsegeln,
Bewegungskünste,	Jonglage, Jonglieren,	Tanzen,
Duathlon,	Klettern,	Triathlon,
		Zirkuskünste.

Titel mit regionalem Bezug, z.B. Kletterführer, findet man in der Warengruppe *32* Sport- und Aktivreisen*.

4.5 Die Warengruppe
450 Essen & Trinken mit Untergruppen

Man nehme – mit diesen Worten fingen früher Koch- und Backrezepte an, und Rezepte stehen im Mittelpunkt der Warengruppe *450 Essen & Trinken*. Standard sind heute mehr oder minder auf jeder Seite illustrierte Koch- und Backbücher, die die Rezepte in tabellarischer Form bringen, durch hervorragende Farbfotos in psychologisch ausgeklügelten Farben richtig Appetit machen und Anregungen zum Anrichten geben. Daneben behaupten sich einige bewährte Titel mit einfacher Ausstattung. Ferner erscheinen Ratgeber mit Küchentipps, Einkaufsführer und Lebensmittel-Warenkunden, schließlich Fachbücher für Gastronomie und Hotellerie.

Ratgeber für gesunde Ernährung und Diät sowie Nährwerttabellen findet man in der Warengruppe *461 Ernährung*, ernährungswissenschaftliche Fachbücher in *678 Landwirtschaft, Gartenbau, Forstwirtschaft, Fischerei, Ernährung*, ernährungsmedizinische Fachbücher in *693 Klinische Fächer*.

Zunehmend stehen Kochbücher, weniger Backbücher, in crossmedialen Verflechtungen: Fernsehstars schreiben Kochbücher (oder der Verlag kauft den Namen für ein maßgeschneidertes Produkt seiner Kochbuchredaktion), deren Erfolg vom Aufmerksamkeitswert des Namens abhängt. Oder es erscheinen Begleitbücher zu Kochsendungen, z.B. von *Johann Lafer, Tim Mälzer, Jamie Oliver* oder *Sarah Wiener*. Gourmetköche, von denen einige ihre Talente auch in Kochseminaren vermarkten, treten als Kochbuchautoren auf (z.B. *Michael Käfer, Vincent Klink*). Sobald die prominenten Namen in den Massenmedien verblassen, geht auch der Abverkauf dieser Kochbücher rapide zurück; manchmal verramscht der Verlag dann die Restauflage oder bringt noch rasch eine preiswerte Sonderausgabe, um die Verwertungskette etwas zu strecken.

Zum Marketing-Repertoire der Kochbuchverlage gehören Displays wie Bistroschürzen und Kochlöffel, die die Sortimentsbuchhandlung durch einen altmodischen Herd oder einen Marmortisch – ggf. in Kooperation mit einem örtlichen Küchenstudio – in Szene setzen kann. Einige Verlage schicken Köche mit Live-Promotions auf Reisen, eine Idee, die die Buchhandlungen auch in Zusammenarbeit mit örtlichen Restaurants aufgreifen können. Unabhängig davon kann die Sortimentsbuchhandlung selbst durch Verkostungen Appetit auf Rezeptbücher (z.B. Milchshakes, Salate) machen.

Daneben gibt es regionale und lokale Kochmoden, auch Kochbücher mit Rezepten der Lokalprominenz. Hier muss man die Lokalpresse im Auge behalten.

Inhaltlich unterliegt der Kochbuchmarkt teilweise rasch wechselnden Modetrends. Über beides kann man sich am besten informieren, indem man einige kulinarische Zeitschriften verfolgt, z.B. *essen & trinken* oder *Feinschmecker*. Diese Zeitschriften enthalten nicht nur selbst jahreszeitlich abgestimmte Rezepte, sondern stellen diese auch auf ihren Internet-Seiten zur Verfügung, so dass Teile des Bedarfs nach Kochrezepten dadurch abgedeckt sind. Verkaufsargumente für Koch- und Backbücher und ihre verschiedenen Qualitäten ergeben sich aus folgenden Gesichtspunkten:

- Grundkochbücher. Sie sind in der Warengruppe *453 Allgemeine Kochbücher, Grundkochbücher* enthalten und empfehlen sich aus Anlass der Gründung eines eigenen Haushalts.
- Ausrichtung auf einzelne Länder, Regionen, Themen oder bestimmte Rezeptsammlungen. Zum gezielten Auffinden von Kochbüchern in Kombination mit entsprechenden Stichwörtern dienen die Warengruppen *454 Länderküchen, 455 Themenkochbücher* und *456 Gesunde Küche, Schlanke Küche*.
- Die Beschreibung der Rezepte. Immer werden die Zutaten tabellarisch aufgelistet. Aber einige Kochbücher nennen Standardzutaten wie etwa Salz nicht ausdrücklich, auch wenn sie erforderlich sind, oder führen die Mengen bestimmter Zutaten nur pauschal auf („*Senf*" statt „*¼ Teelöffel Dijon-Senf*"). Die Beschreibung der Zubereitung kann sehr knapp sein (z.B. „*schaumig schlagen*") oder kann ausführlich sein und präzise die charakteristischen Merkmale nennen (z.B. „*schaumig schlagen, so dass man die Masse mit dem Messer zerteilen kann*" – besonders für Anfänger ist dies nützlich). Kochbücher, die sich an ambitionierte Freizeitköche oder an Profis wenden, benutzen ohne weitere Erklärungen Fachterminologie, z.B. „*sautieren*". Manche Kochbücher zeigen die Handgriffe Schritt für Schritt in Fotos.
- Verwendung von industriell vorgefertigten Zutaten, etwa gekörnter Brühe, oder von Zutaten, die man nicht im durchschnittlichen Supermarkt bekommt, bei-

spielsweise Kapernäpfel oder Steak nicht schlicht vom Rind, sondern vom Charolais-Rind; Erfordernis spezieller Küchengeräte wie z.B. eines Trüffelhobels.

- Umfang der Hintergrundinformationen, die über die Rezepte selbst hinausgehen, z.B. Erklärung verschiedener Reissorten bei Risottorezepten oder kulinarische Länderkunden bis hin zu Anekdoten über Reisbauern.
- Preis und Ausstattung:
    o Im Bereich **7 bis 8 €** liegen eher kleinformatige, oft ungefähr quadratische, nicht sehr dicke Softcover mit allgemeinen Rezeptsammlungen, auch Themen-, Länder- und regionale Kochbücher. Beispiel: *GU Kochen & Verwöhnen Küchen-Ratgeber* bei *Gräfe u. Unzer.*
    o Das Preissegment um **12 €** ist vor allem mit Softcovern über schlanke und gesunde Küche, Fitness-Kochen, fett- und fleischarme Küche besetzt.
    o Die Kochbücher um **17 €**, oft im Format größere Hardcover, haben sich häufig auf einzelne Themen oder Länder und Regionen spezialisiert und sind reichhaltig bebildert.
    o Für etwa **20 bis 25 €** bekommt man Hardcover-Bildbände als Koch- und Backbücher. Sie enthalten oft über die Rezepte hinaus Hintergrundinformationen: Lebensmittelkunde und spezielle Erläuterungen zu Geräten, Geschirr und ihrer Verwendung, z.B. zum Gebrauch des Austernmessers, bei Länder- und regionalen Kochbüchern Erklärungen und Farbfotos zur Kulturgeschichte und zu landestypischen Besonderheiten, bei Themenkochbüchern mitunter ernährungswissenschaftliche Ausführungen. Über die Anleitung zur Speisezubereitung und zum Anrichten hinaus liefern sie also Stoff für das gepflegte Gespräch mit den Gästen, in dem die Gastgeber mit ihrer Weltläufigkeit brillieren können – so wird die Nahrungsaufnahme zur gesteigerten Kultur und dient der sozialen Distinktion. Das alles sind wichtige Verkaufsargumente für Kochbücher in der oberen Hälfte des Preisspektrums. Die opulenten Versionen dieser Kochbuch-Bildbände kosten etwa **35 bis 40 €**. Beispiel: Reihe *Geniesser unterwegs, Christian Mchn.* Kochbildbände der beiden obersten Preisklassen werden allerdings oft im modernen Antiquariat angeboten.
    o Kochbücher ab ca. **50 €**, ebenfalls Hardcover-Bildbände, richten sich an ambitionierte Freizeitköche. Teilweise setzen die Rezepte eine semiprofessionelle Küchenausstattung und weit überdurchschnittliche Kenntnisse und Erfahrungen voraus. Die besonders aufwändigen Varianten kosten vereinzelt **65 €** und mehr. Beispiel: Reihe *Teubner Edition.*

Kochbücher machen sich sehr gut als Geschenk und können in den geschenkträchtigen Jahreszeiten entsprechend präsentiert werden, z.B. elegant kombiniert mit einer Flasche Wein oder zusammen mit italienischen Nudeln. Hierfür kommen ebenfalls die Rezeptsammlungen der berühmten Köche in Frage. Die niedrigpreisigen Kochbücher kann man als Begleitgeschenk zu Haushaltswaren, z.B. einem Fonduetopf, empfehlen. Freilich werden sie natürlich auch in den Haushaltswarengeschäften selbst mit angeboten. Diesen Mitbewerbern muss der Sortimentsbuchhandel die genau auf die Zielgruppen abgestimmte Auswahl und die absolut überlegene Beratungskompetenz entgegen setzen. Kochbücher der Preisklassen ab **20 €** sind vollwertige eigenständige Geschenke.

Besonders die Hardcover können frontal präsentiert werden. Hierfür sind Staffelregale ausgezeichnet geeignet.

In der Warengruppe *450 Essen & Trinken* gibt es – trotz ständiger Kochsendungen im Fernsehen – nur wenige DVDs. Einige wenige Titel erscheinen auf CD-ROM. Taschenbücher spielen eine marginale Rolle – Format und übliche Papierqualität der Taschenbücher sind für die verlockenden Farbfotos nicht optimal. Seit den 1990er-Jahren ist der Kochbuchmarkt deutlich geschrumpft. Im Internet stehen Hunderttausende von kostenlosen Kochrezepten, Koch-Communities tauschen ihre Ideen und Erfahrungen interaktiv aus.

Sinnvoll ist eine Sortimentspolitik, die einerseits stets eine kleine Auswahl von gefragten Standardtiteln am Lager hält, die unter dem Gesichtspunkt des zum Profil der Buchhandlung passenden Niveaus und der Verlagskonditionen zusammengestellt ist, die andererseits auf dieser Basis für ständigen lebhaften Wandel sorgt. Hier muss man wechselnde Bedarfe je nach Jahreszeit und sich wandelnde Moden und Trends beachten.

Führend sind die Verlage:

AT Verlag AZ Fach-verlage,	*Hädecke, W,*	*Matthaes, H,*
Christian Mchn,	*Heyne, Rolf, Collec-tion,*	*Neuer Umschau Buchverlag,*
Dorling Kindersley,	*Hölker, W,*	*Oetker,*
Gräfe u. Unzer,	*Mandelbaum,*	*Sigloch Edition Buchbinderei,*
		Zabert Sandmann.

4.5.1 Die Warengruppe
451 Allgemeines, Lexika, Tabellen

Die wenigen, meistens grundsoliden Bücher dieser kleinen Warengruppe stellen vor allem die Themen Vorratshaltung im Haushalt, Warenkunde der Lebensmittel, Konservierung von Nahrungsmitteln dar, geben allgemeine Tipps zum Kochen und Würzen. Einige Einkaufsführer beziehen sich allgemein auf Nahrungs- und Genussmittel.

Ferner sind immer einige kulinarische oder Küchenlexika (z.B. *Gorys, Erhard: Das neue Küchenlexikon, dtv*), Speisekarten-Wörterbücher und Darstellungen der Kulturgeschichte des Essens und Trinkens lieferbar.

4.5.3 Die Warengruppe
453 Allgemeine Kochbücher, Grundkochbücher

Allgemeine Kochbücher sind weder auf Rezepte einer bestimmten Region oder eines bestimmten Landes noch auf bestimmte Lebensmittel (Fisch, Gemüse etc.), einzelne Speisen (Vorspeisen, Nachspeisen, Kalte Küche usw.) oder einzelne Zubereitungsarten (etwa im Wok, auf dem Grill) begrenzt.

Grundkochbücher haben meistens eine einfache Ausstattung, bringen in jedem Fall außer einer Fülle von Standardrezepten einschließlich sehr grundlegender Aussagen, z.B. wie man Nudeln kocht oder dass man Eier nach dem Kochen abschrecken muss, auch eine knappe Lebensmittelkunde und Hinweise auf die Grundausstattung der Küche. Sie richten sich also an ein jüngeres Publikum, das das Hotel Mama gerade verlassen hat. Neben einigen Titeln, die seit Jahren in immer neuen Auflagen kommen (z.B. *Oetker Grundkochbuch, Oetker*) bieten die Verlage auch modern aufgemachte Titel (etwa *Sälzer, Sabine / Dickhaut, Sebastian: Basic cooking, Gräfe u. Unzer*).

Kochbücher für den Haushaltslehreunterricht und für die Ausbildung zum Koch stecken in den Warengruppen *810 Schulbücher Allgemeinbildende Schulen* bzw. *830 Berufs- & Fachschulbücher*.

Der Titelzahl nach ist die Warengruppe *453 Allgemeine Kochbücher, Grundkochbücher* erheblich kleiner als jede der beiden folgenden Warengruppen *454 Länderküchen* und *455 Themenkochbücher*.

4.5.4 Die Warengruppe
454 Länderküchen

Diese Warengruppe umfasst eine Fülle von Kochbüchern aller Preisgruppen und unterschiedlichster Ausstattungen mit landes- oder regionalspezifischen Rezepten, auch aus deutschen Regionen, z.B. Bayern oder Thüringen. Für die kulinarisch besonders ergiebigen Länder, allen voran Frankreich und Italien, bietet der Buchmarkt auch eine Fülle regionaler Rezeptsammlungen, oft mit Hintergrundinformationen über Land und Leute (etwa Provence, Latium usw.).

4.5.5 Die Warengruppe
455 Themenkochbücher

Eine riesige Fülle von Kochbuchtiteln ist thematisch spezialisiert. Häufig gefragt sind folgende Themen (man beachte z.T. unterschiedliche Schreibweisen je nach Verlag und Autor):

Antipasti,	Kalte Küche,	Raclette,
Babyernährung,	Kochen für Babys und Klein-	Römertopf,
Barbecue,	kinder,	Salat,
Büfett, Buffet,	Kochen im Ferienlager,	Saucen, Soßen,
Dessert,	Kochen mit Kindern,	Schnellküche,
Dips,	Kräuter,	Sushi,
Einkochen,	Ländliche Küche, Landfrau-	Suppen,
Einmachen,	en-Rezepte,	Sülzen,
Eintopfgerichte,	Marmeladen,	Süßspeisen,
Fisch,	Menü,	Tapas,
Fleisch,	Pasteten,	Tartes,
Finger Food, Fingerfood,	Pizza,	Terrinen,
Fondue,	Pfannengerichte,	Vorspeisen,
Geflügel,	Pies,	Wild,
Gemüse,	Pudding,	Wok.
Grillen,	Quiches,	

Darüber hinaus sind etliche Kochbuchtitel noch weiter spezialisiert auf einzelne Lebensmittel, z.B. Kürbis, Lachs, Pilze, Käse, Kartoffeln, Mangold, Meeresfrüchte, Pasta, Gerichte mit Trüffeln.

Koch- und Backbücher, die sich an Kinder richten, findet man in den Warengruppen *289 Kinder- und Jugendbücher / Sachbücher / Sonstiges* und *291 Kinder- und Jugendbücher / Lernen*.

4.5.6 Die Warengruppe
456 Gesunde Küche, Schlanke Küche

Sind die Speisen nach den Rezepten aus den anderen Warengruppen ungesund? Natürlich nicht! Diese Warengruppe bündelt die Nachfrage nach Koch- und Backbüchern, deren Rezepte auf folgenden Aspekten beruhen:

Atkins-Diät,	Low Fat,	Schlankheitsdiät,
Ayurveda-Kochbücher,	Makrobiotik,	1000-Kalorien-Diät,
Diätküche,	Makrobiotische	Trennkost,
Fasten,	Küche,	Vegane Kost,
Fettarme / Fettlose Küche,	Naturkost,	Vegetarische Kost,
Glyx-Diät,	Naturküche,	Weight Watchers,
Laktose-Intoleranz,	Rohkost,	Vollwertkochbücher,
Low Carb, LowCarb,	Salzarme / Salzlose	Zuckerarme, -lose Küche.
	Küche,	

Bei den Rezeptsammlungen für einzelne Diäten muss man den rasanten Wechsel der gerade angesagten Diäten beachten; nur wenige Diäten halten sich über mehrere Jahre hin (z.B. Atkins-Diät), weshalb ihre wechselnden Bezeichnungen hier nicht alle aufgeführt werden können. *Schlank ohne Diät (Ingrid Kiefer, Kneipp-Verlag)* markiert einen Trend, der auf die wachsende Skepsis der Kunden gegenüber immer neuen Diätprogrammen mit ihren Jojo-Effekten reagiert. Während in dieser Warengruppe die Rezeptsammlungen im Vordergrund stehen, enthält die Warengruppe *461 Ernährung* Bücher mit grundlegenden Darstellungen (z.B. mit Diätprogrammen, mit Ernährungsregeln). Durch wechselnde Präsentation kann man herausfinden, in welchem Zusammenhang die Kunden die Titel besser finden.

4.5.7 Die Warengruppe
457 Backen

Beim Backen denkt man zunächst an süßes Gebäck. Aber in dieser Warengruppe findet man einerseits auch Rezeptsammlungen für süße Sachen, die gar nicht gebacken werden, vor allem Konfekt, andererseits auch Backbücher für Brot und Gebäck. Viele Rezeptbücher haben einen jahreszeitlichen oder regionalen Bezug.

Backen,	Kekse,	Patisserie-Rezepte,
Bäckerei-Rezepte,	Konditorei-Rezepte,	Plätzchen,
Blechkuchen,	Konfekt,	Torten,
Brot, Brotbacken,	Landfrauen-Backrezepte,	Trennkost-Backen,
Confiserie-Rezepte,	Kuchen,	Vollkornbackbücher,
Cookies,	Muffins,	Vollwertbacken,
Gebäck,	Obstkuchen,	Weihnachtsbäckerei.

Hier ist der *Oetker*-Verlag mit seinen Backbüchern von Omas Apfelkuchen bis zu Modetorten hervorzuheben.

4.5.8 Die Warengruppe
458 Getränke

Das Getränk mit rapide wachsender Beliebtheit und seit Jahren steigendem Verbrauch ist Mineralwasser. Sogar darüber gibt es mehrere Buchtitel. Den Schwerpunkt dieser Warengruppe bilden Ratgeber, die über Eigenschaften der verschiedenen Sorten des jeweiligen Getränks informieren, sowie Einkaufsführer. Daneben erscheinen einige Anleitungen zur Zubereitung bzw. Rezeptsammlungen, in erster Linie für Obstwein, Cocktails und Tee, auch Anleitungen zum Bierbrauen. Insgesamt geht es vor allem um folgende Getränke:

Bier,	Grappa,	Rotbuschtee,
Bowle,	Kaffee,	Saft, Säfte,
Capuccino,	Liköre,	Schaumwein,
Champagner,	Milchshakes,	Schnäpse,
Cognac,	Mineralwasser,	Sirup,
Drinks und Cocktails mit	Mixgetränke,	Sekt,
oder ohne Alkohol,	Obstbrände,	Spirituosen,
Edelbrände,	Obstwein,	Tee,
Espresso,	Prosecco,	Wein,
		Whisky, Whiskey.

Das Spektrum reicht von Cocktail-Rezepten im preiswerten Softcover (teilweise mit Mindestabnahme-Zahlen seitens des Verlags) über qualifizierte Ratgeber bis zu hochpreisigen Enzyklopädien, darunter so spezielle Titel wie *Süss, Helmut: Alkoholfreie Cocktails. Mit vielen Rezepten für Diabetiker, Nebel.* Einige Titel erscheinen auf CD-ROM oder DVD.

Mit Abstand das meiste Interesse bei Kunden und Verlagen findet der Wein. Das Segment ist mit einer beträchtlichen Fülle von Titeln besetzt, teilweise hochspeziellen Nischenprodukten (z.B. *Knoll, Rudolf: Der Grüne Veltliner, Holzhausen Verlag*). Über Weine erscheint eine außerordentlich differenzierte Literatur:

- Atlanten mit Karten der Weinbauregionen,
- allgemeine Weinführer und Ratgeber,

- vor allem eine Fülle von Weinführern nach Ländern und Regionen, auch für Diabetiker,
- Einkaufsführer nach Sorten, Lagen, Weingütern, ökologischem Weinbau,
- Lexika.

Die seit Jahren in erneuerten Auflagen erscheinenden Standardwerke sind:

- *Johnson, Hugh /Brook, Stephen: Der grosse Johnson. Die Enzyklopädie der Weine, Weinbaugebiete und Weinerzeuger der Welt, Gräfe u. Unzer (Hallwag Handb.)*
- *Parker, Robert M.: Parker's Wein Guide, Heyne, Rolf, Collection*
- *Johnson, Hugh /Robinson, Jancis: Der Weinatlas, Gräfe u. Unzer (Hallwag Wein-Atlanten)*

Eine Reihe von Weinführern erscheint jedes Jahr in Neuauflage (teilweise mit etwas veränderten Titelformulierungen), um die jeweils neuen Jahrgänge in die Begutachtung aufzunehmen. Viel gefragt sind:

- *Clarke, Oz: Clarke's neues Lexikon der Weine, Bassermann, F*
- *Johnson, Hugh: Der kleine Johnson. Informationen zu über 15000 Weinen der Welt, zu Produzenten, Jahrgängen und Trinkreife. Gräfe u. Unzer (Hallwag Taschenführer)*
- *Vini d'Italia. Gambero Rosso /Slow Food Editore, Gräfe u. Unzer (Hallwag Weineinkaufsführer).*

Das Preisspektrum bei Weinbüchern reicht von unter 5 € bis weit über 50 €. Die besonders empfehlenswerten Weinführer kosten meistens 15 bis 20 €. Bei der Kundenberatung sollte man die Preise ins Verhältnis setzen zum Kostenniveau des Kaufanlasses und zum Preisniveau der Weine, beispielsweise Buchgeschenk, Einkauf im Urlaubsland, Aufbau und Pflege eines eigenen kleinen Weinkellers.

Fachliteratur für den professionellen Weinbau und Kellereibetrieb findet man in Warengruppe *678 Landwirtschaft, Gartenbau, Forstwirtschaft, Fischerei, Ernährung.*

4.5.9 Die Warengruppe
459 Sonstiges

Das am häufigsten gefragte Thema ist hier Tischdekoration. Die Ratgeber kann man entweder ständig oder während der festlichen Jahreszeiten hervorgehoben unter Überschriften wie „Tischlein deck' dich" oder „Lifestyle mit Gästen" gemeinsam mit ausgewählten Kochbüchern präsentieren – oder warum sollte man nicht vier Wochen vor den Konfirmations-, Kommunions- und Jugendweihefeiern eine festlich gedeckte Tafel in Zusammenarbeit mit dem führenden Haushaltswarengeschäft des Ortes in den Mittelpunkt der Buchhandlung stellen und mit einschlägigen Ratgebern garnieren?

Weitere Themen dieser Warengruppe sind hauptsächlich:

Garnieren,	Pfeiferauchen, Pfeife Rauchen,	Serviettenfalten, Servietten Falten,
Umgangsformen bei Tisch,	Rauchen,	Tabak,
Knigge bei Tisch,		Zigarren.

4.6 Die Warengruppe *460 Gesundheit* mit Untergruppen

Die Warengruppe *460 Gesundheit* enthält vor allem Ratgeber und Anleitungen, deren Nutzwert für den privaten Bereich im weitesten Sinn auf körperliche und seelische Gesundheit zielt: Es geht um Ernährung, Entspannung, Körperpflege und Kosmetik, Fitness und medizinische Ratgeber. Das Segment kann wohl noch längerfristig im Buchmarkt expandieren, wenn es gemäß den Trends der Dienstleistungsbranche (z.B. Hotels mit Wellness-Bereichen und Kursen für Körper, Geist und Seele, Kuren ohne ärztliche Verordnung) offensiv vermarktet wird.

Die Warengruppe unterliegt in weiten Bereichen wechselnden Trends und Moden: Empfehlungen für neue Ernährungsgewohnheiten oder Entspannungstechniken tauchen auf, finden vorübergehend Beachtung und werden bald durch neue Empfehlungen und Methoden abgelöst. Nicht wenige dieser Themen sind uralt, z.B. Schüßler-Salze, finden aber, nachdem jahrelang ein oder zwei kaum beachtete Titel lieferbar waren und angesichts der geringen Nachfrage nur aufgrund einer Kundenbestellung beschafft wurden, plötzlich, beispielsweise durch eine Fernsehsendung, weite Beachtung. Die Verlage reagieren mehr oder minder rasch mit weiteren Titeln in aktueller Ausstattung. Die Sortimentsbuchhandlung hat im Idealfall die Nachfrage anhand der Fernsehprogrammzeitschriften vorhergesehen und rechtzeitig geordert – nicht ohne Risiko, denn die verschiedenen Zielgruppen (nach Alter, Bildung, Einkommen, Lebensstil, teilweise auch regional) reagieren uneinheitlich auf die Trends.

Man muss stets ein aktuelles Angebot präsentieren, sich laufend anhand der Wellness-, Fitness-, Frauen-, Lifestylezeitschriften informieren; Wellness-Papst *Hademar Bankhofer* mit seinen regelmäßigen Auftritten im ARD-Morgenmagazin stimuliert die Nachfrage – nicht nur nach seinen eigenen Büchern. Auch die Programme der Volkshochschulen geben einen gewissen Einblick in den Markt der Trends und Themen.

Immer wieder kann man im Ladengeschäft eine Auswahl aus den Warengruppen mit wechselnden Schwerpunkten exponiert präsentieren. Die Verlage stellen Plakate und Displays. Eine Kooperation mit Apotheken, Reformhäusern und Naturkostläden bietet sich an (wechselseitige Sortimentserweiterung, Deko). Mit Präventionsargumenten („So schützen Sie sich vor…") sind die Kunden im Gesundheitsbereich nicht erreichbar; es muss ein sofortiger Nutzen, besser noch Spaß und Freude erkennbar sein. Opulente Ratgeber empfehlen sich als Geschenk.

Die Preise in dieser Warengruppe umfassen das breite Spektrum von 5 bis über 25 €; der Schwerpunkt liegt bei Titeln unter 15 €.

Wichtige Reihen mit einem Schwerpunkt in der Warengruppe *460 Gesundheit* sind:

- *BLV Buchverlag: BLV aktiv + gesund*
- *Gräfe u. Unzer: GU Körper & Seele*
- *Hugendubel Kreuzlingen:*
  - o *Irisiana*
  - o *Kailash*
- *MVS Medizinverlage Stuttgart*
  - o *Homöopathie*
  - o *Köstlich essen bei...*
  - o *Richtig einkaufen bei...*
  - o *Trias Therapie Kompass*

Folgende Verlage sind über die oben genannten Verlage hinaus (Hauptwarengruppe *4 Ratgeber*) für die Warengruppe *460 Gesundheit* wichtig:

- *emu-Verlags- und Vertriebsgesellschaft Ernährung-Medizin-Umwelt*
- *Kneipp-Verlag*
- *Kösel*
- *MVS Medizinverlage Stuttgart*
- *Neptun Media*
- *Schirner Verlag*
- *Südwest Verlag*
- *VAK*
- *Verlagshaus der Ärzte /HEROLD.*

4.6.1 Die Warengruppe
461 Ernährung

Die Warengruppe *461 Ernährung* umfasst hauptsächlich Ratgeber, auch Fachbücher und Sachbücher zum Thema. Während die Fachbücher nüchtern informieren, wollen manche Sachbücher – mitunter polemisch – aufrütteln und Ernährungsrisiken z.B. durch Fast Food oder fragwürdige Diäten anprangern. Auch Nährwerttabellen (der Ausdruck Kalorientabelle ist veraltet) findet man hier. Viele Titel sind auf spezielle Aspekte bezogen, die durch folgende Stichwörter umrissen sind:

Abnehmen,
Baby-Ernährung, Babyernährung,
Bewusste Ernährung,
Chinesische Ernährungslehre,
Cholesterinarme Ernährung,
Diät,
E-Nummern,
Entgiften, Entgiftung,
Entschlacken, Entschlackung,
Ernährung nach Bircher-Benner,
Ernährungsratgeber für Babys und Kleinkinder,
Fasten,

Fatburning,
Fettarme / Fettlose Ernährung,
Functional Food,
Gesunde Ernährung,
Heilfasten,
Lebensmittel-Zusatzstoffe
Low Fat,
Makrobiotik,
Mineralstoffe,
Nahrungsmittel-unverträglichkeit,
Nährwert-Tabelle,
Nährwerttabelle,

Naturkost,
Rohkost,
Schlankheit,
Schüssler-Salze,
Trennkost,
Spurenelemente,
Vegane Ernährung,
Vitamine,
Vegetarische Ernährung,
Vollkornküche,
Vollwerternährung,
Vollwertkost,
Zuckerarme / Zuckerlose Ernährung.

Während in dieser Warengruppe Ernährungsregeln oder Diätprogramme im Vordergrund stehen, enthält die Warengruppe *456 Gesunde Küche, Schlanke Küche* Bücher mit Rezeptsammlungen. In den Warengruppen *456* und in *461* halten sich die jeweils angesagten Diäten überwiegend kaum länger als zwei Jahre.

Etliche Ernährungsratgeber und Diätbücher stellen auf einzelne Erkrankungen oder Unverträglichkeiten ab, z.B. Gicht, Rheuma, Osteoporose, Krebs, Laktose-Intoleranz. Eine Reihe von Titeln empfiehlt bestimmte Nahrungsmittel als Kur, z.B. Kürbis, Kürbiskernöl, Molke, Spargel.

Ernährungswissenschaftliche Fachbücher sind der Warengruppe *678 Landwirtschaft, Gartenbau, Forstwirtschaft, Fischerei, Ernährung*, ernährungsmedizinische Fachbücher der Warengruppe *693 Klinische Fächer* zugeordnet.

4.6.2   Die Warengruppe *462 Entspannung, Yoga, Meditation, Autogenes Training*

Die wichtigsten Themen dieser titelreichen Warengruppe ergeben sich aus ihrer Benennung. Insgesamt geht es hier um folgende Themen (man beachte die teilweise unterschiedlichen Schreibweisen je nach Verlag und Autor):

Alexander-Technik,
Atemtherapie,
Bioenergetik,
Fußreflexzonenmassage,
Autogenes Training,
Ayurveda-Massage,
Eutonie,
Entspannungsmusik,
Entspannungstechniken,
Erotische Massage,
Handreflexzonenmassage,
Fünf Tibeter,
Feldenkrais-Methode,

Mandala, Mandala-
  Malbücher, -Malblocks,
Mantra,
Massage,
Mentales Training,
Kinesiologie,
Falun Gong,
Meditation,
Meditationsmusik,
Musikmeditation,
Qigong, Qi Gong, Chi
  Gong, Chi-Gong,
Reflexzonenmassage,

Reiki,
Schattenboxen,
Shiatsu,
Sonnengebet,
TaiChi, Tai Chi,
  Tai-Chi, Taiji, Tai Ji,
  Tai chi Chuan,
Tantra-Massage / Yoga,
Tanzmeditation,
Transzendentale Medi-
  tation,
Yoga,
Zen.

Thematisch gibt es beträchtliche Überschneidungen mit der Warengruppe *470 Spiritualität* und ihren Untergruppen. In *462 Entspannung, Yoga, Meditation, Autogenes Training* freilich werden Methoden und Techniken den „Endverbrauchern" zur Erreichung eines praktischen Zieles erklärt, nämlich der Entspannung usw. – und sind meistens für Kunden ohne ausgeprägte spirituelle Neigungen nachvollziehbar. Indessen beruhen etliche Titel auf Lehren aus Grenzgebieten der Wissenschaft oder aus fernöstlichen Religionen. Diese Lehren selbst werden in Büchern aus den thematisch zuständigen Warengruppen dargestellt (z.B. *527 Östliche Philosophie* in Hinsicht auf Zen-Buddhismus). Physiotherapeutische Fachliteratur findet man in der Warengruppe *695 Medizinische Fachberufe*.

Die am häufigsten gefragten Bücher sind Anleitungen für die Entspannungsmethoden Autogenes Training, Qigong und Yoga, ferner die Ratgeber von *Rüdiger Dahlke*, der auch Säle füllende Veranstaltungen durchführt. Die Nachfrage nach Mandala-Malbüchern und -Malblocks – viele Titel richten sich speziell an Kinder – unterliegt Modeschwankungen.

Zu dieser Warengruppe erscheinen auch zahlreiche DVDs und Tonträger, vor allem Tonträger mit Entspannungsmusik und Anleitung zur Musikmeditation (wichtige Verlage: *Gräfe u. Unzer, Kösel; Neptun Media; Schirner Verlag*). Phantasiereisen (Fantasiereisen) sind eine Variante der Musikmeditationen.

4.6.3 Die Warengruppe
463 Schönheit / Kosmetik

Alle Stichwörter, unter denen man die hier gebündelten Ratgeber und Anleitungen findet, sind auf Körperpflege und ein schönes Äußeres bezogen:

Aloe Vera,	Haare, Haarschnitt,	Make up,
Anti-Aging, Antiaging,	Hairstyling,	Mode,
Ayurveda,	Hautpflege,	Naturkosmetik,
Beauty,	Henna,	Parfum,
Body Art,	Kleidung,	Piercing,
Body Painting, Bodypainting,	Körperpflege,	Schminken,
Cellulite,	Kosmetik,	Schönheit,
Frisieren, Frisuren,	Kräuterkosmetik,	Tattoo, Tätowieren.

Es liegt in der Natur der Sache, dass viele dieser Ratgeber und Anleitungen großformatig sind, weil so die Farbfotos besser zur Wirkung kommen. Die Warengruppe ist nicht sehr umfangreich; der Bedarf ist wohl großenteils durch Frauenzeit-
schriften abgedeckt.

Einige Titel können in gemeinsamer Präsentation mit Titeln aus ganz anderen
Warengruppen sehr erfolgreich angeboten werden, wenn man vom Lebensgefühl
und Geschmack der Zielgruppen, nicht vom Thema ausgeht: So finden beispielsweise Anleitungen für Henna-Tattoos in der Umgebung von Ratgebern über erste
Liebe und Beziehungen, die sich an Jugendliche richten, eher ihren Weg zur Kun-
din als neben Cellulite-Ratgebern. Oder Anleitungen zur Herstellung von Kräuter-
kosmetik kann man erfolgreicher gemeinsam mit esoterischen Ratgebern anbieten
als zwischen Bildbänden voller gestylter Businessgirls.

Sach- und Fachbücher sowie Bildbände über Kulturgeschichte der Mode und
Mode als Design findet man schwerpunktmäßig in der Warengruppe
585 Innenarchitektur, Design und *959 Kunst / Sonstiges*. Anleitungen zum Nähen
und Schneidern stecken in der Warengruppe *412 Handarbeit, Textiles*.

4.6.4   Die Warengruppe
464 Fitness, Aerobic, Bodybuilding, Gymnastik

Neben etlichen allgemeinen Ratgebern über Fitness findet man in dieser Warengruppe vor allem Anleitungen zu einzelnen Trainingsprogrammen und Methoden,
um sich fit zu halten und den Körper zu trainieren. Immer wieder entwickeln die
Fitness-Berater neue Methoden; die Nachfrage nach neuen Titeln wird teils durch
attraktive Präsentation in der Buchhandlung erzeugt, teils durch Frauen-, Männer-
und Gesundheitszeitschriften und -sendungen vermittelt. Häufig gefragte Themen
sind:

Aerobic,	Boxgymnastik,	Rückenschule,
Aquafitness,	Callanetics,	Schlankheit,
Bauchtanz,	Fitness, Fitnessgeräte,	Smart Training,
Beckenboden-Training,	Gymnastik,	Stretching,
Beckenbodentraining,	Jogging,	Walking,
Bodybuilding, Bodyshaping,	Nordic Walking,	Wirbelsäulen-
Bodystyling, Bodywork	Pilates,	Gymnastik,
(auch Body Shaping usw.),	Qi Gong,	Workout.

Hier tauchen teilweise dieselben Themen wie in anderen Untergruppen der Warengruppe *460 Gesundheit* auf. Die Ratgeber hier unterscheiden sich durch die dargestellten Methoden, z.B. Qi Gong als Gymnastik, um fit, schlank und gesund zu bleiben, und nicht als Entspannungstechnik.

Einige Titel richten sich speziell an Senioren.

Anleitungen für etliche Themen dieser Warengruppe (in erster Linie Aerobic, Beckenboden-Training, Body Workout, Fitness, Nordic Walking, Pilates, Rückenschule, Walking,) erscheinen auch in Form von DVDs und Tonträgern (*Lange Media, Kneipp-Verlag* u.a.).

Auch Sportverlage bringen Ratgeber für diese Warengruppe, vor allem *Meyer & Meyer*.

4.6.5 Die Warengruppe
465 Erkrankungen, Heilverfahren

Die Funktion dieser Warengruppe und der beiden folgenden Warengruppen für die Praxis des Bibliografierens bei der Kundenberatung ist vor allem, dass die allgemein verständlichen medizinischen Ratgeber, auch über spezielle Themen, von der medizinischen Fachliteratur (Warengruppe *690 Medizin* mit Untergruppen) getrennt werden sollen. Ein medizinischer Laie kann z.B. mit einem Fachbuch über Schlafstörungen, das sich an Ärzte richtet, schon wegen der Fachterminologie nicht viel anfangen und ist mit einem medizinischen Ratgeber besser bedient.

Häufige Themen sind (bei den Stichwörtern mit * empfiehlt sich besonders die trunkierte Recherche):

ADHS,	Cholesterin*,	Kopfschmerzen,
Allergie*,	Chronische *schmerzen,	Krebs*,
Alzheimer*,	Darm*,	Naturheilkunde,
Angst*,	Depression*,	Neurodermitis,
Arthritis,	Diabetes,	Nichtrauchen, Nicht-
Arthrose,	Ernährung*,	raucher,
Asthma,	Galle*,	Osteoporose*,
Auge, Augentraining,	Gelenk*,	Rheuma*,
Bachblüten*,	Gesundheit*,	Rücken*, Rücken-
Bauchspeicheldrüse*,	Haar*,	schmerzen,
Beckenboden*, Becken-	Harninkontinenz,	Schlafstörungen,
boden-Training,	Haut*,	Schlaganfall,
Blase*,	Heilpflanze*,	Schmerz*,
Bluthochdruck,	Herzinfarkt,	Stotterer, Stottern,
Brustkrebs,	Homöopathie,	Therapie*,
	Kinderkrankheiten,	Tinnitus*.

Für diese Warengruppe wichtige Verlage und Reihen sind die folgenden; ein mehr oder minder großer Teil der Titel aus diesen Reihen ist auch in anderen Warengruppen bei *460 Gesundheit* präsent:

- *Gräfe u. Unzer:*
  - *GU Partnerschaft & Familie*
  - *GU Körper & Seele*
- *Hugendubel Kreuzlingen:*
  - *Irisiana*
- *MVS Medizinverlage Stuttgart: TRIAS...*
- *Schulz-Kirchner: Ratgeber für Angehörige, Betroffene und Fachleute.*

Über einige Themen dieser Warengruppe erscheinen auch Tonträger und DVDs (vor allem bei *emu-Verlags- und Vertriebsgesellschaft* und *MVS Medizinverlage Stuttgart*).

4.6.6 Die Warengruppe *466 Alternative Heilverfahren*

Die Ratgeber dieser Warengruppe empfehlen Heilverfahren, die in irgendeiner Bedeutung des Wortes alternativ sind, z.B. auf durch Erfahrung bewährten Hausmitteln beruhen und die Selbstheilungskräfte unterstützen, zum Teil auch umstritten sind. Nicht wenige Titel stehen im Zusammenhang mit fernöstlichen Weisheitslehren. Hier typische Themen:

Akupressur,	Ganzheitliche Medizin,	Naturheilmittel,
Akupunktur,	Hausmittel,	Naturheilverfahren,
Aloe Vera,	Heilkräuter,	Osteopathie,
Aromatherapie,	Heilpflanzen,	Pflanzen-Heilkunde,
Aura,	Homöopathie,	Pranaheilen,
Ayurveda,	Kinesiologie,	Reflexzonen-Massage,
Bach-Blüten, Bachblüten,	Kräuter,	Schüßler-Salze,
Chinesische Medizin,	Magnesium, Magnesi-	TCM, Traditionelle
Edelsteine,	ummangel,	chinesische Medizin,
EFT, EFT-	Mineralstoffe,	Teebaum, Teebaumöl.
Klopfakupressur,	Naturheilkunde,	

Erfolgreiche Titel sind:

- *Treben, Maria: Gesundheit aus der Apotheke Gottes Ratschläge und Erfahrungen mit Heilkräutern, Ennsthaler.*
- *Karstädt, Uwe: Die 7 Revolutionen der Medizin, Rowohlt Taschenbuch (rororo sachb. 62114)*
- *Ruge, Nina /Bannasch, Lutz: Das Geheimnis der Selbstheilung, Ullstein Buchverlage*

In dieser Warengruppe erscheinen auch einige CDs, CD-ROMs und DVDs.

4.6.7 Die Warengruppe
467 Schwangerschaft, Geburt, Säuglinge

Die Benennung der kleinen Warengruppe gibt über ihren Inhalt gut Auskunft. Weitere häufige Themen sind, immer in Bezug auf Schwangerschaft, Geburt, Säuglinge:

Baby, Babyernährung,	Gesundheit,	Kinderwunsch,
Babymassage,	Hausgeburt,	Mutter, Mütter,
Ernährung,	Hebamme,	Schwangerschaftsgymnastik,
	Kinderkrankheiten,	Stillen, Stillprobleme, Stillzeit.

Besonders hohe Auflagen erreichen etliche Titel von *Gräfe u. Unzer* (z.B. *Gebauer-Sesterhenn, Birgit /Praun, Manfred: Das große GU Babybuch*). Zu diesen Themen erscheinen auch vereinzelt Hörbücher und DVDs.
Medizinische Fachliteratur zu diesen Themen findet man in den Warengruppen *693 Klinische Fächer* (Gynäkologie) und *695 Medizinische Fachberufe* (Hebammenkunde).

4.6.9 Die Warengruppe
469 Sonstiges

Typische Titel in dieser Warengruppe sind:

* *Seelig, Hans P /Meiners, Marion: Laborwerte - klar und verständlich. Den medizinischen Befund verstehen, Gräfe u. Unzer*
* *Vollborn, Marita /Georgescu, Vlad: Die Gesundheitsmafia. Wie wir als Patienten betrogen werden, Fischer, S.*

Viele andere Titel passen thematisch besser in die vorgenannten Warengruppen.

4.7 Die Warengruppe
470 Spiritualität mit Untergruppen

Spiritualität ist ein uraltes Bedürfnis der Menschen: Wir fragen nach geistigen und geistlichen Dingen, die über das Hier und Jetzt, über Verstand, Vernunft und Zweckrationalität hinaus innere Orientierungen und ein Gerüst für die äußere Lebenspraxis geben können. Für praktizierende Christen lebt Spiritualität vor allem im Gebet und in den Formen des kirchlichen Lebens vom Gottesdienst bis zum ehrenamtlichen Engagement in der Gemeinde. In der westlichen Welt wird Spiritualität, die dann oft auf Lehren und religiöse Gefühle aus Asien sowie der Naturvölker zurückgreift, auch als Alternative oder Korrektiv zu einer zunehmend als materialistisch und ökonomistisch empfundenen Sichtweise verstanden.

Die Warengruppe *470 Spiritualität* mit ihren Untergruppen deckt ein breites Spektrum von Auffassungen ab, die aus Metaphysischem, Spirituellem, Irrationalem und Transzendentem gespeist werden, aber nicht zu einer anerkannten Religion oder akademischen Disziplin wie z.B. der Philosophie des Geistes gehören. Wer sich den Kirchen verbunden fühlt, steht den Inhalten dieser Warengruppe eher distanziert oder ablehnend gegenüber; dies muss man bei der Warenpräsentation und in der Kundenberatung beachten. Bücher zur christlichen Spiritualität mit Nähe zu den Kirchen findet man vor allem in den Warengruppen *191 Geschenkbücher* (soweit mit christlich-meditativem Inhalt), *193 Immerwährende Kalender* (Kalender mit Gebeten, Tageslosungen usw.), *542 Christentum* (auch theologische Fachliteratur), *543 Praktische Theologie* und *547 Religiöse Schriften, Gebete, Gesangbücher, relig. Meditationen*, ferner *926 Christliche Religionen.*

Die Titel der Warengruppe *470 Spiritualität* mit ihren Untergruppen unterscheiden sich teilweise weniger durch das Thema von Titeln anderer Warengruppen als vielmehr durch den Blickwinkel. Es geht um Bücher, Hörbücher und DVDs, die

- esoterische bzw. anthroposophische Lehren darlegen, kritisieren oder
- einzelne esoterische bzw. anthroposophische Themen ausführen, z.B. die esoterischen Themen Handlesen oder Magie, das anthroposophische Thema Eurythmie,
- andere Themen zum Gegenstand haben, aber ganz im spirituellen Licht behandeln, beispielsweise ein anthroposophischer Erziehungsratgeber oder eine Massageanleitung, die den Schwerpunkt bei den spirituellen Begründungen hat.

Insbesondere mit folgenden Warengruppen bestehen solche thematischen Überschneidungen bei Differenz in der Art und Weise der Behandlung:

- *460 Gesundheit* mit Untergruppen,
- *520 Philosophie* mit Untergruppen,
- *530 Psychologie* mit Untergruppen,
- *540 Religion / Theologie* mit Untergruppen,
- *930 Psychologie, Esoterik, Spiritualität, Anthroposophie* mit Untergruppen.

Aus diesen Gründen bedarf die Warengruppe *470 Spiritualität* einer sehr sorgfältigen Auswahl in christlichen Buchhandlungen: Im Lichte der christlichen Religion (und der anderen Weltreligionen) sowie aus wissenschaftlicher Sicht sind etliche Titel dieser Warengruppe höchst angreifbar, ja desorientierend.

Auch innerhalb dieser Warengruppe überschneiden sich die Untergruppen thematisch teilweise. Beispielsweise gibt es Bücher über Leben nach dem Tod und Unsterblichkeit in den Warengruppen *472 Esoterik, 475 Altes Wissen, Alte Kulturen* und *478 Anthroposophie* (und außerdem in den Warengruppen *540 Religion / Theologie, 920 Philosophie, Religion* und *930 Psychologie, Esoterik, Spiritualität, Anthroposophie*, jeweils mit ihren Untergruppen). Der Unterschied ist wieder die Art und Weise der Behandlung: Das Thema wird in der Warengruppe

- *472 Esoterik* auf pseudoreligiöse oder pseudowissenschaftliche Weise,

- *475 Altes Wissen, Alte Kulturen* frei inspiriert durch das Denken alter Kulturen, z.B. durch das Tibetische Totenbuch aus dem 8. Jahrhundert,
- *478 Anthroposophie* im Lichte der Lehre Rudolf Steiners, des Begründers der Anthroposophie,

behandelt.

Die Themen der Warengruppe *470 Spiritualität* bewegen sich teilweise ähnlich wie viele Themen in der Warengruppe *460 Gesundheit* im Auf und Ab von Moden. Manche Lehren und Praktiken, die uralt sind und lange Zeit nur wenigen Eingeweihten bekannt waren, gewinnen plötzlich für eine begrenzte Dauer mit einer Fülle von Ratgebern eine breite Popularität, um bald wieder aus dem Blick des Publikums zu verschwinden, z.B. die esoterische Bedeutung der Zahl 666. Oder Elemente aus vorhandenen Richtungen kommen in neuer Mischung unter neuen Labels auf den Markt. Mitunter halten sich Trends weniger als ein Jahr lang. Insgesamt ist die Bedeutung der Warengruppe im Buchhandel seit den 1980er-Jahren rückläufig.

In einer allgemeinen Sortimentsbuchhandlung kommt es maßgeblich darauf an, eine Titelauswahl für diese stark beachteten Themen am Lager zu haben. Bei einer ausgebauten Esoterik-Abteilung reicht das nicht. Hier muss man auf der Basis eines Grundsortiments längerfristig gefragter Themen und Titel die jeweils neuesten Strömungen anbieten, und zwar, wenn man für das einschlägig interessierte Publikum die beliebteste Einkaufsstätte werden möchte, möglichst nicht reaktiv, sondern proaktiv: Das Buchhandelspersonal lernt neue Titel und Themen nicht erst durch die Nachfrage der Kunden kennen, sondern die Kunden bekommen Anregungen und neueste Trends durch das Warensortiment und die Beratung.

Die einschlägigen Zeitschriften, allen voran *Esotera* und *Welt der Esoterik*, informieren über aktuelle Entwicklungen. Eine innovative Rolle spielen vor allem kleine, mitunter mehr von ihren Überzeugungen als von florierenden Umsätzen und professionellem Marketing getragene Verlage. In nicht wenigen Fällen schöpfen die großen Publikumsverlage aus diesem Potenzial und bedienen neue Themen mit einer Fülle von Titeln, sobald sie bei jenen Verlagen Erfolg haben.

Einschlägige Verlage und ggf. ihre Reihen sind (anthroposophische Verlage bei der Warengruppe *478 Anthroposophie*):

- *Aquamarin,*
- *Königsfurt,*
- *Hugendubel Kreuzlingen:*
  - *Irisiana,*
  - *Kailash,*
- *Integral,*
- *Neue Erde,*
- *Silberschnur,*
- *Smaragd Verlag,*
- *Windpferd.*

Auch einige Verlage, die keinen esoterischen bzw. anthroposophischen Schwerpunkt haben, bringen einschlägige Bücher heraus. Zu erwähnen sind:

- *Droemer Knaur:*
  - *Knaur Tb. Esoterik,*
  - *MensSana,*

- *Goldmann Verlag:*
  - *Arkana,*
- *Pabel-Moewig.*

Zur Einführung in das Thema:

- *Drury, Nevill: Lexikon des esoterischen Wissens, Schirner Verlag*
- *Stuckrad, Kocku von: Was ist Esoterik? Beck, C H.*

4.7.2 Die Warengruppe
472 Esoterik

Esoterische Lehren waren ursprünglich religiöse Geheimlehren. Davon kann angesichts eines Buchmarktsegments mit lebhaftem Wechsel der Titel und Themen keine Rede mehr sein.

Gegenüber einem verbreiteten, sehr allgemeinen Sprachgebrauch des Ausdrucks Esoterik (Esoterik als innerseelischer Weg zur Selbsterkenntnis) ist der Inhalt dieser Warengruppe enger gefasst. Auch das Publikum verbindet mit dem Ausdruck Esoterik nicht mehr – wie noch in den 1990er-Jahren – Bücher über Entspannung und Meditation mit spirituellem Einschlag. Wichtige Themen sind (Stichwörter mit * besser trunkiert recherchieren):

Aura,	Erleuchtung,	Kabbala,
Aura-Soma,	Erzengel*,	Klangtherapie,
Bewusstseins-Transformation,	Farbtherapie,	Magie,
Chakra, Chakren,	Feng Shui,	Mondkalender,
Edelstein*,	Heilsteine,	Reiki,
Engel*,	I Ging, I-Ging, I-Ching, Yijing,	Reinkarnationstherapie, Stein, Steinheilkunde.

Während ein Teil der Titel ohne Überfrachtung mit weltanschaulichen Lehren Anleitungen für eine bestimmte wohl tuende Praxis gibt (z.B. Reiki), beschreiben andere Titel von der Wissenschaft abgelehnte Verfahren, z.B. die Edelsteintherapie. Die meisten Titel handeln von Erscheinungen einer spirituellen Welt, von geistigen Kräften und jenseitigen Erfahrungen, die ohne Bezug zu den großen Religionen vorgestellt werden, etwa von Chakra, Reinkarnation oder Aura. Einige dieser Themen sind auch Bestandteil der Religionen, z.B. Engel oder Kabbala, werden aber in den Büchern dieser Warengruppe gerade nicht im Geist der Weltreligionen behandelt.

Hier erscheinen auch Hörbücher und DVDs, u.a. mit esoterischer Musik oder Atemübungen.

Die Warengruppen *935 Esoterik* und *937 Spiritualität* enthalten Sachbücher zu denselben Themen, die anders als die hier zugeordneten Ratgeber und Anleitungen keinen praktischen Bezug haben.

4.7.3 Die Warengruppe
473 Astrologie, Kosmos

Die Titel dieser Warengruppe befassen sich mit einem fest umrissenen Thema: der Deutung des Geschehens auf der Erde, des Schicksals und der Persönlichkeitsmerkmale der Menschen aufgrund der Konstellationen der Sterne.

Die meisten Titel stellen Persönlichkeitsmerkmale dar, die die Astrologie den Menschen zuschreibt, die unter dem jeweiligen Tierkreiszeichen geboren wurden. Andere Titel – auch auf CD-ROM – geben Anleitungen zum Erstellen von Horoskopen. Beliebt sind astrologische Kalender (als Taschenbuch oder Hardcover, Wand- oder Buchkalender), bevorzugt Mondkalender, die die Stellung der Gestirne angeben und mit Empfehlungen für „günstige" bzw. „ungünstige" Tage verbinden.

Die häufigsten Stichwörter sind (ferner die Namen der Tierkreiszeichen: Skorpion, Jungfrau, Waage, Stier usw. bzw. nach dem chinesischen Horoskop: Büffel, Drache, Hahn etc.):

Astrologie,	Horoskop,	Nostradamus,
Astromedizin, Astro-Medizin,	Horoskop der Indianer, der Kelten, der Maya,	Sternzeichen, Tibetisches Horoskop,
Baumhoroskop,	Keltisches Horoskop,	Tierkreis, Tierkreiszeichen.
Chinesisches Horos-kop,	Mond, Mondkalender, Mondplaner,	

Schöne Geschenkbücher für die einzelnen Tierkreiszeichen kommen u.a. bei *Weidlich & Flechsig* heraus.

Sachbücher über Astrologie, beispielsweise über die Rolle der Astrologie in der Kulturgeschichte, findet man in der Warengruppe *936 Astrologie*. Das Thema Astronomie ist mit den Ratgebern für Hobby-Astronomen und interessierte Nicht-Astronomen der Warengruppe *423 Astronomie* und mit der wissenschaftlichen Literatur (die naturwissenschaftliche Erforschung des Universums, die Berechnung der Planetenbahnen, der scheinbaren Bahn der Sonne und der Mondphasen) der Warengruppe *647 Astronomie* zugeordnet.

4.7.4 Die Warengruppe
474 Lebensdeutung

Hier geht es um Weissagung, Selbsterkenntnis und Lebensdeutung. Mit Abstand am beliebtesten dazu sind heute Tarot-Karten. Der Buchhandel bietet die Kartensätze selbst an, vor allem Bücher über Kartenmischen, -legen und -deuten oder beides im Set. Insgesamt gehören zu dieser Warengruppe folgende Themen:

Arkana-Tarot,	Karten,	Pendel,
Chirologie,	Kristallkugeln,	Runen,
Crowley Tarot,	Lenormand-Karten,	Tarot,
Kabbala,	Numerologie,	Wahrsagekarten, Wahrsagen,
	Orakel,	Weissagung.

Einschlägige Verlage für Tarot-Karten sind vor allem *Königsfurt* und *Hugendubel*; empfehlenswert ist der Titel

- *Akron /Banzhaf, Hajo: Der Crowley Tarot. Das Handbuch zu den Karten von Aleister Crowley und Lady Frieda Harris, Hugendubel Kreuzlingen* (mit Kartenset).

Wissenschaftliche Bücher über die Orakel der Antike findet man in der Warengruppe *553 Altertum*, Sachbücher in der Warengruppe *944 Vor- und Frühgeschichte, Antike*.

4.7.5 Die Warengruppe
475 Altes Wissen, Alte Kulturen

Im Umkreis der Esoterik blüht ein lebhaftes Interesse an okkulten oder übersinnlichen Phänomenen, die sich auf rationale Weise scheinbar nicht erklären lassen. Im Verständnis der Titel dieser nicht sehr großen Warengruppe hatten darüber alte, besonders vorchristliche Kulturen – z.B. die alten Ägypter, die Indianer, die Kelten, die Tuareg – ein tiefes Wissen, das in der Moderne verloren gegangen sein soll und in das man nun wieder eingeweiht werden kann. Träger dieses Wissens waren aus Sicht der Titel dieser Warengruppe vor allem Hexen und Schamanen. Wichtige Autoren sind *Carlos Castaneda* mit seinen Romanen über den Schamanen Don Juan und *Silver RavenWolf*, die als Vertreterin einer „weißen Magie" mit Zaubersprüchen u.ä. weibliches Selbstbewusstsein stärken will. Häufige Themen sind:

Alchemie, Alchemist,	Geheim*, Geheimwissen-	Parapsychologie,
Atlantis,	schaften,	Rituale,
Das 6.-12. Buch Mose,	Grenzwissenschaften,	Schamane*, Scha-
Don Juan,	Hexe*,	manismus,
Drachen,	Kabbala, Kabbalah,	Schwarze Magie,
Einweihung,	Quabballah,	Weiße Magie,
Energywork,	Magie, magisch*,	Wünschelrute,
	Okkult*, Okkultismus,	Zauber*.

Wissenschaftliche Bücher über diese Themen stecken in den thematisch zuständigen Warengruppen, hauptsächlich in *559 Kulturgeschichte* und *752 Völkerkunde*, Sachbücher in der Warengruppe *938 Parapsychologie, Grenzwissenschaften*.

4.7.6 Die Warengruppe
476 Östliche Weisheit

In den fernöstlichen und indischen Kulturen haben Lebensdeutung und kontemplative Weltbetrachtung auf der Suche nach innerer Harmonie eine Jahrtausende lange Tradition ohne Aberglaube und Zauberei. Die kleine Warengruppe *476 Östliche Weisheit* versammelt Ratgeber, die diese Tradition für den modernen Leser vermitteln. Nicht wenige Titel eignen sich gut als Geschenkbuch, allen voran:

- *Lao-Tse: Tao Te King*, eine poetisch-philosophische Aphorismensammlung, die in zahlreichen Ausgaben lieferbar ist.
- *I Ging. Buch der Wandlungen*, ein altchinesisches Orakelbuch, das der Lebensdeutung dienen kann.

Auch die Bücher des *14. Dalai-Lama*, des gegenwärtigen höchsten Würdenträgers des tibetischen Buddhismus (des Lamaismus) mit seinen Gedanken zum *Frieden im Herzen und in der Welt* (*Heyne, W*) werden lebhaft nachgefragt. Die zahlreichen Ratgeber über *Feng-Shui* vermitteln die uralte chinesische Kunst der harmonischen Lebens- und Wohnraumgestaltung. Insgesamt geht es um folgende Themen, zu beachten sind die je nach Verlag oder Autor unterschiedlichen Schreibweisen fernöstlicher Autoren, Werktitel und Begriffe:

Babadschi,	Hagakure,	Tao, Taoismus, Dao, Daoismus,
Babaji,	Hinduismus,	Tao Te King, Tao-Te-King, Tao-
Buddha,	Kokology,	TeKing, Tao Te Ching, Daode-
Buddhismus,	Krishnamurti, Jiddu,	jing, Dau-De-Dsching,
Bushido,	Lao-Tse, Laotse, Lao	Tibetischer Buddhismus, tibeti-
Feng Shui, Feng-	Tse, Lao-tzu, Laozi,	sche Weisheiten,
Shui, Fengshui,	Mudra,	Vastu,
Geomantie,	Orakel,	Vedanta,
	Samurai,	Zen.

Die philosophischen Grundlagen dieser Ratgeber und wissenschaftliche Editionen der Quellenschriften findet man in der Warengruppe *527 Östliche Philosophie*.

4.7.8 Die Warengruppe
478 Anthroposophie

Die Weltanschauungslehre Rudolf Steiners (1861-1925) hat bis heute insbesondere in den Freien Waldorfkindergärten und -schulen, in anthroposophischen Krankenhäusern und Kulturzentren ungebrochene Wirkung. Die anthroposophisch orientierte Kundschaft steht trotz einiger Berührungen mit Themen, die auch in esoterischen Lehren behandelt werden (u.a. ein Interesse an Karma, Reinkarnation, Astrologie, am Spirituellen), der Esoterik und den Grenzwissenschaften im Großen und Ganzen distanziert bis ablehnend gegenüber. Dies gilt es bei der Profilierung des Sortiments, vor allem bei der Präsentation im Ladengeschäft zu beachten.

Im Mittelpunkt der Nachfrage stehen bei dieser Warengruppe:

Anthroposophie,	Leben nach dem Tod,	Unsterblichkeit,
Eurythmie,	Reinkarnation,	Waldorfpädagogik,
Karma,	Theosophie,	Rudolf Steiner.

Anthroposophische Literatur kommt weitest gehend in einer überschaubaren Gruppe von Verlagen heraus; die wichtigsten sind:

- *Freies Geistesleben,*
- *Pforte,*
- *Novalis Media,*
- *Rudolf Steiner Verlag* – in diesem Verlag erscheint das außerordentlich umfangreiche Werk Rudolf Steiners –,
- *Urachhaus,*
- *Zbinden.*

Aus anthroposophischem Geist heraus erscheinen zahlreiche Titel zu einem sehr breiten Themenspektrum, von Märchen über Jonglieren bis zu Kunst und Musik, von biblischen Themen und den Heiligen bis zur Gartengestaltung und zum Puppenbasteln. Die Warengruppe *478 Anthroposophie* soll die mehr praktisch-nützlichen Titel versammeln.

Weitere anthroposophische Bücher findet man vor allem in folgenden Warengruppen:

2 Kinder- und Jugendbücher	Anthroposophisch inspirierte Kinder- und Jugendbücher
484 Familie	Erziehungsratgeber
934 Anthroposophie	Sachbücher zu denselben Themen wie in *478 Anthroposophie*, u.a. die meisten Schriften Rudolf Steiners

4.7.9 Die Warengruppe *479 Sonstiges*

Diese kleine Warengruppe nimmt vor allem Bücher über Außerirdische, Feen und Elfen sowie über UFOs auf.

4.8 Die Warengruppe *480 Lebenshilfe, Alltag* mit Untergruppen

Hier geht es um Ratgeber für Lebensmut und Alltagsglück, für Partnerschaft, Familie, Erziehung und Haushaltstipps, fürs Briefe Schreiben und Faxe Senden. Und hier findet man auch Adressbücher und Einkaufsführer.

Ein Teil der Titel dieser Warengruppe wird gezielt aus einer jeweiligen Lebenssituation heraus gefragt, z.B. wenn man eine Anleitung für die Hochzeitszeitung oder Ideen für das Kinderfest sucht. Andere Titel haben ohne Verkaufsgespräch bessere Chancen, Kunden zu finden, etwa: *Pearsall, Paul: Denken Sie negativ, unterdrücken Sie Ihren Ärger und geben Sie anderen die Schuld! Warum Sie auf Lebenshilfe-Ratgeber verzichten können, REDLINE.*

Die Warengruppe muss also so präsentiert werden, dass die Kunden zum Stöbern angeregt werden, auch ohne Beratung finden, was sie suchen, dass Impulskäufe ausgelöst werden. Ein Teil der Titel kann gemeinsam mit Geschenkbüchern dargeboten werden, etliche andere Bücher lassen sich mit Erfolg zur Kundschaft führen, indem man sie neben der Kasse anbietet oder im selben Regal wie Frauen-, Ratgeber- und Motorzeitschriften auflegt – im wöchentlichen Wechsel der Titel und Themen. Ausgangspunkt dabei ist nicht das Thema, sondern sind die Interessen, die Lebenserfahrung der Zielgruppen.

Die Ratgeber dieser Warengruppe basieren teilweise auf dem christlichen Glauben oder schöpfen ihre Ratschläge aus fernöstlichen Weisheitslehren, andere wenden psychologische oder pädagogische Erkenntnisse an. All diese Hintergründe werden hier kaum oder gar nicht dargelegt, sondern im Vordergrund steht immer die praktische Frage, wie man es beispielsweise anstellt, mit seiner Zeit hinzukommen, eine glückliche Partnerschaft zu führen und die Kinder zu bändigen, die Angst beim freien Sprechen zu überwinden, einen wirkungsvollen Brief abzufassen usw. – bis hin zur Checkliste zum Abhaken und zur Sammlung von Musterbriefen, die man nur abzuschreiben braucht.

Die Warengruppe besteht naturgemäß hauptsächlich aus Softcovern im Preisspektrum unter 15 €, daneben halten die Verlage eine kleine Gruppe von Titeln im Preis sehr hoch, damit diese Titel in hochwertiger Ausstattung für Karriere orientierte Kunden attraktiv sind.

Wichtige Verlage sind:

Breuer & Wardin,	*Gütersloher Verlagshaus,*	*Kreuz Verlag,*
Campus,	*Haufe, Rudolf,*	*Kösel,*
Droemer Knaur,	*Herder Freiburg,*	*mvg,*
GABAL,	*Hugendubel Kreuzlingen,*	*REDLINE,*
Gräfe u. Unzer,	*Kaufmann, Ernst,*	*Ullstein Taschenbuch Vlg.*

4.8.1 Die Warengruppe
481 Lebensführung, Persönliche Entwicklung

Dieser titelreichen Warengruppe sind Ratgeber über folgende Themen zugeordnet:

Alltagsbewältigung,	Kreatives Denken,	Positives Denken,
Alter,	Kreativität,	Psychische Selbsthilfe,
Angst, -bewältigung,	Krisen,	Selbstbewusstsein,
Drogen,	Lebensführung,	Selbstmanagement,
Einsamkeit,	Lebensplanung,	Selbstvertrauen,
Erfolg,	NLP, Neurolinguistisches	Selbstwertgefühl,
Glück,	Programmieren,	Trauer,
Knigge,	Optimismus,	Umgangsformen,
Konflikt, -bewältigung,	Pflege,	Zeitmanagement.

Hier wird die Funktion der Warengruppen-Systematik wiederholt besonders deutlich, denn mit ihrer Hilfe kann man die Recherche anhand der hier häufigen unspezifischen Stichwörter, z.B. `Erfolg*`, `Glück*` oder `Trauer*` leicht auf den gewünschten Bereich einschränken. Nicht wenige Titel sind im Zusammenhang

mit dem Personaltraining der Unternehmensberater entstanden. Typische Beispieltitel sind:

- *Küstenmacher, Werner Tiki /Seiwert, Lothar J.: simplify your life, Campus*
- *Naujokat, Gerhard: Älterwerden ist (k)eine Kunst. Das Alter als Chance und Herausforderung, Kaufmann, Ernst*
- *Reuther, Heike: Kinder, Küche, Konferenzraum. Warum Mütter alles schaffen, Droemer Knaur*
- *Schonert-Hirz, Sabine: Meine Stressbalance. Rezepte für Vielbeschäftigte von Dr. Stress, Campus*
- *Seiwert, Lothar: Das Bumerang-Prinzip. Mit Bumerang und Zeit-Guide. Button: "Der führende Zeitexperte", Gräfe u. Unzer*
- *VideoTools Konflikte lösen - CD-ROM, GABAL.*

Etliche Ratgeber für die Themen dieser Warengruppe kommen auch auf DVD oder
als Hörbuch (besonders: Positives Denken) heraus.

Zu den erfolgreichsten Longsellern hier gehören die Ratgeber von *Küstenmacher* (*simpify your life, ... your day* – zahlreiche Titel), *Seifert* (zahlreiche Titel
über Zeitmanagement, verschiedene Verlage) und von *Vera F. Birkenbihl* (zahllose
Titel über Selbstmanagement, verschiedene Verlage).

4.8.3 Die Warengruppe
483 Partnerschaft, Sexualität

Auch in dieser Warengruppe steht die Behandlung der einzelnen Themen im Rahmen der Partnerbeziehungs-Thematik unter dem Vorzeichen des So-wird's-
gemacht-Ratgebers:

Beziehung,	Freundschaft,	Partnermassage,
Ehe,	Glück,	Partnerschaft,
Erfolg,	Liebe,	Scheidung,
Erotik,	Mann, Frau,	Sexualität, Sex-Knigge,
Flirt, Flirten,	Lust,	Trennung.

4.8.4 Die Warengruppe
484 Familie

Hier finden genervte Eltern Ratgeber, wenn ihre Kinder zappelig oder träge, aggressiv oder sonst wie nicht so sind, wie die Eltern es erwarten. Unabhängig von
derartigen Problemlagen ist diese große Warengruppe für alle Eltern und zukünfti-
gen Eltern interessant, von Konzentrationsschwäche bis zu Killerspielen, von
Kreativität bis Krisensituationen.

In allgemeinen Sortimentsbuchhandlungen könnte man diese Ratgeber gemeinsam mit Ratgebern aus *467 Schwangerschaft, Geburt, Säuglinge* und mit den Warengruppen *29* Spielen, Lernen* präsentieren. Erfolg versprechend ist auch, eine
Elternecke in der Kinderbuchabteilung mit diesen Lagersegmenten einzurichten.

Beispiele für häufige Themen sind (bei den Stichwörtern mit * empfiehlt sich besonders die trunkierte Recherche):

ADS, Aufmerksamkeits-Defizit-Syndrom, Aufmerksamkeitsdefizit-Syndrom, ADHS, Aufmerksamkeitsdefizit-Hyperaktivitätsstörung, Angst, Ängste, Baby*, Babymassage, Begabt, Begabung*, Benehmen, Benimm, Bewegung, Bewegungsspiele, Disziplin,

Droge*, Eltern, Elternratgeber, Erziehungsberater, Erziehungsratgeber, Essen, Familie*, Fördern, Gewalt*, Großeltern, Hochbegabt*, Hochbegabung, Hyperaktiv*, Jugend*, Kids, Kind*, Kindergarten,

Lernen, Lernprobleme, Loslassen, Montessori, Patchworkfamilie, Pubertät, Rechenschwäche, Schule, Schulerfolg, -versagen, Sexualität, Sprachentwicklung, -förderung, Taschengeld, Teenager, Teens, Tisch-Knigge, Tischmanieren, Vornamen, Namen.

Prägnante Beispieltitel:

- *Gordon, Thomas: Familienkonferenz. Heyne, W.*
- *Dreikurs, Rudolf / Soltz, Vicki: Kinder fordern uns heraus. Klett-Cotta (Kinder fordern uns heraus)*
- *Largo, Remo H.: Kinderjahre. Die Individualität des Kindes als erzieherische Herausforderung. Piper (SP 384)*
- *Hilse, Hedwig / Hilse, Jürgen: Kids, Bits & Bytes. Ein Elternratgeber zum Thema Computer und Internet. Humboldt (Humboldt Tb. 1113)*
- *Zahn, Annette /Morgenroth, Hartmut: Jedes Kind kann schlafen lernen, Gräfe u. Unzer (Partnerschaft & Familie Einzeltitel)*
- *Prekop, Jirina: Der kleine Tyrann. Welchen Halt brauchen Kinder? Goldmann Verlag (Mosaik bei Goldm. 16885).*

Die Bücher von *Dreikurs, Gordon, Largo* und *Prekop* gehören seit Langem zu den meistgefragten Erziehungsratgebern. Auch populäre Bücher von *Maria Montessori* (1870-1952), der mit Abstand prominentesten Reformpädagogin, werden weiterhin verlangt.

Fachbücher für professionelle Erziehungsberater, wie sie beispielsweise bei Sozialämtern, bei Kirchen und vereinzelt auch bei Schulen tätig sind, findet man hauptsächlich in der Warengruppe *578 Sozialpädagogik, Soziale Arbeit*.

4.8.5 Die Warengruppe
485 Praktische Anleitungen

Diese Warengruppe fasst eine bunte Mischung von Anleitungen zusammen, von denen viele ebenso gut in anderen Warengruppen zu finden sind:

- Feste, Feiern, Hochzeit, Familienfeste, Geburtstag usw. organisieren, planen, Gäste betreuen, Gästebetreuung, Gastgeber sein,
- Reden, Festreden, Vortragstexte, Briefe, Musterreden, Musterbriefe, Einladung, Sprüche, Verse, Gedichte, Zitate usw. für Feste aller Art, Poesiealbum, Polterabend usw. usf.,
- Haushaltsbuch, -führung, -kasse, -pflege, -ratgeber, -tipps, -tips, private Finanzplanung, Spartipps,
- Styleguide, Style-Guide, Dress-Code, Knigge, Benehmen, Benimm-Leitfaden,
- Arbeiten im Ausland, Job, Jobs, Jobben, Volunteering.

4.8.6 Die Warengruppe
486 Adress-, Telefon-, Kursbücher, Einkaufsführer

Der Inhalt der Warengruppe wird durch ihre Benennung deutlich; ferner findet man hier Schnäppchenführer u.ä. Beispieltitel:

- *Behördenverzeichnis...*, *Staatshandbuch...*, *Heymanns* und andere Verlage,
- *Branchenverzeichnis...*, diverse Branchen und Verlage,
- *Schnäppchenführer...*, *Fabrikverkauf...*, *Einkaufsführer...*, diverse Verlage, Autoren und Themen.

Im Vordergrund stehen preiswerte Verzeichnisse wie z.B. regionale Führer für den Fabrikverkauf. Diese präsentiert man am besten mit wechselnden Titeln auf dem Kassentresen, um Spontankäufe auszulösen. Die einst aufwändig zusammengestellten und teuren, teils mehrbändigen Verzeichnisse (z.B. das umfassende Branchenverzeichnis *Wer liefert was?*) sind weit gehend unverkäuflich geworden, nachdem all diese Adressen, Verzeichnisse usw. im WWW zu finden sind (z.B. www.wlw.de, www.teleauskunft.de).

4.9 Die Warengruppe
490 Recht, Beruf, Finanzen mit Untergruppen

Juristische Fachliteratur ist ebenso wie medizinische Fachliteratur nur verständlich, wenn man sich sehr gründlich mit dem Fach beschäftigt hat. Im Beratungsgespräch sollte man deshalb fragen, ob der Kunde einen Ratgeber oder ein juristisches Fachbuch über das gewünschte Thema sucht, sei es Erbrecht, sei es Immobilienkauf. Die Funktion der Warengruppe *490 Recht, Beruf, Finanzen* besteht vor allem darin, die für Nicht-Juristen verständlichen Rechts- und Steuerratgeber über Fragen, mit denen man privat im Alltag konfrontiert sein kann, von der Fachliteratur für Juristen zu unterscheiden. Ferner enthält die Warengruppe Ratgeber für alle Geldfragen des Privathaushalts, für Ausbildung, Beruf und Karriere sowie fürs Briefeschreiben und die persönliche Kommunikation, sei es mit Kollegen, mit dem Chef, mit Mitarbeitern, am Telefon oder mit Nachbarn.

All diese Ratgeber treffen auf eine so starke Nachfrage, dass sie überall erfolgreich angeboten werden können und sollen, während in allgemeinen Sortimentsbuchhandlungen sonst meistens nur die gängigsten Titel aus den Warengruppen *77* Recht* und *78* Wirtschaft* am Lager geführt werden können. Dort findet man dieselben Themen für die professionelle Verwendung bei Rechtsanwälten, Gerichten, Steuer- und Finanzberatern, Kundenberatern der Banken, Berufsberatern der Berufsinformationszentren usw.

Obwohl im deutschen *Grundgesetz* die Formulierung *Bundesgesetz* mehrfach vorkommt, heißen die deutschen bundesweit geltenden Gesetze fast immer nur *Gesetz...*; die Formulierung *Bundesgesetz* in Buchtiteln deutet meistens darauf hin, dass es sich um österreichisches Recht handelt. Da in Deutschland und Österreich, teilweise auch in der Schweiz etliche Gesetze (fast) gleich lautende Benennungen haben, muss man in der Kundenberatung auf den Verlag und den Verlagsort achten.

Wichtige Verlage und Reihen:

- *Bank-Verlag,*
- *Betriebswirtschaftlicher Verlag Gabler,*
- *Campus,*
- *dtv: dtv Nomos, dtv Beck Rechtsberat., dtv Beck Wirtsch.-Ber.,*
- *FinanzBuch,*
- *GABAL,*
- *Haufe, Rudolf: Erste Hilfe, Kompass, Taschenguide,*
- *Leitfaden: Wolfs Fachberater,*
- *Lexware* (CD-ROMs),
- *moderne industrie,*
- *Verbraucherzentrale NRW,*
- *Wirtschaftsverlag Carl Ueberreuter: Beruf u. Karriere, New Business Line, Wissen Kompakt.*

4.9.1 Die Warengruppe
491 Familienrecht

Die wichtigsten Themen der Ratgeber in dieser kleinen Warengruppe sind:

- Adoption,
- Eheschließung, -scheidung, -vertrag, Trennung, nicht-eheliche Lebensgemeinschaft,
- Elternrechte, -pflichten,
- Familienrecht,
- Kindergeld,

- Patientenverfügung,
- Unterhalt, Unterhaltsrecht,
- Versorgungsausgleich.

4.9.2 Die Warengruppe
492 Grunderwerb, Immobilien

Die Themen dieser der Titelzahl nach überschaubaren Warengruppe liegen entlang dem Weg zur privat erworbenen Immobilie: Erst geht es um die Immobilienfinanzierung, besonders mittels Bausparvertrag, dann um den Kauf einer Eigentumswohnung oder um die Baugenehmigung für ein eigenes Haus. Wer sein eigenes Haus baut, muss sich auch mit bautechnischen Fachbegriffen auskennen. Um keinen überhöhten Preis bezahlen zu müssen, sollte man auch bei der Immobilien-Bewertung Bescheid wissen. Mittels Immobilienkauf kann man Steuern sparen.

Endlich wohnt man im Eigentum und darf sich mit den Betriebskosten auseinandersetzen. Oder man vermietet seine Immobilie und sollte sich dann mit Wohnraummietverträgen und Mietnebenkosten auskennen. Die Titelformulierungen machen meistens deutlich, ob der Leser in der Rolle als Vermieter (beispielsweise: *Schnurr, Heidi: Praxis-Berater für Private Wohnungsvermieter von A – Z, Verlag Praktisches Wissen*) oder als Mieter (z.B. *Clausen, Dirk: Mietrecht für Mieter, Haufe, Rudolf*) angesprochen wird; andere Titel sprechen ausdrücklich beide Parteien an. Im Beratungsgespräch ist es sinnvoll, den Kunden neutral nach seiner Rolle zu fragen, um ihm den richtigen Titel verkaufen zu können. Als Faustregel gilt: Je kleiner der Ort, desto größer der Anteil der Familien, die in ihren eigenen vier Wänden wohnen, desto größer aber auch der Anteil der Privatpersonen, denen ein Haus oder eine Wohnung gehört, die sie vermietet haben. Die Eigentumsquote bei Wohnungen beträgt in den alten Bundesländern ca. 46 %, in den neuen Bundesländern etwa 33 %, Tendenz steigend, besonders in Ostdeutschland, wo die Eigentumsquote seit der Wende um etwa die Hälfte gestiegen ist.

4.9.3 Die Warengruppe
493 Erben, Vererben

Die Generation, die nach dem Zweiten Weltkrieg mehr oder minder große Vermögen gebildet hat, vom Reihenhäuschen bis zum Wirtschaftsimperium, tritt allmählich ab und hinterlässt den Erben nicht nur das Vermögen, sondern auch den Streit um das Erbe und den Ärger mit dem Finanzamt wegen der Erbschaftssteuer. Je nach aktueller Rechtslage und persönlichen Voraussetzungen, so empfehlen viele Ratgebertitel, kann man durch Schenkung zu Lebzeiten des Vermögensbesitzers steuerliche Nachteile vermeiden. Generell spielt die Frage eine große Rolle, wie man betriebliches oder privates Vermögen am Fiskus vorbei im Rahmen der je aktuellen Gesetze an seine Nachkommen weitergibt. Je umfangreicher die Verwandtschaft, desto größer die Aussichten auf rechtliche Auseinandersetzungen. Im Vorfeld helfen Rechtsratgeber; sie befassen sich hauptsächlich mit folgenden Themen:

Erben,	Erbrecht, Erbvertrag,	Steuern sparen,
Erbengemeinschaft,	Nachlass,	Testament,
Erbfolge,	Patientenverfügung,	Vererben,
Erblasser,	Schenken, Schenkung,	Vermögensübertragung.

4.9.4 Die Warengruppe
494 Sonstiges Recht

Die sonstigen alltäglichen Rechtsfragen, die für den Einzelnen zu einer Nachfrage nach Ratgebern führen, drehen sich um seine Rolle als Arbeitnehmer, als Mieter, als Verbraucher, als von Bußgeldbescheiden geplagter Autofahrer, als Empfänger von Sozialleistungen.

Nicht selten wird nach dem „Nachbarschaftsgesetz" oder „Nachbarschaftsrecht" gefragt; das gibt es aber nicht. Man empfiehlt ohne den Kunden zu korrigieren einen der einschlägigen Ratgeber zum Nachbarrecht (Recherche mit Warengruppe 494 + Nachbar*) mit Zusammenstellungen einschlägiger Rechtsvorschriften und Gerichtsurteile.

Arbeit, Arbeitnehmer, Arbeitsrecht,	Kündigung, Kündigungsschutz,	Patient, Patientenrechte, Patientenverfügung,
Bußgeld, Bußgeldkatalog,	Miete, Mieterrechte, Mieterschutz, Mietrecht, Nachbarrecht,	Sozialleistungen, Verbraucher, Verbraucherschutz.

4.9.5 Die Warengruppe
495 Steuern

Steuern zahlt jeder, auch wenn er nur Brötchen kauft. Die Ratgeber dieser Warengruppe konzentrieren sich auf das Thema Einkommensteuer (meistens in der amtlichen Formulierung ohne Fugen-s). Insgesamt sind die wichtigsten Themen:

Doppelbesteuerungsabkommen, Einkommensteuererklärung, Einkommen-Steuererklärung, Einkommen-Steuer-Erklärung, Einkommenssteuererklärung,	Freiberufler, Mehrwertsteuer, Steuererklärung, Steuern, Steuertipps, Steuertricks.

Die gängigsten Ratgeber sind seit Jahren die jährlich in Neuausgabe erscheinenden von *Franz Konz* (*Der große Konz, Der kleine Konz, Droemer Knaur*, auch als CD-ROM).

4.9.6 Die Warengruppe
496 Geld, Bank, Börse

Der Flop der Telekom-Aktien hat die Neigung der Deutschen, Geld auf dem Kapitalmarkt anzulegen, gedämpft. Dennoch ist die Zahl der privaten Kapitalanleger so groß wie nie zuvor und wird weiter steigen, zumal immer mehr Menschen verstehen, dass sie selbst über die gesetzliche Rentenversicherung hinaus Altersvorsorge betreiben müssen. Diese Zielgruppe findet hier Ratgeber mit neutraler Information, während die zahlreichen – oft dicken und in schicker Aufmachung daher kommenden – Darstellungen der Banken und Investmentgesellschaften mehr oder minder werblich gefärbt sind. Auch Ratgeber für die private Kreditaufnahme findet man hier.

Aber nicht jeder Kunde fragt gezielt, so dass es auf Kaufimpulse durch auffallende Präsentation ankommt, beispielsweise mit in Farbe hochkopierten Buchcovern. Lohnend sind ein Themenschaufenster einmal im Jahr und wiederholte Thementische, z.B. unter dem Motto *Tipps der Gewinner*. Die Nachfrage nach Themen dieser Warengruppe unterliegt heftigen Schwankungen vergleichbar mit Aktienkursen. Aus Zeitschriften wie *Spiegel, Focus, Capital, Finanztest* kann man sich über Trends informieren.

Wichtige Aspekte sind (Stichwörter mit * besser trunkiert recherchieren):

Aktien*,	Betriebliche Altersversor-	Immobilien,
Alterseinkünftegesetz,	gung, Altersvorsorge,	Investieren, Investment-
Altersversorgung,	Börse*,	fond*,
Altersvorsorge,	Finanzierung, Finanzpla-	Optionen, Options-
Anlage*,	nung,	scheine,
Anleihen*,	Geldanlage*,	Rente*,
Berufsunfähigkeit,	Hedgefond*,	Vermögen*,
		Versicherung.

4.9.7 Die Warengruppe
497 Ausbildung, Beruf, Karriere

In dieser titelreichen Warengruppe findet man Ratgeber für die Berufswahl bzw. die Wahl des Ausbildungsplatzes, die Bewerbung – diese Ratgeber sind differenziert je nach den Voraussetzungen der Bewerber und der Höhe der Position –, schließlich Ratgeber für die Situation am Arbeitsplatz (Motto für Dekoration und Thementische könnte sein: *Survival Guides fürs Büro* oder *Business Knigge*) und das berufliche Vorankommen:

Arbeitszeugnis,	Business, Business-Knigge,	Networking, Netzwer-
Assessment-Center,	Coaching,	ken,
Aufsteiger, Aufstieg,	Eignung*, Eignungstest,	Präsentationstechnik,
Ausbildung, Ausbil-	Einstellung*, Einstellungs-	Praktikum, Praktika,
dungsberuf, Ausbil-	test,	Selbstmanagement,
dungsplatz*,	Existenzgründung,	Selbstständigkeit,
Auszubildende, Azubis,	Führung*, Führungskraft,	Stellensuche,
Beruf*, Berufseinstei-	-techniken, -training,	Studium, Studieren,
ger, Berufsstart, Be-	Initiativbewerbung,	Studienwahl,
rufswahl,	Job*, Jobsicherung,	Test*, -training,
Bewerben, Bewerbung,	Karriere*, -faktor,	Vorstellungsgespräch.
Bewerbungsmappe	-planung, -start, -tipps,	
-muster,	Lebenslauf,	

Besonders empfehlenswert sind die zahlreichen Ratgeber von *Schrader, Hans Ch. / Hesse, Jürgen (Eichborn)*.

Etliche Titel auf CD-ROM bieten Muster, in die man nur noch seine persönlichen Angaben einsetzen muss, und schon ist das perfekte Bewerbungsschreiben fertig. Mit den Hörbüchern kann man Bewerbungsgespräche usw. trainieren.

4.9.8 Die Warengruppe
498 Briefe, Rhetorik

Auch bei dieser Warengruppe werden alle Einzelthemen im Sinn eines praktischen Rats behandelt:

Briefe schreiben, Briefeschreiben, Briefmuster,	E-Mail,	Rhetorik,
	Geschäftsbriefe,	Schlagfertigkeit,
	-korrespondenz,	Schreiben,
Bürokommunikation,	Gesprächsführung,	Sicher auftreten,
Business-	-technik,	Small Talk, Smalltalk,
Kommunikation,	Kommunikation,	Sprechen, frei sprechen,
Dialoge,	Korrespondenz,	Stimme, Stimmtraining,
Diplom-, Doktor-, Haus-,	Musterbriefe, -reden,	Telefonieren,
Seminar-, Studienarbeit,	Präsentation, Präsentieren,	Text, Texten,
Dissertation,	Reden, Redetraining,	Verhandeln, Verhandlungsführung,
	Referat,	Verkaufsgespräch.

Die zahlreichen *BabelCom*-Titel (*unisono media*) enthalten zweisprachige Muster für die internationale Geschäftskorrespondenz auf CD-ROM. Den Ausdruck *Briefsteller* verwenden die Verlage heute nicht mehr und titeln stattdessen *Briefmuster* u.ä.

Anleitungen zum wissenschaftlichen Arbeiten sind in der Warengruppe *571 Pädagogik / Allgemeines, Lexika* enthalten.

4.9.9 Die Warengruppe
499 Sonstiges

Einige Beispieltitel sollen andeuten, was man hier – teilweise im Sinn einer überraschenden Fundgrube für Ratgeber über sehr spezielle Themen – antrifft:

- *Bergdolt, Daniela /Högel, Katharina: Tagesmütter - Haushaltshilfen - Aupairs. Kinder und Beruf vereinbaren. Rechtlicher Rat und praktische Tips, dtv*
- *Birven, Sabine /Behrens-Schneider, Claudia: Events und Veranstaltungen perfekt organisieren für Sekretariat und Assistenz, moderne industrie*
- *Brückner, Michael: Das Firmenjubiläum als Marketinginstrument. Top-Events planen - Medien einbinden - Neukunden gewinnen - Absatz fördern, Wirtschaftsverlag Carl Ueberreuter*
- *Theobald, Christian /Wyl, Christian de /Eder, Jost: Der Wechsel des Stromlieferanten. Wege zum preiswerten und rechtssicheren Strombezug, dtv*

5 Die Hauptwarengruppe
5 Geisteswissenschaften, Kunst, Musik

Geisteswissenschaften sind diejenigen Wissenschaften, die sich mit der Deutung der Welt in Philosophie, Religion, Sprache, Literatur, Kunst und Musik befassen, also mit den geistigen Schöpfungen der Menschheit. In der deutschen Tradition rechnet man auch die Psychologie, die Pädagogik und die Geschichtswissenschaft dazu. In Universitätsbuchhandlungen kann man als zusammenfassende Überschrift für die Abteilungen Philosophie, Religion, Sprache, Literatur, Kunst und Musik auch den moderneren Ausdruck Kulturwissenschaften oder englisch humanities verwenden.

Die Hauptwarengruppen *5 Geisteswissenschaften, Kunst, Musik, 6 Naturwissenschaften, Medizin, Informatik, Technik* und *7 Sozialwissenschaften, Recht, Wirtschaft* enthalten im Großen und Ganzen Fachbücher und wissenschaftliche Bücher. Sie sind handlungs- oder wissensorientiert mit primär beruflichem oder akademischem Nutzwert und richten sich an Studierende, Akademiker, Fachleute in Beruf, Forschung und Entwicklung. Dieselben Themen als Ratgeber – z.B. Erziehungsratgeber, Steuerratgeber, Gesundheitsratgeber – findet man in der Hauptwarengruppe *4 Ratgeber*; allgemein verständliche Sachbücher über dieselben Themen, wissensorientiert aufbereitet mit primär privatem Nutzwert, sind in der Hauptwarengruppe *9 Sachbuch* zusammengefasst. Allerdings enthalten auch die Hauptwarengruppen *5 Geisteswissenschaften, Kunst, Musik, 6 Naturwissenschaften, Medizin, Informatik, Technik* und *7 Sozialwissenschaften, Recht, Wirtschaft* Ratgeber und Sachbücher; die Zuordnung ist teilweise nicht einsichtig (z.B. religiöse Schriften für die private Andacht in *547 Religiöse Schriften, Gebete, Gesangbücher, relig. Meditationen*).

Jede der Hauptwarengruppen *5, 6* und *7* ist wesentlich titelreicher als die anderen Hauptwarengruppen, und es erscheinen mehr neue Titel. Gleichwohl bringt jede dieser drei Hauptwarengruppen im Sortimentsbuchhandel weniger Umsatz als die anderen Hauptwarengruppen (mit Ausnahme der Sortimentsbuchhandlungen mit über 2 Millionen € Umsatz, bei denen Fach- und wissenschaftliche Literatur einen Umsatzanteil von rund 20 % hat). Gründe sind: Fachliteratur und akademische Literatur erscheinen eher in kleinen Auflagen mit z.T. hohen Preisen und werden wenig von Privatkunden, hauptsächlich von Unternehmen, Kanzleien, Bibliotheken, Forschungs- und Bildungseinrichtungen sowie anderen institutionellen Kunden gekauft. Diese Kunden sind überwiegend in größeren Städten ansässig und bevorzugen Buchhandlungen, die einen auf ihren je speziellen Bedarf ausgerichteten Service bieten, beispielsweise Termintreue, bibliografische Kompetenz, Beschaffen fremdsprachiger Literatur. Bisher sind vor allem größere Sortimentsbuchhandlungen bei diesem Kundenkreis erfolgreich, obwohl auch mittlere und kleinere Sortimente sich engagieren könnten.

Bedeutende geisteswissenschaftliche Publikumsverlage sind (die Verlage mit *
haben auch ein wichtiges wissenschaftliches Sortiment):

Artemis & Winkler,	Herder Freiburg,	Piper,
* Beck, C H,	Hirmer,	Propyläen Verlag,
Brandstätter, Christian,	Hoffmann und Cam-	Reclam, Philipp,
* Campus,	pe,	Rowohlt,
Deutsche Verlags-Anstalt,	Insel Verlag,	Rowohlt Berlin,
dtv,	Kindler,	Rowohlt Taschenbuch,
DuMont Literatur und	Klett-Cotta,	Siedler, Wolf Jobst,
Kunst,	* Kohlhammer,	* Suhrkamp,
Fischer, S,	Kösel,	Theiss, Konrad,
* Hanser, Carl,	* Meiner, F,	* Thorbecke, Jan,
	* Oldenbourg, R,	Zabern, Philipp von.
	Patmos,	

Wichtige Verlage für akademische Literatur, die also fast nur für Lehre, Studium
und Forschung an Hochschulen eine Rolle spielt, sind:

Birkhäuser,	Metzler, J B,	Springer Berlin,
Buske, H,	Mohr Siebeck,	UTB,
de Gruyter,	Niemeyer, M,	Vandenhoeck & Ruprecht,
Deutscher Studien Verlag,	Reimer, Dietrich,	Wissenschaftliche Buchge-
Fink, Wilhelm,	Saur, K G,	sellschaft (freier Verkauf,
Francke, A.,	Schmidt, Erich,	für Mitglieder z.T. redu-
Harrassowitz, O,	Spektrum Akademi-	zierte Preise).
Hogrefe,	scher Verlag in	
	Elsevier,	

Im Preisgefüge bewegen sich die Bücher und CD-ROMs dieser Hauptwarengruppe
im Durchschnitt mit 20 bis 25 € knapp unterhalb des Mittelfelds, jedoch geht die
Preisspanne bis weit über 100 € hinaus. Auch in den Geisteswissenschaften erscheinen heute nennenswerte Teile der Produktion deutscher Verlage auf Englisch.

Gegenüber der Warengruppen-Systematik bis 2006 ist die Hauptwarengruppe
5 Geisteswissenschaften, Kunst, Musik seit 2007 auf die wissenschaftliche und
Fachliteratur fokussiert. Bis 2006 waren für die Sprachwissenschaft und die Literaturwissenschaft je eigene Warengruppen vorgesehen, in der Warengruppen-
Systematik 2.0 sind beide Disziplinen in einer Warengruppe zusammengefasst
(*560 Sprach- und Literaturwissenschaft*). Schließlich ist die Pädagogik nicht mehr
in der Hauptwarengruppe *7 Sozialwissenschaften, Recht, Wirtschaft*, sondern bei
den Geisteswissenschaften untergebracht (*570 Pädagogik*).

5.1 Die Warengruppe
510 Geisteswissenschaften allgemein

Hier finden Bücher ihren Platz, die sich mit den Geisteswissenschaften (Kulturwissenschaften) insgesamt oder noch allgemeiner mit allen Wissenschaften (einschließlich der Sozial- und Naturwissenschaften) befassen. Deshalb findet man hier auch Bücher über Wissenschaftstheorie (Was ist Wissenschaft?) und Wissenschaftsgeschichte (Wie haben sich die Wissenschaften entwickelt?).

Beispieltitel (zugleich als Einführung in die Inhalte der Warengruppe *5 Geisteswissenschaften, Kunst, Musik* empfohlen):

*   *VanDoren, Charles: Geschichte des Wissens, dtv (dtv Kultur & Gesch. 30758)*

5.2 Die Warengruppe
520 Philosophie

Philosophie befasst sich mit dem Ganzen des Seins und untersucht durch logisch-systematisches Denken die Begriffe, die die Totalität der Wirklichkeit erfassen können, und die gültigen Maßstäbe ethischen Handelns. Mit anderen Worten, die Philosophie reflektiert die geistigen Voraussetzungen, unter denen wir denken und handeln. Die Einzelwissenschaften wenden sich dagegen speziellen Gegenstandsbereichen zu und suchen nach dort geltenden Gesetzmäßigkeiten, seien es die Naturgesetze oder die Funktionsweise der modernen Gesellschaft.

Während in den meisten Einzelwissenschaften die Erkenntnisse früherer Epochen heute nur von historischem Interesse sind, bleiben die Einsichten der Philosophen von der Antike bis zur Gegenwart von gültigem Wert und aktueller Aussagekraft. Deshalb sind hier – ähnlich wie bei der Literatur, der Kunst und der Musik - die großen Werke früherer Epochen bis heute zwischen mehr oder minder stabilen Buchdeckeln lieferbar und werden immer wieder neu herausgebracht.

Die fast 1.500 Erstauflagen pro Jahr sind daher zu einem erheblichen Teil neue Werkausgaben der Philosophen von Platon über Immanuel Kant bis Jacques Derrida. Bei den Werkausgaben muss man im Buchhandel unterscheiden zwischen den meistens eher hochpreisigen Hardcover-Ausgaben mit wissenschaftlichem Apparat (zu diesem vgl. Seite 68) für die wissenschaftlich-philosophische Arbeit und den Leseausgaben einzelner philosophischer Werke, die sich an philosophisch interessierte Zeitgenossen ebenso wie an Studierende richten. U.a. für die Leseausgaben hat die Reihe *Reclams Universal-Bibliothek* eine herausragende Bedeutung.

Im Umkreis von Universitäten richtet sich auf die Warengruppe *520 Philosophie* mit Untergruppen eine Nachfrage, die es erlaubt, die Warengruppen mit mehr oder minder umfangreichem Lager zu führen. Ansonsten ist die Nachfrage quantitativ gering und qualitativ auf wenige Autoren und Themen gerichtet; die wichtigsten werden im Folgenden bei den jeweiligen Warengruppen erwähnt. Viel versprechend in kleinen und mittleren Sortimentsbuchhandlungen ist, die Warengruppen *520 Philosophie* und *540 Religion / Theologie* unter einer gemeinsamen Überschrift zu präsentieren (z.B. *Wissen, Glauben, Hoffen*). Oder eine Auswahl von Sammelbänden mit Werkauszügen vor allem von *Seneca, Montaigne, Kant, Nietzsche, Lao-Tse* in schönen, handlichen und preiswerten Ausgaben wird gemeinsam mit Geschenkbüchern (Warengruppe *191*) dargeboten.

5.2.1 Die Warengruppe
521 Allgemeines, Lexika

Diese Warengruppe enthält:

- Lexika über philosophische Begriffe,
- Lexika über jeweils mehrere Philosophen,
- vor allem akademische Abhandlungen über die Teilgebiete der Philosophie und grundlegende philosophische Begriffe, die quer durch die Philosophiegeschichte bedeutsam sind. Etliche dieser Begriffe spielen in Buchtiteln aus den anderen Warengruppen der Philosophie ebenfalls eine wichtige Rolle, dann jedoch in Bezug auf die jeweilige Epoche.

Die wichtigsten Stichwörter sind:

Ästhetik,	Ethik,	Phänomenologie,
Dialektik,	Hermeneutik,	Philosophiegeschichte,
Erkenntnis,	Logik,	Staatsphilosophie,
Erkenntnistheorie,	Metaphysik,	Technikphilosophie,
	Moralphilosophie,	Wissenschaftsphilosophie.

Einführender Titel:

- *Mader, Johann: Einführung in die Philosophie, UTB (UTB L 8309).*

5.2.2 Die Warengruppe
522 Antike

Die bei der Recherche und Beratung vergleichsweise häufigsten Themen und Namen von Philosophen der Antike sind:

Antike,	Epikur,	Ontologie,
Aristoteles,	Griechische Philosophie,	Plato, Platon, Platonismus,
Cicero,	Hellenistische Philosophie,	Seneca,
Diogenes,	Marc Aurel,	Sokrates,
Epiktet,	Metaphysik,	Stoa,
		Vorsokratik, Vorsokratiker.

Außer bei Philosophie-Studenten und eventuell Oberschülern im Leistungskurs Philosophie ist die Nachfrage gering. Darüber hinaus werden gelegentlich Werkauszüge von *Platon*, *Aristoteles* und *Seneca* verlangt.

5.2.3 Die Warengruppe
523 Mittelalter

Die Beachtung, die die Philosophie des Mittelalters heute außerhalb der Universitäten erfährt, ist wesentlich begrenzter als bei antiker und neuzeitlicher Philosophie. Der Grund ist die religiöse Ausrichtung der mittelalterlichen Philosophie, so dass aus heutiger Sicht das spirituelle Denken des Mittelalters interessanter ist (mit enthalten in der Warengruppe *542 Christentum*). Wichtige Themen und Namen sind:

Augustin, Augustinus, Mittelalter, Nikolaus von Kues,	Wilhelm von Ockham; Occam, Wilhelm von, Scholastik, Thomas von Aquin.

5.2.4 Die Warengruppe
524 Renaissance, Aufklärung

Die Wirkung eines Philosophen und die Lektüre seiner Werke in der Gegenwart sind keineswegs deckungsgleich. Von außerordentlichem Einfluss waren und sind *John Locke* mit der Idee der Volkssouveränität und *Montesquieu* mit der Begründung der Gewaltenteilung – beide schufen die Voraussetzungen des heutigen demokratischen Rechtsstaats. *Bacon*, von dem der berühmte Ausspruch „Wissen ist Macht" stammt, und *Locke* sind die Väter des modernen zweckrationalen, empirischen Denkens. Indessen werden beide heute deutlich weniger gelesen – und ihre Werke in Buchform gekauft – als *Montaigne* mit seinen weltberühmten und in immer wieder neuen Ausgaben gedruckten geistreich-anregenden *Essais*, die meistens als Sammlung von kurzen Auszügen erscheinen. *Jean-Jacques Rousseau* hatte mit der Staatsphilosophie vom *Gesellschaftsvertrag*, nach der die Menschen sich als freie und gleiche Wesen in Staat und Gesellschaft zusammenschließen, eine revolutionäre Wirkung; heute werden vor allem seine Romane (*Émile* und *Julie oder die neue Héloise*) mit ihrer gefühlsbetonten Hinwendung zur Natur und skeptischen Haltung gegenüber Fortschritt und Zivilisation gelesen.

In dieser Warengruppe nicht ganz selten gefragte Bücher befassen sich mit folgenden Namen und Begriffen:

Aufklärung,	Leibniz, Gottfried,	Morus, Thomas,
Bacon, Francis,	Locke, John,	Pascal, Blaise,
Bruno, Giordano,	Logik,	Renaissance,
Descartes, René,	Machiavelli, Niccolò,	Rousseau, Jean-Jacques,
Erasmus von Rotterdam,	Metaphysik,	Spinoza,
Hobbes, Thomas,	Montaigne, Michel de,	Vico, Giambattista,
Humanismus,	Montesquieu, Charles-	Voltaire,
Hume, David,	Louis de,	Wolff, Christian.

5.2.5　Die Warengruppe
525 Deutscher Idealismus, 19. Jahrhundert

Die Philosophie des Deutschen Idealismus begann mit Immanuel Kant und führte in den Werken ihrer Vertreter zur Errichtung riesiger Lehrgebäude, die die Welt und was darinnen ist aus jeweils einem geistigen Prinzip erklärten oder in Frage stellten. Auf dem Buchmarkt haben heute noch eine starke Stellung einige der aphoristischen und vielfältig deutbaren, auch missbrauchten Werke Nietzsches und die Schriften Immanuel Kants, der die Werkzeuge der Erkenntnis selbst einer kritischen Analyse unterzog („Was kann ich wissen, was soll ich tun, was darf ich hoffen?") und von dem etliche Sammelbände mit prägnanten Auszügen seiner Werke in einer Sprache von leuchtender Klarheit vergleichsweise hohe Auflagen erzielen.

Wichtige Namen und Begriffe sind:

Ästhetik,	Kant, Immanuel,	Nietzsche, Friedrich,
Dialektik,	Kierkegaard, Sören,	Peirce, Charles S.,
Deutscher Idealismus,	Logik,	Phänomenologie,
Dilthey, Wilhelm,	Marx, Karl,	Positivismus,
Feuerbach, Ludwig,	Materialismus,	Pragmatismus,
Fichte, Johann G.,	Metaphysik,	Rechtsphilosophie,
Hegel, Georg W. Fr.,	Mill, John S.,	Schelling, Friedrich,
Herder, Johann G.,	Naturphilosophie,	Schleiermacher, Friedrich,
Idealismus,	Neukantianismus,	Schopenhauer, Arthur,
		Utilitarismus.

5.2.6　Die Warengruppe
526 20. und 21. Jahrhundert

Von der sehr uneinheitlichen und vielfältigen Philosophie des 20. und, soweit man darüber bereits Aussagen wagen darf, des 21. Jahrhunderts spielen im Titelangebot auf dem Buchmarkt besonders die Richtungen eine Rolle, die sich mit Fragen der Ethik und der Verantwortung befassen, ferner die aktuellsten Richtungen, die alle bisherigen Sprach- und Denkmuster einer Kritik unterziehen (u.a. *Foucault* und *Derrida*, deren Werke an Universitäten über die philosophischen Studiengänge hinaus in allen kulturwissenschaftlichen Fächern breit rezipiert werden).

Die folgenden Namen und Begriffe sind in dieser sehr titelreichen Warengruppe wichtig. Einige der Begriffe sind keineswegs auf die Philosophie des 20. und 21. Jahrhunderts beschränkt (z.B. jüdische Philosophie, Ethik, Humanismus), sie tauchen aber besonders häufig in Titeln von Büchern auf, die ihren inhaltlichen Schwerpunkt im 20. und 21. Jahrhundert haben.

Adorno, Theodor W., Analytische Philosophie, Anders, Günther, Anthropologie, Apel, Karl-Otto, Arendt, Hannah, Baudrillard, Jean, Bergson, Henri, Bloch, Ernst, Blumenberg, Hans, Buber, Martin, Cassirer, Ernst, Dekonstruktion, Dekonstruktivismus, Deleuze, Gilles, Derrida, Jacques, Empirismus, Ethik, Existenzialismus, Existenzphilosophie, Feministische Philosophie, Foucault, Michel, Gadamer, Hans-Georg, Gehlen, Amold, Glucksmann, André, Goodman, Nelson, Habermas, Jürgen, Heidegger, Martin, Hofstadter, Douglas R., Horkheimer, Max, Humanismus, Husserl, Edmund, Jaspers, Karl, Jonas, Hans, Jüdische Philosophie, Konstruktivismus, Kritischer Rationalismus, Lebensphilosophie, Lévinas, Emmanuel, Löwith, Karl, Lukacs, Georg, Lyotard, Jean F., Marcel, Gabriel, Merleau-Ponty, Maurice, Naturphilosophie, Neopositivismus, Neukantianismus, Phänomenologie, Picht, Georg, Popper, Karl R., Praktische Philosophie, Rationalismus, Russell, Bertrand, Sartre, Jean-Paul, Scheler, Max, Searle, John R., Simmel, Georg, Sloterdijk, Peter, Sozialphilosophie, Sprachphilosophie, Strauss, Leo, Strukturalismus, Systemtheorie, Transzendentalpragmatik, Verantwortung, Virilio, Paul, Weil, Simone, Whitehead, Alfred N., Wiener Kreis, Wittgenstein, Ludwig.

5.2.7 Die Warengruppe
527 Östliche Philosophie

Diese Warengruppe, benannt mit dem sonst nicht üblichen Ausdruck östliche Philosophie, bündelt Bücher vor allem über die arabische, chinesische, indische und japanische Philosophie. Von diesen erfährt auf dem deutschen Buchmarkt die chinesische und die japanische Philosophie mit Abstand die ergiebigste Publikation, wenn auch sehr viel weniger als über die abendländische Philosophie erscheint.

Ihre Grundgedanken beruhen u.a. auf dem Ausgleich der gegensätzlichen Urkräfte Yin und Yang und zielen auf einen Zustand der Seelenruhe, aus der neue Kraft erwächst (Versenkung, Zen, ursprünglich aus China, dann vor allem in Japan weiterentwickelt und praktiziert).

Sie finden auf dem Buchmarkt eine breite Rezeption vor allem in Anleitungen für Entspannungsübungen und Meditation, ferner – mitunter in verzerrter Form –

in esoterischen Sachbüchern. Diese sind in den Warengruppen *462 Entspannung, Yoga, Meditation, Autogenes Training* bzw. in *472 Esoterik* enthalten.

In der Warengruppe *527 Östliche Philosophie* geht es um die philosophischen Grundlagen und Quellentexte. Zwei Titel finden seit langen Jahren eine vergleichsweise lebhafte Nachfrage:

- *Lao-Tse: Tao Te King*, eine poetisch-philosophische Aphorismensammlung, die in zahlreichen Ausgaben lieferbar sind, in hübscher, illustrierter Ausstattung als Geschenkbuch vorzüglich geeignet.
- *Herrigel, Eugen: Zen in der Kunst des Bogenschiessens, Scherz.* In Anlehnung daran erscheinen etliche Titel von diversen Verfassern mit der Titelformulierung: *Zen in der Kunst des ...*

Insgesamt sind folgende Stichwörter wichtig:

Arabische Philosophie,	Lao-Tse, Laotse, Lao Tse,	Tao, Taoismus, Dao,
Chinesische Philosophie,	Lao-tzu, Laozi,	Daoismus,
Indische Philosophie,	Tao Te King, Tao-Te-King,	Vedanta,
Japanische Philosophie,	TaoTeKing, Tao Te Ching,	Yin, Yang,
Konfuzius,	Daodejing, Dau-De-Dsching,	Zen.

5.2.9 Die Warengruppe
529 Sonstiges

Die wichtigsten Themen in dieser Warengruppe sind:

Bioethics,	Geschichtsphilosophie,	Naturphilosophie,
Epistemology,	Hermeneutik,	Religionsphilosophie,
Ethik,	Kulturphilosophie,	Sozialphilosophie.

Viele dieser Themen werden auch von Büchern in anderen Warengruppen behandelt, dann meistens im jeweiligen Zusammenhang. Beispielsweise handeln die Bücher über Naturphilosophie in der Warengruppe *525 Deutscher Idealismus, 19. Jahrhundert* von der Naturphilosophie des deutschen Idealismus. In *529 Sonstiges* sind auch viele, besonders englischsprachige Titel eingeordnet, die thematisch besser zu anderen Warengruppen gehören, besonders zu *521 Allgemeines, Lexika* und *526 20. und 21. Jahrhundert*.

5.3 Die Warengruppe
530 Psychologie

Im Alltagsbewusstsein assoziiert man die Psychologie mit der Seele – als Wissenschaft befasst sie sich mit dem Verhalten des Menschen, seiner Wahrnehmung und der Verarbeitung der Sinneseindrücke im Zentralnervensystem. Die durchgängigen Themen der Psychologie sind mithin das Verhalten, Denken, Fühlen, die Gefühle, Antriebe und Motivationen des Menschen. Das Verhalten der Tiere ist Gegenstand der Verhaltensforschung (Verhaltensbiologie, Verhaltenslehre, Warengruppen *671 Biologie / Allgemeines, Lexika, 674 Zoologie* und *679 Biologie / Sonstiges*).

Seit dem 19. Jahrhundert stehen sich – besonders in Deutschland – zwei Grundrichtungen gegenüber: eine geisteswissenschaftliche Richtung mit Nähe zur Philosophie und Pädagogik und eine natur- und sozialwissenschaftliche Richtung mit Nähe zur Medizin (z.B. Messung von Hirnströmen) und zur empirisch-statistischen Sozialforschung (z.B. Testverfahren mit Fragebögen). Auch Gefühle lassen sich empirisch und experimentell messen. In der Kundennachfrage im allgemeinen Sortimentsbuchhandel (z.B. Nachfrage nach Titel der Psychologie-Klassiker Freud und Jung) dominiert die erste Grundrichtung, in der Nachfrage aus Forschung und akademischer Lehre die zweite.

Letztlich können alle Verhaltensäußerungen des Menschen aus dem Blickwinkel der Psychologie untersucht werden, vom Flirt bis zur Wirtschaft, vom Sehen bis zum Träumen, vom Erwachsenwerden bis zum Verkehr. Deshalb ist das Spektrum der Begriffe und Themen, über die psychologische Literatur erscheint, außerordentlich breit und vielfältig, entsprechend umfangreich ist die Titelproduktion mit 2.000 Erstauflagen pro Jahr.

Die meisten Titel der Warengruppe *530 Psychologie* mit ihren Untergruppen sind Fachliteratur für Psychologen, Lehrbücher und Studienliteratur für Studenten und spezielle akademische Abhandlungen. Der Anteil der Taschenbücher ist mit 11 % etwas höher als in den meisten anderen Warengruppen; das Preisniveau liegt mit 20 bis 25 € leicht unter dem Durchschnitt über alle Warengruppen.

Psychologische Fachliteratur erscheint u.a. in folgenden Verlagen:

Asanger, R,
Beltz, J,
Campus,
Carl Auer Verlag,
Deutscher Psychologen
  Verlag,
DGVT Deutsche Gesell-
  schaft f. Verhaltens-
  therapie,
Hogrefe,

Huber, Hans,
Junfermannsche Ver-
  lagsbuchhandlung,
Klett-Cotta,
Klotz, Dietmar,
Kohlhammer,
Pabst Science Publi-
  shers,
Psychosozial-Verlag,
Reinhardt, Ernst,

Roderer, S,
Spektrum Akademischer
  Verlag in Elsevier,
Springer Berlin, Sprin-
  ger US, Springer
  Wien,
UTB,
Vandenhoeck & Rup-
  recht,
VDM Verlag Dr. Müller.

Verbreitete Titel zur Einführung in Themen der Warengruppe sind:

- *Benesch, Hellmuth: dtv-Atlas Psychologie. Bd 1+2, dtv (Inform. & Wissen 3224/5)*
- *Laucken, Uwe / Schick, August / Höge, Holger: Einführung in das Studium der Psychologie. Eine Orientierungshilfe für Schüler und Studenten, Klett-Cotta (Konzepte d. Humanwiss.)*

Psychologische Ratgeber (z.B. zu Themen wie Aggression, Depression, Panikattacken, Stress) findet man in der Warengruppe *933 Angewandte Psychologie*, aber auch in der Warengruppe *530 Psychologie* selbst, die eigentlich nur die Obergruppe für die Fach- und wissenschaftliche Literatur zur Psychologie sein sollte.

5.3.1 Die Warengruppe
531 Allgemeines, Lexika

Diese Warengruppe enthält hauptsächlich Lexika, Handbücher und systematische Darstellungen über die gesamte Psychologie, ferner Studienführer und Bücher über die Geschichte der Psychologie. Ein typischer, oft verlangter Titel, der jedem Psychologie-Studenten empfohlen werden kann:

- *Handwörterbuch Psychologie. Hrsg. v. Asanger, Roland /Wenninger, Gerd, Beltz, J.*

5.3.2 Die Warengruppe
532 Grundlagen

Die kleine Warengruppe soll die Fachliteratur über die Methoden der Psychologie enthalten, dazu gehören insbesondere statistische Methoden, mit denen Beobachtungen des Verhaltens (z.B. Häufigkeit aggressiven Verhaltens nach dem Konsum von gewalthaltigen Videospielen) ausgewertet werden können, und qualitative Methoden, mit denen beispielsweise Selbstaussagen der Probanden interpretiert werden können. Tatsächlich ist im Frühjahr 2007 eine klare Abgrenzung dieser zur voran gehenden und zur folgenden Warengruppe kaum erkennbar.

5.3.3 Die Warengruppe
533 Theoretische Psychologie

Die Warengruppe nimmt Fach- und wissenschaftliche Bücher über folgende Themen auf:

Aggression, Bewusstsein, Bindung, Denken, Depression, Diagnostik, Differentielle Psychologie, Emotion, Emotional, Emotionale Entwicklung, Emotionspsychologie, Entwicklung, Entwicklungspsychologie, Experimentelle Psychologie, Gedächtnis, Gefühl, Gefühle, Gestaltpsychologie, -therapie, Gewalt, Handeln, Handlungstheorie, Identität, Individualpsychologie, Informationsverarbeitung, Interaktion, Kognition, Kognitionspsychologie, Kognitive Psychologie, Lernen, Lernprozesse, Motivation, Neuropsychologie, Persönlichkeit, Persönlichkeitspsychologie, Psychologie, Schizophrenie, Seele, Sozialpsychologie, Verhalten.

5.3.4 Die Warengruppe
534 Angewandte Psychologie

Von den vielen Anwendungsgebieten der Psychologie führen besonders die Psychodiagnostik (Verfahren zur Erfassung individueller psychischer Merkmale), die klinische Psychologie und die pädagogische Psychologie zu einer lebhaften Buchproduktion und Nachfrage.

In der klinischen Psychologie geht es um die Diagnose von Störungen des Erlebens und Verhaltens sowie um ihre Vorbeugung und Therapie. Etliche Titel behandeln einzelne Störungen oder einzelne therapeutische Methoden. In pädagogischen Studiengängen befasst man sich u.a. mit der pädagogischen Psychologie: Kind-Eltern- sowie Kind-Lehrer-Beziehung, geistige und motorische Entwicklung von Kindern und Jugendlichen, Lernen und Lernkontrolle.

Insgesamt ist die sehr titelreiche Warengruppe thematisch weit gespannt:

Aggression, Aggressionsverhalten, Aggressivität, Aggressives Verhalten,
Alter,
Angewandte Psychologie,
Angst,
Autismus,
Beschäftigungstherapie,
Bewegungstherapie,
Beziehung,
Borderline-Syndrom,
Bulimie,
Depression,
Emotion, Emotionen, Emotionale Entwicklung,
Endogene Depression,
Familienpsychologie,
Gefühl, Gefühle,
Gestalttherapie,
Graphologie,
Gruppentherapie,

Hypnose,
Jugendpsychologie,
Kinderpsychologie,
Klinische Psychologie,
Körpertherapie,
Kunstpsychologie,
Kurztherapie,
Logotherapie,
Medizinische Psychologie,
Musiktherapie,
Neuropsychologie,
Neurosen,
Neurosenlehre,
NLP, Neurolinguistisches Programmieren,
Organisationspsychologie,
Pädagogische Psychologie,
Panik, Panikattacken,
Phobien,
Praktische Psychologie,
Psychiatrie,

Psychodiagnostik,
Psychodrama,
Psychologie der Werbung,
Psychologie des Jugendalters,
Psychologie des Schulkindes,
Psychosomatik,
Psychotherapie,
Schizophrenie,
Schlafstörungen,
Spieltherapie,
Stress,
Tanztherapie,
Test, Testen, Testpraxis,
Tiefenpsychologie,
Transaktionsanalyse,
Traumdeutung,
Umweltpsychologie,
Verhaltensstörungen,
Verhaltensgestörte Kinder,
Verhaltenstherapie,
Wirtschaftspsychologie.

Die zahlreichen psychologischen Tests für die professionelle Verwendung (meistens bestehend aus Handbuch und Fragebögen, Protokollbögen oder CD-ROM, z.B. Schulleistungstests, Rorschach-Psychodiagnostik, Intelligenztests, Tests zur Feststellung der emotionalen Stabilität) erscheinen größtenteils im *Hogrefe*-Verlag, sind nicht im VLB enthalten, werden nicht über den Buchhandel vertrieben, sondern im Direktvertrieb des Verlags an ausgebildete Psychologen verkauft. Information unter www.testzentrale.de.

5.3.5 Die Warengruppe
535 Psychoanalyse

Nach psychoanalytischer Auffassung liegen vielen Verhaltensweisen unbewusste Vorgänge zu Grunde, die auf verdrängte Erlebnisse oder Triebe zurückgehen und sich beispielsweise in Träumen, Ängsten oder Neurosen äußern. Viele Vertreter der Psychoanalyse schrieben ihre Bücher auch für ein breiteres oder ein pädagogisches Publikum, so dass ihre Theorien ausgesprochen populär wurden, vor allem *Sigmund Freud*, *Alice Miller* und *Margarete Mitscherlich*. Psychoanalytische Ansätze verbinden sich besonders seit dem Zweiten Weltkrieg teilweise mit gesellschaftskritischen Strömungen und werden auch bei der Interpretation literarischer und künstlerischer Werke herangezogen.

Die häufigsten Begriffe und Namen auf dem Buchmarkt sind:

Adler, Alfred,	Fromm, Erich,	Mitscherlich, Alexander,
Analytische Psychologie,	Individualpsychologie,	Mitscherlich, Margarete,
Freud, Anna,	Jung, C.G.,	Neurosen,
Freud, Sigmund,	Lacan, Jacques,	Psychoanalyse,
	Miller, Alice,	Traumdeutung.

5.4 Die Warengruppe
540 Religion / Theologie

Das religiöse Empfinden, vor allem in den christlichen Bekenntnissen, drückt sich im Buchhandel in einer vielfältigen, reichhaltigen und steigenden Buchproduktion und -nachfrage aus (fast 5.000 Neuerscheinungen pro Jahr, darunter wenige Taschenbücher). Das Spektrum dieser Warengruppe reicht von preiswerten Bänden für die persönliche Glaubenspraxis (z.B. zur Andacht, zum Beten) über Ratgeber und Anleitungen für die kirchliche Gemeindearbeit und die christliche Lebenspraxis (z.B. für Familienfeiern) bis hin zu theologischer und religionswissenschaftlicher Fachliteratur, umfasst auch Sachbücher zu Themen wie Heilige, Religionen, Glaubensgemeinschaften; letztere findet man ebenso in den Warengruppen

- *925 Sachbuch / Religion: Allgemeines, Nachschlagewerke,*
- *926 Christliche Religionen,*
- *927 Weitere Weltreligionen.*

Einen breiten Raum in den Warengruppen *54* Religion / Theologie* nehmen Bibelausgaben und Gesangbücher ein.

Während sich die Religionswissenschaft ohne Verankerung im Glauben wissenschaftlich mit den Religionen beschäftigt, ist die Theologie an den Glauben gebunden, geht von der wissenschaftlichen Untersuchung der schriftlichen Quellen des Glaubens aus und reflektiert auf dieser Basis den Glauben, um ihn in der Gegenwart zu verwirklichen. Das Fach Theologie studiert man entweder in der Richtung katholische Theologie oder evangelische Theologie.

Außer mit Blick auf die Nachfrage aus theologischen Studiengängen ist die Lagerhaltung wissenschaftlich-theologischer Literatur wirtschaftlich kaum darstellbar. Insgesamt hängen Umfang und Profil des Lagers in dieser Warengruppe stark von der Nähe der Buchhandlung zu einem kirchlich geprägten Umfeld ab. Gute Verkaufschancen haben Ratgeber und Anleitungen für die individuelle Orientierung. Religiöses Empfinden und eine Nachfrage nach religiöser, vor allem christlicher Literatur sind wesentlich weiter verbreitet als die Bindungen an die Kirchen. Entsprechend produzieren die meisten der folgenden Verlage außer für die Warengruppe *540 Religion / Theologie* auch für viele andere Warengruppen:

Agentur d. Rauhen Hauses,	*Echter,*	*Lutherisches Verlagshaus,*
Aschendorff,	*Evangelische Verlagsanstalt,*	*Luther-Verlag,*
Brendow, J,	*Gütersloher Verlagshaus,*	*Matthias-Grünewald,*
Brockhaus, R.,		*Mohr Siebeck,*
Brunnen,	*Herder Freiburg,*	*Patmos,*
Christliche Literaturverbreitung,	*Katholische Bibelanstalt,*	*Pattloch,*
	Katholisches Bibelwerk,	*Pustet, F,*
Deutsche Bibelgesellschaft,	*Kösel,*	*Vandenhoeck & Ruprecht.*
	Kreuz Verlag,	

Zur Einführung:

- *Jung, Martin H.: Einführung in die Theologie, Wissenschaftliche Buchges.*

Die Warengruppe ist teils unter thematischen Gesichtspunkten, teils mit Blick auf die Verwendung gegliedert, nicht nach christlichen Konfessionen. In der Tat haben keineswegs alle christlichen Bücher eine konfessionelle Ausrichtung. Diese muss man besonders beachten bei Bibelausgaben, Gesangbüchern, Literatur zur Bibelauslegung und zur Gemeindearbeit.

5.4.1 Die Warengruppe
541 Allgemeines, Lexika

Der Inhalt ist mit den Begriffen Lexika, Handbücher, Sach-, Fach- und wissenschaftliche Bücher, die Religion und Theologie breit behandeln, beschrieben.

Wichtige Einzelthemen sind:

Adressbücher und Führer für das kirchliche Leben,	Religionskritik,	Sekten,
	Religionsphilosophie,	Spiritualität,
	Religionspsychologie,	Vergleichende Religions-
Fundamentalismus,	Religionssoziologie,	wissenschaft,
	Religionswissenschaft,	Weltreligionen.

5.4.2 Die Warengruppe
542 Christentum

Hier findet man Sach- und wissenschaftliche Bücher, die sich darstellend, erklärend, reflektierend, kritisch oder theoretisch mit allen aktuellen und historischen Aspekten der Bibel und ihrer Teile, des christlichen Glaubens und der Kirchen einschließlich des Verhältnisses zu anderen Religionen befassen. Thematisch überschneidet sich die sehr umfangreiche Warengruppe teilweise mit der folgenden Warengruppe *543 Praktische Theologie*. Dort stehen Fragen der Glaubenspraxis, z.B. in der Gemeindearbeit oder in der Seelsorge, im Vordergrund.

Wichtige Einzelthemen sind hier, stets in Bezug auf das Christentum:

Apokryphen,
Befreiungstheologie,
Bekennende Kirche,
Charismatischer Aufbruch, charismatische Bewegung,
Christliche Ethik,
Christologie,
Dogmatik,
Dogmengeschichte,
Ekklesiologie,
Enzyklika,
Ethik,
Evangelische Kirche, Evangelische Kirchen,
Evangelisch-lutherische Kirche,
Evangelisch-reformierte Kirche,
Evangelien, Evangelium,
Exegese, exegetische Studien, exegetische Beiträge, exegetische Arbeit, exegetische Untersuchung,
Feministische Theologie,

Frau, Frauen, Frauenbewegung,
Frömmigkeit,
Frühchristentum,
Fundamentaltheologie,
Griechisch-Orthodoxe Kirche,
Glaube, Glauben, Glaubensbekenntnis,
Gnosis,
Gott,
Gottesdienst,
Katechismus,
Katholische Kirche, Katholizismus,
Kirche,
Kirchengeschichte, -kunde, -recht, -väter,
Klöster,
Kosmologie,
Methodistische Kirche,
Mission, Missionsgeschichte,
Mönche, Mönchtum,
Moraltheologie,
Mystik,
Orden,
Orthodoxe Kirche,

Osterfest, Ostern, Österliches Sakrament,
Ostkirche, Ostkirchen,
Ostkirchenkunde,
Pietismus,
Pilgerwege, Pilgerziele,
Protestantische Kirchen,
Protestantismus,
Qumran, Qumran-Rollen, Qumran-Essener,
Reformation, Reformationsgeschichte,
Reformierte Kirche,
Religionsgeschichte,
Religionskritik,
Religionspädagogik,
Sakramente, Sakramentenlehre,
Seelsorge,
Spiritualität,
Theodizee,
Theologie,
Theologie der Befreiung,
Urchristentum,
Wallfahrt,
Zehn Gebote.

5.4.3 Die Warengruppe
543 Praktische Theologie

In der praktischen Theologie (katholisch auch: Pastoraltheologie) geht es um die Verwirklichung des Glaubens in Gottesdienst und Predigt, in der Seelsorge und der kirchlichen Sozialarbeit sowie im Religionsunterricht.

Ein Teil der Bücher dieser außerordentlich titelreichen Warengruppe richtet sich an Pfarrer, Katecheten, Religionslehrer und Laienhelfer. Ein anderer Teil will Gemeindemitgliedern Rat für die Gestaltung des Gemeindelebens geben und bei der Vorbereitung auf kirchliche Feiern helfen. Oder Gläubige erhalten Stoff und Anleitung für Andacht, Gebet und Gespräche. Die letzten beiden Gruppen von Büchern kann man im Ladengeschäft je nach Jahreszeit (z.B. Ostern, Kommunion, Konfirmation) gemeinsam mit entsprechenden Titeln aus der Warengruppe *926 Christliche Religionen* darbieten.

Häufige Publikationsthemen jeweils in Bezug auf die praktische Theologie:

Abendmahl,
Andachten,
Beerdigung,
Bergpredigt,
Beten,
Bibelgesprächsgruppen,
Bibliodrama,
Caritas,
Christliche Ethik,
Diakonie,
Erstkommunion,
Ethik,
Eucharistie,
Evangelien, Evangelium,
Evangelikale,
Firmung, Firmvorbereitung,
Frau, Frauen, Frauenliturgien,
Gebet, Gebete, Gebetbuch,
Geistliche Begleitung,
Gemeindearbeit,
Gemeindeaufbau,
Gemeindepädagogik,
Glaube, Glauben, Glaubensbekenntnis,

Gottesdienst,
Homiletik,
Jugendarbeit,
Jugendgottesdienst,
Kasualien,
Katechet, Katechetin,
Katechetik, katechetische Arbeit, katechetische Arbeitsgemeinschaft,
Katechismus,
Kindergottesdienst,
Kirchenjahr,
Kleingruppen,
Kommunion, Kommunionfeiern, Kommunionkurs, Kommunionspendung,
Konfirmation,
Liturgie, Liturgik, liturgische Texte,
Meditationen,
Ministranten, Ministrantendienst, Ministrantengruppen,
Mission,

Moraltheologie,
Mystik,
Osterfest, Ostern, Österliches Sakrament,
Pastoraltheologie,
Pfingsten,
Pilger, Pilgern, Pilgerreise, -weg,
Praktische Theologie,
Predigten,
Predigthilfen,
Psalmen,
Religiosität,
Sakramente,
Seelsorge,
Serendipity,
Spiritualität,
Sterbebegleitung,
Taufe, Taufgottesdienst,
Trauer, Trauende, Trauerfeier, Trauergottesdienst,
Trauung,
Wallfahrt,
Weihnachten,
Zehn Gebote.

5.4.4 Die Warengruppe
544 Judentum

Das Interesse am Judentum, an jüdischer Religion und der mit ihr aufs Engste verbundenen jüdischen Kultur geht weit über die jüdischen Gemeinden hinaus. Der jüdische Religionsphilosoph *Martin Buber* erhielt 1953 den Friedenspreis des Deutschen Buchhandels. Seine Werke, seit Jahrzehnten lieferbar, sind grundlegend. Seine Übersetzung der fünf Bücher Mose ins Deutsche, des wichtigsten Teils der hebräischen Bibel (der Thora), ist maßgeblich. Viel beachtete Autoren, die für das Judentum sprechen, sind beispielsweise auch *Ignatz Bubis, Lea Fleischmann, Elie Wiesel, Emmanuel Lévinas* und *Lea Rosh*.

Bücher über die Verfolgung und Ermordung der europäischen Juden durch die Nationalsozialisten findet man in der Warengruppe *556 Geschichte - 20. Jahrhundert (bis 1945)*, Bücher über die politische Debatte über den Holocaust nach dem Zweiten Weltkrieg und das jüdische Leben der Gegenwart stecken in der Warengruppe *557 Zeitgeschichte (1945-1989)*, über jüdische Geschichte in der Warengruppe *551 Geschichte – Allgemeines, Lexika.*

Themen in der Warengruppe *544 Judentum* sind vor allem:

Chassidim, Chassidismus, chassidische Weisheit,	Judentum,	Rabbi, Rabbiner, rabbinisch,
	Jüdisch-christlicher Dialog,	Synagoge,
Christlich-jüdischer Dialog,	Jüdische Mystik,	Talmud,
Hebräische Bibel,	Jüdische Religion,	Thora,
Judaismus,	Jüdischer Glaube,	Volk Israel.
	Kabbala,	

Unter anderem folgende Verlage bemühen sich besonders um die Artikulation des Judentums oder den jüdisch-christlichen Dialog:

Bonifatius,
Gütersloher Verlags-Haus,
Jüdische Verlagsanstalt Berlin,
Jüdischer Verlag,
Suhrkamp.

5.4.5 Die Warengruppe
545 Weitere Religionen

Auf dem Buchmarkt spielen Bücher über den Hinduismus und Buddhismus, seit einigen Jahren auf dem Hintergrund des islamischen Fundamentalismus besonders auch über den Islam eine Rolle. Auch die zentralen religiösen Texte des Hinduismus (die *Bhagavadgita*), des Buddhismus (die Worte *Buddhas*, die Verssammlung *Dhammapada*) und des Islam (der *Koran*) sowie Schriften des *Dalai Lama*, des Oberhaupts des Lamaismus, werden gefragt. Das Interesse am Islam richtet sich zu einem erheblichen Teil nicht auf die Religion selbst, sondern auf die religiöse Praxis und die mit dem Koran motivierten oder gerechtfertigten sozialen Rollen und praktizierten Werte, insbesondere das Mann-Frau-Verhältnis.

Gedanken und Themen aus diesen Weltreligionen werden, oft unter Vermischung mehrerer Religionen (Synkretismus), auch in den Büchern der Warengruppe *472 Esoterik* vorgetragen, beispielsweise über Karma und Reinkarnation. In der Warengruppe *545 Weitere Religionen* geht es um die Darstellung dieser Religionen selbst, ferner in nicht wenigen Titeln um den Dialog des Christentums mit diesen Religionen, vor allem mit dem Islam. Da in den Kulturen, aus denen diese Religionen kommen, eine Trennung zwischen Religion und Philosophie weniger ausgeprägt ist als in der europäischen Tradition, bestehen thematische Überschneidungen mit der Warengruppe *527 Östliche Philosophie.*

Insgesamt sind häufige Stichwörter für diese Warengruppe:

Ägypten, ägyptische Religion, Aurobindo, Sri, Bhagavadgita, Brahmanismus, Buddha, Buddhismus, Dalai Lama, Dhammapada, Dharma, Griechische Religion, Hinduismus, Islam, Jainismus, Konfuzius, Konfuzianismus, Koran, Krishna, Lamaismus, Mohammed, Muslime, Moslems, Naturreligion, Religion der Naturvölker, Reinkarnation, Römische Religion, Spiritualität, Sufismus, Sutra, Tantra, Taoismus, Totenbuch, Upanishaden, Veden, Weltreligionen, Zen.

Solide Darstellungen der weiteren Religionen und ihre zentralen religiösen Texte erscheinen in vielen Publikumsverlagen. Teilweise bringen kleine, spezialisierte Verlage apologetische Schriften der jeweiligen religiösen Strömungen und Verbindungen heraus.

5.4.6 Die Warengruppe
546 Bibelausgaben

Weit über 700 vollständige oder Teilausgaben der Bibel sind lieferbar. Auf der VLB-CD-ROM sind Bibelausgaben als VLB-Reihe definiert. Man findet sie durch Eingabe von `re=bibeln` oder noch gezielter, indem man in der Maskensuche im Index der Reihen sucht unter

- `Bibeln (AT),`
- `Bibeln (NT),`
- `Bibeln (Vollbibeln /Textausgaben).`

Die zahlreichen Bibelausgaben unterscheiden sich in folgenden Punkten:

- Preis. Ab ca. 8 € bekommt man eine komplette Bibel auf Papier, auf Datenträgern schon für ca. 5 €. Hochwertige Nachdrucke historischer Ausgaben kosten mehrere Tausend Euro.
- Editionsform: Die Bibel erscheint als Soft- und Hardcover, als Loseblatt-Ausgabe und Taschenbuch, als Hörbuch und auf CD-ROM, DVD und USB-Stick (*Bibel.Stick, Katholisches Bibelwerk*). Einige Bibelausgaben sind Reprints historischer Bibelausgaben, besonders aus der Reformationszeit.
- Einband: Hardcover, Softcover, Leinen, Halbleder, Leder, blaues Ziegenleder, Kunstcover, im poppigen Leinen-Umschlag mit Plastikschuber (*Katholisches Bibelwerk*), metallisch schimmernde Halbleinenausgabe (*Deutsche Bibelgesellschaft*) u.a.m.

- Format: Bibelausgaben reichen vom Miniaturformat (Senfkornbibel) bis zum Großformat (Altar-, Vorlesebibel).
- Ausstattung: Etliche Bibelausgaben sind auf Dünndruckpapier, einzelne auf Pergament gedruckt, einige mit Gold- oder farbigem Schnitt ausgestattet, andere mit Schreibrand oder mit Familienchronik (im Anhang Vordrucke zum Einfügen der eigenen Familiengeschichte) versehen.
- Umfang: Verbreitete Ausgaben enthalten die ganze Bibel (Vollbibel) oder nur das Alte Testament (fünf Bücher Mose, Geschichtsbücher, Lehrbücher, Psalmen, prophetische Bücher,) oder nur das Neue Testament (vier Evangelien, Apostelgeschichte, Briefe, Offenbarung des Johannes), mit oder ohne Apokryphen. Seltener werden weniger umfangreiche Ausgaben publiziert, z.B. nur die vier Evangelien oder nur ein Evangelium, die Psalmen, ferner thematisch geordnete Sammlungen von Bibelzitaten, z.B. das *Bibeltaschenbuch für Jugendarbeit und Konfirmandenunterricht mit aktuellen Farbfotos* stellt *Bibeltexte zu 27 Lebensthemen in den Fragehorizont von Teens* (Deutsche Bibelgesellschaft) oder ein Digest des Ordensmanns Paulus Terwitte als Hörbuch (*99-Minuten-Bibel*, Gütersloher Verlagshaus).
- Illustrationen: Die meisten Bibeln sind nicht illustriert. Einige Ausgaben sind mit Bildern illustriert, die der Künstler speziell dafür geschaffen hat (z.B. Rembrandt, Marc Chagall, Jörg Immendorff, Andreas Felger). Andere illustrierte Ausgaben verwenden thematisch passende Motive, etwa aus der mittelalterlichen Buchmalerei, oder Fotos.
- Text, Kommentar: Die meisten Ausgaben enthalten den Bibeltext. Daneben bieten die Verlage Ausgaben mit Erläuterungen, hauptsächlich für die Gemeindearbeit. Einige wenige Ausgaben enthalten den hebräischen bzw. griechischen Urtext neben der deutschen Übersetzung.
- Übersetzung.

Von den zahlreichen Übersetzungen spielen auf dem heutigen Buchmarkt die folgenden eine wichtige Rolle (in kursiv die Titelformulierungen):

- *Luther-Bibel* (*Lutherbibel*): Martin Luther strebte in seiner Epoche machenden Bibelübersetzung (revidiert 1912 und 1984 – beide Fassungen sowie auch ältere auf dem Buchmarkt präsent) größte Treue gegenüber dem Original bei gleichzeitiger Verständlichkeit an und wählte deshalb eine kraftvoll-anschauliche Ausdrucksweise, immer wieder auch Wortneuschöpfungen, die in die Sprachgeschichte eingingen. Die Luther-Bibel ist die offizielle Übersetzung der evangelischen Kirchen und im evangelischen Religionsunterricht. Erscheint in diversen Verlagen, u.a. *Dt. Bibelges., Brunnen*.
- *Einheitsübersetzung* (*Jerusalemer Bibel*): Die Bibelübersetzung der deutschsprachigen katholischen Bischöfe von 1980 ist, was das Neue Testament und die Psalmen angeht, auch unter evangelischer Beteiligung entstanden. Sie ist weniger wörtlich übersetzt als die Luther-Bibel und die Elberfelder Bibel, aber sprachlich eingängiger und besonders geeignet im ökumenischen Zusammenhang. Erscheint in diversen Verlagen, u.a. *Dt. Bibelges., Kath. Bibelanstalt*.

- *Elberfelder Bibel* (*Elberfelder Übersetzung*, nicht revidierte Fassung von 1905, revidierte Fassung 1985 – beide lieferbar), strebt nach engster wörtlicher Anlehnung an das Original, klingt daher mitunter im Deutschen holprig, ist aber für Theologiestudenten und Bibelgruppen sehr geeignet. Erscheint u.a. bei *Brockhaus, R.*

- *Gute Nachricht Bibel* (Die Bibel in heutigem Deutsch) ist eine von der evangelischen und der katholischen Bibelgesellschaft gemeinsam erarbeitete Übersetzung, lieferbar in der revidierten Fassung von 1997 mit Einleitung und erklärenden Fußnoten. Absicht war weniger die wortgetreue Entsprechung als vielmehr ein Übersetzungstext, der beim Leser dieselbe informative und emotionale Wirkung wie das Original erreichen soll. Sie ist für die individuelle Lektüre und für Andachten ohne Auslegung gut geeignet. Erscheint in diversen Verlagen, u.a. *Dt. Bibelges.*, *Kath. Bibelwerk.*

- *Hoffnung für alle*: Diese Übersetzung legt mehr Wert auf die Wiedergabe des Sinnes in einem modernen, sehr flüssigen Deutsch als auf die wörtliche Nähe zum Original. Wiederholt sind Erklärungen oder Übersetzungsvarianten in Fußnoten angegeben. Sie ist besonders im evangelikalen Bereich beliebt. Erscheint bei *Brunnen.*

- *Bibel in gerechter Sprache* versucht eine moderne, freie Übersetzung, die u.a. männliche und weibliche Formen (Apostel, Apostelin) nebeneinander stellt, keinen Wert auf Nähe zum Urtext legt, aber Antijudaismen beseitigen und soziale Verhältnisse wiedergeben will. Wird von den Kirchen abgelehnt, erschien erstmals 2006 bei *Gütersloher Verlagshaus.*

- *Volxbibel.* Die von den Kirchen nicht autorisierte Fassung des Neuen Testaments von Martin Dreyer ist eine Nacherzählung in heutiger salopper Jugendsprache, auch als Hörbuch, als Website (www.wiki.volxbibel.de) und in Auszügen auf 48 Pappkärtchen in Box (*Die Volxbibel Cards*). *Volxbibel Verlag.*

- *Zürcher Bibel* (*Züricher Bibel*; lieferbar die Textfassungen 1931, 1995 und 2007) geht auf den Schweizer Reformator Ulrich Zwingli zurück, folgt sprachlich sehr nah dem Original, ist in der Ausdrucksweise gehobener als die Luther-Bibel. Erscheint bei *Dt. Bibelges.*, *Verl. d. Zürcher Bibel.*

- *Die Schrift. Aus d. Hebr. v. Buber, Martin / Rosenzweig, Franz.* Die poetische Übersetzung des Alten Testaments (nicht des Neuen Testaments) der beiden jüdischen Religionsphilosophen bildet Form und Rhythmus des hebräischen Originals im Deutschen nach, klingt eigenwillig, entfaltet ihre Wirkung besonders beim lauten Lesen. Erscheint bei *Dt. Bibelges.*, *Güterloher Verlagshaus.*

- *Zink, Jörg: Die Bibel*: eine paraphrasierende, eingängig lesbare moderne Übersetzung. Das Alte Testament ist in Auswahl enthalten. *Kreuz*-Verl.

- In theologischen Seminaren studiert man gerne die sehr wortgetreuen Übersetzungen von *Hermann Menge* (*Dt. Bibelges.*) und des *Münchener Neuen Testaments* (*Patmos*).

Die in vielen Hotels ausliegenden Bibelausgaben werden nicht über den Buchhandel vertrieben, sondern von *Die Verbreitung der Heiligen Schrift*, Eschenburg, kostenlos versendet.

Bibelkonkordanzen listen nach Stichwörtern alle Bibelstellen auf, in denen das betreffende Stichwort vorkommt.

Kinderbibeln findet man in der Hauptwarengruppe *2 Kinder- und Jugendbücher*, auch als Hörbuch, CD-ROM und DVD (Suche mit Stichwörtern `Kinderbibel` und mit `Kind* Bibel*`).

Die Warengruppe enthält auch Erklärungen zur Bibel. Theologische Fachliteratur über die Bibel ist in der Warengruppe *542 Christentum* enthalten.

5.4.7 Die Warengruppe
547 Religiöse Schriften, Gebete, Gesangbücher, relig. Meditationen

Diese Warengruppe enthält Gesangbücher für den Gottesdienst und Bücher, die man früher als „Erbauungsliteratur" bezeichnete (der Ausdruck sollte nicht mehr, besonders nicht gegenüber Kunden verwendet werden): Schriften, die als Handreichung für die christliche Lebensgestaltung, als Anleitung für die private Andacht und als Trost in Anfechtungen und Lebenskrisen dienen sollen. Insbesondere im christlichen Sortimentsbuchhandel haben diese Bücher eine wichtige Stellung; dieser Bereich kann bevorzugt gemeinsam mit Titeln aus der Warengruppe *193 Immerwährende Kalender* präsentiert werden. Anhand der Verlage kann man – mit einigen Überschneidungen – für die jeweils passende Konfession auswählen (Auswahl der Verlage):

- Evangelisch:
  - *Agentur d. Rauhen Hauses*
  - *Aussaat*
  - *Deutsche Bibelgesellschaft*
  - *ERF-Verlag*
  - *Evangelische Verlagsanstalt*
  - *Gütersloher Verlagshaus*
  - *Schwabenverlag*

- Katholisch:
  - *ars liturgica*
  - *Butzon & Bercker*
  - *Claudius*
  - *Echter*
  - *Herder*
  - *Katholisches Bibelwerk*
  - *Kösel*
  - *Matthias-Grünewald*
  - *Vier Türme.*

Bei Gesangbüchern muss man genau darauf achten, dass der Kunde den gewünschten Titel erhält: evangelisch, katholisch, Ausgabe für die jeweilige Diözese bzw.

Landeskirche, Großdruck, Einbandart und -farbe, Normal-, Geschenk-, Taschen-, Gemeindeausgabe u.a.m.

5.5 Die Warengruppe
550 Geschichte

Die Warengruppe *550 Geschichte* mit ihren Untergruppen ist mit über 6.000 Neuerscheinungen pro Jahr und mit über 25.000 lieferbaren Titeln eine besonders große Warengruppe. Die Geschichtswissenschaft gehört zu den großen Massenfächern an den Universitäten, und das populäre Interesse ist außerordentlich breit, entzündet sich oft an historischen Jubiläen oder in den Medien behandelten Themen. Die Beschäftigung mit der Geschichte kann die historischen Wurzeln der Gegenwart erhellen und die Bedingungen erkennen lassen, unter denen wir heute leben und handeln. Chronologisch endet der Inhalt der Warengruppe *550 Geschichte* mit dem Fall der Mauer, dem Ende des Kalten Kriegs und dem Zerfall der Sowjetunion (1989/1991). Der Inhalt der jüngsten Geschichte sind vor allem die aktuellen politischen Ereignisse; Bücher darüber sind in der Warengruppe *736 Politik und Wirtschaft* enthalten.

Geschichte ist ein schier unendlicher Stoff – die Fülle der Ereignisse und Personen ist nahezu unübersehbar. Eine der wichtigsten Aufgaben der Geschichtswissenschaft besteht darin, Zusammenhänge zu erkennen, in der Flut der Details Entwicklungslinien und Triebkräfte auszumachen. Wegen der Menge der Titel und Themen und des Umfangs der historischen Stoffe können freilich in dieser Warengruppe nicht alle in irgendeiner Bedeutung des Wortes wichtigen Stichwörter aufgelistet werden. Wir müssen uns auf die Nennung typischer Themen beschränken, über die besonders viel Literatur erscheint, und verzichten ganz auf Länder- und Personennamen – obwohl generell handelnde Einzelpersonen gerade für die Geschichte bedeutend sind und obwohl in der Neuzeit geschichtliche Prozesse oft in nationalstaatlichen Rahmen verlaufen. Ob mehr der individuelle Wille von mit Macht ausgestatteten Personen oder eher überindividuelle historische Kräfte – u.a. das Interessen geleitete Wechselspiel sozialer Großgruppen – den Verlauf der Geschichte bestimmen, ist eine in der Geschichtswissenschaft immer wieder erörterte Frage.

Die Warengruppe gliedert nicht nach Geschichte, Sozialgeschichte oder Alltagsgeschichte. In der Tat ist die Abgrenzung in Bezug auf einzelne Bücher oft kaum möglich. Es handelt sich mehr um Schwerpunkte, die der jeweilige Autor setzt. Die Warengruppe ist im Wesentlichen nach historischen Epochen gegliedert. In den Untergruppen, z.B. *554 Mittelalter*, findet man also Bücher über die Epoche insgesamt, über einzelne Länder in dieser Epoche (beispielsweise über Deutschland im späten Mittelalter) sowie über einzelne Themen, Personen oder Ereignisse aus dieser Epoche (in der Warengruppe *554 Mittelalter* etwa über den Investiturstreit). Themen der Kulturgeschichte (z.B. Geschichte der Fastnacht, des Geburtstagsfestes, über amerikanische Populärkultur in Deutschland) sind in der Warengruppe *559 Kulturgeschichte* Epochen und Länder übergreifend versammelt.

Die Warengruppe ist nicht nur umfangreich, sondern auch vielfältig. Sie umfasst hauptsächlich:

- Sach- und wissenschaftliche Bücher über historische Themen, z.B. das Herrschaftssystem in der DDR oder die Kaiser des Mittelalters.
- Wissenschaftliche Untersuchungen über Personen, die durch ihr geschichtliches oder politisches Handeln gewirkt haben, beispielsweise Caesar oder Gandhi, Maria Theresia von Österreich oder Nofretete.
- Zahlreiche Nachschlagewerke und Handbücher, die Wissen über die Geschichte komprimiert und übersichtlich greifbar machen.
- Quelleneditionen. Die Geschichtsforschung rekonstruiert Leben und Geschehen der Vergangenheit anhand von überlieferten Gegenständen wie z.B. Bodenresten oder Münzen, die oft aufgrund der Prägung und der Fundorte Aufschlüsse ermöglichen, anhand von dokumentierten Tatsachen, z.B. dem Recht früherer Zeiten, und vor allem anhand von schriftlichen Quellen, etwa Briefen, Akten, Chroniken. Die schriftlichen Quellen werden in Quelleneditionen als Buch publiziert, beispielsweise eine Sammlung von Flugblättern aus der Studentenbewegung. Oft sind die Quellen in einer Quellensammlung erläutert. Beispieltitel: *Deutsche Geschichte in Quellen und Darstellung. Bd 1-11. Reclam, Philipp (Reclams UB 30026).*
- Historische Atlanten (Geschichtsatlanten). Geschichtliche Ereignisse haben fast immer eine geografische Dimension, seien es Entstehung und Zerfall von Reichen und Staaten, sei es die Ausbreitung der Industrialisierung oder die Verbindungen der Hanse. Historische Atlanten zeigen die geschichtliche Entwicklung in Form von Kartenbildern, meist anhand einer Fülle von Einzelthemen.

Sachbücher und Biografien zur Geschichte sind in der Warengruppe *940 Sachbuch / Geschichte* mit Untergruppen enthalten. Im allgemeinen Sortiment konzentriert sich das Titelangebot darauf. In Buchhandlungen mit studentischem Publikum orientiert sich die Auswahl in starkem Maß an den Vorlesungsverzeichnissen.

Zur Einführung in das Thema der Warengruppe:

- *Demandt, Alexander: Kleine Weltgeschichte, Fischer, S (Fischer Sachb. 16721)*
- *Grosser Atlas zur Weltgeschichte, Westermann, Georg*
- *Geschichtswissenschaften. Eine Einführung. Hrsg. v. Cornelissen, Christoph, Fischer, S (Fischer Gesch. 14566).*

Bücher zu dieser Warengruppe erscheinen mehr oder minder in allen Publikumsverlagen und in den für die ganze Hauptwarengruppe *5 Geisteswissenschaften, Kunst, Musik* genannten Wissenschaftsverlagen.

5.5.1 Die Warengruppe
551 Allgemeines, Lexika

Inhalt der Warengruppe sind vor allem die Themen:

- Weltgeschichte,
- Geschichte einzelner Länder über mehrere Epochen,
- Sozialgeschichte über mehrere Epochen,
- spezielle historische Themen, z.B. Alltagsleben oder Stadtentwicklung, über mehrere Epochen,
- Archäologie allgemein. Archäologie bedeutet einerseits Altertumskunde, also die Erforschung der Antike und anderer früher Hochkulturen anhand der Reste von Baudenkmälern, anhand von Bodenfunden und schriftlichen Quellen. Andererseits wird der Terminus bei Büchern verwendet, die keineswegs das Altertum erforschen, sondern z.B. Aspekte des 19. Jahrhunderts, aber dabei archäologische Methoden anwenden, also nicht von schriftlichen Quellen ausgehen, sondern von Bauten und Bodenfunden. Deshalb taucht der Begriff bei mehreren Warengruppen auf.

Die Warengruppe enthält ferner die zahlreichen Lexika und Handbücher des Fachgebiets. Einige Beispieltitel sollen Typisches für die Warengruppe verdeutlichen:

- *Deutsche Geschichte. Von den Anfängen bis zur Gegenwart. Hrsg. von Martin Vogt, Fischer, S (Fischer Gesch. 15511)*
- *Völkel, Markus: Geschichtsschreibung. Eine Einführung in globaler Perspektive, UTB*
- *Jüdische Geschichte als Allgemeine Geschichte. Hrsg. v. Gross, Raphael /Weiss, Yfaat, Vandenhoeck & Ruprecht*

5.5.2 Die Warengruppe
552 Vor- und Frühgeschichte

Die Vor- und Frühgeschichte (als Adjektiv meistens: prähistorisch) umfasst die Epochen und untergegangene Kulturen, für die es gar keine oder nur spärliche schriftliche Überlieferungen gibt, so dass die Forscher hauptsächlich auf archäologische Funde oder andere schriftlose Überlieferungen angewiesen sind.

Typische Themen sind:

Alter Orient,
Altes Ägypten,
Archäologie,
Assyrien, Assyriologie,
Ausgrabungen,
Babylonien,
Bronzezeit,

Catal Höyük, Catal
 Hüyük,
Eisenzeit,
Frühe Hochkulturen,
Frühgeschichte,
Germanen,
Hallstattzeit,
Jungsteinzeit,
Kelten,

Latènezeit, Latènekultur,
 Latène-Kultur,
Neolithikum,
Qumran,
Pharaonen,
Steinzeit,
Theben,
Uruk, Uruk-Warka,
Vor- und Frühgeschichte.

5.5.3 Die Warengruppe
553 Altertum

In der Geschichtswissenschaft zählt man die frühen Hochkulturen zum Altertum. Die Warengruppen-Systematik ordnet hauptsächlich das ägyptische, griechische und römische Altertum (Antike) der Warengruppe *553 Altertum* zu, während die frühen Hochkulturen (Sumer und Uruk, Babylonien usw.) teils in *552 Vor- und Frühgeschichte*, teils in *553 Altertum* zu finden sind.

Hier wieder die typischen Themen:

Altertum,
Altes Ägypten,
Antike,
Archäologie, Bibelarchäologie,
Byzanz, byzantinisch,
Etrusker,
Griechische Geschichte, griechische
 Antike, griechisch-römische Antike,
Griechische Mythologie,
Klassisches Griechenland,

Kreta,
Nabatäer,
Pharaonen,
Römische Geschichte, römische Sozial-
geschichte, römische Antike, römi-
sches Reich, römisches Kaiserreich,
römische Kaiserzeit, römische Repu-
blik,
Völkerwanderung,
Troja.

5.5.4 Die Warengruppe
554 Mittelalter

Als Mittelalter wird, vereinfacht gesagt, der Zeitraum etwa zwischen den Jahren um 500 nach Christus und etwa 1500 angesehen. Für die Warengruppe beispielhafte Themen sind:

Archäologie,
Bauernkrieg,
Franken, Frankenreich,
 Fränkisches Reich,
Frühmittelalter,

Hanse,
Hochmittelalter,
Investiturstreit,
Kreuzzüge,
Mediävistik,

Merowinger,
Mittelalter,
Spätmittelalter,
Völkerwanderung,
Wikinger.

5.5.5 Die Warengruppe
555 Neuzeit bis 1918

Die Neuzeit ist die Epoche, die auf das Mittelalter folgt und bis in die unmittelbare Gegenwart reicht. Der Inhalt dieser Warengruppe ist demgegenüber begrenzter: bis zum Ende des Ersten Weltkriegs. Zum Verständnis etlicher Begriffe in der folgenden Auflistung von Themen dieser Warengruppe muss man sich vor Augen führen, das eine Reihe von historischen Begriffen, z.B. Nationalismus, Deutsches Reich oder Revolutionen, in verschiedenen Epochen unterschiedliche Bedeutungen haben.

Typische Stichwörter sind:

Achtzehntes Jahrhundert,	Frauenbewegung,	Norddeutscher Bund,
Alltagsgeschichte,	Frühe Neuzeit,	Reformation, Reformati-
Ancien Regime,	Hugenotten,	onszeit,
Arbeiterbewegung,	Humanismus,	Renaissance,
Aufklärung,	Imperialismus,	Restauration,
Bauernkrieg,	Industrialisierung,	Revolution,
Bürgerliches Zeitalter,	Kolonialismus,	Rheinbund,
Bürgertum,	Kolonialreiche,	Risorgimento,
Deutscher Bund,	Liberalismus,	Sechzehntes Jahrhundert,
Deutsches Reich,	Nationalismus,	Siebzehntes Jahrhundert,
Dreißigjähriger Krieg,	Nationalstaat,	Sozialgeschichte,
Dritte Republik,	Neunzehntes Jahrhun-	Vormärz,
Erster Weltkrieg,	dert,	Wiener Kongress,
Französische Revolution,	Neuzeit,	1848.

Bücher über den Ersten Weltkrieg sind teilweise auch der Warengruppe *556 20. Jahrhundert (bis 1945)* zugeordnet.

5.5.6 Die Warengruppe
556 20. Jahrhundert (bis 1945)

Der Beginn des Ersten Weltkriegs und das Ende des Zweiten Weltkriegs sind in der Geschichtswissenschaft ebenso wie in der Themenwahl zahlreicher Bücher die bedeutsamen Zäsuren in der ersten Hälfte des 20. Jahrhunderts. Für Deutschland kommt als ebenso düsteres wie einschneidendes Datum die Errichtung der nationalsozialistischen Gewaltherrschaft 1933 hinzu. Deshalb findet man in dieser Warengruppe auch die Titel über Konzentrationslager und die Ermordung der Juden durch die Nationalsozialisten.

Häufig in Buchtiteln genannte Themen sind:

Arbeiterbewegung,
Bolschewismus,
Deutsches Reich,
Drittes Reich,
Erster Weltkrieg,
Faschismus,
Frauenbewegung,
Holocaust,
Kommunismus,

Konzentrationslager, KZ,
Nachkriegszeit,
Nationalismus,
Nationalsozialismus,
Nationalstaat,
Résistance,
Judenverfolgung, Juden-
    mord,
Revolution,
Rüstung, Rüstungspolitik,

Spanischer Bürgerkrieg,
Verfolgung der Juden,
    Ermordung der Juden,
Währungsreform,
Weimarer Republik,
Widerstand,
Zeitgeschichte,
Zwanzigstes Jahrhundert,
Zweiter Weltkrieg,
Zwischenkriegszeit.

Die Erfindung der Filmtechnik und ihr massenhafter Einsatz seit dem Ersten Weltkrieg haben zur Folge, dass in dieser Warengruppe Fotobildbände und DVDs einen
nennenswerten Anteil haben. Ferner erscheinen Tonträger, die teilweise auf historischen Aufnahmen beruhen.

5.5.7 Die Warengruppe
557 Zeitgeschichte (1945 bis 1989)

Inhalt dieser Warengruppe ist der in ihrer Benennung bezeichnete Zeitraum; in der
Geschichtswissenschaft versteht man dagegen unter Zeitgeschichte meistens die
politischen und gesellschaftlichen Entwicklungen seit dem Ersten Weltkrieg. In
dieser Warengruppe sind auch die zahlreichen Titel, die sich mit der Geschichte
der SED-Diktatur und der DDR in allen ihren Facetten befassen, untergebracht
(z.B. über die Aktivitäten der „Stasi").

Die Warengruppe enthält auch einige Tonträger, die meistens anhand von Ori-
ginal-Tondokumenten und verbindenden Kommentaren ein zeitgeschichtliches
Feature geben.

Die häufigsten Themen in dieser Warengruppe kommen in folgenden Formulierungen in Buchtiteln zum Ausdruck:

50er Jahre, Fünfziger Jahre,
60er Jahre, Sechziger Jahre,
70er Jahre, Siebziger Jahre,
80er Jahre, Achtziger Jahre,
Abrüstung,
Alltag, Alltagskultur,
Arbeiterbewegung,
Bürgerkrieg,
Bundesrepublik,
DDR,
Dritte Welt,
Entspannung,

Frauenbewegung,
Jahrtausend, Jahrtau-
    sendwende,
Kalter Krieg,
Kommunismus,
Nachkriegszeit,
Nationalismus,
Nationalstaat,
Ostpolitik,
Perestroika,
Politik,
Postkommunismus,

Prognosen,
Restauration,
Revolution,
Rüstung, Rüstungspolitik,
Sicherheitspolitik,
Soziale Bewegung,
Stasi, Staatssicherheit,
Vietnamkrieg,
Widerstand,
Wiedervereinigung,
Zeitgeschichte,
Zwanzigstes Jahrhundert.

Die weltgeschichtliche Umwälzung seit der Öffnung der Mauer 1989 und dem Zerfall der Sowjetunion 1991 spiegelt sich in der Themenwahl nicht weniger Bücher wider (z.B. Postkommunismus, 11. September) – auch diese Themen findet man in dieser Warengruppe, obwohl ihre Benennung anders lautet. Nach der Warengruppen-Systematik wird der Inhalt der Warengruppe *557 Zeitgeschichte (1945 bis 1989)* chronologisch fortgesetzt in der Warengruppe *736 Politik und Wirtschaft*; in dieser Warengruppe findet man ebenfalls Titel, die sich mit der Politik und Wirtschaft der 1990er-Jahre befassen.

5.5.8 Die Warengruppe
558 Regional- und Ländergeschichte

Hier findet man Bücher über die Geschichte von Städten (z.B. Wien oder Rom) und Regionen (z.B. über die Geschichte Bayerns, des Ostseeraumes oder Ostasiens). Bücher über einzelne Abschnitte der Geschichte einer Region bzw. Stadt (z.B. der Bauernkrieg in Südwestdeutschland oder Köln im Mittelalter) findet man teilweise auch in der chronologisch zuständigen Warengruppe. In der Warengruppe *558 Regional- und Ländergeschichte* sind auch viele Titel enthalten, die die Entwicklung verschiedener Länder vergleichen, auch unter speziellen Fragestellungen, z.B. die Vergangenheitsbewältigung in Polen und in Deutschland im Vergleich. Darstellungen der Geschichte einzelner Länder sind in den Warengruppen *551* bis *557* je nach zeitlichem Bezug enthalten.

Die Kulturen der Vor- und Frühgeschichte und die Geschichte des Altertums (Babylonien, griechische und römische Antike usw.) gehören in die Warengruppen *552 Vor- und Frühgeschichte* bzw. *553 Altertum*, auch wenn sie keine weltumspannende, sondern aus heutiger Sicht eine regionale Ausdehnung hatten.

5.5.9 Die Warengruppe
559 Kulturgeschichte

Der uneinheitlich verwendete Ausdruck Kulturgeschichte meint meistens Untersuchungen darüber, wie die Menschen den Alltag und ihr eigenes Leben im geschichtlichen Wandel erlebt haben (Alltagsgeschichte, Geschichte des privaten Lebens). Dazu gehören auch Fragen, wie sich scheinbar rein individuelle Größen historisch verändert haben, z.B. die Geschichte der Gefühle, der Aggression, des Wunderglaubens, aber auch die Entwicklungen einzelner Bereiche, z.B. des Familienlebens, der Gastfreundschaft, des Rausches, des Todes, des Walfangs, des Weihnachtsfestes, der Wohlgerüche, der Zahl.

5.6 Die Warengruppe
560 Sprach- und Literaturwissenschaft

Je nach Autor bzw. Universität werden Sprachwissenschaft (Linguistik) und Literaturwissenschaft als eigene Fächer oder gemeinsam behandelt (Philologie; hier liegt der Schwerpunkt teils auf Sprache, teils auf Literatur, meistens stark historisch orientiert, oft unter Einbeziehung von nichtfiktionalen textlichen Überlieferungen). Wer beispielsweise Skandinavistik (Nordistik, skandinavische Philologie, nordische Philologie) studiert, lernt mindestens eine skandinavische Sprache nicht nur verstehen, schreiben und sprechen, sondern beschäftigt sich auch wissenschaftlich mit den skandinavischen Sprachen, ihrer Geschichte und den Literaturen in diesen Sprachen.

Die Warengruppen-Systematik 2007 fasst Sprach- und Literaturwissenschaft zu einer Warengruppe zusammen. Sie ist hauptsächlich nach Sprachfamilien untergliedert.

Fragestellungen der Sprachwissenschaft sind beispielsweise:

- Wie hängen die sprachlichen Zeichen, z.B. die Wörter, und die bezeichneten außersprachlichen Gegenstände zusammen? Wie hängt die Lautgestalt der Sprache mit der Bedeutung der Wörter zusammen? Wie hängen das überindividuelle Zeichensystem der Sprache und der individuelle Gebrauch der Sprache zusammen? Besonders die Forschungsrichtung des Strukturalismus hat sich diesen Fragen gewidmet und die Erkenntnis hervorgebracht, dass die Sprache ein autonomes Zeichensystem ist.
- Sprachen haben sich historisch verändert (Sprachwandel, Sprachgeschichte). Welchen Gesetzmäßigkeiten folgt dieser Wandel? Wie haben sich Sprachen auseinander entwickelt oder sich umgekehrt entwicklungsgeschichtlich angenähert oder vermischt (Sprachfamilien; Vergleichende Sprachwissenschaft [Komparatistik])?
- Jede Sprache hat eine Grammatik. Wie unterscheiden sich die Grammatiken verschiedener Sprachen? Kann man aufgrund grammatischer Ähnlichkeiten zwischen verschiedenen Sprachen Sprachtypen unterscheiden (Sprachtypologie)?

Die Warengruppe *560 Sprach- und Literaturwissenschaft* umfasst in ihren Untergruppen in erster Linie:

- **Wörterbücher und Grammatiken**, die weniger zum Nachschlagen für Praktiker und Lerner, mehr für die wissenschaftliche Beschäftigung zu gebrauchen sind. Deutsche Wörterbücher (Duden, Wahrig usw.) sind der Warengruppe *912 Deutsche Wörterbücher*, fremdsprachige Wörterbücher für Praktiker und Lerner der Warengruppe *913 Fremdsprachige Wörterbücher* zugeordnet. Sprachführer findet man in der Warengruppe *914 Sprachführer*. Die der Titelzahl nach, vor allem der Nachfrage nach wesentlich umfangreichere Gruppe der Sprachlehrmaterialien (in erster Linie also Lehrbücher mit Tonträgern und CD-ROMs) ist in der Hauptwarengruppe *8 Schule und Lernen* untergebracht, dort differenziert nach Zielgruppen (Schüler, Erwachsenenbildung usw.). Sprachwissenschaftliche Literatur ist im Allgemeinen zum Lernen der behandelten Sprache nicht geeignet, auch wenn Erkenntnisse der Sprachwissenschaft den modernen Sprachlehrmaterialien und insbesondere den Übersetzungsprogrammen zu Grunde liegen.

- **Personen- und Sachlexika**, die Auskunft über Schriftsteller und Dichter, über sprach- oder literaturwissenschaftliche Begriffe und Sachverhalte geben. Lexika, die Sprachwissenschaft und Literaturwissenschaft gemeinsam behandeln, gibt es fast keine.
- **Werklexika** geben Inhaltsangaben, Hintergrundinformationen und Kurzinterpretationen.
- **Literatur- und sprachgeschichtliche Darstellungen.** Neben einer Fülle von stark zusammenfassenden Titeln erscheinen viele spezielle Untersuchungen.
- **Sprach- und Literaturtheorie sowie sprach- und literaturwissenschaftliche Methodenlehre.** In diesen meist akademisch geprägten Büchern werden die Fragestellungen und Begriffe entwickelt, anhand derer sich die Sprach- und Literaturwissenschaft mit Sprache und Literatur beschäftigt. Für die Sprachwissenschaft spielen strukturalistische und Computer-linguistische Ansätze eine große Rolle. In der Literaturwissenschaft stehen teils textimmanent-stilistische Methoden, teils Ansätze, die die Literatur in größeren geistesgeschichtlichen oder gesellschaftlichen Zusammenhängen verstehen wollen oder ihre Voraussetzungen und Wirkungen untersuchen im Mittelpunkt. Insgesamt sind Sprach- und Literaturwissenschaft methodisch und inhaltlich heterogen.
- **Textsammlungen (Anthologien)** für das Studium der Literatur mit oder ohne Interpretationen bzw. Erläuterungen. Sie unterscheiden sich von den Anthologien in den Warengruppen *115 Anthologien* (Prosa) und *140 Gemischte Anthologien* durch die Auswahl, die hier vom literaturwissenschaftlichen Kanon bestimmt ist.
- **Selbstäußerungen** belletristischer Autoren, etwa Briefe, Lebenserinnerungen, literaturkritische oder -ästhetische Schriften, oft kommentiert. Viele Ausgaben von Briefsammlungen, Tagebücher u.ä. von Schriftstellern sind auch in der Warengruppe *117 Briefe, Tagebücher* enthalten.
- **Kommentare, Interpretationen** zum Werk eines Autors, zu einem einzelnen Werk oder zu einer Gruppe von Werken; Sammlungen von Dokumenten wie etwa zeitgenössischen Kommentaren oder Rezensionen, Briefen oder vom Autor des kommentierten Werks benutzten Quellen. Literaturinterpretationen für Schüler stecken in der Warengruppe *850 Lektüren / Interpretationen / Lektürehilfen*.
- **Biografien** über Schriftsteller und Dichter. Bei akademischen Fragestellungen steht das Werk im Vordergrund. Biografien, die sich an ein allgemeines Publikum richten, findet man vor allem in der Warengruppe *951 Sachbuch / Kunst, Literatur / Biographien, Autobiographien*.

Die Primärliteratur der aktuellen und historischen Dichter und Schriftsteller von Chamisso bis Camilleri, von Homer bis Highsmith ist hauptsächlich in der Hauptwarengruppe *1 Belletristik* zu finden. Sekundärliteratur für Literaturinteressierte, beispielsweise Biografien oder literaturgeschichtliche Darstellungen, findet man in den Warengruppen *951 Sachbuch / Kunst, Literatur / Biographien, Autobiographien* und *956 Sachbuch / Literatur: Allgemeines, Nachschlagewerke.*

Buchhandlungen im Umkreis von Universitäten können eine lebhafte Nachfrage aus den sprach- und literaturwissenschaftlichen Studiengängen heraus erwarten. Grundlage für die Lagerhaltung sind die kommentierten Vorlesungsverzeichnisse (heute meistens auf den WWW-Seiten der Fakultäten).

Die Warengruppe ist der Titelzahl nach sehr umfangreich (fast 5.000 Erstauflagen pro Jahr bei annähernd 30.000 lieferbaren Titeln), mit Abstand die meisten über die deutschsprachige Literatur (entsprechend verhält es sich auf dem französischen Buchmarkt mit den Neuerscheinungen über die französische Literatur usw. – wer die Literatur einer bestimmten Sprache studiert, muss nicht nur die Primär-, sondern auch sehr viel Sekundärliteratur in der betreffenden Sprache lesen). Germanistik und einige andere literaturwissenschaftliche Fächer gehören zu den zwanzig beliebtesten Fächern an den Universitäten.

Aus der Fülle der literaturwissenschaftlichen Reihen ragen drei heraus, die bei Studenten und Wissenschaftlern eine lebhafte Nachfrage finden:

- *Edition Text + Kritik: Text + Kritik, Text + Kritik Sonderbände,*
- *Metzler: Sammlung Metzler,*
- *Reclam, Philipp: Reclams Universal-Bibliothek.*

Nachschlagewerke und Bibliografien, auch literaturgeschichtliche Darstellungen und Textsammlungen erscheinen, allerdings in vergleichsweise kleiner Titelzahl, auch auf CD-ROM.

Die Untergruppen nach Sprachfamilien enthalten jeweils auch die wissenschaftlichen Bücher zu Grammatik, Syntax und Semantik der betreffenden Sprachen, zu den einzelnen literarischen Epochen und Gattungen, die Nachschlagewerke, die Biografien und Einzeluntersuchungen der jeweiligen Sprache und Literatur. Wir verzichten jedoch darauf, entsprechende Formulierungen jeweils mit aufzuführen (englische Lyrik, russische Dramatik, Naturalismus usw.). Ähnlich wie bei der Warengruppe *550 Geschichte* können die zahlreichen Namen der behandelten Personen (also hier hinsichtlich der Sekundärliteratur über einzelne Autoren) nicht aufgelistet werden. Einige Zuordnungen sind inkonsistent (z.B. Baltisch, Irisch, Jiddisch).

- **561 Allgemeine und Vergleichende Sprachwissenschaft**
    - Allgemeine Sprachwissenschaft, Linguistik, Sprachwissenschaft,
    - Grammatik,
    - Philologie,
    - Phonetik,
    - Phonologie,
    - Pragmatik,
    - Semantik,
    - Soziolinguistik,
    - Syntax,
    - Textlinguistik,
    - Vergleichende Sprachwissenschaft (Komparatistik),
    - Übersetzung, Übersetzungswissenschaft.

Ein empfehlenswerter Titel zur Einführung in die Sprachwissenschaft:

- *Brandt, Patrick /Dietrich, Rolf A /Schön, Georg: Sprachwissenschaft, UTB (UTB L 8331).*

- **562 Allgemeine und Vergleichende Literaturwissenschaft**
  - o Aufklärung,
  - o Drama, Dramatik,
  - o Epik,
  - o Expressionismus,
  - o Fabel,
  - o Feministische Literaturwissen-schaft, -theorie,
  - o Gattungen,
  - o Hermeneutik,
  - o Jugendbuch, Jugendliteratur,
  - o Kinder- und Jugendliteratur,
  - o Kinderliteratur,
  - o Komparatistik,
  - o Kunstmärchen,
  - o Literarisches Leben,
  - o Literaturgeschichte,
  - o Literatursoziologie,
  - o Literaturverfilmung,
  - o Literaturwissenschaft,
  - o Lyrik,
  - o Märchen,
  - o Naturalismus,
  - o Novelle,
  - o Phantastische Literatur, fantastische Literatur,
  - o Poesie,
  - o Poststrukturalismus,
  - o Prosa,
  - o Prosatext,
  - o Realismus,
  - o Roman,
  - o Romantik,
  - o Schelmenroman,
  - o Strukturalismus,
  - o Trivialliteratur,
  - o Vergleichende Literaturwissenschaft,
  - o Volksmärchen.

Zur Einführung in die Literaturwissenschaft empfehlen wir:

- *Neuhaus, Stefan: Grundriss der Literaturwissenschaft, UTB (UTB M 2477)*

- **563 Deutsche Sprachwissenschaft;
  Deutschsprachige Literaturwissenschaft**
  - o Althochdeutsch, Althochdeutsche Literatur,
  - o Deutsch, deutsche Literatur, deutschsprachige Literatur, deutsche Philologie,
  - o Dialektologie, Dialekte,
  - o Germanistik, germanistische Linguistik, germanistische Literaturwissenschaft,
  - o Jiddisch, Jiddische Literatur,
  - o Mediävistik,
  - o Mittelhochdeutsch, mittelhochdeutsche Literatur,
  - o Neuhochdeutsch,
  - o Österreichische Literatur, Literatur Österreichs,
  - o Schweizer Literaturen, Literatur der Schweiz.

- **564 Englische Sprachwissenschaft / Literaturwissenschaft**
  - o Altenglisch,
  - o Amerikanische Literatur, Amerikanistik,
  - o Angelsächsisch,
  - o Anglistik,
  - o Englisch, amerikanisches Englisch,
  - o Englische Literatur,
  - o Irische Literatur.

- **565 Übrige Germanische Sprachwissenschaft / Literaturwissenschaft**
  - o Dänisch,
  - o Flämisch,
  - o Isländisch,
  - o Niederländisch,
  - o Nordische Sprachen,
  - o Nordische Literaturen,
  - o Nordistik,
  - o Norwegisch,
  - o Schwedisch,
  - o Skandinavistik.

- **566 Romanische Sprachwissenschaft / Literaturwissenschaft**
  - o Altfranzösich,
  - o Altitalienisch,
  - o Chile, Brasilien usw.
  - o Französisch, Französische Literatur,
  - o Italienisch, Italienische Literatur,
  - o Portugiesisch, Portugiesische Literatur,
  - o Romanistik,
  - o Rumänisch, Rumänische Literatur,
  - o Spanisch, Spanische Literatur.

- **567 Klassische Sprachwissenschaft / Literaturwissenschaft**
  - o Altgriechisch,
  - o Griechisch, Griechische Literatur,
  - o Klassische Philologie,
  - o Lateinisch, Lateinische Literatur,
  - o Latinistik.

- **568 Slawische Sprachwissenschaft / Literaturwissenschaft**
  - o Baltische Sprach- und Literaturwissenschaft, Baltistik,
  - o Kroatische Literatur,
  - o Polnisch, Polnische Literatur,
  - o Russisch, Russische Literatur,
  - o Serbokroatisch,
  - o Slawistik,
  - o Slowakische Literatur,
  - o Sorbisch, Sorbische Literatur,
  - o Tschechisch,
  - o Tschechische Literatur,
  - o Ukrainisch.

- **569 Sonstige Sprachen / Sonstige Literaturen**
  - o Afrikanische Literaturen / Sprachen, Afrikanistik, Literaturen Afrikas,
  - o Arabisch, Arabische Literatur,
  - o Baltisch,
  - o Chinesisch, Chinesische Literatur,
  - o Finnisch, Finnische Literatur,
  - o Hebräisch, Hebräische Literatur,
  - o Hindi,
  - o Irisch,
  - o Japanisch, Japanische Literatur, Japanologie,
  - o Keltische Sprache und Literatur, Keltologie,
  - o Neugriechisch,
  - o Sinologie,
  - o Türkisch, Türkische Literatur,
  - o Ungarisch, Ungarische Literatur.

5.7 Die Warengruppe
570 Pädagogik

Diese Warengruppe stellt pädagogisches Wissen für Studierende und Pädagogen von der Erzieherin im Kindergarten über den Gymnasiallehrer bis zur Fachbereichsleiterin der Volkshochschule bereit und präsentiert Erkenntnisse der erziehungswissenschaftlichen Forschung. Der Terminus Erziehungswissenschaft wird teils synonym mit Pädagogik gebraucht, teils betont er empirisch-statistische Arbeitsmethoden in der Pädagogik.

Fachliteratur für Erzieher und Grundschullehrer kann erfolgreich auch in der Kinderbuchabteilung, aber dort getrennt von den Erziehungsratgebern für Eltern präsentiert werden.

Die Pädagogik mit ihren Untergruppen umfasst rund 3.000 Neuerscheinungen pro Jahr. Pädagogische Fächer sowie Sozialwesen gehören zu den zwanzig beliebtesten Studienfächern an deutschen Hochschulen. Mit einem Durchschnittspreis von 20 bis 25 € ist die Warengruppe etwa im Durchschnitt über alle Warengruppen angesiedelt. Der Anteil der Taschenbücher liegt mit knapp 1,5 % besonders niedrig. In dieser Warengruppe dominieren nicht allzu teure Softcover.

Viele Fach- und Publikumsverlage publizieren auch für diese Warengruppe, z.B. *Kösel* oder *Luchterhand in Wolters Kluwer Deutschland*. Einen deutlichen Schwerpunkt oder mindestens ein breiteres Sortiment bei der Pädagogik haben:

Auer Donauwörth,	*Klinkhardt, Julius,*	*Studien Verlag,*
Beltz, J,	*Kohlhammer,*	*Vandenhoeck & Rup-*
Bertelsmann, W,	*Kovac, J,*	*recht,*
Haupt, Verlag,	*Schneider Hohengeh-*	*VS Verlag für Sozialwis-*
Juventa,	*ren,*	*senschaften.*

Zur Einführung in das Fachgebiet:

- *Einführung in die Arbeitsfelder des Bildungs- und Sozialwesens. Hrsg. v. Krüger, Heinz H /Rauschenbach, Thomas, UTB (UTB L 8093)*
- *Kaiser, Arnim / Kaiser, Ruth: Studienbuch Pädagogik. Grund- und Prüfungswissen. 10. Aufl. Scriptor.*

Schul- und Berufsschulbücher, Unterrichtsmaterialien für Lehrer, Lernhilfen und Paukbücher zur Abiturvorbereitung, Lehrbücher für Volkshochschulkurse und zum Selbstlernen findet man in der Hauptwarengruppe *8 Schule und Lernen.*

5.7.1 Die Warengruppe
571 Allgemeines, Lexika

Die Warengruppe umfasst Fach-, wissenschaftliche und Lehrbücher sowie Lexika, die mehr oder minder die ganze Pädagogik abdecken, ferner Biografien über Pädagogen. Zielgruppe sind vor allem Studierende pädagogischer Fachrichtungen, die hier Theorie und Nachschlagewerke bekommen. Viele Titel dieser Warengruppe sind Plädoyers für Erziehungsziele; so heißt es beispielsweise in dem Buch *Bildung* (*Beltz, J*) von *Hartmut von Hentig*, dem Nestor der Pädagogik in Deutschland:

> *„Was für eine Bildung wollen wir den jungen Menschen geben?“ Erstens: Abscheu und Abwehr von Unmenschlichkeit. Zweitens: Die Wahrnehmung von Glück. Drittens: Die Fähigkeit und der Wille, sich zu verständigen. Viertens: Ein Bewußtsein von der Geschichtlichkeit der eigenen Existenz. Fünftens: Wachheit für letzte Fragen. Sechstens: Die Bereitschaft zur Selbstverantwortung und Verantwortung in der res publica.*

Weitere Beispieltitel, zugleich Titel, die seit vielen Jahren am Markt Erfolg haben (die Bücher von *Hentig*, *Key*, *Miller* und *Piaget* sind Klassiker der Pädagogik):

- *Benner, Dietrich: Hauptströmungen der Erziehungswissenschaft. Eine Systematik traditioneller und moderner Theorien. UTB*
- *Einführung in pädagogisches Sehen und Denken. Hrsg. v. Flitner, Andreas / Scheuerl, Hans. Beltz, J (Beltz Päd. 68)*
- *Key, Ellen: Das Jahrhundert des Kindes. Beltz (Beltz Tb. 28)*
- *Miller, Alice: Am Anfang war Erziehung. Suhrkamp*
- *Piaget, Jean: Über Pädagogik. Beltz, J (Beltz Tb. 1)*

Die Warengruppe enthält ferner Anleitungen zum wissenschaftlichen Arbeiten.

5.7.2 Die Warengruppe
572 Bildungswesen

Hier geht es um Schulen und Hochschulen, um ihre Aufgaben und ihre Organisation, um Schulverwaltung und Bildungsreformen, um Studiengebühren und den erfolgreichen Weg zum Studienplatz (z.B. *Erfolgreich zum Studienplatz, dtv*), um die Fragen: Was zeichnet eine gute Schule aus? Wie können die Bildungsstandards erreicht werden? Zielgruppe sind vor allem Pädagogen, Studierende und Studieninteressierte.

Auch die Themen Berufsbildung, Berufsausbildung, Berufsschule, Berufswahl sind hier vertreten.

Ferner enthält die Warengruppe einen Teil der Studienführer, die sich an Oberschüler auf der Suche nach dem richtigen Studienfach und an Erstsemester richten. Der überwiegende Teil der Studienführer ist den Warengruppen der betreffenden Fächer zugeordnet, z.B. ein Studienführer Medizin in *691 Medizin - Allgemeines*. (Diese Verteilung ist hinderlich und gehört zu den Mängeln der Warengruppen-Systematik, die zukünftig beseitigt werden müssen.)

Der mit Abstand meistverkaufte Titel dieser Warengruppe richtet sich an Schüler auf der Suche nach geeigneten Ausbildungsberufen und Studienfächern und erscheint jedes Jahr in Neuauflage; dieser Titel trifft auf eine kontinuierliche Nachfrage:

- *Studien- und Berufswahl. Hrsg.: Bund-Länder-Kommission f. Bildungsplanung u. Forschungsförderung / Bundesanstalt f. Arbeit. BW Bildung u. Wissen*, auch kostenfrei komplett unter www.studienwahl.de. Das Argument für die Printversion ist: Die gedruckte Ausgabe ist nicht nur zum punktuellen Nachschlagen hinsichtlich einzelner Berufe oder Studienfächer geeignet, sondern darüber hinaus besser zum Querlesen und Stöbern. Die Printversion ist auch über die Berufsinformationszentren erhältlich.

Die *Blätter zur Berufskunde (Bertelsmann, W)*, über 700 einzelne Broschüren, enthalten für jeden Beruf Angaben über Tätigkeiten und Aufgaben, Ausbildung bzw. Studium, Aufstieg und Einkommen. Sie sind nicht im VLB enthalten, sondern über die Berufsinformationszentren zu beziehen.

5.7.3 Die Warengruppe
573 Kindergarten- und Vorschulpädagogik

Diese Warengruppe richtet sich an Erzieher und Lehrer in Kinderhorten, Kindergärten, Kindertagesstätten und Vorschulklassen sowie an Fachschüler und Studierende, die sich auf diese Berufe vorbereiten, und enthält Theorie und praktische Anleitungen für pädagogisches Handeln.

Ferner findet man hier Tonträger mit Spiel- und Tanzliedern mit pädagogischem Anspruch für Kinder. Der größte Teil der Kindertonträger ist der Warengruppe *230 Vorlesebücher, Märchen, Sagen, Lieder, Reime* sowie weiteren Warengruppen in *2 Kinder- und Jugendbücher* zugeordnet. Ob man die Kindertonträger aus beiden Bereichen gemeinsam oder getrennt im Ladengeschäft präsentiert, hängt von den Erwartungen der Kunden ab: Stehen die Unterhaltungsbedürfnisse der Kinder im Vordergrund, präsentiert man alle Kindertonträger gemeinsam; die pädagogisch anspruchsvollen Titel laufen mit, werden eventuell seltener gekauft. Wenn die Kunden Wert auf pädagogisches Niveau legen, kann die Präsentation in getrennten Abteilungen erfolgreicher sein und Kunden motivieren, gerade in dieser Buchhandlung zu kaufen, weil sie hier gezielt finden, was sie suchen. Dann wird es maßgeblich darauf ankommen, nicht nur ein passives Angebot im Regal zu haben, sondern durch proaktive Ansprache der Zielgruppen Kundenbindungen zu schaffen. Die Warengruppe *573 Kindergarten- und Vorschulpädagogik* erlaubt in jedem Fall das gezielte Auffinden, indem man in dieser Warengruppe in Kombination mit `Audio / Videos` sucht.

Auch hier sind die Stichwörter teilweise nicht spezifisch für die Warengruppe, beziehen sich aber immer auf das Handlungsfeld Kindergarten und Vorschule (bei den Stichwörtern mit * empfiehlt sich besonders die trunkierte Recherche):

Geschlechtsidentität,	Kindergartenpädagogik,	Musikerziehung,
Hort,	Kinderhort,	Situationsansatz,
Kindergarten, Kinder-	Kinderspiel*,	Spiel, Spiele, Spielen,
gartenentwicklung,	Kita,	Verhaltensauffällig*.

5.7.4 Die Warengruppe
574 Schulpädagogik, Didaktik, Methodik

Diese Warengruppe stellt das Wissen darüber bereit, wie man Unterricht macht und Schulprojekte organisiert, wie man über die Wissensvermittlung hinaus in der Schule erzieherisch handeln soll, wie der Lehrer Lernschwierigkeiten und Schulkonflikte von Disziplinproblemen bis zur Gewalt überwinden kann. Zielgruppe sind Lehrer an allgemein bildenden und Berufsschulen sowie Lehramtsstudenten. Die wenigen Bücher zur Hochschuldidaktik stecken fast alle in der Warengruppe *577 Erwachsenenbildung.*

Viele Stichwörter dieser Warengruppe kommen auch bei anderen Warengruppen vor, stehen hier im Zusammenhang mit pädagogischem Handeln in Schule und Berufsschule, besonders im Unterricht. Hier eine Auswahl (bei den Stichwörtern mit * empfiehlt sich besonders die trunkierte Recherche):

Aggression, aggressiv*,
Anfangsunterricht,
Behinderte,
Berufsbildung, berufliche Bildung, berufliche Qualifikation,
Berufsfeld, Berufsschule, Berufswandel,
Bildungsstandards,
Didaktik,
Disziplin, Disziplinprobleme,
Erziehung,
Fachdidaktik,
Freie Arbeit,
Freinet,

Fachunterricht,
Gewalt,
Grundschule, Grundschulpädagogik,
Gruppenunterricht,
Handlungsorientierte Didaktik,
Integration*,
Internet in der Schule,
Lehrer, Lehren,
Leistungsbewertung,
Lernen, Lernprozesse, Lernmethodik,
Lernprobleme, Lernschwierigkeiten,
Lernziele,

Medienpädagogik,
Methoden*,
Montessori,
Musikerziehung, -unterricht,
Projektmethode,
Religionspädagogik,
Schülergewalt,
Schulpädagogik,
Schulprobleme, Schulschwierigkeiten,
Stationenarbeit,
Unterricht, Unterrichtsentwicklung,
Waldorfpädagogik,
Wochenplan*.

5.7.5 Die Warengruppe
575 Grundschule

Die Grundschule (Primarstufe) umfasst in den meisten Bundesländern die Klassen eins bis vier, in Berlin und Brandenburg die Klassen eins bis sechs. Zielgruppe dieser kleinen Warengruppe sind das pädagogische Personal und angehende Lehrer an Grundschulen; die Warengruppe soll der Zielgruppe Impulse für einzelne Fächer, Themen, Projekte und Aktionen im Unterricht, kurz: Unterrichtsideen geben. Die zugeordneten Titel überschneiden sich oft mit der Warengruppe *574 Schulpädagogik, Didaktik, Methodik*, z.B. Lehrbücher der Grundschulpädagogik findet man hier wie dort. Typische Themen sind, immer in Bezug auf Grundschule (Primarstufe):

Ästhetische Bildung,
Deutschunterricht,
Englischunterricht,
Erstleseunterricht,
Förderung, Förderpläne,
Grammatikunterricht,
Interaktionsspiele,

Lesekompetenz,
Lese-Rechtschreib-
schwierigkeiten,
Mathematikunterricht,
Medienerziehung,
Minutenspiele,
Musisch-ästhetische Er-
ziehung,

Naturwissenschaftlich-
technischer Unter-
richt,
Sachunterricht,
Sexualerziehung,
Spracherwerb, Sprach-
unterricht,
Umweltbildung,
-erziehung.

5.7.6 Die Warengruppe
576 Sekundarstufe I und II

Die Sekundarstufe I umfasst die Klassen 5 bis 10 (in Berlin und Brandenburg 7 bis 10), die Sekundarstufe II die Klassen 11 bis 12 bzw. 13 (je nach Bundesland) sowie die berufsbildenden Schulen. Die Warengruppe *576 Sekundarstufe I und II* entspricht in Zielgruppen und Inhalt der Warengruppe *575 Grundschule* in Bezug auf die Sekundarstufen I und II.

Bildungsstandards,
Bilingual Games,
Biologie-Didaktik,
-Unterricht, Biologie-
didaktik, -unterricht,
Chemie…
Computer im Unterricht,

Deutsch…,
Englisch…,
Erdkunde…,
Französisch…,
Geschichte, Geschichts…,
Internet im Unterricht,
Lernwerkstatt,
Mathematik…,

Musik…,
Naturwissenschaftlicher
Unterricht,
Physik…,
Religions…,
Schreibdidaktik, -kom-
petenz, -training,
Technisches Werken.

5.7.7 Die Warengruppe
577 Erwachsenenbildung

Die in der Erwachsenenbildung vermittelten Inhalte findet man in den fachlich zuständigen Warengruppen, beispielsweise Fachbücher über Projektmanagement in der Warengruppe *784 Management*; Sprachlehrbücher für die Erwachsenenbildung, meistens mit Begleitmaterialien (CDs, CD-ROMs, DVDs), sind der Warengruppe *861 VHS-/Kursmaterialien Sprache* bzw. *862 Selbstlernmaterialien Sprache* zugeordnet.

In der Warengruppe *577 Erwachsenenbildung* stecken die Fachbücher, die sich an Dozenten und Organisatoren der Erwachsenenbildung und der betrieblichen Fort- und Weiterbildung richten und vermitteln, wie man Seminare leitet, Feedback gibt, Inhalte präsentiert, Teamsitzungen moderiert. Die Termini Fortbildung und Weiterbildung werden uneinheitlich verwendet. Oft bezieht sich Fortbildung auf die betriebliche Verwendung, Weiterbildung ist breiter oder davon unabhängig. Ein Teil der Titel richtet sich auch an Führungskräfte, weil die heutigen Organisationsstrukturen in Unternehmen auch von ihnen verlangen, dass sie vermitteln, moderieren, motivieren, präsentieren, überzeugen, mitreißen, beurteilen, Ziele setzen – also über die klassischen Kompetenzen des guten Lehrers verfügen. Die Warengruppe enthält auch die wenigen Bücher zur Hochschuldidaktik.

Wichtige Stichwörter sind (bei den Stichwörtern mit * empfiehlt sich besonders die trunkierte Recherche):

Ausbildung,	Gruppenarbeit,	Rollenspiel,
Berufsbildung, berufliche Bildung,	Konfliktmanagement,	Seminar*,
liche Bildung,	Lerntraining,	Team, Teamarbeit,
Diskussionstechniken,	Mediation,	Teamführung,
Durchsetzen,	Moderieren, Moderation,	Überzeugen,
Erwachsenenbildung,	Präsentieren, Präsentation,	Vortrag, Vortragen,
Fortbildung,	Reden,	Weiterbildung.

Zu diesen Themen erscheinen auch etliche DVDs, CDs und CD-ROMs.

5.7.8 Die Warengruppe
578 Sozialpädagogik, Soziale Arbeit

Soziale Arbeit wird heute als Oberbegriff für Sozialpädagogik und Sozialarbeit verstanden. Aufgabe der Sozialpädagogik ist Rat und Hilfe, Stützung und Integration für Menschen, denen die Unübersichtlichkeit des modernen Lebens Probleme bereitet, deren eigenverantwortliches Handeln (Problemlösen, Lebensbewältigung) pädagogisch befördert werden soll einschließlich der immer wichtiger werdenden Schulsozialpädagogik. Träger von Maßnahmen der sozialen Arbeit sind vor allem Kirchen, Wohlfahrtsverbände und Sozialämter. Deren Mitarbeiter sowie Studenten der Sozialpädagogik, der Sozialarbeit und verwandter Fächer sind die Zielgruppe dieser Warengruppe.

Ferner findet man hier Anleitungen und Ideensammlungen für pädagogisch motivierte und wirksame Spiele für Kinder, Jugendliche und Erwachsene.

Wichtige Stichwörter sind (bei den Stichwörtern mit * empfiehlt sich besonders die trunkierte Recherche):

Altenhilfe, Altenpflege,	Interaktionsspiele,	Sozialarbeit, -arbeiter,
Aufsuchende Sozialarbeit,	Interkulturell*,	Soziale Arbeit, Dienste,
beit,	Jugendarbeit, Jugendhilfe,	Sozialmanagement,
Betriebliche Sozialarbeit,	Pflege, -beruf, -heim,	Sozialpädagogik,
beit,	Schuldnerberatung,	Spiele, Spielideen,
Deeskalationstraining,	Schulsozialarbeit,	Suchtvorbeugung,
Familienhilfe,	-pädagogik,	Suchtprävention.

Ratgeber für Betroffene zum Thema Sozialhilfe findet man vor allem in der Warengruppe *494 Ratgeber / Sonstiges Recht*. Ein Teil der Titel über Heilpädagogik und Behinderte ist der Warengruppe *578 Sozialpädagogik, Soziale Arbeit* zugeordnet; thematisch gehören sie in die Warengruppe *579 Sonderpädagogik*.

5.7.9 Die Warengruppe
579 Sonderpädagogik

Am Umgang mit Behinderten erkennt man, wie human eine Gesellschaft ist. Die Sonderpädagogik (Heilpädagogik, Behindertenpädagogik) befasst sich mit Kindern, Jugendlichen und Erwachsenen, die infolge körperlich, geistig oder soziokulturell bedingter Schädigung in ihrer psychosozialen Entwicklung beeinträchtigt sind und zielt auf Ausgleich der Benachteiligung und auf Integration. In dieser Warengruppe finden Pädagogen, Psychologen und Ärzte, die in diesem Bereich arbeiten, sowie Studenten dieser Fachrichtungen ihre Fachliteratur.

Wichtige Stichwörter:

Autismus,	Heilpädagogik,	Lernbehinderungen,
Behinderte, Behinder-	Integration, Integrations-	Rehabilitation,
tenarbeit, -pädagogik,	pädagogik,	Sonderpädagogik.
Ergotherapie,	Geistigbehinderte*,	

5.8 Die Warengruppe
580 Kunst

Meistens ist die bildende Kunst gemeint, wenn in Buchtiteln von Kunst die Rede ist, also Malerei, Skulptur, Grafik, Mosaiken sowie die häufig postmodern genannten Kunstformen, bei denen oft das Publikum durch Aktion oder aktives Nachdenken an der Erschaffung des Kunstwerks oder Kunstereignisses beteiligt ist, beispielsweise Environment, Installation, Performance, Happening, Fluxus, Conceptart. Nicht immer wird das Kunsthandwerk mit behandelt. Wenn von Künsten im Buchtitel gesprochen wird, thematisiert der Autor nicht selten außer der bildenden Kunst auch Theater, Literatur, Musik und die Beziehungen zwischen diesen.

Mit über 3.000 Erstauflagen pro Jahr und rund 17.000 lieferbaren Titeln gehört die Warengruppe zu den mittelgroßen Segmenten des Buchmarkts.

Das Preisspektrum reicht zwar heute bis über 100 €, aber der Durchschnitt liegt bei nur 25 €. Kunstbücher sind im Durchschnitt nicht mehr teurer als andere Warengruppen.

Naturgemäß sind Sach- und wissenschaftlichen Bücher, Lexika und Nachschlagewerke in dieser Warengruppe sehr häufig illustriert. Taschenbücher erscheinen wenige.

Zur Einführung in das Fachgebiet empfehlen wir:

- *Schlagintweit, Hans /Forstner, Helene K.: Lehrgang Kunstgeschichte. Stile erkennen - von der Antike bis zur Moderne, Schwabe Basel*
- *Held, Jutta /Schneider, Norbert: Grundzüge der Kunstwissenschaft, UTB (UTB M 2775).*

Kunstbücher erscheinen in vielen Verlagen, die für die Hauptwarengruppe *5 Geisteswissenschaften, Kunst, Musik* bedeutsam sind. Wichtig für die Warengruppe *580 Kunst* sind besonders:

Belser AG,	*Ludwig, Steve-Holger,*	*Salon,*
Benteli,	*Mann, Gebr.,*	*Sandstein,*
Böhlau Wien,	*Michael Imhof Verlag,*	*Scheidegger & Spiess,*
Deutscher Kunstverlag,	*modo,*	*Schirmer Mosel,*
Deutscher Verlag für	*Nicolaische Verlags-*	*Seemann Henschel,*
Kunstwissenschaft,	*buchhandlung,*	*Steidl Göttingen,*
DuMont Literatur und	*Prestel,*	*Taschen,*
Kunst,	*Hatje Cantz,*	*Verlag f. mod. Kunst,*
Edition Leipzig,	*Kehrer Heidelberg,*	*Wasmuth, E.,*
Fink, Josef,	*Kerber, Christof,*	*Wienand,*
Isensee, F.,	*Reimer, Dietrich,*	*Zabern, Philipp von.*

Anleitungen für Freizeitkünstler findet man in der Warengruppe *413 Malen, Zeichnen, Farbe.* Sachbücher, Bildbände und Monografien über Künstler – und zwar eher die stärker nachgefragten Titel – sind auch in folgenden Warengruppen enthalten:

- *951 Sachbuch / Kunst, Literatur / Biographien, Autobiographien*
- *952 Sachbuch / Kunst: Allgemeines, Nachschlagewerke*
- *953 Sachbuch / Bildende Kunst*
- *954 Sachbuch / Fotokunst*
- *955 Sachbuch / Architektur.*

5.8.1 Die Warengruppe *581 Allgemeines, Lexika*

Hier geht es um kunstwissenschaftliche Abhandlungen über die Frage, was Kunst ist und unter welchen Fragestellungen man sie betrachten und analysieren kann, z.B. unter dem Gesichtspunkt des dargestellten Inhalts (Ikonografie), ihrer sozialen und gesellschaftlichen Voraussetzungen und Wirkungen, des Stils, der Form und ihrer Struktur sowie unter wertenden Gesichtspunkten (Kunstkritik).

Ferner findet man hier Lexika und Handbücher zur Kunst allgemein und zur Malerei.

Ästhetik,	Farbenlehre,	Kunstmuseum,
Ausstellungsmanagement,	Ikonographie,	Kunstsammlung,
Bildwissenschaft,	Kunst, -kritik,	Museum, Museumsführer,
	-wissenschaft,	Sammlung.

5.8.2 Die Warengruppen
582 Kunstgeschichte und *583 Bildende Kunst*

Die beiden Warengruppen decken sich thematisch weit gehend. Hier findet man also wissenschaftliche Bücher, Bildbände, auch DVDs und vereinzelt CD-ROMs über Kunstgeschichte, Kunststile, Epochen und Gattungen der bildenden Kunst. Bei der Warengruppe *582 Kunstgeschichte* steht der kunstgeschichtliche Verlauf bis etwa Mitte des vorigen Jahrhunderts im Vordergrund. Die Warengruppe *583 Bildende Kunst* enthält ebenfalls Titel, die sich mit Epochen und Gattungen der Kunst befassen, ferner die meisten der Titel über die neuen Kunstformen seit etwa 1950 (Performance, Fluxus, Concept-art u.a.). Ferner stecken in der Warengruppe *583 Bildende Kunst* Monografien, Werkverzeichnisse und Bildbände über bildende Künstler sowie im Buchhandel erscheinende Kataloge zu Kunstausstellungen. Die Namen der Künstler können hier nicht aufgeführt werden. Wichtige Stichwörter:

Abstrakte Kunst, Abstraktion,	Grafik, Grafiken, Graphik, Graphiken,	Moderne,
Altar,	Graphische Sammlung,	Mosaik,
Angewandte Kunst,	graphisches Werk,	Neue Wilde,
Antike,	Happening,	Op-art,
Avantgarde,	Historienmalerei,	Performance,
Barock,	Historismus,	Plastik,
Bauhaus,	Holzschnitt, Holzschnitte,	Postmoderne,
Bildende Kunst,	Impressionismus,	Radierung, Radierungen,
Bildhauerei,	Installation,	Realismus,
Body Art,	Jugendstil,	Renaissance,
Buchmalerei,	Klassische Moderne,	Rokoko,
Druckgrafik, Druckgraphik,	Klassizismus,	Romanik,
Expressionismus,	Konkrete Kunst,	Romantik,
Fluxus,	Konstruktivismus,	Skulptur,
Futurismus,	Kubismus,	Spätantike,
Gotik,	Kunst, Künste,	Spätromanik,
	Malerei,	Surrealismus,
	Manierismus,	Werkkatalog,
	Minimal Art,	Werkverzeichnis,
		Zeichnung, Zeichnungen.

5.8.4 Die Warengruppe
584 Architektur

Die Warengruppe *584 Architektur* nimmt Lexika und Handbücher, Sachbücher, Bildbände und Führer, wissenschaftliche Bücher, auch die wenigen DVDs und CD-ROMs zum Thema Architektur auf, und zwar soweit der gestalterische bzw. künstlerische Aspekt der Architektur behandelt wird, ferner Biografien über Architekten. (In Buchtiteln über Architekten, die bis etwa 1900 gewirkt haben, wird eher der Ausdruck Baumeister verwendet.) Die meisten Stil- und Epochenbegriffe aus den Warengruppen *582 Kunstgeschichte* und *583 Bildende Kunst* tauchen hier wieder auf (z.B. Romanik oder Jugendstil), aber nun in Bezug auf Architektur.

Literatur über den heutigen technisch-konstruktiven Aspekt der Architektur (z.B. für Bauberufe, Bauingenieure oder Bauherren) findet man in der Warengruppe *685 Bau- und Umwelttechnik*. Zur Architektur gehören auch die Garten- und Landschaftsarchitektur sowie der Städtebau (Lenkung der baulichen Entwicklung in Städten und Gemeinden) unter gestalterischen Gesichtspunkten; Bücher über den rechtlichen und politischen Aspekt des Städtebaus stehen in den Warengruppen *773 Öffentliches Recht, Verwaltungs- und Verfassungsprozessrecht* und *735 Staatslehre und politische Verwaltung*.

Antike,	Expressionismus,	Neue Moderne, Zweite
Architektur,	Garten, Gärten, Garten-	Moderne,
Architekturführer,	kunst,	Park, Parks,
Architekturgeschichte,	Gartenarchitektur,	Postmoderne,
Avantgarde,	Gotik, gotisch,	Renaissance,
Backsteingotik,	Historismus,	Rokoko,
Barock,	Jugendstil,	Romanik,
Baudenkmal, Bau-	Kirchenbau,	Romantik,
denkmäler,	Klassische Moderne,	Schlossbau, Schlösser,
Bauhaus,	Klassizismus, klassizis-	Spätromanik,
Baukunst,	tisch,	Stadtbaugeschichte,
Burg, Burgenbau,	Kreuzgang, Kreuzgänge,	Stadtbaukunst, Stadtpla-
Dekonstruktivismus,	Kulturbau, Kulturbauten,	nung,
Denkmalpflege,	Landschaftsarchitektur,	Städtebau,
-schutz,	Landschaftsbau,	Tempel,
Dom,	Moderne,	Wohnbau,
Einfamilienhaus,		Wohnhaus, -häuser,
-häuser,		Wohnungsbau.

Profilierte Architekturverlage, die sich teilweise speziell an Architekten wenden, sind:

Birkhäuser,	DVA,	Jovis Berlin,
daab,	gfa,	Krämer Karl Stgt,
Deutscher Kunstver-	IRB Verlag,	Welz Reinhard,
lag,		Wiley J.

5.8.5 Die Warengruppe
585 Innenarchitektur, Design

Hier stehen Bücher und andere Medien über Innenarchitektur, Wohnungseinrichtung und Design, über Innenarchitekten und Designer. Während man umgangssprachlich mit Design die ästhetisch hochwertige Gestaltung von heutigen industriell hergestellten Gebrauchsgegenständen für Alltag und Büro sowie von Maschinen und Geräten meint, wird in vielen Buchtiteln der Ausdruck Design wertneutral verwendet. Kunsthandwerk (synonym: Kunstgewerbe) meint die ästhetische Gestaltung von handwerklich, nicht industriell hergestellten Gebrauchs- und Einrichtungsgegenständen.

Auf diesem Gebiet arbeiten u.a. eine Reihe von kleinen Verlagen (z.B. *Die Gestalten Verlag, av edition*), die mit ihrer Produktion ein spezielles, anspruchvolles Publikum mit Trendsetterfunktion (Grafiker, Designer, Architekten) ansprechen.

In dieser Warengruppe findet man auch Bücher über historische Gebrauchs- und Einrichtungsgegenstände, z.B. Tapisserien (Wandteppiche).

Häufige Stichwörter in Buchtiteln dieser Warengruppe sind:

Angewandte Kunst,	Innenarchitektur,	Sitzmöbel, Stühle,
Bäder, Küchen, Wohnung	Interior Design,	Tapisserie,
planen und einrichten,	Kunsthandwerk,	Visuelle Gestaltung,
Bauhaus,	Möbel,	Visuelle Kommunikation,
Design,	Mode,	Werbedesign,
Grafikdesign, Grafik De-	Office Design,	Wohnen, Wohndesign,
sign, Graphic Design,	Schmuck,	-kultur, Wohnungsein-
Industriedesign,	Sessel,	richtung.

Bücher über Antiquitäten findet man in der Warengruppe *588 Antiquitäten*, über Herstellung von Schmuck u.a. kunsthandwerklichen Gegenständen als Hobby in der Warengruppe *411 Kreatives Gestalten*. Heimwerken und Renovieren, Möbelbauen und die praktische Seite des Innenausbaus sind untergebracht in den Warengruppen *418 Heimwerken, Do it yourself* und *419 Hausbau, Renovierung, Umbau, Innenausbau*.

5.8.6 Die Warengruppe
586 Theater, Ballett

Insgesamt sind die wichtigsten Stichwörter (Personennamen, die für die gezielte Recherche wichtig sind, können hier nicht aufgeführt werden):

Ausdruckstanz,	Bühnentanz,	Tanz, Tanzgeschichte,
Ballett,	Regie, Regisseur,	Tanztheater,
Bühne,	Schauspiel, Schau-	Theater, -geschichte,
	spieler,	-wissenschaft.

Naturgemäß spielen Bildbände eine gewichtige Rolle, ferner Fotokalender.

Biografien über Schauspieler, Regisseure, Tänzer usw. findet man eher in der Warengruppe *951 Sachbuch / Kunst, Literatur / Biographien, Autobiographien*. Praktische Anleitungen zum Tanzen, auch Jazz Dance, sind in der Warengruppe *449 Sonstige Sportarten* enthalten.

5.8.7 Die Warengruppe
587 Fotografie, Film, Video, TV

Der Titelzahl und den Umsätzen nach stehen die Themen Fernseh- und Kino-Film und Filmschauspieler im Vordergrund. Cineastische Fachliteratur, Drehbücher, filmwissenschaftliche Literatur bilden ein hochspezielles kleines Segment, das aber fast nur in wenigen Buchhandlungen in Großstädten eine Chance hat.

Diese Warengruppe enthält ferner Bildbände und Sachbücher über Fotokunst, Geschichte der Fotografie und das Werk einzelner Fotografen, ferner Anleitungen für künstlerische Fotografie. Ein breites Segment der künstlerischen Fotografie bilden Fotobildbände über einzelne Motive, vor allem Porträts sowie Akt- und erotische Fotografie, ferner historische Fotografien. Die künstlerische Fotografie bevorzugt das Schwarz-Weiß-Bild, weil es gegenüber der Realität weniger abbildenden Charakter hat, vielmehr durch Licht- und Schattenwirkungen gesteigerte Ausdrucksmöglichkeiten bietet und Distanz zur Werbung signalisiert. Schöne Fotobildbände enthält auch die Warengruppe *954 Sachbuch / Fotokunst*. Anleitungen und Ratgeber für den Hobbyfotografen und Hobby-Videofilmer (Motivwahl, Beleuchtung, Dunkelkammer, Kameratypen usw.) sind in der Warengruppe *415 Fotografieren, Filmen, Videofilmen* enthalten. Bildbände über Landschaften, Städte, Länder findet man in der Warengruppe *35* Bildbände*.

Von den Kundeninteressen her gut passende Umgebungen für diese Warengruppe sind auch die Themen Jazz und Design. Es kommt vor allem darauf an, Bücher zu inszenieren, die man mit modern-urbanem Lebensstil und Weltläufigkeit assoziieren kann.

Die Mehrheit der Verlage schreibt *Fotografie* und *Porträt*, viele aber auch *Photographie* und *Portrait*.

5.8.8 Die Warengruppe
588 Antiquitäten

Zielgruppe dieser Warengruppe sind Sammler und Liebhaber, die mitunter mehr vom Sammeln träumen und mehr Bücher über Antiquitäten als tatsächlich Antiquitäten kaufen. Es geht hier um kunsthandwerkliche Gegenstände (um handwerklich, nicht industriell hergestellte Möbel sowie Zier- und Gebrauchsgegenstände vor allem aus Porzellan und Silber, um Schmuck und Uhren), die nicht nur alt sind, sondern darüber hinaus einen Kunst- und Sammlerwert zugeschrieben bekommen. Die jüngsten Antiquitäten stammen aus der Zeit des Jugendstils, der Wiener Werkstätte, des Werkbunds und des Art déco, sind mithin älter als etwa 75 Jahre.

Bücher über Design und Kunsthandwerk etwa seit den 1920er-Jahren findet man hauptsächlich in der Warengruppe *585 Innenarchitektur, Design*.

Typisch für die Warengruppe *588 Antiquitäten* sind Bildbände mit ausführlichen Bildbeschreibungen. Die Sammler und Liebhaber können so ihre antiquarischen Gegenstände damit vergleichen, auch Kenntnisse über Stilmerkmale, Merkmale von Werkstätten und Marken sowie Urteilsvermögen erwerben. Weitere Themen sind Sammelstrategien, die steuerliche Behandlung von Antiquitäten sowie Export- und Importbestimmungen, das Verhalten auf Auktionen. Ferner gehören Anleitungen zur Restaurierung und Kataloge mit Auktionspreisen zu dieser Warengruppe.

Sammlerkataloge und Ratgeber für Gegenstände wie Puppen, Spielzeug, Armbanduhren findet man in der Warengruppe *417 Sammeln, Sammlerkataloge*. Je nach dem Niveau der Kundschaft kann man die beiden Warengruppen gemeinsam präsentieren oder nicht.

5.8.9 Die Warengruppe *589 Sonstiges*

Die Warengruppen-Systematik sieht für diese Warengruppe Fach- und wissenschaftliche Bücher zu den Themen Kunsthandwerk ab 1920, Kunsthandel, Kunstfälschung vor.

5.9 Die Warengruppe *590 Musik*

Mit wenig mehr als 1.000 Erstauflagen pro Jahr (ohne Noten und Tonträger) ist diese Warengruppe überschaubar. Hier findet man wissenschaftliche Literatur über Musik, Komponisten, Musiker und vor allem musikpraktische Anleitungen. Eine besondere Rolle spielen Noten (Warengruppe *598 Musikalien*), Anleitungen zum Instrumentenspiel, meist mit Notenbeispielen (*595 Instrumentenunterricht*), Musiktonträger. Liederbücher und Songbooks, bis 2006 ebenfalls in der Warengruppe *Musik* untergebracht, sind seit 2007 in der Warengruppe *414 Singen, Musizieren*.

Noch stärker als bei den Warengruppen *550 Geschichte, 560 Sprach- und Literaturwissenschaft* und *580 Kunst* haben hier Monografien und biografische Darstellungen über einzelne Personen einen hohen Anteil. Deshalb ist dafür eine eigene Warengruppe (*597 Monografien*) vorgesehen.

Zur Einführung in das Fachgebiet empfehlen wir:

- *Musikstudium in Deutschland. Musik - Musikerziehung - Musikwissenschaft. (ED 8717) Hrsg. v. Jakoby, Richard ... Schott Musik International.*
- *Englert, Gerhard K.: Der Klassik(ver)führer. Ein Hörbuch zu den schönsten Themen der klassischen Musik. 4 CDs, Auricula.* Ausgewählte Musikstücke mit Einführungskommentaren.

Bücher dieser Warengruppe erscheinen in vielen Verlagen, die für die Hauptwarengruppe *5 Geisteswissenschaften, Kunst, Musik* bedeutsam sind. Folgende Verlage haben einen Schwerpunkt bei der Warengruppe *590 Musik*.

Atlantis Musikbuch,	*Laaber,*	*Schott Musik International,*
Bärenreiter,	*Leu-Vlg Wolfgang*	*Sikorski, H,*
Bosse, G,	*Leupelt,*	*Voggenreiter,*
Breitkopf & Härtel,	*Möseler, K H,*	*Wißner-Verlag.*

Eine Auswahl aus dem Repertoire der Warengruppen *591 Allgemeines, Lexika*, *593 Musikgeschichte* und *597 Monografien* stößt in jeder Sortimentsbuchhandlung auf eine rege Nachfrage, so dass es sich lohnt, Neuerscheinungen ans Lager zu nehmen.

Dagegen ist die Nachfrage nach *594 Musiktheorie, Musiklehre*, *595 Instrumentenunterricht*, *596 Instrumentenkunde* und *598 Musikalien* deutlich an den Bereich der musikalischen Praxis und Ausbildung gebunden. Das heißt, die Lagerhaltung dieser Warengruppen macht wirtschaftlich nur dort einen Sinn, wo

- eine ausreichende Zahl Freizeit-Musiker erreicht wird, seien es private Zirkel, Musikvereine, Kirchenchöre oder kirchliche Musikgruppen. Wichtiger noch als bei vielen anderen Warengruppen ist hier der persönliche Kontakt des Buchhandelspersonals zu diesen Kreisen, z.B. durch eigene Musikpraxis.
- Studenten einer Musikhochschule oder Schüler von Musikschulen erreicht werden. Das Sortiment muss sich dann konkret an der Nachfrage dieser Zielgruppen ausrichten.
- diese Nachfrage nicht befriedigend durch einen Mitbewerber – das kann auch ein Musikfachgeschäft sein – gedeckt wird.

Aus den Lebenszusammenhängen, in denen Musikpraxis geübt wird, lassen sich Anregungen für die Warenpräsentation gewinnen. So kann man Musikalien für Freizeit-Musiker im Umkreis der Kirchen gemeinsam mit Teilen der Warengruppe *540 Religion / Theologie* präsentieren. Oder Instrumentenschulen für Kinder aus der Warengruppe *595* lassen sich erfolgreich gemeinsam mit Teilen der Warengruppe *840 Lernhilfen / Abiturwissen* anbieten, weil dieselbe Zielgruppe angesprochen wird.

Die in der Warengruppe *590 Musik* enthaltenen Tonträger sind teils eng mit dem Instrumentenunterricht, mit Liederbüchern oder mit Musikalien (Noten) verbunden, teils recht speziell, so dass es außer in ausgebauten Musikabteilungen oder Spezialsortimenten kaum in Frage kommt, diese Tonträger ins Lager zu nehmen. Weitere Hinweise auf Musiktonträger im Sortimentsbuchhandel enthält das Kapitel *0.5 Audio-CD, Kassette*.

Sachbücher über Musik, so die zahlreichen Fanbücher über Rock- und Popmusiker und -musikgruppen und die meisten Konzert- und Opernführer, ferner Diskografien und CD-Preiskataloge, findet man in den Warengruppen

- *962 Sachbuch / Musik: Allgemeines, Nachschlagewerke*
- *963 Sachbuch / Klassik, Oper, Operette, Musical*
- *964 Sachbuch / Jazz, Blues*
- *965 Sachbuch / Pop, Rock.*

5.9.1 Die Warengruppe
591 Allgemeines, Lexika

Die Benennung der Warengruppe sagt, was vor allem man hier findet: Nachschlagewerke und zusammenfassende Darstellungen, auch über die Musikkritik und die

Frage, was Musik eigentlich sei. Und zwar sowohl solche Nachschlagewerke und zusammenfassenden Darstellungen, die sich mit Musik und ihren Gattungen und Strömungen oder der Stellung der Musik in der Gesellschaft befassen oder die Musikwissenschaft insgesamt darstellen, als auch solche, die einzelne Ausschnitte behandeln, z.B. ein Lexikon zum Jazz, ein Führer zu musikalischen Werken, eine Abhandlung zu Neuen Musik. Opern- und Konzertführer usw. sind überwiegend in der Warengruppe *963 Sachbuch / Klassik, Oper, Operette, Musical* zu finden.

5.9.3 Die Warengruppen
593 Musikgeschichte

Die Warengruppe *593 Musikgeschichte* enthält solche Darstellungen, die musikalische Themen unter historischen Gesichtspunkten behandeln. Das bedeutet, dass hier alle Begriffe der Musik vorkommen – jeweils in ihrer geschichtlichen Dimension behandelt. Wichtig sind die folgenden Stichwörter:

Geistliche Musik,	Oper,	Rockmusik,
Instrumentalmusik,	Operette,	Symphonie, Sinfonie,
Jazz,	Oratorium,	Vokalmusik,
Lied, Kunstlied,	Orchestermusik,	Vokalpolyphonie,
Musikgeschichte,	Requiem,	Volkslied.

Ferner sind hier musikbezogene Epochenbegriffe wichtig, vor allem: Renaissance, Barock, Wiener Klassik, Romantik, Alte Musik, Moderne, Neue Musik.

5.9.4 Die Warengruppe
594 Musiktheorie, Musiklehre

Die Bücher dieser Warengruppe erklären die Begriffe, mit denen Musik und musikalische Werke beschrieben und analysiert werden. Deshalb wiederholen sich hier die Sachbegriffe, die den Inhalt der Warengruppe *593 Musikgeschichte* umreißen, aber hier in erklärender Fragestellung. Ferner geht es hier um die speziellen Disziplinen, die sich mit einzelnen musikalischen Fragen befassen, z.B. um die Harmonik, die Dirigierlehre. Insgesamt sind folgende Stichwörter von Bedeutung:

Akkord,	Improvisation,	Musikpädagogik,
Akustik,	Intonation,	Musiktheorie,
Atonalität,	Jazz,	Notation, Notenlehre,
Aufführungspraxis,	Klang, Klangfarbe,	Requiem,
Formenlehre, Musikal.	Komposition, Komposi-	Rhythmus,
Formenlehre,	tionslehre, Komposi-	Rockmusik,
Gehörbildung,	tionstechnik,	Symphonie, Sinfonie,
Geistliche Musik,	Kontrapunkt,	Tonart,
Harmonielehre,	Lied,	Vokalmusik,
Harmonik,	Musiklehre,	Vokalpolyphonie.

Zielgruppe sind in starkem Maß Studenten an Musikhochschulen und Studenten der Musikwissenschaft an Universitäten, ferner fortgeschrittene Schüler an Musikschulen oder musischen Gymnasien. Musikpädagogische Literatur für Lehrer an allgemein bildenden Schulen ist der Warengruppe *574 Schulpädagogik, Didaktik, Methodik* zugeordnet.

5.9.5   Die Warengruppe
595 Instrumentenunterricht

Die Warengruppe *595 Instrumentenunterricht* enthält Anleitungen zum Erlernen des Instrumentenspiels, und zwar sowohl solche Anleitungen, die sich an den Lernenden selbst richten, wie auch Hilfen für den Musiklehrer. Auch viele Liederbücher stecken in dieser Warengruppe, hauptsächlich wenn die Noten darin nicht nur für Gesang, sondern auch für ein Begleitinstrument vorgesehen sind. Anleitungen zum Instrumentenspiel für Kinder nennt man Schulen, z.B. Gitarren-, Blockflötenschule. Naturgemäß sind die Titel dieser Warengruppe meistens an ein jeweiliges Instrument gebunden, z.B. Gitarre, Keyboard, Klavier, Blockflöte, Violine, um die am häufigsten verlangten zu nennen. Es gibt aber auch Titel, die Grundlagen und Prinzipien des Instrumentenunterrichts theoretisch behandeln. Auch Bücher für den Gesangunterricht (Gesangsschule) und die Stimmbildung findet man hier.

Etliche Bücher werden von Tonträgern begleitet; einige Titel sind Tonträger mit Booklet, die das Instrumentenspiel vor allem vermittels Nachspielen vermitteln, insbesondere für typische Instrumente des Rock, Pop und Jazz (Keyboard, Percussion, Drums, E-Gitarre, Saxophon).

Wir verzichten darauf, hier weitere Instrumente aufzuzählen, über die diese Warengruppe Bücher und Tonträger bereithält, darunter auch über weniger verbreitete Instrumente wie z.B. die Zither.

5.9.6   Die Warengruppe
596 Instrumentenkunde

Hier geht es nicht um das Instrumentenspiel, sondern um Geschichte, Bau, Selbstbau, Pflege und Reparatur der Musikinstrumente, um Ratgeber für den Kauf und um Hersteller- und Händler-Verzeichnisse, auch um berühmte Instrumentenbauer und -marken wie beispielsweise Stradivari oder Steinway und um historische Musikinstrumente. Die meisten Titel sind auf jeweils ein bestimmtes Instrument oder eine Instrumentenfamilie (z.B. Blechblasinstrumente, Saiteninstrumente, Schlaginstrumente) bezogen. Wie bei der Warengruppe *595 Instrumentenunterricht* verzichten wir auf eine Auflistung der Instrumente.

5.9.7   Die Warengruppe
597 Monografien

In dieser Warengruppe findet man wissenschaftliche Biografien und Monografien, Werkverzeichnisse u.a.m. über Komponisten, Dirigenten, Interpreten, Musikgruppen, Orchester und Ensembles und weitere Persönlichkeiten des Musiklebens von Paul Gerhardt bis Bob Dylan, von den Wiener Philharmonikern bis Depeche Mode. Die Namen der Musiker und Musikgruppen können nicht aufgelistet werden.

5.9.8 Die Warengruppe *598 Musikalien*

Unter Musikalien versteht man meistens gedruckte Noten, aber mitunter werden auch Musikbücher und Musiktonträger zu den Musikalien gerechnet. In diesem Sinn enthält die Warengruppe *598 Musikalien* Notendrucke und Musiktonträger.

Die Notenverlage produzieren, da Musik gewissermaßen eine überall verständliche Sprache ist, sehr viel stärker als Buchverlage für den internationalen Markt. Noten werden im Musikalien- und Musikfachhandel vertrieben; die Musikfachgeschäfte verkaufen hauptsächlich Musikinstrumente.

Für Noten steht ein eigenes, dem VLB entsprechendes Verzeichnis zur Verfügung: die *Internationale Datenbank für Noten und Verlagsartikel (Hürth: DE-PARCON*, CD-ROM*)*, die in Abstimmung mit dem *Deutschen Musikverleger Verband* herausgegeben wird.

Im Buchhandel – konkret in der Warengruppe *598 Musikalien* auf der VLB-CD-ROM – wird eine schmale Auswahl Noten angeboten. Es handelt sich um:

- **Studien- und Taschenpartituren.** Während Noten zum Spielen meistens aus gefalteten Notenblättern für die Einzelstimmen, die man auf dem Notenständer aufschlagen kann, oder aus großformatigen Partituren bestehen, haben Studien- und Taschenpartituren die Form eines Taschenbuches oder Softcovers. Man liest diese Noten, z.B. während eines Konzertes, beim Anhören der Musikaufnahme oder im Unterricht, um zu einem vertieften Verständnis der Musik zu kommen. Mitunter enthalten sie Erläuterungen zum Werk.
- **Klavierauszüge.** Ein Klavierauszug ist die Bearbeitung einer mehrstimmigen Komposition für Klavier, die so privat oder im Unterricht ohne die Besetzung des Originalwerks nachgespielt werden kann.
- **Unterrichts- und Übungsmaterialien** zum Musizieren.
- **Spielpartituren** und **Einzelstimmen** mit didaktischer Zielsetzung, z.B. leicht spielbare Arrangements oder Noten zum Üben der Grifftechnik.

Das Repertoire umfasst eine Auswahl gern gespielter Komponisten und Musiker von Bach über Mozart bis Grönemeyer, ferner Noten von weniger bekannten Komponisten, bei denen der Akzent auf den didaktischen Zielsetzungen liegt. Zu einem Teil der Notenausgaben gehören Tonträger oder umgekehrt handelt es sich um einen Tonträger mit Booklet, in dem die Noten abgedruckt sind.

Ferner enthält die Warengruppe Musiktonträger, die in Buchverlagen erscheinen, deshalb auf der VLB-CD-ROM nachgewiesen sind von *Hymnen zur Mönchsweihe* (*Kloster Buchhagen*) bis zu *Africa World Music* (*Grosser & Stein*).

Das Barsortiment *Umbreit* hat zahlreiche Musikalientitel, die nicht im VLB gelistet sind, in sein Sortiment aufgenommen; die Recherche in seinen Online- und CD-ROM-Datenbanken erfolgt genauso wie die Recherche nach Buchtiteln.

6 Die Hauptwarengruppe
6 Naturwissenschaften, Medizin, Informatik, Technik

Aufgabe der Naturwissenschaften ist nicht nur, die Natur zu erforschen und die Naturgesetze zu erkennen, sondern auch, diese Erkenntnisse dem Menschen nutzbar zu machen.

In Universitäts- und Fachbuchhandlungen kann man als Ausschilderung für die Abteilungen im Ladengeschäft die beliebter werdenden Ausdrücke *Exakte Wissenschaften* (Mathematik, Physik, Chemie, Astrologie, Geowissenschaften) und *Lebenswissenschaften* (Biologie, Medizin, Biochemie, Ökologie, Genetik) verwenden. Die Warengruppen *63* Informatik, EDV* (im allgemeinen Sortiment bietet sich als Überschrift eher nur *EDV* an) sollte in jedem Fall als eigene Abteilung geführt werden, da auf diesen Bereich Angehörige aller Berufe, Studierende aller Fachrichtungen und überhaupt fast alle Kunden zugreifen.

Die Nachfrage beruht (außer bei den Warengruppen *63* Informatik, EDV*) ganz überwiegend auf dem Studium an Universitäten und Fachhochschulen und auf der Tätigkeit in hochqualifizierten Berufen (z.B. Mediziner und Ingenieure) und ist zum erheblichen Teil auf Titel gerichtet, die der Kunde aufgrund von Angaben in Fachzeitschriften, Vorlesungsverzeichnissen u.ä. präzise benennen kann. Eine Lagerhaltung dieser Titel ist wirtschaftlich nur da möglich, wo die Buchhandlung diese Nachfrage ziemlich exakt vorwegnehmen kann, also vor allem aufgrund von Titelangaben in kommentierten Vorlesungsverzeichnissen. Sonst steht das Besorgungsgeschäft im Vordergrund. Der Anteil der lieferbaren Titel, die über Barsortimente zu beziehen sind, ist kleiner als in anderen Hauptwarengruppen.

In kleinen allgemeinen Sortimentsbuchhandlungen kann man auf eine Abteilung *Naturwissenschaften, Medizin, Informatik, Technik* eher sogar verzichten und die wenigen Titel aus dieser Hauptwarengruppe am eigenen Lager im Regal gemeinsam mit Titeln der thematisch entsprechenden Untergruppen aus *4 Ratgeber* und *8 Schule und Lernen* präsentieren, z.B. *432 Auto, Motorrad, Moped*, *46* Gesundheit* oder *840 Lernhilfen / Abiturwissen*.

Der Zahl der lieferbaren Titel und der Neuerscheinungen nach ist die Hauptwarengruppe *6* die zweitgrößte nach *5 Geisteswissenschaften, Kunst, Musik*. Ein nicht unerheblicher Teil der Titel aus den großen Wissenschaftsverlagen (z.B. *Springer Berlin, de Gruyter, Wiley, J*), die ohnehin international agieren, erscheint auf Englisch.

Die stark berufs- und ausbildungsbedingte Nachfrage erlaubt es den Verlagen, diese Hauptwarengruppe insgesamt preislich höher als alle anderen Hauptwarengruppen zu platzieren. Der Durchschnittspreis beträgt 37 €. Der Anteil der Taschenbücher beträgt mit etwa 4-5 % nur etwa die Hälfte des Durchschnitts über den gesamten Buchmarkt, ist besonders bei Mathematik, Chemie und Technik sehr niedrig.

Einzelne Publikumsverlage (siehe S. 173) bieten ein mehr oder minder schmales Sortiment auch in dieser Hauptwarengruppe. Die folgenden Wissenschafts- und Fachverlage haben einen Schwerpunkt in dieser Hauptwarengruppe. Die ausländischen Töchter deutscher Wissenschaftsverlage bzw. umgekehrt die ausländischen Mütter von Verlagen in Deutschland (z.B. *Humana Press, O'Reilly & Associates, Springer London, Wiley, J*) nehmen ebenfalls am VLB teil, so dass zahlreiche Titel mit ausländischen ISBNn im VLB enthalten sind. Als Verlage treten ferner Hochschulen, Akademien der Wissenschaften und Forschungsinstitute auf.

Addison Wesley in Pearson Education Deutschland	*Oldenbourg, R,*	*Teubner,*
	Parey bei Blackwell,	*Ulmer, E.,*
Birkhäuser, Birkhäuser Boston,	*Redline,*	*UTB,*
	Spektrum Akademischer Verlag in Elsevier,	*VDM Verlag Dr. Müller,*
Cuvillier, E,		
de Gruyter,	*Springer Berlin, Springer Italia,*	*Vieweg, F.,*
Harri Deutsch,	*Springer London, Springer Netherland, Springer New York, Springer Paris, Springer Tokyo, Springer US,*	*VWB-Vlg.,*
ecomed,		*Wiley, J,*
Hanser, Carl,		*Wiley-VCH.*
Hüthig Verlag,	*Springer Wien,*	

Die Warengruppen-Systematik 2.0 hat gegenüber der Warengruppen-Systematik bis 2006 die Warengruppen in *6 Naturwissenschaften, Medizin, Informatik, Technik* mit populären Darstellungen in die Hauptwarengruppe *9 Sachbuch* ausgelagert und die Gliederung in etlichen Details optimiert, besonders bei der Medizin. Eine eigene Warengruppe für Computerspiele ist entfallen; diese sind jetzt hauptsächlich in *29* Spielen, Lernen* enthalten. Neu hinzugekommen ist die Warengruppe *663 Stadt-, Raum- und Landschaftsplanung*; das Thema hatte in der Warengruppen-Systematik bis 2006 keinen klaren Platz. Nicht in Ordnung gebracht wurde allerdings der leider ins Gewicht fallende Anteil falscher und inkonsistenter Zuordnungen, krasses Beispiel: ein Titel mit ISBN 978-3-8359-5094-8 über *Blutungen bei Säuglingen* ist in der Warengruppe *698 Veterinärmedizin* eingeordnet. Dadurch wird der Nutzen der Warengruppen-Systematik sowohl für die Recherche wie vor allem für die statistische Kontrolle des Abverkaufs gemindert.

6.1 Die Warengruppe
610 Naturwissenschaften allgemein

Es gibt wenige wissenschaftliche Titel, die thematisch mehr oder minder alle Naturwissenschaften und die technischen Fächer abdecken, und diese sind meistens Lexika oder Handbücher.

Beispieltitel (zugleich als Einführung in die Themen der Hauptwarengruppe *6 Naturwissenschaften, Medizin, Informatik, Technik* empfohlen, z.T. populäre Sachbücher, die besser in die Hauptwarengruppe *9 Sachbuch* gehören):

- *Fischer, Ernst P.: Die andere Bildung. Was man von den Naturwissenschaften wissen sollte, Komplett-Media, 8 CDs*
- *Weizsäcker, Carl F. von: Die Geschichte der Natur, Komplett-Media, 5 CDs*
- *Biographische Enzyklopädie deutschsprachiger Naturwissenschaftler, Saur, K G.*

6.2 Die Warengruppe *620 Mathematik* mit Untergruppen

Die Warengruppe *Mathematik* gehört sowohl der Zahl der lieferbaren Titel als auch der Neuerscheinungen nach (300 bis 500 Neuerscheinungen pro Jahr, darunter nur vereinzelte Taschenbücher) zu den kleineren Warengruppen. Der Durchschnittspreis ist mit 43 € vergleichsweise hoch.

Die Nachfrage kommt keineswegs nur aus dem Studienfach Mathematik (das zu den zwanzig beliebtesten Studienfächern gehört), sondern aus allen technischen, naturwissenschaftlichen und vielen sozialwissenschaftlichen Studiengängen. Überall werden mathematische Methoden angewendet, besonders aus der Analysis und der Stochastik (Wahrscheinlichkeitstheorie und mathematische Statistik). Lineare Algebra und analytische Geometrie werden oft im selben Lehrbuch behandelt.

Schüler an allgemeinbildenden und Berufsschulen finden für sie geeignete Titel überwiegend in der Hauptwarengruppe *8 Schule und Lernen*.

Im Folgenden werden die einzelnen Warengruppen erläutert.

Warengruppe	darin enthaltene Einzelthemen	
621 Allgemeines, Lexika	Allgemeine Formelsammlungen,	Studienführer, Geschichte der Mathematik.
622 Grundlagen	Abstraktion, Beweis, Formalzeichen, Formelsatz, Fuzzy Logic, Fuzzy Sets, Logik,	Mathematische Zeichen und Begriffe, Mengenlehre, Methodik, Prädikatenlogik.
623 Arithmetik, Algebra	Algebra, Arithmetik, Boolesche Algebra, Clifford Algebra, Gruppen,	Lineare Algebra, Lineare Gleichungen, Gleichungssysteme, Rechenarten, Zahlenlehre.

624 Geometrie	Algebraische Topologie, Analytische Geometrie, Differentialtopologie, Darstellende Geometrie, Differentialgeometrie, Euklidische Geometrie,	Geometrie, Graphen, Graphentheorie, Nichteuklidische Geometrie, Projektive Geometrie, Trigonometrie, Topologie.
626 Analysis	Analysis, Calculus, Differentialrechnung, Differenzialrechnung,	Funktionentheorie, Infinitesimalrechnung, Tensoranalysis, Vektoranalysis, -rechnung.
627 Wahrscheinlichkeitstheorie, Stochastik, Mathematische Statistik	Bayes-Statistik, Chaotische Systeme, Clusteranalyse, Faktorenanalyse, Nichtlineare Dynamik, Nichtlineare Systeme, Schließende Statistik, Numerik,	Spieltheorie, Statistische Methoden, Statistische Methodenlehre, Stochastik, Wahrscheinlichkeitsrechnung, Wahrscheinlichkeitstheorie, Zeitreihenanalyse.

6.3 Die Warengruppe *630 Informatik, EDV* mit Untergruppen

Ein Teil der Titel richtet sich an Studierende der Informatik, an Programmierer, System-Administratoren, EDV-Berufe, Web-Master, Web-Designer und andere EDV-Fachleute. Im Vordergrund stehen auf dem Buchmarkt insgesamt und noch viel stärker in allgemeinen Sortimentsbuchhandlungen die zahllosen dicken Handbücher (Handbuch = engl. manual) mit ausführlichen Anleitungen zum Gebrauch der vielen Standardanwendungsprogramme von *Access* bis *Word*, von *Paint Shop Pro* bis *Quark Xpress* und die vielen Bücher, die kochrezeptartig einzelne Anwendungsgebiete ohne allzu engen Bezug zu bestimmten Hard- und Softwareprodukten behandeln, vom Bildschirmschoner über CD-Brennen und Homepage-Gestaltung bis Internet-Telefonie. (Bei einigen Titeln verwenden die Verlage tatsächlich den Ausdruck Kochbuch = cookbook.) EDV-Anwendungen werden heute in wohl allen Berufen, in vielen Branchen und ebenso in der Freizeit gebraucht, seien es Textverarbeitungs-, Kommunikations- oder Grafikprogramme. Gerade diesen Büchern liegt oft eine CD-ROM mit Beispielen oder Trainingsprogrammen bei.

Anleitungen für berufs- oder branchenspezifische Software findet man in der Warengruppe des jeweiligen Anwendungsbereichs, z.B. Anleitungen für Buchhaltungssoftware oder entscheidungsunterstützende Systeme (EDV-basiertes Management) in der Warengruppe *783 Betriebswirtschaft*.

Ferner gehört zur Warengruppe *630 Informatik, EDV* eine Reihe von Titeln, oft Taschenbüchern, die in aktuelle EDV-Themen einführen, z.B. in die faszinierenden Möglichkeiten des Web 2.0. Diese Titel sind als erste Information nützlich, beantworten aber normalerweise nicht die Frage, wie man es macht, weil sie nicht genügend ins Detail gehen.

Bücher über Tools und Utilities (Hilfsprogramme), Tuning (Leistungsverbesserung), Tipps und Tricks (in vielen Titeln noch in alter Rechtschreibung: Tips und Tricks) sowie Troubleshooting (Problembeseitigung) sind in den meisten Warenuntergruppen der Warengruppe *630 Informatik, EDV* enthalten, je nachdem, in welchem Zusammenhang sie verwendet werden sollen, z.B. Tools für das Betriebssystem Linux in *634 Betriebssysteme, Benutzeroberflächen*, für Internet-Telefonie in *637 Internet*.

Mit rund 2.000 Erstauflagen, darunter kaum mehr als 50 Taschenbücher, und über 20.000 lieferbaren Titeln gehört diese Warengruppe zu den großen in der Hauptwarengruppe *6 Naturwissenschaften, Medizin, Informatik, Technik*. Stärker als andere Warengruppen hat *630 Informatik, EDV* eine Affinität zum E-Commerce (Versandbuchhandel auf Basis von Internet-Bestellungen). Der Durchschnittspreis beträgt 38 €.

Neuralgischer Punkt im Sortimentsbuchhandel ist die Beratungskompetenz auch auf diesem Gebiet. In der Kundenberatung muss das Buchhandelspersonal den Kunden fragen, zu welchem Zweck und in welchem Zusammenhang er das gewünschte Buch braucht:

- Wird eine allgemeine Einführung gesucht, die einen Überblick gibt, aber nicht alle Details der praktischen Anwendung behandelt? Dann kann in vielen Fällen ein Taschenbuch aus einer der beiden Reihen *rororo sachbuch – computer* und *...für Dummies* bei *Wiley-VCH* empfohlen werden.
- Wird eine Anleitung für den Gebrauch eines Standardanwendungsprogramms gesucht, die Schritt für Schritt einführt und zugleich dem erfahrenen Nutzer hochspezielle Detailfragen beantwortet? Wichtig für diese Kundengruppe sind folgende Verlage.

C & L,	*Markt & Technik in*	*Microsoft,*
Franzis,	*Pearson Education*	*Sybex.*
Giersig, J,	*Deutschland,*	

- Wird ein Fachbuch für ein EDV-bezogenes Studium oder einen EDV-Beruf gewünscht? Dann sollte, wenn der Kunde keine genauen Angaben des gewünschten Titels hat, vor allem die Produktion der breit sortierten Fach- und Wissenschaftsverlage (z.B. *Harri Deutsch* oder *Springer*) oder einer der EDV-Fachverlage die erste Wahl sein:

Addison Wesley in Pearson	*Galileo Press,*	*SuSE,*
Education Deutschland,	*Hanser, Carl,*	*O'Reilly, O'Reilly &*
dpunkt,	*Smart Books,*	*Associates.*

Sehr viele Titel dieser Warengruppe beziehen sich auf einzelne Hardware- oder Softwareprodukte, also auf einzelne Computertypen oder einzelne Betriebssysteme, Programmiersprachen oder Standardanwendungsprogramme, und erklären, wie diese Produkte funktionieren und wie man mit ihnen umgeht. Besonders beim Besorgungsgeschäft muss das Buchhandelspersonal auf die genauen und vollständigen Produktbezeichnungen achten und ggf. beim Kunden detailliert nachfragen. Wer mit dem Programm *Adobe Acrobat 8* arbeitet, kann mit einem Buch über *Acrobat 6.0 Professional* nichts anfangen. Einen Kunden, der ein Windows-Handbuch sucht, muss man fragen, welches Windows er verwendet: *Windows CE, Windows XP Home Edition, Windows XP Professional, Windows Vista* usw. Die bibliografischen Titeldaten auf der VLB-CD-ROM enthalten jedoch nicht immer die kompletten Angaben. Manchmal hilft es weiter, auf der Homepage des Verlags den Titel zu suchen, weil dort mitunter nicht nur ergänzende Werbetexte stehen, sondern auch detaillierte Angaben zum Buch. Die Schlagwörter im OPAC (Computerkatalog) *Der Deutschen Nationalbibliothek* (www.ddb.de) nennen meistens die vollständigen Produktbezeichnungen bei den einschlägigen Büchern, auch wenn diese im Titel selbst nicht vorkommen. Unter www.deutschesfachbuch.de findet man über die bibliografischen Angaben hinaus u.a. Vorworte, Inhaltsverzeichnisse und Register.

Detailwissen in dieser Warengruppe veraltet ganz besonders rasch. Über die neuesten Trends und Schlagwörter informieren EDV-Zeitschriften; wir empfehlen:

- *Chip* (*Vogel Burda Communications*),
- *PC-Welt* (*IDG Magazine Verlag*),
- *PC Magazin* (*WEKA Computerzeitschriften-Verlag*),
- *Com! Computer-Magazin* (*Neue Mediengesellschaft Ulm*),
- *Internet Magazin* (*WEKA Computerzeitschriften-Verlag*).

Wer in der Warengruppe *630 Informatik, EDV* beraten und das Lager erfolgreich pflegen will, muss regelmäßig mindestens eine dieser Zeitschriften durchsehen. Auch die Zeitschrift *Test* der *Stiftung Warentest* informiert regelmäßig über Hardware-Neuigkeiten, soweit sie für den Privathaushalt von Interesse sind.

Dagegen sind gewisse EDV-Kenntnisse nötig, wenn die Buchhandlung auch die Programmsoftware selbst verkauft (Betriebssysteme, Textverarbeitungs-, Kommunikationsprogramme usw., die heute in der Regel auf DVD ausgeliefert werden und zusammen mit einem Handbuch im versiegelten Karton stecken). Besonders Fachbuchhandlungen und sehr große Sortimentsbuchhandlungen führen nicht selten ein Softwaresortiment. Naturgemäß kann man es vorzugsweise gemeinsam mit den Büchern präsentieren, die Programmsoftware freilich in verschlossenen Vitrinen.

Empfohlene Einführungstitel für diese Warengruppe:

- *Gookin, Dan: PCs für Dummies, WILEY-VCH (... für Dummies)*
- *Gookin, Dan /Hardin Gookin, Sandra: Computerlexikon für Dummies, WILEY-VCH (... für Dummies)*

- Levine, John R /Young, Margaret Levine /Baroudi, Carol: *Internet für Dummies*, WILEY-VCH (*... für Dummies*)

6.3.1 Die Warengruppe
631 Allgemeines, Lexika

Diese Warengruppe enthält vor allem Bücher und Datenträger, die das Thema EDV allgemein behandeln, ohne auf einzelne Computertypen oder Softwareanwendungen einzugehen. Themen und Buchgattungen sind z.B.:

- Nachschlagewerke und Wörterbücher,
- Adressbücher der EDV-Branche,
- Basiswissen und allgemeine Einführungen in das Thema EDV,
- Informationsgesellschaft,
- Computergeneration,
- Berufsbilder und Ausbildung in den EDV-Berufen unterhalb der Hochschulebene (Fachinformatiker/in, Informatikkaufmann / Informatikkauffrau, IT-System-Elektroniker/in, IT-System-Kaufmann / IT-System-Kauffrau). Die Berufsschullehrbücher für diese Berufe findet man wie andere Berufsschullehrbücher in der Warengruppe *830 Berufs- & Fachschulbücher*,
- Cartoons zum Thema Computer.

6.3.2 Die Warengruppe
632 Informatik

Die sehr titelreiche Warengruppe *632 Informatik* nimmt hauptsächlich Lehrbücher der Informatik, der theoretischen Informatik, der technischen Informatik, der Wirtschaftsinformatik und der Telematik auf sowie Fach- bzw. wissenschaftliche Bücher über die mathematischen, methodischen und technisch-theoretischen Fragen bei Datenverarbeitungssystemen. Wichtige Stichwörter:

Artificial Intelligence,
Computational Intelligence,
Datenstruktur,
Informatik,
IT-Projektmanagement,
Programmieren, Programmierung,
Systemanalyse,

Softwareentwicklung, Software-Entwicklung,
Softwareerstellungsverträge,
Software-Qualitätsmanagement, Qualitätssicherung,
Telematik,
Wirtschaftsinformatik.

6.3.3 Die Warengruppe
633 Programmiersprachen

Außer um Programmiersprachen geht es in dieser Warengruppe auch um Skriptsprachen (die für Internet-Anwendungen wichtig sind) und Seitenbeschreibungssprachen (die die formalen Kriterien für das Aussehen von Dokumenten im World Wide Web und anderen elektronischen Publikationen festlegen) sowie um Datenbankabfrage-Sprachen, ferner um Compiler (Programme, die vom Menschen in einer höheren Programmiersprache geschriebene Computerprogramme in die Maschinensprache umwandeln, die der Computer verarbeiten kann). Das Buchhandelspersonal sollte die Namen der gängigsten Sprachen kennen, um Kunden gezielt in die EDV-Abteilung leiten oder bei der Recherche nach geeigneten Titeln am Bildschirm beraten zu können. Stärker gefragt als Bücher über höhere Programmiersprachen sind Bücher über Skript- und Seitenbeschreibungssprachen; man braucht sie, um Internetauftritte zu gestalten und zu organisieren (HTML, DHTML, JavaScript, VBScript, ASP, CSS, Perl, CGI, PHP, XML u.a. Über diese findet man Titel auch in der Warengruppe *637 Internet*). Die häufigsten Sprachen sowie weitere wichtige Stichwörter aus dieser Warengruppe sind in der folgenden Tabelle aufgeführt.

ActiveX,	JCL, Job Control Language,	QBASIC,
Apple Script, Applescript,	JPlusplus,	Quick basic,
ASP,	Lingo,	REXX,
Assembler,	LISP,	SGML,
BASIC,	MFC, Microsoft Foundation Classes,	Tcl,
C++,		Tk,
CGI,	MODULA,	Turbo Assembler,
COBOL,	MUMPS,	TURBO-C,
CSS,	Oberon,	TURBO-PASCAL,
Delphi,	Object Pascal,	SQL,
DHTML,	PASCAL,	VBA, Visual Basic for Applications,
FORTH,	Perl,	
FORTRAN,	PHP,	VBScript,
HTML,	Power Builder,	Visual Basic,
Javascript,	Programmiersprachen,	Visual C plus plus,
	PROLOG,	Visual J plus plus,
	Python,	VRML,
		XML.

Auch hier muss man auf Versionsbezeichnungen achten (z.B. HTML 4).

Bücher über Programmierung (= Programmieren) ohne oder mit nur beispielhaftem Bezug zu einer bestimmten Programmier- bzw. Skriptsprache findet man überwiegend in der Warengruppe *632 Informatik*.

6.3.4 Die Warengruppe
634 Betriebssysteme, Benutzeroberflächen

In dieser Warengruppe stehen vor allem Bücher, in erster Linie Handbücher, Einführungen und Anleitungen, über jeweils ein bestimmtes Betriebssystem und seine

Benutzeroberfläche. Die potenzielle Kundengruppe ist kleiner als die Zielgruppe der Warengruppe *635 Anwendungs-Software*.

Daneben behandelt eine kleinere Zahl Titel mehrere Betriebssysteme vergleichend oder Betriebssysteme und Benutzeroberflächen allgemein und setzt den Leser instand, zwischen verschiedenen Betriebssystemen auszuwählen. Diese Titel richten sich praktisch allein an Systemadministratoren und Netzwerkspezialisten.

Am weitesten verbreitet und im Home-Bereich absolut dominierend sind die Betriebssysteme und Benutzeroberflächen der Windows-Familie. Das überlegene Betriebssystem Unix, das Systemadministratoren bei Netzwerken bevorzugen, und das weit gehend kompatible und auch auf PCs lauffähige Linux sind besonders im professionellen Bereich verbreitet. Da Linux Public Domain Software ist (kostenlos erhältliche Software, dessen Urheber auf den Urheberrechtsschutz freiwillig verzichtet hat), bekommt der Kunde – anders als bei allen anderen Büchern über Betriebssysteme – auf der dem Linux-Buch beiliegenden CD-ROM manchmal nicht nur ein Hilfsprogramm oder das Handbuch selbst, sondern auch eine Version des Betriebssystems.

Erwähnenswerte Stichwörter aus dieser Warengruppe sind:

AIX UNIX,	LINUX,	OS/2,
Betriebssystem,	Mac OS,	OSF/Motif,
DOS,	Macintosh,	Solaris,
Gnome,	Motif,	UNIX,
KDE,	MVS,	Windows.

6.3.5 Die Warengruppe
635 Anwendungs-Software

In dieser titelreichen Warengruppe stecken:

- Anleitungen zur Installation und Verwendung der zahlreichen Standardanwendungsprogramme. Es geht vor allem um folgende Anwendungen:
  - Adressverwaltung,
  - Bildbearbeitung,
  - CAD (computer aided design = technisches Zeichnen und Konstruieren mit dem Computer statt mit Lineal und Zeichenbrett),
  - Datenbanken,
  - DTP (desk top publishing = Gestaltung von Flyern, Büchern usw.),
  - Grafikprogramme, Grafikerstellung, Grafikherstellung,
  - Präsentationssoftware,
  - Tabellenkalkulation,
  - Textverarbeitung,
  - Webdesign.

Diese Titel beziehen sich fast immer auf ein bestimmtes Softwareprodukt; man muss also auf die Versionsbezeichnung achten. Ein Teil dieser Titel wird mit oder überhaupt nur auf CD-ROM geliefert. Die CD-ROM-

Ausgaben haben teilweise die Form von Trainingsprogrammen oder Lernsoftware.

Aber Publikationen über Anwendungssoftware für Datenkommunikation, für Netze und Mailboxen stecken in der Warengruppe *636 Datenkommunikation, Netzwerke*; Publikationen über Anwendungen in speziellen Bereichen wie berufs- oder branchenspezifische Software sind in der Warengruppe des jeweiligen Anwendungsbereichs enthalten, z.B. Anleitungen für Buchhaltungssoftware in der Warengruppe *783 Betriebswirtschaft*.

- CD-ROMs voller
  - o Cliparts und Icons (Bilder, Grafiken und Cartoons, die man in eigene Anwendungen hineinkopieren kann),
  - o Vorlagen (z.B. Formulare, Musterbriefe oder Visitenkarten-Muster für Textverarbeitung und Tabellenkalkulation),
  - o Fonts (Schriften, die man zusätzlich zu den Schriften, die bei Textverarbeitungs- und Grafikprogrammen im Lieferumfang enthalten sind, installieren kann),
  - o Shareware- und Public-Domain-Programme u.ä.

Wichtige Stichwörter und Produktbezeichnungen der Standardanwendungsprogramme sind (hier ohne die Versionsbezeichnungen aufgelistet):

Access,	Flash,	PageMaker,
Adobe Acrobat,	Foto, Fotos,	Palm-Programme,
Adobe After Effects,	Frontpage,	Photo, Photos,
Adobe InDesign,	INFORMIX,	Photoshop, Adobe Photo-
AutoCAD,	Illustrator, Adobe Illus-	shop,
Corel Draw, Corel-	trator,	PowerPoint, Power Point,
Draw,	LaTex,	PublicDomain,
Datenbanken,	Macintosh,	Quick Books,
DB2,	Macromedia Director,	SAP,
dBase,	Microstation,	Shareware,
Desktop Publishing,	Movie, Movies,	Spracherkennung,
Dreamweaver, Mac-	Musci,	SQL,
romedia Dream-	MySQL,	TEX,
weaver,	Office, Microsoft Of-	Tools,
DTP,	fice,	Utilities,
Excel,	OpenOffice,	Video,
Filemaker Pro,	ORACLE,	Word,
Film,	Outlook, Microsoft	WordPerfect, Word Perfect.
	Outlook,	

231

6.3.6 Die Warengruppe
636 Datenkommunikation, Netzwerke

Die Warengruppe enthält Fachbücher über Anwendungssoftware für das Arbeiten in Netzwerken (Network-Computing) ebenso wie für spezielle Netzwerk-Betriebssysteme und Hardware-Elemente und -Standards für Netzwerke. Die Stichwörter zeigen auch den hohen Anteil englischsprachiger Fachliteratur auf dem deutschen Buchmarkt. Zielgruppe sind hauptsächliche Netzwerkadministratoren. Wichtige Stichwörter sind:

ASP.NET,	Middleware,	Samba,
CISSP,	Mobile Kommunikation,	SAP,
Data Communication,		Server,
Distributed Computing,	NetWeaver,	Ubiquitous Computing,
Exchange Server,	Network, Networking,	VMware,
GRID Computing,	Netzwerk, Netzwerken,	Wireless Communication,
LAN,	Netzwerk-	
Linux,	Administration,	WLAN,
Microsoft-Netzwerk,	Peer-to-Peer-Netzwerke,	Workgroup-Computing.

6.3.7 Die Warengruppe
637 Internet

Hier findet man Fachbücher und Anleitungen über Internet-Anwendungen, World Wide Web, die immer wichtiger werdenden kommunikativen Web-2.0-Technologien, die Gestaltung von Internet-Seiten, für Webdesign und Webpublishing. Bücher über Software für Website-Gestaltung und –organisation, z.B. *Dreamweaver* oder *FrontPage*, sind überwiegend in *635 Anwendungs-Software* enthalten.

Ferner enthält die Warengruppe Fachbücher und Anleitungen für Skript- und Seitenbeschreibungssprachen, die man ebenso in Warengruppe *633 Programmiersprachen* findet. Schließlich enthält die Warengruppe CD-ROMs voller Muster-Homepages und Web-Effekte, die man herauskopieren, mehr oder minder verändern und als eigene Internet-Seiten verwenden kann.

Wichtige Stichwörter, teilweise Produktnamen von Software, sind:

Ajax,	Mozilla,	Usability,
ASP.NET,	Ontology, Ontologies,	Videoblogging,
ATM,	PHP,	Web, Web-2.0-
Blog, Blogging,	Podcasting,	Anwendungen, Web-
CSS,	Ranking,	anwendungen, Web-
DHTML,	Semantic Web,	Anwendungen, Web-
DotNetNuke,	Social Software,	Applikation,
Firewall, Firewalls,	Social Tagging,	Webdesign, Web-
Firefox,	Suchmaschinen, Such-	Design,
Flash,	maschinenoptimie-	Weblog,
HTML,	rung, Suchmaschinen-	Website...,
Internet,	Optimierung,	Wiki, Wikis,
JavaScript,	TYPO3,	XHTML,
Joomla!,	TypoScript,	XML.

6.3.8 Die Warengruppe
638 Hardware

Im Mittelpunkt der Nachfrage stehen Bücher über einzelne Hardware-Elemente, mit denen man Funktionen und Leistungskraft seines PCs erweitern (upgraden) kann, sowie Anleitungen, damit der Kunde den Funktionsumfang seines Gerätes ausschöpfen kann. Wichtige Stichwörter in dieser Warengruppe sind:

BlackBerry,	Mikrocontroller,	Rechnerarchitektur,
Hardware,	Mikroprozessor,	Speicher,
iPod, iTune,	Notebook,	Treiber,
Mac, Macintosh,	Playstation,	Xbox.

6.4 Die Warengruppe
640 Physik, Astronomie mit Untergruppen

Die der Zahl der Titel wie der Zahl der Neuerscheinungen nach kleine Warengruppe (rund 500 Erstauflagen pro Jahr) enthält hauptsächlich Lehrbücher und Aufgabensammlungen für das Hochschulstudium in Physik, die zu den zwanzig am häufigsten gewählten Fachrichtungen gehört, in den technischen Fächern sowie Fachbücher für Ingenieure und wissenschaftliche Bücher für Physiker. Der hohe Durchschnittspreis von rund 40 € bewegt sich auch im Gefüge der im Vergleich zu anderen Hauptwarengruppen recht hochpreisigen naturwissenschaftlich-technischen Fachliteratur weit oben. Jeder Student eines der technischen und anderen naturwissenschaftlichen Fächer, auch Mediziner und Pharmazeuten, müssen sich eingehend mit Physik befassen. Der überwiegende Teil der Titel ist auf Englisch.

Einführungstitel zur Warengruppe:

- *Rauner, Max /Jorda, Stefan: Big Business und Big Bang. Berufs- und Studienführer Physik, WILEY-VCH*
- *Rybach, Johannes: Physik für Bachelors, Hanser, Carl*

Schülerwissen über Physik findet man in der Warengruppe *8 Schule und Lernen*. Die folgende Tabelle zeigt im Überblick die Themen der Untergruppen.

Warengruppe	darin enthaltene Einzelthemen	
641 Allgemeines, Lexika	Aufgabensammlungen, Formelsammlungen, Geschichte der Physik,	Lexika, Hochschul-Lehrbücher für Physiker und Studierende anderer Fächer.
642 Mechanik, Akustik	Aggregatzustände, Akustik, Kraft, Masse,	Mechanik, Schall, Schwingungen, Strömungslehre.
643 Elektrizität, Magnetismus, Optik	Elektrizität, Elektromagnetismus, Holographie, Laser,	Licht, Magnetismus, Optik, Optische Täuschung.
644 Thermo-dynamik	Thermodynamik,	Wärmelehre.
645 Atomphysik, Kernphysik	Atom, Atomphysik, Festkörperphysik, Kristallphysik,	Plasmaphysik, Quantenphysik, Tieftemperaturphysik.
646 Theoretische Physik	Elektrodynamik, Quantenmechanik, Quantenphysik,	Quantentheorie, Relativitätstheorie, Theoretische Physik.
647 Astronomie	Astrobiology, Astrochemistry, Astronomy, Astrophysics, Cosmology, Dark Matter, Galaxies, Galaxy, Gravitation, Himmelsjahr, Kosmos, Kosmologie, Observatories, Observatory,	Planet, Planetarium, Plane-tary, Planeten, Planets, Plasma, RedShift, Sonne, Sonnensystem, Solar System, Space, Stars, Sterne, Sternen-Atlas, Sternenhimmel, Universe, Universum, Weltall.

6.5 Die Warengruppe *650 Chemie* mit Untergruppen

Die Warengruppe *650 Chemie* ähnelt hinsichtlich ihrer Buchmarkt-Struktur der Warengruppe *640 Physik*: Sie enthält hauptsächlich Lehrbücher für das Studium an Universitäten und Fachhochschulen, wo die chemischen Fächer zu den zwanzig beliebtesten Studiengängen gehören, sowie Fachbücher für Chemie-Ingenieure und Verfahrenstechniker sowie wissenschaftliche Bücher für Chemiker, ferner grundlegendes Chemie-Wissen für Studenten anderer ingenieur- und naturwissenschaftlicher Studiengänge (Chemie für Mediziner, Biologen, Pharmazeuten, für Ingenieure, für Verfahrenstechniker). Jährlich erscheinen rund 250 Titel, lieferbar sind etwa 7.000 – eine der kleinen naturwissenschaftlich-technischen Warengruppen. Die Dominanz dieser Nachfrage mit vielen hochspeziellen Titeln in kleiner Auflage führt dazu, dass die Warengruppe *650 Chemie* im Preisspektrum besonders weit oben angesiedelt ist: Mit einem Durchschnittspreis von 44 € gehört sie zu den teuersten Warengruppen überhaupt.

Eine umfangreiche Titelgruppe machen spezielle Fach- und wissenschaftliche Bücher für Chemiker, Verfahrensingenieure und Chemie-Ingenieure in den Forschungsabteilungen der chemischen und keramischen Industrie aus. Für diese Zielgruppe steckt viel anwendungsbezogene technische Fachliteratur, z.B. über Kunststofftechnik, auch in der Warengruppe *687 Chemische Technik*.

Das Fachgebiet Chemie ist reich an Lexika und Handbüchern, die u.a. über die Eigenschaften der mehr als fünf Millionen bisher bekannten chemischen Verbindungen informieren. Beispieltitel, man beachte die Preise:

- *Römpp CD 2006 - Ihre persönliche Enzyklopädie. Kompletter Datenbestand der erfolgreichen Online-Version mit den Fachgebieten Chemie (incl. Lacke und Druckfarben), Biotechnologie und Gentechnik, Lebensmittelchemie, Naturstoffe sowie Umwelt, Thieme (Thieme CD-ROM), EUR[D] 1.299,00 fPr*
- *Ullmann's Encyclopedia of Industrial Chemistry. Electronic Release 2007, WILEY-VCH, 1 DVD, EUR[D] 957,00 fPr*

Wichtig sind bei der Chemie Bücher über die chemische Nomenklatur, d.h. die Namengebung für chemische Verbindungen. Sie wird durch Fachgremien international einheitlich festgelegt und weicht z.T. erheblich von den in der Alltagssprache üblichen Trivialnamen ab (z.B. Cyanwasserstoff für Blausäure).

In noch stärkerem Maß als bei der Physik publizieren auch die deutschen Verlage die chemischen Fach- und wissenschaftlichen Bücher auf Englisch für den internationalen Markt. Hintergrund ist auch die im internationalen Vergleich starke Stellung der chemischen Forschung und der chemischen Industrie in Deutschland und in der Schweiz.

Die Tabelle nennt wichtige Themen der Untergruppen.

Warengruppe	darin enthaltene Einzelthemen	
651 Allgemeines, Lexika	Aufgabensammlungen, Formelsammlungen, Hochschul-Lehrbücher, Lexika,	Periodensystem der Elemente (auch als Plakat).
652 Theoretische Chemie	Analytical Chemistry, Analytiker Taschenbuch, Chromatography, Electrochemistry,	Labormethoden, Mass Spectrometry, Molecular Modelling, Quantitative Analyse, Spectroscopy.
653 Anorganische Chemie	Anorganische Chemie, Anorganische Synthese, Biomineralization, Inorganic Chemistry, Metalle,	Nichtmetalle, Nichtmetallchemie, Übergangsmetalle, Übergangsmetallverbindungen.
654 Organische Chemie	Asymmetric Synthesis, Biochemistry, Carbon-Heteroatom, Catalysis, Copolymers, Festphasensynthese, Katalysatoren, Ketenes, Ketones, Nanoparticles, Nanostructure, Organic Chemistry,	Organische Chemie, Organocatalysis, Organometallic Chemistry, Polymer, Polymere, Polymers, Polymerchemie, Polymerisation, Polymerization, Spektroskopie, Synthese, Synthesis, Totalsynthese.
655 Physikalische Chemie	Chemical Physics, Elektrochemie, Electrochemistry, Nuclear Chemistry, Photochemistry,	Physikalische Chemie, physikalische Methoden, Radioanalytical Chemistry.

6.6 Die Warengruppe
660 Geowissenschaften mit Untergruppen

Hier geht es um die Erde und ihre Länder, Landschaften und Völker, also um Länder- und Landeskunde, weiterhin um die Kräfte, die die Erdkruste gestalten, um Minerale und Bodenschätze, um die Meere, um Erdgeschichte und Vermessungskunde sowie schließlich um Wetter und Klima. Geowissenschaftler sind immer dann gefragt, wenn es um die Untersuchung von Altlasten im Boden, um Bodenerosion oder um die Frage geht, ob ein bestimmter Untergrund zum Bebauen oder für Tunnels und Tiefgaragen geeignet ist. Vermessungsingenieure (Geodäte, Geometer) liefern aufgrund von Vermessungen die Daten, aus denen Kartografen Land- und Katasterkarten fertigen. (Übrigens: Die beliebte Publikumszeitschrift *Geo* deckt thematisch große Teile der Geowissenschaften, vor allem aber der Naturwissenschaften insgesamt ab!) Vermessungskunde für Architekten und Bauingenieure findet man in der Warengruppe *685 Bau- und Umwelttechnik*.

Naturgemäß behandeln etliche Titel der Warengruppe *660 Geowissenschaften* ihr Thema in regionaler Hinsicht, z.B. Gletscher im zentralen Kaukasus oder Grundwasser im schwäbischen Donautal. Die Namen der Länder, Regionen und Gewässer listen wir jedoch bei der Charakterisierung der Warengruppen nicht auf.

Im Vergleich zu den anderen Warengruppen innerhalb der Hauptwarengruppe *6 Naturwissenschaften, Medizin, Informatik, Technik* ist diese Warengruppe relativ klein, sowohl der Zahl der Neuerscheinungen wie auch der Zahl der lieferbaren Titel nach. Sie besteht weit gehend aus Fach- und wissenschaftlichen Büchern und CD-ROMs sowie aus Hochschullehrbüchern. Eine Lagerhaltung ist bei diesen nur auf der Basis der Nachfrage aus einschlägigen Studiengängen (Geografie, Geologie, Geophysik), Instituten (u.a. Landesvermessungs- und geologischen Ämtern) und Ingenieurbüros wirtschaftlich leistbar.

Warengruppe	darin enthaltene Einzelthemen	
661 Allgemeines, Lexika	Bioklima, Bodenerosion, Kartographie, Klima, -geschichte,	Klimaforschung, Klimasystem, Länderlexikon, Ozonloch.
662 Geographie	Bioklima, Bodenerosion, Erde, Geodäsie, Geomorphologie, Geographie, Kartographie, Klima, Klimate,	Klimatologie, Länderkunde, Landeskunde, Ozeanografie, Sozialgeographie, Vermessungskunde, Wirtschaftsgeographie, Wetter.
663 Stadt-, Raum- und Landschafts- planung	Landschaftsentwicklung, Landschaftsmanagement, Landschaftsstruktur, Nachhaltigkeit, Nutzungsplanung, ÖPNV, Raumentwicklung, Raumplanung ,	Regionalentwicklung, Siedlungsentwicklung, Siedlungsplanung, Städtebau, Stadtentwicklung, Stadtentwicklungs- planung, Stadtpla- nung.
665 Geologie	Altlasten, Ammoniten, Boden, Bodenerosion, Bo- denkunde, Bodenphysik, Eiszeit, Eiszeitalter, Erdbeben, Erdgeschichte, Fossilien,	Geodynamik, Geologie, Geologischer Führer, Geomorpologie, Geophysik, Minerale, Mineralien, Quartär, Quartärgeolo- gie, Versteinerungen.
666 Palä- ontologie	Ammoniten,	Fossilien, Paläontologie.
667 Mineralogie, Petrografie	Erdgas, Erdöl, Fossilien, Kristalle, Lagerstättenkunde,	Minerale, Mineralien, Petrografie, Petrogra- phie, Petrologie, Versteinerungen.
669 Sonstiges	Atmosphäre, Glaziologie, Gletscher, Hydrologie, Klima*, Klimatologie,	Meereskunde, Meteorologie, Ozeanographie, Wetter.

6.7 Die Warengruppe
670 Biologie **mit Untergruppen**

Biologie, auch Biochemie und Biotechnologie sind beliebte Studienfächer an Universitäten und Fachhochschulen. Die Entwicklung der Genetik und der Biotechnologie, deren Anwendung in Landwirtschaft, Ernährung und Gesundheitswesen oft als bedeutende Wirtschaftsbranche der Zukunft angesehen wird, hat der biologischen Forschung erhebliche Mittel zugeführt und die Nachfrage nach biologischer Fachliteratur ausgeweitet. Mit über 13.000 lieferbaren Titeln und rund 700 Neuerscheinungen gehört die Warengruppe zu den größeren innerhalb der Hauptwarengruppe *6 Naturwissenschaften, Medizin, Informatik, Technik*. Taschenbücher erscheinen weniger als im Durchschnitt. Das Preisniveau ist mit durchschnittlich über 30 € erheblich höher als im Durchschnitt aller Hauptwarengruppen.

Schülerwissen über Biologie holt man am besten aus der Hauptwarengruppe *8 Schule und Lernen*.

Beispieltitel zur Einführung in Themen der Warengruppe *670 Biologie*:

- *Engeln, Henning: Wir Menschen. Woher wir kommen, wer wir sind, wohin wir gehen, Eichborn*
- *Schmid, Rolf: Taschenatlas der Biotechnologie und Gentechnik, WILEY-VCH*
- *Zankl, Heinrich: Genetik. Von der Vererbungslehre zur Genmedizin, Beck, C H (Beck'sche Reihe 2094)*

Warengruppe	darin enthaltene Fragestellungen	
671 Allgemeines, Lexika	Abstammung, Anthropologie, Arten, Aufgabensammlungen, Bioinformatik, Biologie, Biology, Biologie des Menschen, Biotechnologie,	Chemotaxonomie, Evolution, Fachwörterbuch, Geschichte der Biologie, Hochschul-Lehrbücher, Humanbiologie, Leben, Lexika, Verhalten, Verhaltenslehre.

672 Mikro-biologie	Aminosäuren,
	Bacteria, Bacteriology,
	Cell, Cell Biology,
	Cytologie,
	DNA,
	Enzyme, Enzymology,
	Evolution,
	Genetics,
	Mikrobiologie,
	Mikroorganismen,
		Molecular Cell Biology, Mo-lecular Virology,
		Molekularbiologie, molekulare
		  Biologie, molekulare Zell-
		  biologie,
		Proteine, Proteins,
		RNA,
		Stem Cell,
		Zelle, Zellen, Zellenlehre,
		  Zellbiologie.

673 Botanik	Algae, Algen,
	Atlas, Verbreitungsatlas,
	  Bildatlas,
	Bäume,
	Bestimmen, Bestim-
	  mungsbuch, Bestim-
	  mungshilfe,
	Biodiversity,
	Bioindikationsverfahren,
	Blütenpflanzen,
	Botanik,
	Exkursionen, Exkursions-
	  flora,
		Farnpflanzen,
		Flechten,
		Flora,
		Gefäßpflanzen,
		Gräser,
		Kakteen,
		Koniferen, Zierkoniferen,
		Nutzhölzer,
		Pflanzen, Pflanzenphysiologie,
		Phytopathologie,
		Pilze,
		Vegetation,
		Wasserpflanzen.

674 Zoologie	Affen,
	Amphibien,
	Atlas, Verbreitungsatlas,
	  Bildatlas,
	Bestimmungsbuch,
	Delphine, Delfine,
	Exkursionen, Exkursions-
	  fauna,
	Fauna,
	Fische,
		Insekten,
		Katzen,
		Säugetiere,
		Schlangen,
		Spinnen,
		Tiere,
		Verhalten (einzelner Arten),
		  Verhaltensforschung,
		Vögel,
		Wale.

675 Biochemie, *Biophysik*	Bioanalytik, Biochemie, Biochemistry, Biophysics, Biophysik,	Biotechnologie, Labormethoden, Zoological Physics.

676 Ökologie	Artenschutz, Artenviel-
	  falt,
	Biotope, Biotopschutz,
	  Biotoppflege,
	Environmental Science,
	Gefährdete Arten, Pflan-
	  zen, Tiere,
		Humanökologie,
		Hydrobiologie,
		Meeresbiologie,
		Ökologie,
		Ökosysteme,
		Ökotoxikologie,
		Rote Liste.

677 Genetik, Gentechnik	Biotechnologie, Biotech- nology, DNA, Enzyme, Gene, Genom, Genome, Genomics, Genetik, Genetics, Genetischer Code,	Gentechnik, Gentechnologie, Grüne Gentechnik, Humangenetik, Industrial Enzymes, Mikroorganismen, Molekulargenetik, Proteine, Vererbung.
678 Landwirt- schaft, Gar- tenbau, Forst- wirtschaft, Fi- scherei, Er- nährung	Ackerbau, Artgemäß*, Biologischer Landbau, Fischerei, Floristik, Forstwirtschaft, Gartenbau, Geflügelhaltung, -wirtschaft, Landwirtschaft, Nutztierhaltung, -rassen,	Obstbau, -most, -schädlinge, -sorten, Ökologischer Landbau, Pflanzenbau, Pflanzenschutz, Rind, Rinder, -fütterung, -mast, -zucht, Schafhaltung, -zucht, Schweine, -fütterung, -mast, -produktion, -zucht, Tierhaltung, Wald, Waldbau, Waldschäden, Weinbau.
679 Sonstiges	Verhaltensbiologie.	

Die zahlreichen Namen der Tier- und Pflanzenfamilien, -Gattungen -Arten und weiteren Organismengruppen, über die der Buchmarkt Publikationen bereithält, darunter auch außerordentlich spezielle Bücher und CD-ROMs, etwa über North Australian Sea Cucumbers (Seegurken) oder über Kriebelmücken, können hier nicht aufgezählt werden. Häufiger gefragt wird nach Bestimmungsbüchern, Verbreitungsatlanten und Büchern für Exkursionen hinsichtlich der Flora und Fauna. Bestimmungsbücher für Nicht-Biologen findet man in der Warengruppe *422 Naturführer*, Bücher über Gartenpflanzen und Balkonblumen in *421 Garten*, über Haustiere in *424 Hobbytierhaltung*.

6.8 Die Warengruppe *680 Technik* mit Untergruppen

Mit etwa 3.000 Erstauflagen pro Jahr ist die Warengruppe Technik nach der Medizin die zweitgrößte innerhalb der Hauptwarengruppe *6 Naturwissenschaften, Medizin, Informatik, Technik*. Nach der Zahl der lieferbaren Titel – über 25.000 – gehört die Warengruppe *680 Technik* mit ihren Untergruppen zu den umfangreichsten überhaupt. Technisches Wissen ist fast durchgängig hochspeziell und auf eine riesige Fülle von Details ausgerichtet. Der Anteil der Taschenbücher ist verschwindend klein. Der Durchschnittspreis liegt zwischen 35 und 40 €; über die Hälfte der Titel kostet mehr als 50 €.

Insgesamt, aber keineswegs in jeder Sortimentsbuchhandlung, stehen bei dieser Warengruppe im Vordergrund:

- Fachbücher und CD-ROMs für Techniker, Handwerker, Ingenieure, z.B. Anleitungen für Messungen mit Oszilloskopen oder Fachbücher über Eigenschaften und Einsatz von Faserverbundwerkstoffen.
- Lehrbücher für technologische Hochschulfächer wie Bauingenieurwesen, Elektrotechnik, Lebensmitteltechnologie, Maschinenbau, Chemieingenieurwesen, Umwelttechnik, Verfahrenstechnik. Die ingenieurwissenschaftlichen Studiengänge gehören zu den Massenfächern an den Hochschulen und erzeugen eine kräftige Nachfrage bei Buchhandlungen, die sich in Hochschulnähe einschlägig profilieren. (Trotzdem gibt es in Deutschland zu wenig Ingenieure!)
- Formel- und Normensammlungen, technische Richtlinien.

Daneben gibt es zahlreiche Titel, die technisches Wissen für die Verwendung außerhalb beruflicher Zwecke enthalten und in diesem Sinn keine ausgesprochene Fachliteratur darstellen, aber teilweise doch beträchtliche technische Kenntnisse voraussetzen, vor allem Anleitungen für Selbstbau und Reparatur von technischen Geräten oder beispielsweise die Installation von Solaranlagen auf dem eigenen Hausdach.

Eine Reihe von Themen, die man in den Warengruppen *68* Technik* vermuten könnte, findet man in anderen Warengruppen:

- Fotografieren, Filmen, Videofilmen, Kameras: *415 Fotografieren, Filmen, Videofilmen,*
- Heimwerken: *418 Heimwerken, Do it yourself,*
- Kraftfahrzeuge: *432 Auto, Motorrad, Moped,*
- Fahrräder: *433 Fahrrad,*
- Nutzfahrzeuge, Feuerwehrfahrzeuge: *434 Nutzfahrzeuge,*
- Eisenbahn: *435 Schienenfahrzeuge,*
- Schiffe, Boote: *436 Schiffe,*
- Flugzeuge: *437 Flugzeuge, Raumfahrt,*
- Computer-Hardware: *638 Hardware,*
- Technikfolgenabschätzung, Technikfolgenbeurteilung, Technikfolgenforschung: Die wenigen Titel sind hauptsächlich der Warengruppe *681 Technik - Allgemeines, Lexika,* teils verschiedenen Warengruppen in *73* Politikwissenschaft* zugeordnet.

Wichtige Verlage für die Warengruppen *68* Technik* sind die Verlage, die für die Hauptwarengruppe *6 Naturwissenschaften, Medizin, Informatik, Technik* insgesamt bedeutsam sind, und ferner mit einem Schwerpunkt bei der technischen Fachliteratur die folgenden:

Beuth,	Hüthig Verlag,	Vieweg, F,
expert.,	Teubner,	Vogel Würzburg,
Franzis,	VDE,	Vulkan,
	VDI,	WEKA media.

Folgende Verlage haben Schwerpunkte bei bestimmten Warengruppen:

- *686 Bau- und Umwelttechnik*:
  Bauwerk,
  Huss-Medien,
  IRB Verlag.
  Der größte Teil der Fachliteratur über Bautechnik erscheint aber in den leistungsstarken technischen Fachverlagen wie *Teubner*, *WEKA media* oder *Vieweg, F.*
- *687 Chemische Technik*: *Behr's Verlag* hat sich auf Fachbücher für Gastronomie, Hotellerie und Lebensmitteltechnik spezialisiert.

Eine überragende Tiefe des Lagers bei den Warengruppen *68* Technik* haben technische Fachbuchhandlungen (oft als Versandbuchhandlung), während im allgemeinen Sortiment technische Fachliteratur weit gehend aufgrund von Kundenbestellungen besorgt wird.

Normen

Im *Beuth-Verlag* erscheinen die für Technik und Handwerk, auch für die Wirtschaft außerordentlich wichtigen DIN-, ISO- und weiteren Normen und technischen Regeln. In seiner Reihe *DIN-Taschenbuch* ist pro Titel jeweils eine Gruppe von Normen, z.B. für den Schallschutz im Hochbau, abgedruckt. Die Reihen *Beuth-Kommentar* und *Beuth Praxis* enthalten Kommentierungen und lehrbuchartige Darstellungen der Normen.

Der *Beuth-Verlag* vertreibt als Tochtergesellschaft des *DIN Deutsches Institut für Normung* in Kooperation mit der *ISO International Organization for Standardization* technische Normen und Regeln auch einzeln. Die ziemlich teuren einzelnen deutschen und ausländischen Normen und technischen Regeln sind nicht im VLB gelistet, sondern im *DIN-Katalog* des *Beuth-Verlags* mit Inhaltsbeschreibungen (gedruckt, auf CD-ROM und kostenpflichtig unter www.din-katalog.de). Eine Suche nach Nummern der Normen und nach Stichwörtern, ferner die Bestellung beim Verlag sowie der kostenpflichtige Download von Normen ist auch unter www.beuth.de möglich; Inhaltsverzeichnisse der Normen kann man online kostenlos einsehen. Dort findet man auch die genaue Auflistung, welches *DIN-Taschenbuch* welche DIN-Normen enthält, was aus den Titelangaben im VLB nicht hervorgeht. Die umgekehrte Frage (In welchem *DIN-Taschenbuch* ist DIN 12345 abgedruckt?) beantwortet *DIN-Normen in DIN-Taschenbüchern. Tl 2. Nach DIN-Normen geordnet. Beuth (INFO-Dienst).*

Etwa 50 Buchhandlungen halten das gesamte Taschenbuch-Programm des *Beuth-Verlags* ständig am Lager (Buchdepots); ein Drittel davon tritt zusätzlich als Normenagentur auf, die spezielle Beratung geben kann. Etwa ebenso viele öffentliche Einrichtungen (Hochschulbibliotheken, Technologie-Beratungsstellen u.ä.) fungieren als Normenauslegestellen, die das vollständige Deutsche Normenwerk zur Einsicht bereithalten (Adressen der Buchdepots, Normenagenturen und -auslegestellen unter www.beuth.de).

Beispieltitel als Einführung in Themen der Warengruppe:

- *Kunststück Innovation. Praxisbeispiele aus der Fraunhofer-Gesellschaft, Springer Berlin*
- *Alltag der Zukunft - Informationstechnik verändert unser Leben. Tagung - Workshop – Ausstellung, Schöningh Paderborn (Paderborner Podium 3).*

6.8.1 Die Warengruppe
681 Allgemeines, Lexika

Im Mittelpunkt dieser Warengruppe stehen hauptsächlich Bücher und CD-ROMs über die gesamte Technik bzw. Technologie oder mehrere Teilgebiete, die sich an Techniker, Ingenieure, Studenten naturwissenschaftlich-technischer Fächer richten. Im Einzelnen spielen eine große Rolle:

- Lexika und Handbücher über die gesamte Technik bzw. Technologie,
- Aufbau-Sprachkurse, die auf guten allgemeinen Kenntnissen der Fremdsprache aufsetzen und technischen Fachwortschatz und Formulierungen für technische Berufe vermitteln,
- Fachwörterbücher,
- Darstellungen der Technikgeschichte,
- Normen- und Formelsammlungen,
- Lehrbücher der Mathematik und Statistik für Ingenieure. Diese findet man aber auch in der Warengruppe *621 Allgemeines, Lexika* bei der Mathematik.

Warengruppe	darin enthaltene Einzelthemen (Bei den Stichwörtern mit * empfiehlt sich besonders die trunkierte Recherche):	
681 Allgemeines, Lexika	Aufgabensammlungen, Fachwörterbuch, □ Lexikon, Mathematik für Ingenieure,	Normen- und Formelsammlungen, Sprachkurse für Ingenieure, Technikgeschichte.
682 Maschinenbau, Fertigungstechnik	Anlagenbau, Automatisierung*, CNC-Technik, Fertigungstechnik, Fördertechnik, Getriebe, Gießerei, Industrieroboter,	Maschinen, Maschinenbau, Produktionstechnik, Roboter*, Robotik, Schleifen, Steuerungstechnik, Verfahrenstechnik, Werkzeugmaschinen.
683 Wärme-, Energie-, Kraftwerktechnik	Energieverwendung, erneuerbare Energien, Heizung, Kältetechnik, Klimatechnik, Klimatisierung, Lüftung*, Photovoltaik, Solar*, Solaranlage,	Sonnenenergie, Strom, Thermodynamik, Verfahrenstechnik, Wärmepumpen, Wärmetechnik, Windenergie, Windkraftanlage.
684 Elektronik, Elektrotechnik, Nachrichtentechnik	Anlagentechnik, Automatisierung*, Beleuchtungstechnik, CAD, elektrische Maschinen, Elektronik, Elektrotechnik, Halbleiter, HiFi*, Hochfrequenztechnik, Informationstechnik, ISDN,	Leistungselektronik, Lichtwellenleiter*, Mechatronik, Mess- und Regeltechnik, Nachrichtentechnik, Schaltung*, Schaltungen, Schaltungstechnik, Signalverarbeitung, SPS, Telekommunikation, Tiefdruck, Transistor.

685 Bau- und Umwelttechnik	Abwasser*, Baumanagement, Baumaschinen, Bauphysik, Bautechnik, Beton*, Brücken, Brückenbau, Einfamilienhäuser, Entsorgungstechnik, Haustechnik, Heizung*, Hochbau, Holzbau*, Klimatechnik,	Modernisierung, Sanierung, Sanitärtechnik, Schallschutz, Solar*, Solaranlagen, Stahl, Stahlbau, Stahlbeton, Standardleistungsbuch für das Bauwesen (StLB), Statik, Straßenbau, Tiefbau, Tunnelbau, Umweltschutz, Umwelttechnik, Vermessungskunde.
686 Luft- und Raumfahrttechnik	Luftfahrt, Luftfahrttechnik,	Luftfahrzeugtechnik, Raumfahrttechnik.
687 Chemische Technik	Beschichtungen, Kautschuk, Keramik, Kleben, Korrosionsschutz, Kunststoff*, Kunststofftechnik, Lacke,	Lebensmittel, Lebensmittelhygiene, Lebensmitteltechnik, Lebensmitteltechnologie, Lebensmittelzusatzstoffe, Thermoplaste, Verfahrenstechnik, Werkstoffe.
689 Sonstige Gebiete	Bergbau, Bionik, Gießereitechnik, Holz*,	Grafische Techniken, Metallurgie, Papier*, Offsetdruck.

6.9 Die Warengruppe *690 Medizin* mit Untergruppen

Diese Warengruppe ist die umfangreichste in der Hauptwarengruppe *6 Naturwissenschaften, Medizin, Informatik, Technik* und eine der größten Warengruppen überhaupt. Lieferbar sind rund 30.000 Titel, pro Jahr kommen rund 4.000 Erstauflagen heraus, darunter nur rund 5 % Taschenbuchtitel. Der Durchschnittspreis ist mit rund 30 € höher als in anderen Hauptwarengruppen, bewegt sich aber im Spektrum der Hauptwarengruppe *6*.

Das Gesundheitswesen mit seinen zahlreichen Krankenhäusern, Arztpraxen, physiotherapeutischen Praxen, Apotheken, Rehabilitations- und Kureinrichtungen ist ein bedeutender Wirtschaftszweig, aus dem heraus eine kräftige Nachfrage nach Fachliteratur kommt. Medizin ist eines der ganz großen Massenfächer an den Universitäten mit einer massenhaften Nachfrage nach Lehrbüchern. Auch aus den Ausbildungsgängen der medizinischen Hilfsberufe (u.a. Krankenpfleger/in, Physiotherapeut/in, Medizinisch-technische Assistenten/innen, abgekürzt MTA) resultiert eine erhebliche Nachfrage nach Fachbüchern. Im Studium und in der Fortbildung der Mediziner und medizinischen Berufe spielen DVD eine nennenswerte Rolle. In die medizinische und pharmazeutische Forschung wird sehr viel Geld gesteckt. Universitätsklinika, Forschungsinstitute wie z.B. das Deutsche Krebsforschungszentrum sowie die international sehr starke deutsche pharmazeutische Industrie sind Großkunden von Fachliteratur – freilich orientieren sich diese Kundengruppen vor allem auf medizinische Fachbuchhandlungen, die teils als Versandbuchhandlungen auftreten und international agieren. Für diese Kundengruppen sind Fachzeitschriften von größter Bedeutung – diese werden in erster Linie über Zeitschriftenagenturen und zunehmend im Direktvertrieb der Verlage vertrieben. Der Verkauf von medizinischer Fachliteratur an niedergelassene Ärzte und Krankenhäuser erfolgt hauptsächlich direkt über reisende Vertreter.

Aus Sicht der Kunden, die keine medizinischen Fachleute sind, ist die Unterscheidung zwischen den sich thematisch durchaus überschneidenden Warengruppen *46* Gesundheit* und *69* Medizin* nicht einsichtig. Deshalb bietet es sich in allgemeinen Sortimentsbuchhandlungen an, Titel aus beiden Warengruppen gemeinsam zu präsentieren.

Eine überragende Tiefe des Lagers bei den Warengruppen *69* Medizin* haben medizinische Fachbuchhandlungen. Sie sind oft zugleich Versandbuchhandlungen.

Verlage mit einem Schwerpunkt in dieser Warengruppe sind besonders die folgenden:

Deutscher Ärzte-Vlg,	*Humana Press,*	*Schattauer,*
Dustri-Verlag,	*Kohlhammer,*	*Schlütersche,*
ecomed,	*LinguaMed,*	*Thieme,*
ECV Editio Cantor,	*MVS Medizinverlage*	*UNI-MED,*
Hippokrates,	*Stuttgart,*	*Urban & Fischer in*
Huber, Hans,	*Roderer, S,*	*Elsevier,*
		Urban & Vogel.

Darüber hinaus erscheint medizinische Fachliteratur zu erheblichen Teilen in den großen Wissenschafts- und Fachverlagen wie z.B. *de Gruyter, Springer, Wiley, J, Wiley-VCH.*

Als Einführung in die Warengruppe empfehlen wir:

- *Jetter, Armin: Medizin für Buchhändler. Urban & Fischer* (leider nicht mehr lieferbar)
- *Gagel, Detlev E. / Peters, Thomas: Studienführer Medizin. Lexika.*

Hier einige oft gefragte medizinische Nachschlagewerke, geradezu geheime Bestseller und erfolgreiche Longseller in Neuauflagen alle ein bis zwei Jahre, auch von Nicht-Medizinern viel gefragt.

- *Pschyrembel Klinisches Wörterbuch, de Gruyter, auch als CD-ROM* Auflage jedes Jahr über 100.000 Exemplare
- *Roche Lexikon Medizin. Urban & Fischer in Elsevier, auch mit CD-ROM* Konkurrenzprodukt zum Pschyrembel
- *Pschyrembel* Naturheilkunde und alternative Heilverfahren, de Gruyter* (Diesen Titel findet man im VLB nur, indem man `Pschyrembel` trunkiert eingibt.)
- *Rote Liste. Arzneimittelverzeichnis für Deutschland (einschließlich EU-Zulassungen und bestimmter Medizinprodukte), ECV Editio Cantor, auch als CD-ROM.*

Bei der folgenden Darstellung der einzelnen Warengruppen wird die in Fachbuchtiteln enthaltene medizinische Fachterminologie nur in engen Grenzen berücksichtigt. Die Fachbegriffe können hier freilich nicht erklärt werden.

Warengruppe	darin enthaltene Einzelthemen (bei den Stichwörtern mit * empfiehlt sich besonders die trunkierte Recherche):
691 Allgemeines	Arzt, Ärzte, Arzt-Patient-Beziehung, Arzt-Patienten-Beziehung, Epidemiology, Fachwortschatz, Gesundheitsämter, -berufe, -management, -markt, -ökonomie, -reform, Healthcare, Krankenhaus*, -recht, Medizin, Medizinische Terminologie, Patient*, Public Health, Sportwissenschaft.
692 Nicht-klinische Fächer	Anatomie, Anatomy, Atlas der Anatomie, Atlas of Anatomy, Bildatlas... Bewegungsapparat, Biologie des Menschen, Biology, Biologie für Mediziner, Cell, Cells, Chemie für Mediziner, Embryologie, Ethik, Medizinethik, Gene, Genes, Genetics, Genomics Health, Histologie, Immunologie, Immunology, Infektiologie, Metabolism, Neuroanatomie, Neuroanatomy, Neurobiology, Neurochemistry, Parasitology, Physiologie, Physiology, Protein, Proteins, Proteomics, Psychotherapie, Psychotherapy.
693 Klinische Fächer	Allergologie, Allgemeinmedizin, Familienmedizin, Anästhesie, Arbeits-, Betriebsmedizin, Chirurgie, Dermatologie, Ernährungsmedizin, Geriatrie, Gerontologie, Gynäkologie, Geburtshilfe, HNO, Immunologie, Innere Medizin, Intensivmedizin, Klinische Psychologie, Labormedizin, Medizinische Genetik, Neurologie, Ophthalmologie, Orthopädie, Pädiatrie, Pathologie, Perinatologie, Psychiatrie, Radiologie, Rechtsmedizin. Sportmedizin, Urologie.

Warengruppe	darin enthaltene Einzelthemen	
694 Pflege	Altenpflege*, Ambulante Pflege, Arzneimittellehre, Demenz*, Gesundheitsfachberufe, Gesundheitsförderung,	Krankenpflege, Krankheitslehre, Palliativpflege, Pflege*, Pflegeberufe, Pflegen, Sterbebegleitung.
696 Ganzheits- medizin	Acupuncture, Akupressur*, Akupunktur*, Alternative Medicine, Alternativ*, Ayurveda*, ayurvedisch*, Bachblüten*, Bach-Blüten*, Biofeedback, Bioresonanz, Chinesische Medizin, Ganzheitliche Heilung, Medizin, Therapie, Heilpraktiker*,	Homeopathy, Homöopath*, Kinesiologi*, Kräuter*, Miasmen, Miasmatisch, Mistel*, Naturarzneimittel, Naturheil*, Osteopathie, Osteopathy, Phytotherapie, Schüsslersalze, Schüssler-Salze, Schüßlersalze, TCM*, Traditionelle chinesische Medizin.
697 Zahn- heilkunde	Kieferorthopädie, Mund- und Kieferheilkunde, Prophylaxe,	Prothetik, prothetisch*, Zahn*, -ersatz, -heilkunde, -medizin, Zahntechnik.
698 Veterinär- medizin	Anatomie der Haustiere, Heimtier*, Histologie für Veterinärmediziner, Hühner*, Kleintier*,	Pferd*, Rind*, Tierakupunktur, Tiermedizin, -versuch*, Veterinärhomöopathie, Veterinärvirologie.
699 Pharmazie	Apotheke, Arzneimittel, Drogen, Medikamente,	Pharmakologie, Pharmazeutische Biologie, Pharmazie, Toxikologie.

7 Die Hauptwarengruppe
7 Sozialwissenschaften, Recht, Wirtschaft

Die Sozialwissenschaften (Gesellschaftswissenschaften) befassen sich mit dem Verhältnis von Mensch und Gesellschaft, mit dem Handeln des Menschen in Wirtschaft und Gesellschaft und den Regeln, denen es unterliegt, sei es auf politischem, auf juristischem, auf wirtschaftlichem Gebiet. Für dieses Handeln und seine Erforschung stellt die Hauptwarengruppe *7 Sozialwissenschaften, Recht, Wirtschaft* handlungs- bzw. wissensorientierte Fachbücher mit primär beruflichem oder akademischem Nutzwert bereit, beispielsweise Anleitungen zur erfolgreichen Unternehmensgründung, Gesetzeskommentare oder wissenschaftliche Literatur über Geschlechterforschung.

Die Nachfrage beruht bei dieser Hauptwarengruppe teils auf dem Studium an Hochschulen, teils auf der Tätigkeit in qualifizierten Berufen (besonders in kaufmännischen Berufen). Zum Teil ist die Nachfrage auf Titel gerichtet, die der Kunde aufgrund von Angaben in Fachzeitschriften, Vorlesungsverzeichnissen u.ä. präzise benennen kann. Bei diesen Titeln ist eine Lagerhaltung nur da wirtschaftlich möglich, wo die Buchhandlung diese Nachfrage ziemlich exakt vorwegnehmen kann, also vor allem aufgrund von Titelangaben in kommentierten Vorlesungsverzeichnissen. Aber eine gewichtige Nachfrage reagiert auch auf ein gut präsentiertes Lagerangebot, beispielsweise bei Fachbüchern über Personalführung. Viele Kunden fragen nach Themen, die man in dieser Hauptwarengruppe findet, kennen aber keine genauen Titelangaben, etwa nach Fachbüchern über Marketing.

Auf dem Hintergrund dieser Nachfrage-Struktur lohnt sich in allgemeinen Sortimentsbuchhandlungen, insbesondere in kleinen und mittleren Ladengeschäften, vor allem eine eigene Abteilung *Recht – Wirtschaft – Steuern*, bestückt mit Titeln aus den Warengruppen *770 Recht* und *780 Wirtschaft* sowie *490 Recht, Beruf, Finanzen*. In *490* sind Ratgeber über diese Themen für den privaten Gebrauch versammelt.

In Buchhandlungen, die vor allem Studenten bedienen, sollte sich die Gliederung des Lagers und die Ausschilderung eng an den Fachbereichen bzw. Studiengängen der Hochschule orientieren, weil die Benennungen sozialwissenschaftlicher Studiengänge von Hochschule zu Hochschule uneinheitlich sind (Beispiele sind abweichende Bezeichnungen für mehr oder minder identische Fächer wie etwa: Politikwissenschaft / Politologie; Kommunikations- / Medienwissenschaft; Publizistik / Journalistik / Zeitungswissenschaft). Die Warengruppen *77* Recht* und *78* Wirtschaft* sollten in größeren Sortiments- und in Fach- und Universitätsbuchhandlungen auf jeden Fall als eigene Abteilung geführt werden, da auf diese Bereiche Angehörige vieler Berufe und Studierende mehrerer Fachrichtungen zugreifen.

Die meisten Themen aus dieser Hauptwarengruppe werden nicht oder nur am Rande an allgemeinbildenden Schulen behandelt, aber teilweise an Wirtschaftsgymnasien, an Fachoberschulen, an Berufsschulen für kaufmännische Berufe und an Fachschulen, z.B. für soziale Berufe. Die hier verwendeten Lehrbücher findet man überwiegend in der Warengruppe *830 Berufs- & Fachschulbücher.*

Preislich bewegt sich diese Hauptwarengruppe in einem enorm breiten Spektrum, das vom preiswerten Taschenbuch bis zum außerordentlich teuren juristischen Fachbuch reicht; insgesamt ergibt das einen Durchschnittspreis zwischen 30 und 35 €. Der Anteil der Taschenbücher liegt bei den meisten Warengruppen innerhalb *7 Sozialwissenschaften, Recht, Wirtschaft* deutlich unter dem Durchschnitt.

Etliche Publikumsverlage (siehe S. 173) bieten ein mehr oder minder breites Sortiment auch in dieser Hauptwarengruppe (z.B. *Klett-Cotta, Rowohlt Taschenbuch*). Die folgenden Verlage, meistens Wissenschafts- und Fachverlage, haben einen Schwerpunkt in dieser Hauptwarengruppe. Weitere Verlage, die auf einzelne Warengruppen spezialisiert sind, nennen wir jeweils dort.

Beck, C H,	*Economica-Verl.,*	*Reimer, Dietrich,*
Beltz, J,	*edition sigma,*	*Springer Berlin,*
Campus,	*expert,*	*UTB – sehr empfehlenswert für*
de Gruyter,	*Hanser, Carl,*	*einführende Studienliteratur,*
Deutscher Ge-	*Kohlhammer,*	*UVK,*
meindeverlag,	*Oldenbourg, R,*	*VS Verlag für Sozialwissenschaften.*

In der Warengruppen-Systematik 2.0 ab 2007 wurde diese Hauptwarengruppe hauptsächlich wie folgt verbessert: Die *Pädagogik* ist nun in der Hauptwarengruppe *5 Geisteswissenschaften* untergebracht. Der gewonnene Freiraum wurde mit einer feiner unterteilten Warengruppe *Soziologie* belegt. Auch die *Politikwissenschaft* ist nun feiner untergliedert. Die Themen Umwelt und Landwirtschaft wurden in die Warengruppen *67* Biologie* verlegt.

7.1 Die Warengruppe *710 Sozialwissenschaften allgemein*

Hier findet man die wenigen Titel, die sich mit den Sozialwissenschaften allgemein befassen. Ferner haben hier Bücher ihren Platz, die ein Thema sozialwissenschaftlich behandeln, das sonst in dieser Hauptwarengruppe nicht vorkommt, beispielsweise eine sozialwissenschaftliche (nicht medizinische) Untersuchung über Operationen in Tageskliniken oder eine sozialwissenschaftliche (nicht philosophische, nicht religiöse, nicht medizinische) Auseinandersetzung mit Sterben und Tod. Allerdings enthält die Warengruppe auch zahlreiche Titel, die besser speziellen Warengruppen zugeordnet wären, z.B. Einführungen in die Soziologie (dafür ist die Warengruppe *721* vorgesehen). Zwei Beispieltitel, die sich an Studienanfänger in sozialwissenschaftlichen Fächern richten:

- *Junne, Gerd: Kritisches Studium der Sozialwissenschaften. Eine Einführung in Arbeitstechniken, Kohlhammer (Urban-Tb. 244)*

- *Opp, Karl D.: Methodologie der Sozialwissenschaften. Einführung in Probleme ihrer Theorienbildung und praktischen Anwendung, VS Verlag für Sozialwissenschaften.*

7.2 Die Warengruppe *720 Soziologie* mit Untergruppen

Werden die Reichen immer reicher und die Armen immer ärmer, während die Mittelschicht verfällt? Ist die Familie für die heutigen Jugendlichen kein erstrebenswerter Lebensentwurf mehr? Wie steht es überhaupt um die Werteorientierung der Jugendlichen? Gefährdet die Berufstätigkeit der Frauen ihre Rolle in der Familie? Wie gut sind die Migranten integriert? Ist die Kluft zwischen den Generationen heute tiefer als früher? Dies sind, beispielhaft herausgegriffen, Fragestellungen der Soziologie, Fragen die auch in den öffentlichen Debatten erörtert werden – oft auf der Basis geringer Kenntnisse sozialer Tatsachen.

Es scheint, dass die Soziologen es wenig vermocht haben, ihre wissenschaftlichen Erkenntnisse einem breiten Publikum und Entscheidungsträgern in Politik und Wirtschaft zu vermitteln. Die bedeutenden Soziologen (z.B. Max Weber, Pierre Bourdieu, Niklas Luhmann, Ulrich Beck, Anthony Giddens) haben niemals die allgemeine Bekanntheit erreicht wie etwa bedeutende Physiker (Newton, Einstein, Planck), und selbst Soziologen wie Jürgen Habermas oder Ralf Dahrendorf, die sich in die öffentlichen Diskussionen eingemischt und zahlreiche Beiträge für Zeitungen geschrieben haben, werden öffentlich nicht als Soziologen, sondern vielleicht als Philosophen oder Publizisten wahrgenommen.

Die Methoden der empirischen Sozialforschung, fast nur Fachleuten bekannt, werden heute in vielen Bereichen angewendet, von der Markt- über die Wahlforschung bis zur Erhebung der Einschaltquoten beim Fernsehen.

Lieferbar sind rund 6.000 Titel; jährlich kommen über 2.000 Erstauflagen dazu, also viel Austausch der Titel. Der Anteil der Taschenbücher ist nur wenig geringer als im Durchschnitt. Der Durchschnittspreis liegt mit 27 € nur wenig über dem Durchschnitt.

Profilierte Verlage mit soziologischer Literatur sind:

Beltz, J,	*Juventa,*	*transcript,*
Campus,	*LIT,*	*VDM Verlag Dr.*
Deutsches Jugendinsti-	*Springer US,*	*Müller,*
tut,	*Suhrkamp,*	*VS Verlag fürSozi-*
		alwissenschaften.

Die Nachfrage nach soziologischen Fach- und wissenschaftlichen Büchern beschränkt sich weit gehend auf die akademische Welt. Im Umkreis von Universitäten kommt ein kleines Lagerangebot auf Basis der Auswertung von kommentierten Vorlesungsverzeichnissen in Frage, sonst handelt es sich um Besorgungsgeschäft.

Beispieltitel zur Einführung:

- *Geissler, Rainer: Die Sozialstruktur Deutschlands. Zur gesellschaftlichen Entwicklung mit einer Bilanz zur Vereinigung, VS Verlag für Sozialwissenschaften*
- *Feldmann, Klaus: Soziologie kompakt. Eine Einführung, VS Verlag für Sozialwissenschaften*

Die Untergruppen können durch die folgenden Stichwörter gekennzeichnet werden. Die Themen Sozialarbeit und Soziale Dienste sind in der Warengruppensystematik 2.0 der Warengruppe *578 Sozialpädagogik, Soziale Arbeit* zugeordnet.

Warengruppe	darin enthaltene Einzelthemen (bei den Stichwörtern mit * empfiehlt sich besonders die trunkierte Recherche):	
721 Allgemeines, Lexika	Europäisierung, Gesellschaft* Identität* Individualisierung, Institutionalisierung, Konvergenz* Soziale Ausgrenzung, Soziale Spaltung,	Soziale Bewegungen, Soziale Institutionen, Soziale Netzwerkanalyse, Soziale Normen, Sozialer Wandel, Soziologi* Studienführer, Wissenssoziologie.
722 Soziologische Theorien	Adorno, Theodor W., Bourdieu, Pierre, Bürgerschaftliches Engagement, Durkheim, Emile, Elias, Norbert, Funktionalismus, Gesellschaftstheorien, Habermas, Jürgen, Interpretative Theorien, König, René,	Kritische Theorie, Kulturtheorie, Luhmann, Niklas, Modernisierungstheorie, Simmel, Georg, Soziales Kapital, Sozialkapital, Systemtheorie, Theorie sozialer Systeme, Transformation*, Weber, Max, Zivilisationstheorie.
723 Methoden der empirischen und qualitativen Sozialforschung	Biografische Arbeit, Biographische Forschung, Biographieforschung, Empirische Sozialforschung, Qualitative Forschung,	Qualitative Sozialforschung, Qualitatives Interview, SPSS, Statistik, Deskriptive Statistik, Trendforschung.

254

724 Arbeits-, Wirtschafts- und Industrie- soziologie	Arbeit, Arbeitssoziologie, Zukunft der Arbeit, Arbeitsbeziehungen, indus- trielle Beziehungen, Arbeitsorganisation, Betrieb*,	Ergonomi*, Gestaltung der Arbeitswelt, Organisationssoziologie, Techniksoziologie, Verhältnis Mensch - Tech- nik, Wissenschaftssoziologie.
725 Stadt- und Regionalsozio- logie	Abwanderung, Lebensqualität, Nachhaltigkeit, Raumsoziologie,	Regional*, Stadtgesellschaft, Stadtsoziologie, Urbanisierung.
726 Frauen- und Geschlechter- forschung	Chancengleichheit, Feminismus, Frau, Frauen, Frauenarbeit, Frauenfrage, Gender Mainstreaming,	Gender Studies, Geschlechter*, Geschlech- terverhältnis, Gleichstellung*, Männerkultur, Sexuelle Ausbeutung.
727 Sozialstruk- turforschung	Armut, Soziale Gerechtigkeit, Soziale Herkunft, Soziale Integration,	Soziale Lage, Soziale Schichten, Soziale Ungleichheit, Sozialstruktur*.
728 Politische Soziologie	Bevölkerungsentwicklung, Demographieforschung, Demographischer Wandel, Fremdenfeindlichkeit,	Gewalt, Globalisierung, Politische Soziologie, Rassismus, Wohlfahrtsstaat.

7.3   Die Warengruppe
730 Politikwissenschaft mit Untergruppen

Die Politikwissenschaft (Politologie) untersucht wissenschaftlich politische Ideen (z.B. Liberalismus, Sozialismus), die internationalen Beziehungen, besonders die Arbeitsweise und Wirkungen inter- und supranationaler Organisationen wie z.B. der UNO oder der EU, ferner Struktur und Dynamik politischer Systeme, insbesondere das Wahlverhalten, den Parteienwettbewerb und die Mechanismen der Machtausübung. Politikwissenschaftler werden immer wieder in Funk und Fernsehen als Kommentatoren befragt, wenn es Wahlergebnisse oder politische Ereignisse zu interpretieren gilt.

Die Warengruppen *73** richten sich an Studierende der einschlägigen Hochschulfächer und an Fachleute in Organisationen und öffentlichen Einrichtungen. Auch das Expertenwissen für Mitarbeiter der öffentlichen Verwaltung ist hier untergebracht, soweit es über juristische Fachliteratur hinausgeht.

Interessant ist sie ferner für Mitarbeiter gesellschaftsbezogener Fachbereiche der Erwachsenenbildung und der Stiftungen im Umkreis der politischen Parteien, die u.a. laufend Seminare und Workshops für politisch engagierte Bürger durchführen. Damit sind auch die entscheidenden Stichwörter für den Stellenwert der Warengruppe in allgemeinen Sortimentsbuchhandlungen gegeben: Die Warengruppe lebt weit gehend vom Besorgungsgeschäft; Lagerhaltung ist fast nur da wirtschaftlich leistbar, wo man anhand von Vorlesungsverzeichnissen oder Seminarprogrammen die Nachfrage gezielt einschätzen kann. Ergiebig können Büchertische bei einschlägigen Veranstaltungen der Erwachsenenbildung, z.B. Podiumsdiskussionen sein, wenn das Publikum zahlreich genug ist.

Die Warengruppe ist der Zahl der lieferbaren Titel und der Neuerscheinungen nach etwas kleiner als *720 Soziologie* mit Untergruppen; der Durchschnittspreis ist etwa derselbe. Aber der Anteil der Taschenbücher entspricht dem Durchschnitt; hier spielt eine Rolle, dass die Zielgruppe auch über den akademischen Kreis hinausreicht.

Für diese Warengruppe produzieren zahlreiche Verlage, die auch für die Hauptwarengruppen *5 Geisteswissenschaften, Kunst, Musik* und *7 Sozialwissenschaften, Recht, Wirtschaft* insgesamt tätig sind (siehe S. 173 u. 252). Besonders erwähnt seien:

Campus,	*Duncker & Humblot,*	*LIT,*
Deutscher Gemeinde-	*Haupt Verlag,*	*VS Verlag für Sozial-*
verlag,	*Kohlhammer,*	*wissenschaften,*
Dietz, J H,	*Kovac, J,*	*Wochenschau-Verlag.*

Beliebt in der politischen Bildung und für den Sozialkundeunterricht ist:

- *Arbeitsmappe Sozial- und Wirtschaftskunde. ZAHLENBILDER aus Gesellschaft, Wirtschaft, Politik und Recht. Loseblattausgaben, Schmidt, Erich, auch als CD-ROM*

Als Einführung empfehlen wir:

- *Zacharias, Gerhard: Studienführer Sozialwissenschaften. Soziologie, Politologie, Lexika (Studienführer).*
- *Geschichte des politischen Denkens. Hrsg. v. Brocker, Manfred, Suhrkamp (stw 1818)*

Die Stichwörter geben Auskunft über den Inhalt der Untergruppen, allerdings ist die Zuordnung vieler Titel nicht einsichtig. Die hier dargestellten Themen werden teilweise auch an den Schulen behandelt; Schülerliteratur darüber steckt in erster Linie in der Hauptwarengruppe *8 Schule und Lernen.*

Warengruppe	darin enthaltene Einzelthemen (bei den Stichwörtern mit * empfiehlt sich besonders die trunkierte Recherche):	
731 Allgemeines, Lexika	Globalisierung, Kulturpolitik, Nichtregierungsorganisationen, Politik,	Politische Wissenschaft, Politikwissenschaft, Reform, Sozialpolitik, Studienführer, Zivilgesellschaft*.
732 Politische Wissenschaft und politische Bildung	Demokratiekompetenz, Einwanderung*, Integration, Konfliktbearbeitung,	Konfliktlinien, Politische Bildung, Sozialkunde, Wirtschaftskunde.
733 Politische Theorien und Ideengeschichte	Demokratie, -theorien, Faschismus, Freiheit, Habermas, Jürgen, Lenin, Liberalismus, Machiavelli, Niccolò Marx, Karl,	Nation-Building, Politische Ideen, Philosophie, Theorie, Postmaterialismus, Schmitt, Carl, Solidarität, Sozialismus, Toleranz, Totalitarismus.
734 Politisches System	Bundestagswahl*, Föderales System, Föderalismus, Institutionen, Kommunalpolitik, Nichtregierungsorganisationen, NGOs,	Parteien, Parteiensystem, Politische Transformation, Politisches System, Regierungssystem, Selbstverwaltung, Wahl*.
735 Staatslehre und politische Verwaltung	Bundeswehr, Bürokratieabbau, Feuerwehr, Gesundheitswesen, Kommunale Verwaltung, Kommunalverwaltung, Neues Steuerungsmodell, New Public Management,	Öffentliche Verwaltung, Polizei, Staat, Umweltpolitik, Verfassung, Verteidigung, Verteidigungspolitik, Verwaltung*, Verwaltungswissenschaft.

736 Politik und Wirtschaft	Agrarpolitik, Arbeit*, Arbeitsgesell- schaft, -losigkeit, -markt, -marktpolitik, Arbeitslehre, Arbeitswelt, Beschäftigungspolitik, -chancen, -modelle,	Beschäftigungskrise, -förderung, -programme, -sektor, Erwerbsarbeit, Gewerkschaften, gewerk- schaftlich*, Mitbestimmung, Wirtschaftspolitik, Wirtschaftsförderung.
737 Vergleichen- de und interna- tionale Politik- wissenschaft	Außenpolitik, Auswärtige Politik, EU, Europäische Gemein- schaft, Europäische Kommission, Europäische Union, Globalisierung, Internationale Politik,	Krieg*, Nation, Nato, Sicherheitspolitik, Terrorismus, UNO, Vereinte Nationen, Vergleichende Politikwis- senschaft.
738 Entwick- lungstheorie und Entwick- lungspolitik	Alternative*, Alternative Entwicklung, Armutsbekämpfung, Nachhaltige Entwicklung,	Entwicklung*, Entwick- lungspolitik, -länder, -zusammenarbeit, Nord-Süd*, -Beziehungen, -Konflikt, -Verhältnis.

7.4 Die Warengruppe
740 Medien, Kommunikation mit Untergruppen

Die Medienbranche expandiert, immer stärker brauchen wir alle Informationen, die wir nicht vom Kollegen oder Nachbarn bekommen, sondern aus Medien holen, nutzen Medien von morgens bis abends, arbeiten an und mit Medien. Massenme- dien sind für die meisten Menschen die Hauptquelle der Information über Politik und Gesellschaft. Man spricht von Mediatisierung von Alltag, Kultur und Gesell- schaft: Keineswegs nur mehr die klassischen Massenmedien (Presse, Hörfunk, Fernsehen) sind allgegenwärtig in allen Lebensbereichen, sondern auch alle ande- ren Medien, von der Kinderkassette für die Vierjährigen über die Fachzeitschrift, ohne die man in keinem qualifizierten Beruf mehr bestehen kann, bis zum Bahn- fahrplan aus dem Internet. Das Internet entwickelt sich zum neuen Massenmedium. Die Hochschulen bieten immer mehr und immer beliebter werdende medienbezo- gene Studiengänge an, beispielsweise Medienwissenschaft, Medienkommunikati- on, Mediendesign, Medienmanagement, Kommunikationswissenschaft, Publizistik, Zeitungswissenschaft, Filmwissenschaft, Journalistik. Zahlreiche neue Berufsbilder entstanden, z.B. Fachangestellte/r für Medien- und Informationsdienste, Film- und Videoeditor/in, Film- und Videolaborant/in, Mediengestalter/in für Digital- und

Printmedien, Mediengestalter/in für Bild und Ton. Auch die Berufe des Buchhändlers und des Bibliothekars wurden in den 90er-Jahren modernisiert.

In der Gesellschaft, besonders in medienbezogenen Berufen und Studiengängen entsteht ein wachsender Bedarf nach Wissen über Medien und ihre Funktionsweisen, vom Adressbuch bis zu wissenschaftlichen Untersuchungen über Medienwirkung und Medienökonomie.

Im Großen und Ganzen besteht die Warengruppe aus Fach- und wissenschaftlichen Büchern, die sich an Wissenschaftler und Studenten medienbezogener Fächer und an hochqualifizierte Berufstätige in der Medienbranche (Presse, Rundfunk, Verlage, Buchhandel, Bibliotheken) richten.

Mit wenigen Hundert Neuerscheinungen gehört diese Warengruppe zu den kleinen Warengruppen, aber sie wächst. Der Durchschnittspreis liegt mit 25 bis 30 € etwas über dem Durchschnitt; der Taschenbuchanteil ist unterdurchschnittlich.

Profilierte Verlage sind beispielsweise:

Fischer, Reinhard,   *UVK,*

transcript,   *Vistas.*

Zur Einführung:

- *Grundwissen Medien. Hrsg. v. Faulstich, Werner. UTB (UTB L 8169)*
- *Studienführer Journalismus, Medien, Kommunikation. Hrsg. v. Hömberg, Walter /Hackel-de Latour, Renate, UTB (UTB M 2711)*

Die Stichwörter im Titelmaterial der Warengruppen wiederholen sich teilweise, weil Themen wiederkehren, aber unter verschiedenen Blickwinkeln behandelt werden. Viele Stichwörter kommen auch in anderen Warengruppen oft vor, hier aber im Zusammenhang mit Medien. Freilich ist gegenwärtig noch die Zuordnung vieler Themen uneinheitlich, so dass man mithilfe der einschlägigen Stich- und Schlagwörter in der ganzen Warengruppe, nicht nur in einzelnen Warengruppen suchen sollte.

Warengruppe	darin enthaltene Einzelthemen (bei den Stichwörtern mit * empfiehlt sich besonders die trunkierte Recherche):	
741 Allgemeines, Lexika	Elektronische Medien, Fernsehen, Film*, Funk, Medien, Mediengeschichte, -wissenschaft, Studienführer.	Enthält auch Adressbücher, Wörterbücher, Jahrbücher; ferner wissenschaftliche Spezialuntersuchungen insbesondere über Hörfunk und Fernsehen.

742 Journalistik	Berichterstattung, Digitales Fernsehen, Fernsehen, Fernsehnachrichten, Fernseh-Shows, Film*, Funk, Journalismus, Journalisten, Journalistik, Presse*, Privatfernsehen, Rundfunk, Satelliten-Fernsehen, Werbung, Werbewirkung, Zeitschriften, Zeitung.	Die meist wissenschaftlichen und Fachbücher kreisen um Fragen nach dem Verhältnis von Werbung, Show und Nachrichten, um Wirkungen des Fernsehens und den Einfluss der Medien auf das Alltagsbewusstsein und die öffentliche Meinung.
743 Buchhandel, Bibliothekswesen	Bibliotheken, Bibliothekare, Buchhandel, Buchhändler, Buchkunst, Dokumentation, Elektronisches Publizieren, Typographie, Typografie, Verlag, Verlagwesen.	Fachliteratur für Buchhändler, Verlagsmitarbeiter und Bibliothekare.
744 Medienwissenschaft	Fernsehen, Film*, Informationsgesellschaft, Medial*, Medien*, -gesellschaft, -gewalt, -kompetenz, -kultur -nutzung, - rezeption, -wirkung, -wissenschaft, Multimedia*, Neue Medien, Rundfunk.	Die Titel sind z.T. stärker theoretisch ausgerichtet als themengleiche Titel anderer Warengruppen.
745 Kommunikationswissenschaft	Fernsehen, Fernsehprogramm, Kommunikation, Kommunikationswissenschaft, Massenkommunikation, Öffentlichkeitsarbeit, Public Relations, Rundfunk.	Hauptsächlich wissenschaftliche Untersuchungen über Medienstrukturen, Programminhalte, Darstellungsweisen in den Medien und ihre Wirkungen, ferner Lehrbücher des Studienfachs Öffentlichkeitsarbeit (= Public Relations).

7.5 Die Warengruppe
750 Ethnologie mit Untergruppen

Mit weniger als 400 Neuerscheinungen pro Jahr und etwa 3.000 lieferbaren Titeln ist dies eine der kleinsten Warengruppen überhaupt. Während die Völkerkunde (der Terminus Ethnologie wird oft auf Völkerkunde verkürzt) in erster Linie außereuropäische Völker untersucht, wendet sich die Volkskunde (modernerer Terminus: europäische Ethnologie) den Kultur- und Lebensformen der Alltagswelt in Europa zu.

Neben der wissenschaftlichen Spezialliteratur erscheinen in dieser Warengruppe etliche Bildbände und Ausstellungskataloge, oft herausgegeben von ethnologischen oder Heimat-Museen. Beispieltitel:

* *Augenblicke. Keramik der Moche und Shipibo, Peru - erschien zur Ausstellung im Museum der Weltkulturen Frankfurt am Main (Galerie 37), 18.6.05-29.5.06, Stadt Frankfurt Dez. Kultur u. Freizeit (Galerie 37 14)*
* *Geheimnisvolle Masken aus der Rhön. Von jüdischen und christlichen Bartmännern. Eine Ausstellung des Hessischen Landesmuseums Darmstadt in der Aussenstelle Lorsch, 6.2.2005 bis 18.9.2005, Hessisches Landesmuseum Darmstadt*

Nicht wenige Titel behandeln Themen wie Schamanismus, Totemismus, Heilrituale, sind aber wegen ihrer meist wissenschaftlichen Ausrichtung wenig geeignet, esoterische Interessen zu bedienen (Warengruppe *472 Esoterik*). Gleichwohl könnte man den Versuch wagen, die Esoterik-Abteilung zu bereichern, indem dort ausgewählte Titel aus der Warengruppe *750 Ethnologie* angeboten werden, wenn das Niveau der Kunden dies erlaubt.

Die Titel dieser Warengruppe erscheinen großenteils in vielen verschiedenen Wissenschaftsverlagen oder in kleinen Verlagen mit regionalem Bezug. *Reimer, Dietrich* hat hier einen Schwerpunkt.

Beispieltitel zur Einführung:

* *Bausinger, Hermann: Volkskultur in der technischen Welt, Campus (Campus Bibl.)*

Die Tabelle zeigt die Unterschiede zwischen den Themen der Warengruppen. Die zahlreichen Namen der Ethnien und Regionen von den Nordfriesen über die Eskimos bis zu den Indios, die in einzelnen Titeln behandelt werden, können nicht aufgelistet werden.

Warengruppe	darin enthaltene Einzelthemen	
751 Allgemeines, Lexika	Anthropologie, Ethnologie, Ethnozentrismus, Feldforschung, Interkulturell*, Kultureller Dialog, Materielle Kultur.	Die meisten Titel sollten besser einer der beiden folgenden Warengruppen zugeordnet werden.
752 Völkerkunde	Bedrohte Völker, Bräuche, Ethnologie, Feldforschung, Indianer, Kulturen,	Masken, Schamanen, Schamanismus, Totem, Totemismus, Völkerkunde, Voodoo.
753 Volkskunde	Aberglaube, Bauernregeln, -weisheit, Brauchtum, Europäische Ethnologie, Fastnacht, Feste,	Folklore, Masken, Trachten, Volksfeste, Volkskunde, Volkstanz.

7.7 Die Warengruppe *770 Recht* mit Untergruppen

Moses empfing die Zehn Gebote und führte sein Volk aus der Wüste – heute scheint es kaum noch möglich, mit Zehntausenden von Paragrafen zur allgemeinen Zufriedenheit zu regieren. Die Tendenz zur Verrechtlichung aller Lebensbereiche – auch eine Folge des wachsenden Individualismus, immer weiter ausgebauter sozialstaatlicher Garantien für den Einzelnen sowie nachlassender Bindekräfte von Traditionen und Konventionen – erzeugt eine zunehmende Nachfrage nach Rechtsratgebern und nach juristischer Fachliteratur. Jura gehört ebenso wie Betriebswirtschaftslehre und Medizin zu den ganz großen Massenfächern an den Universitäten und ist ein sehr buchintensives Studienfach. Juristische Fachliteratur wird nicht nur bei Anwälten und Notaren, sondern auch bei Steuerberatern und Personalchefs, bei Immobilienberatern und Hausverwaltungen, in der Leitungsebene jedes Unternehmens und von zahllosen Sachbearbeitern in Behörden gebraucht.

Eine überragende Tiefe des Lagers bei den Warengruppen *77* Recht* haben juristische Fachbuchhandlungen (oft als Fachbuchhandlung für die Gebiete Recht, Wirtschaft, Steuern), während im allgemeinen Sortiment juristische Fachliteratur überwiegend aufgrund von Kundenbestellungen besorgt wird.

Die Warengruppen *77* Recht* sind nach Wirtschaft die zweitgrößte Warengruppe insgesamt: über 40.000 lieferbare Titel, mehr als die Hauptwarengruppe *3 Reise*. Pro Jahr kommen über 4.000 Erstauflagen, darunter ein kleiner Anteil

Taschenbücher. Der sehr hohe Durchschnittspreis bei 47 € spiegelt die ausgeprägte Dominanz der oft umfangreichen Fachbücher wider.

Bei Titeln aus diesen Warengruppen fragen Kunden oft gezielt nach Buchgattungen, die es nur beim Fachgebiet Recht gibt oder die hier eine besondere Bedeutung haben:

- **Textausgaben** von Gesetzen und Verordnungen: Gesetze und Verordnungen werden zunächst in amtlichen Periodika wie dem *Bundesgesetzblatt* (*Bundesanzeiger-Verl.*, Abkürzung: BGBl I) und den *Gesetz- und Verordnungsblättern* der Länder (Abkürzung meistens: GVBl) veröffentlicht – allerdings i.d.R. nur die Änderungen gegenüber der jeweils früheren Fassung. Deshalb ist es umständlich und für Nicht-Juristen kaum leistbar, daraus den aktuellen Wortlaut des ganzen Gesetzes zusammenzusetzen. Das übernehmen die Verlage und publizieren einzelne Gesetze oder Gesetzessammlungen in der neuesten Fassung in Textausgaben. Außer dem vollständigen Gesetzestext enthalten sie meistens ein Register und eine erklärende Einleitung. Für Gesetzessammlungen haben sich Loseblatt-Ausgaben bewährt. Keineswegs jedes Gesetz gibt es in einer einzelnen Textausgabe; meistens sind weniger umfangreiche Gesetze nur in Gesetzessammlungen mit abgedruckt. Das VLB nennt die in Gesetzessammlungen enthaltenen einzelnen Gesetze meistens nicht. Unter www.deutschesfachbuch.de findet man dagegen nicht nur die bibliografischen Daten, sondern auch die Inhaltsverzeichnisse, Register und Vorworte juristischer Titel und kann viel detaillierter recherchieren. Beispiele für vielgefragte Textausgaben und Reihen:

  o *Schönfelder, Heinrich: Deutsche Gesetze. Sammlung des Zivil-, Straf- und Verfahrensrechts. Loseblatt-Ausgabe, Pl Ord. Beck, C H*, auch gebunden und auf CD-ROM
  o Dieser Titel ist ein Muss für jeden Jura-Studenten.
  o *Wichtige Arbeitsgesetze. Überarb. v. NWB-Redaktion. Neue Wirtschafts-Briefe (NWB-Textausg.)*
  o *dtv: dtv Beck Texte*
  o *Beck, C H: Beck'sche Textausgaben*
  o *Neue Wirtschaftsbriefe: NWB-Textausgaben*

- **Kommentare**: Gesetzestext und Kommentar sind typografisch abgesetzt; meist stehen die Paragrafen in Fettdruck. Die Kommentare zu jedem einzelnen Paragrafen erläutern Begriffe (Wörter in Gesetzen haben oft eine gegenüber der Alltagssprache abweichende oder präzisierte Bedeutung!) und referieren in Kurzform Gerichtsurteile, in denen der betreffende Paragraf zur Anwendung kam. Der Gesetzestext wird also durch die Rechtsauslegung, wie sie durch die Gerichte vorgenommen wurde, ergänzt. Beispieltitel:

  o *Palandt: Bürgerliches Gesetzbuch. Mit Einführungsgesetz (Auszug), Allgemeines Gleichbehandlungsgesetz (Auszug), BGB-Informationspflichten-Verordnung, Unterlassungsklagengesetz, Produkthaftungsgesetz, Erbbaurechtsverordnung, Wohnungseigentumsgesetz, Hausratsverordnung, Vor-*

münder- und Betreuervergütungsgesetz, Lebenspartnerschaftsgesetz, Ge-
waltschutzgesetz (Auszug). Bearb. v. ..., Beck, C H (Beck'sche Kurz-Komm.
7).

Der *Palandt* ist einer der heimlichen Bestseller des Buchhandels: Jedes Jahr
in Neuauflage erscheinend, werden enorme Stückzahlen kontinuierlich verkauft, ohne dass der Titel jemals in eine Bestsellerliste käme.

o *Blank, Hubert /Börstinghaus, Ulf: Miete. Kommentar, Beck, (Gelbe Erl.-*
   Bücher)
o *Zöller, Richard: Zivilprozessordnung. Mit Gerichtsverfassungsgesetz und*
   den Einführungsgesetzen, mit Internationalem Zivilprozessrecht, EG-
   Verordnungen, Kostenanmerkungen, Schmidt, Otto

- **Formularbücher** (Formulare, Formular-Handbücher, Formular-Arbeitsmappe,
  Formular-Hilfen) enthalten Musterbriefe und Formulare; sie spielen auf mehr
  oder minder allen Rechtsgebieten eine Rolle. Oft liegt eine CD-ROM bei, so
  dass man die Formulare am PC ausfüllen und ausdrucken kann. Beispieltitel:

  o *Beck'sches Formularbuch Bürgerliches, Handels- und Wirtschaftsrecht.*
     Hrsg. v. Hoffmann-Becking, Michael... Mit 1 CD-ROM, Beck, C H
  o *Allgeier, Erich / Lutzau, Jutta von: PC-Formulare Bauantrag Hessen. 1*
     CD-ROM, Rehm.

- **Entscheidungssammlungen** referieren in anonymisierter Form Fälle, die vor
  Gericht verhandelt wurden, geben die Urteilsbegründung wieder und fassen die
  Entscheidung in einem Leitsatz zusammen, dokumentieren also detailliert
  Rechtsprechung. Sie helfen Richtern und Anwälten bei der Suche nach früheren
  Fällen gleicher Art, werden fast nur von Kanzleien und Bibliotheken gekauft.
  Beispieltitel:

  o *Entscheidungssammlung zum Arbeitsrecht (EzA). Hrsg. v. Stahlhacke, Eu-*
     gen, Luchterhand in Wolters Kluwer Deutschland

- **Steuertabellen** aus der Warengruppe *776 Steuern* (gedruckt meistens als DIN-
  A-4-Broschur, auch als Loseblatt-Ausgabe und CD-ROM) werden in mittleren
  und kleinen Unternehmen, in Handwerksbetrieben, Lohnbüros und bei Steuerberatern gebraucht. Mit Abstand am häufigsten verlangt werden Lohn- und
  Einkommensteuertabellen, seltener Tabellen für Vermögens- und Umsatzsteuer. Aus Lohn- und Einkommensteuertabellen kann man ablesen, wie viel Lohn-
  bzw. Einkommensteuer der Arbeitgeber einbehalten und an das Finanzamt ab-
  führen muss, also um welche Steuerbeträge die Bruttovergütung vermindert
  wird. Sie werden seltener auch von Privatkunden gekauft, weil viele Titel auch
  eine Anleitung für die Einkommensteuer-Erklärung enthalten und man anhand
  der Tabelle errechnen kann, wie viel Steuer man vom Finanzamt erstattet be-
  käme. Die zahlreichen Titel unterscheiden sich anhand der folgenden Punkte;
  bei Kundenbestellungen muss man anhand der Titelformulierungen genau das
  Gewünschte heraussuchen:

o Gültigkeitsjahr,
o Grund-, Splittingtabelle,
o Entlastungsbetrag, Solidaritätszuschlag, Kirchensteuer,
o Für Jahreseinkommen von .... bis .... Euro (€). Für höhere Einkommen verwenden die Verlage oft die Formulierung *Zusatztabelle*,
o Jahreslohn-Steuertabelle (Jahres-Lohnsteuer-Tabelle), Monats-, Tages-, Jahrestabelle,
o Gesamtlohnsteuertabelle, Gesamt-Lohnsteuertabelle, Gesamtlohnabzug, Sozialversicherungsabzüge, Gesamt-Abzugs-Tabelle,
o Kinderfreibeträge, Mehr-Kinder-Steuertabelle,
o Gültig für welche Bundesländer,
o Allgemeine Tabelle (allgemeiner Tarif, für Arbeitnehmer), besondere Tabelle (besonderer Tarif, für Beamte, Beamtenpensionäre, nicht RV-pflichtige Arbeitnehmer).

Die Suche nach Steuertabellen in der Warengruppe *776 Steuern* ist am effektivsten durch Eingabe von `Steuertab*` oder `Einkommensteuer*` oder `Lohnsteuer*` in Kombination mit weiteren trunkierten Stichwörtern, z.B. für die Suche nach einer Gesamtabzugstabelle für Tagesgehälter: `gesamt* tag*`.

Zu den Warengruppen *77* Recht* gehören überdurchschnittlich viele CD-ROMs. Teilweise sind diese Titel einfach elektronische Umsetzungen der Printausgabe mit verbesserten Recherchefunktionen. Teilweise sind sie aber auch mit erweiterten Funktionen versehen, enthalten beispielsweise Musterbriefe, in die man nur noch Namen und Adresse einsetzt sowie aus einem Menü ausgewählte Sachverhalte; das Programm erzeugt daraus den juristisch hieb- und stichfest formulierten Brief in einwandfreier Form. Die Mehrheit der Anwälte setzt CD-ROMs ein.

Ferner spielen in dieser Warengruppe eine starke Rolle:

- Lehrbücher, Repetitorien (Lehrbücher zur Stoffwiederholung), Grundrisse. Wegen der anschließenden Genitivform des Rechtsgebiets (z.B. *Grundriss des Unterbringungsrechts*) sollten bei der Suche auf der VLB-CD-ROM die Bezeichnungen der Rechtsgebiete trunkiert werden, z.B. `Unterbringungsrecht*`.
- Klausursammlungen und Prüfungstraining für Jura-Studenten.

Rechtsliteratur für allgemeinbildende Schulen gibt es fast nur für Wirtschaftsgymnasien, sonst wird das Fach dort nicht unterrichtet. Die wenigen Schul- und Berufsschullehrbücher, hauptsächlich mit Rechtswissen für kaufmännische Berufe, findet man in der Warengruppe *8 Schule & Lernen*. Rechtsratgeber sind den Warengruppen *49* Recht, Beruf, Finanzen* zugeordnet.

Aktualität ist oberstes Gebot bei der Lagerpflege und der Kundenberatung. Als juristischer Laie muss sich der Buchhändler darauf verlassen, dass die jeweils neueste Ausgabe den gültigen Stand der Gesetzgebung und der Rechtsprechung enthält. Darauf, die neueste Ausgabe zu bestellen, muss man aber achten – und darauf, dass man in Deutschland deutsche Gesetze, in der Schweiz schweizerisches Recht, in Österreich österreichische Gesetze verkauft, falls der Kunde es nicht ausdrücklich anders wünscht. Die Bezeichnungen der Rechtsgebiete und juristischen Sachverhalte sind in den drei Ländern großenteils identisch; die Formulierung *Bundesgesetz...* kommt bei österreichischen und schweizerischen Gesetzen häufiger vor als bei deutschen. (Die deutschen Barsortimente haben die Schweiz- und Österreich-Titel dieser Warengruppe nur teilweise gelistet, so dass man bei der Recherche über die Warengruppen selten darauf stößt.)

Außer dem Bund haben auch die Länder Gesetzgebungskompetenz; das betrifft vor allem das Öffentliche Recht (Warengruppe *773*). Deshalb tauchen in Buchtiteln viele Begriffe des Rechts auch in Verbindung mit *Bundes...* bzw. Ländernamen auf (teils in adjektivischer, teils in substantivischer Form, z.B. *Bundespersonalvertretungsgesetz* und *Bayerisches Personalvertretungsgesetz*, aber auch z.B. *Personalvertretungsgesetz Berlin*). Im Zweifelsfall muss man die verschiedenen Möglichkeiten bei der Recherche durchspielen, also z.B. sowohl mit `Datenschutzgesetz*` wie auch mit `Bundesdatenschutzgesetz*` suchen. Wenn ein Kunde in Sachsen die *Bauordnung* bestellt, liegt es nahe, dass er die *Sächsische Bauordnung* möchte – man sollte sich aber vergewissern und auch mit `Bauordnung* Sachsen*` recherchieren. Manche Landesgesetze gibt es nicht in Einzelausgaben; sie sind aber eventuell in Gesetzessammlungen enthalten (*Landesrecht ...*, *Gesetze des Landes ...*).

Tückisch bei der Recherche kann außerdem der Gebrauch des Fugen-s sein. Die Regeln des Deutschen würden bei der Bildung des Kompositums aus *Einkommen* und *Steuern* ein Fugen-s verlangen; der Gesetzgeber verwendet jedoch in amtlichen Veröffentlichungen die Schreibweise ohne Fugen-s (*Einkommensteuer*) und entsprechend verfahren die meisten Verlage. Aber es gibt auch Buchtitel mit der Formulierung *Einkommenssteuer*; oder in Buchtiteln erscheint je nach Verlag sowohl *Schadenersatz* als auch *Schadensersatz*. Der Gebrauch ist teilweise bei Titeln im selben Verlag uneinheitlich. Zu beachten ist auch der je nach Verlag unterschiedliche Gebrauch des Bindestrichs in den Titelformulierungen, z.B. je nach Ausgabe *Straßenverkehrsordnung* oder *Straßenverkehrs-Ordnung*.

Bedeutende Verlage mit einem Schwerpunkt in dieser Warengruppe sind:

Beck, C H,
Boorberg, R.,
Bundesanzeiger,
Decker, R v,
Deutscher Gemeindeverlag,
Duncker & Humblot,
Heymanns, C,
Jehle Verlag,
Kohlhammer,
Kommunal- und Schul-Verlag Wiesbaden,

LexisNexis Deutschland,
Mohr Siebeck,
Link, C.,
Luchterhand in Wolters KluwerDeutschland,
Müller, C F in Hüthig Jehle Rehm,
Neue Wirtschafts-Briefe,
Nomos,
Rehm Verlag,

Schäffer-Poeschel,
Schulz, R S,
Schmidt, Erich,
Schmidt, Otto,
Springer Berlin,
Stollfuss,
Vahlen, Franz,
Walhalla u. Praetoria Verlag,
WEKA media,
WRS.

Zur Einführung in die Themen der Warengruppe:

- *JuS-Studienführer, Beck, C H*
- *Baur, Fritz / Walter, Gerhard: Einführung in das Recht der Bundesrepublik Deutschlan, Beck, C H (Grundr. d. Rechts).*

Die folgenden Tabellen zeigen die Inhalte der einzelnen Warengruppen. Bei Bezeichnungen von Gesetzen und Verordnungen geben wir soweit möglich die übliche Abkürzung in Klammern an; ein Teil der Verlage titelt mit der ausgeschriebenen Form und der Abkürzung, andere Verlage nur mit einem von beiden. Von Gesetz zu Gesetz verschieden bekommt man deshalb mal mit der ausgeschriebenen Bezeichnung, mal mit der Abkürzung mehr Treffer und muss im Zweifelsfall mit beiden Formen recherchieren.

771 Allgemeines, Lexika

Bundesrechtsanwaltsordnung,
Bürgerrechte,
Einführungen in das Fachgebiet Recht,
Europarecht, Europäisches Recht,
Fachwissen für Rechtsanwaltsfach-
  gestellte und Notarfachangestellte,
Gesetzessammlungen,
Grundrechte,
Jura, Jurisprudenz,
Juristen,

Juristische Lexika, Rechts- und Fach-
  wörterbücher,
Klausursammlungen über mehrere
  Rechtsgebiete,
Menschenrechte,
Rechtsgeschichte, -philosophie,
  -politik, -soziologie, -theorie,
  -vergleichung, -wissenschaft,
Studienführer,
Verfassungsgeschichte.

772 Bürgerliches Recht, Zivilprozessrecht

Allgemeine Geschäftsbedingungen (AGB),
  AGB-Gesetz,
Anwaltshaftung,
Arzthaftungsrecht,
Bauvertrag,
Bereicherungsrecht,
Betreuungsrecht,
Bürgerliches Gesetzbuch (BGB),
Computerrecht,
Ehe, Ehevertrag, Eheverträge,
Erbrecht,
Familienrecht, Familiensachen,
Grundstücksbewertung, Grundstücksrecht,
Haftung, Haftungsrecht,
Heizkostenverordnung,
Honorarordnung für Architekten
  und Ingenieure (HOAI),
Kreditversicherungsrecht,
Maklerrecht,
Miete, Mietrecht, Mietvertrag,

Nachbarrecht,
Privates Baurecht,
Produkthaftung, Produkthaftungsgesetz
  (ProdHaftG), Produkthaftungsrecht,
Rechtsgeschäft,
Reisevertrag, Reisevertragsrecht,
Schaden(s)ersatz, Schaden(s)ersatzrecht,
Schmerzensgeld,
Schuldrecht,
Unterhaltsrecht,
Verbraucherkreditgesetz (VerbrKrG),
Verdingungsordnung für Bauleistungen
  (VOB),
Verdingungsordnung für freiberufliche
  Leistungen (VOF),
Verein, Vereinsrecht,
Versorgungsausgleich,
Vertragsrecht,
Zivilprozessordnung (ZPO),
Zivilrecht.

773 Öffentliches Recht, Verwaltungs- und Verfassungsprozessrecht

Abgabenrecht,
Arbeitsrecht,
Asylgesetz, Asylrecht,
 Asylverfahrensgesetz (AsylVfG),
Ausländergesetz (AuslG), Ausländerrecht,
Baugesetzbuch (BauGB), Baurecht,
Beamtenrecht,
Bodenrecht,
Bundes-Angestelltentarifvertrag (BAT),
Bundesdatenschutzgesetz (BDSG),
Bundesverfassungsgericht (BVerfG),
Bundesmanteltarif (BMT),
Datenschutz,
Energierecht,
Europarecht, Europäisches Recht,
Gefahrstoffverordnung (GefStoffV),
Gesetze des Landes ...,
Grundrechte,
Grundgesetz (GG),
Kirchenrecht,
Kommunalrecht,
Kriegsdienstverweigerung, Kriegsdienst-
 verweigerungsgesetz (KDVG),
Landesrecht, Landesverfassungen,
Lebensmittelrecht,
Naturschutzrecht,
Öffentliches Dienstrecht,
Öffentliches Recht,
Ordnungsrecht, Gesetz über Ordnungswid-
 rigkeiten (OWiG),
Personalvertretungsgesetz (PersVG), Per-
 sonalvertretungsrecht,
Polizeigesetz (PolG), Polizeirecht,
Schulgesetz (SchulG), Schulrecht,
Staatshaftungsrecht, Staatslehre, Staats-
 recht,
Staatskirchenrecht,
Straßenrecht, Straßenverkehrsordnung,
 Straßenverkehrs-Ordnung (StVO),
Tarifvertrag für den öffentlichen Dienst
 (TVöD, TVL),
Umweltverträglichkeitsprüfung,
Verdingungsordnung für Bauleistungen
 (VOB),
Verdingungsordnung für freiberufliche
 Leistungen (VOF),
Verdingungsordnung für Leistungen
 (VOL),
Verfassung, Verfassungen,
 Verfassungsrecht,
Vergaberecht,
Verkehrsrecht,
Verwaltungsrecht,
 Verwaltungsverfahrensgesetz (VwVfG),
 Verwaltungsverfahrensrecht,
Wehrpflichtrecht, Wehrrecht.

774 Strafrecht, Strafprozessrecht, Kriminologie

Betäubungsmittelgesetz,
Bußgeldkatalog,
Gerichtsmedizin,
Jugendgerichtsgesetz (JGG),
Jugendstrafrecht,
Kriminalistik, Kriminalität,
 Organisierte Kriminalität,
Ordnungswidrigkeiten, Gesetz über Ord-
 nungswidrigkeiten (OWiG),
Strafgesetzbuch (StGB),
Strafprozessordnung (StPO),
 Strafprozessrecht, Strafrecht,
Strafvollzug,
Umweltstrafrecht.

775 Handels-, Wirtschaftsrecht

Aktiengesetz (AktG),
Bankrecht,
Bilanzierung, Bilanzrecht,
Europarecht, Europäisches Recht,
Gesellschaftsrecht,
Gesetz gegen den unlauteren Wettbewerb
  (UWG),
Gewerblicher Rechtsschutz,
Handelsgesetzbuch (HGB), Handelsrecht,
Jahresabschluss,
Medienrecht,
Patentrecht,
Produkthaftung, Produkthaftungsgesetz
  (ProdHaftG), Produkthaftungsrecht,
Rechnungslegung,
Umwandlungsrecht,
Unternehmensrecht,
Urheberrecht, Urheberrechtsgesetz (UrhG),
Verlagsrecht,
Versicherungsrecht,
Wertpapierrecht,
Wettbewerb, Wettbewerbsrecht,
  Gesetz gegen Wettbewerbsbeschränkun-
  gen (GWB),
Wirtschaftsrecht.

776 Steuern

Abgabenordnung (AO),
Besteuerung,
Bilanzierung, Bilanzrecht,
Einkommensteuer, Einkommenssteuer,
  Einkommensteuererklärung,
  Einkommensteuer-Erklärung,
  Einkommensteuergesetz (EStG),
  Einkommensteuertabelle,
  Einkommensteuer-Tabelle,
Finanzgerichtsordnung (FGO),
Gesamtabzug-Tabelle,
Gewerbesteuer,
  Gewerbesteuergesetz (GeWStG),
Grunderwerbssteuer,
Grundsteuer,
Kirchensteuer,
Körperschaftsteuer,
Körperschaftsteuererklärung,
Körperschaftsteuergesetz (KStG),
Lohnsteuer,
  Lohnsteuer-Jahresausgleich,
  Lohnsteuertabelle,
  Lohnsteuer-Tabelle,
Mehrwertsteuer,
  Mehrwertsteuergesetz (MWSTG),
Steuerberater,
  Steuerberatung,
  Steuerberatergebührenverordnung
  (StBGebV),
  Steuerberater-Gebührenverordnung,
  Gebührenverordnung für Steuerberater,
Steuerrecht, Steuertabelle,
Umsatzsteuer, Umsatzsteuergesetz (UStG),
Unternehmensbesteuerung,
Veranlagung,
Zoll, -recht.

777 Arbeits-, Sozialrecht

Altersversorgung,
Arbeitnehmerschutzrechte,
Arbeitsrecht, -schutz,
Arbeitszeitgesetz (ArbZG),
  Arbeitszeitrecht,
Betriebsverfassungsrecht,
  Betriebsverfassungsgesetz (BetrVG),
Entgeltfortzahlung,
Gesetzliche Rentenversicherung,
Jugendarbeitsschutzgesetz (JArbSchG),
Kündigung, Kündigungsschutzgesetz
  (KSchG), Kündigungsschutzrecht,
Gesetzliche Krankenversicherung,
Mitbestimmung,
Sozialgesetzbuch (SGB),
Sozialhilferecht,
Sozialplan,
Sozialrecht.

778 Internationales Recht, ausländisches Recht

Binnenmarkt,
Europäische Gemeinschaft (EG),
Europäische Union (EU),
Europäisches Privatrecht,
Europarecht, Europäisches Recht,
Gemeinschaftsrecht,
GATT,
Grundfreiheiten,
Internationales Familienrecht, Privatrecht,
Internationales Recht,
Menschenrechte,
 Menschenrechtskonvention,
Rechtsvergleichung,
Römische Verträge,
UN, UNO,
Vereinte Nationen,
Völkerrecht, völkerrechtlich*,
Welthandelsorganisation (WTO).

779 Sonstiges

Bundesgebührenordnung für Rechtsanwälte
 (BRAGO),
Gebührenordnung für Steuerberater,
Insolvenzrecht,
Zivilprozessordnung (ZPO),
Zwangsvollstreckung.

7.8 Die Warengruppe
780 Wirtschaft

Mit über 30.000 lieferbaren Titeln und jährlich fast 4.000 Erstauflagen gehört diese Warengruppe zu den größten. Dies zeigt die überragende Bedeutung wirtschaftlichen Fachverstands für unsere Gesellschaft:

Ohne *Marketing*-Kenntnisse kann kein Buchhändler mehr sein Unternehmen gegen die lokale Konkurrenz behaupten; ohne *Projektmanagement* zu beherrschen, hat auch der qualifizierteste Ingenieur keine Chance; *Zeitmanagement* wird an jedem Arbeitsplatz gebraucht. Entsprechend richtet sich ein Teil der Titel gezielt an Angehörige kaufmännischer Berufe und wirtschaftswissenschaftlicher Studiengänge, aber auch an Angehörige anderer Berufe bzw. Studiengänge und vermittelt wirtschaftliches (Zusatz-)Wissen, z.B. *Betriebswirtschaftslehre für Ingenieure, Volkswirtschaftslehre für Betriebswirte, Controlling für leitende Ärzte.*

Zu den Zielgruppen dieser Warengruppe gehören deshalb potenziell fast alle, die im Berufsleben stehen, von der Ebene der Sachbearbeiter über das mittlere Management bis zu den obersten Führungskräften.

Deshalb bedient diese Warengruppe alle beruflichen Ebenen mit Fachbüchern, mit Hochschullehrbüchern und wissenschaftlicher Literatur. Eine starke Nachfrage kommt aus kaufmännischen Berufen und wirtschaftswissenschaftlichen Studienfächern, besonders BWL (Betriebswirtschaftslehre). BWL ist das Fach mit den meisten Absolventen an deutschen Hochschulen überhaupt. Für die großen Lehrgebiete (z.B. Betriebswirtschaftslehre, Volkswirtschaftslehre, Mikroökonomie, Makroökonomie, Marketing, Controlling) gibt es jeweils mehrere miteinander konkurrierende Standardwerke. Einige davon sind echte Klassiker geworden und erscheinen seit Jahrzehnten in stets aktualisierten Neuauflagen, beispielsweise:

- *Samuelson, Paul A. /Nordhaus, William D.: Volkswirtschaftslehre. Das internationale Standardwerk der Makro- und Mikroökonomie, Redline*
- *Woll, Artur: Volkswirtschaftslehre. 15. vollst. überarb. Aufl. Vahlen, Franz (Vahlens Handb. d. Wirtsch.- u. Sozialwiss.)*
- *Wöhe, Günter /Döring, Ulrich: Einführung in die Allgemeine Betriebswirtschaftslehre. 22. neubearb. Aufl. Vahlen, Franz (Vahlens Handb. d. Wirtsch.- u. Sozialwiss.)*
- *Nieschlag, Robert / Dichtl, Erwin / Hörschgen, Hans: Marketing. 19,. überarb. u. erg. Aufl. Duncker & Humblot*
- *Kotler, Philip /Keller, Kevin L /Bliemel, Friedhelm: Marketing-Management. 12. Aufl. Addison Wesley in PearsonEducation Deutschland.*

Bei der Bedienung dieser Nachfrage kommt es also darauf an, durch die Auswertung der kommentierten Vorlesungsverzeichnisse die erwartete Nachfrage detailliert herauszufinden.

Der hohe Anteil der Fach- und Hochschulliteratur bedingt einen Durchschnittspreis von etwa 35 €, also deutlich über der Mitte, aber das Preisspektrum ist sehr breit und der Anteil hochpreisiger Werke ist niedriger als bei Recht und Naturwissenschaften. Der Anteil der Taschenbücher ist unterdurchschnittlich, doch heißt dies bei der sehr hohen Anzahl lieferbarer Titel, dass eben auch viele Taschenbuchtitel in dieser Warengruppe zu bekommen sind.

Die Verlage verknüpfen immer häufiger Wirtschafs-Fachbücher mit Websites, auf denen Aktualisierungen zu finden sind. Ein Teil der deutschen Verlagsproduktion erscheint auf Englisch.

Schul- und Berufsschulbücher für wirtschaftsbezogene Fächer findet man wieder in der Hauptwarengruppe *8 Schule & Lernen*; Ratgeber über Steuern und Finanzfragen des Privathaushalts sind den Warengruppen *495 Steuern* bzw. *496 Geld, Bank, Börse* zugeordnet.

Wichtige Verlage mit einem breiten Titelangebot in dieser Warengruppe sind:

Betriebswirtschaftlicher Verlag Gabler,	*Hanser, Carl,*	*Scriptor,*
Campus,	*Hamp, R,*	*Springer Berlin,*
Deutscher Universitäts-Verlag,	*Haufe, Rudolf,*	*Vahlen, Franz,*
Econimica,	*Kovac, J,*	*Walhalla u. Praetoria Verlag,*
expert-Verlag,	*Neue Wirtschafts Briefe,*	*VDM Verlag Dr. Müller,*
Frankfurter Allgemeine Zeitung,	*Oldenbourg, R,*	*WEKA media,*
	Redline,	*Wiley VCH.*
	Schäffer-Poeschel,	
	Schmidt, Erich,	

Zur Einführung in Themen der Warengruppe:

- *Henning, Wolfgang: Studienführer Wirtschaftswissenschaften, Lexika*
- *Frenzel, Ralph: Das erste Mal Chef. Ratgeber für die erfolgreiche Karriere, Haufe, Rudolf*

• *Bramann, Klaus W. / Hoffmann, C Daniel: Wirtschaftsunternehmen Sortiment. Bramann, K W*
Dieses Lehrbuch aus der Buchhändler-Ausbildung (Warengruppe *743 Buchhandel, Bibliothekswesen*) gibt in den Kapiteln 1, 9, 10, 15, 18, 19 und 20 eine kleine Einführung in wirtschaftliche Sachverhalte bezogen auf den Sortimentsbuchhandel.

Die Tabelle umreißt in Stichwörtern die Inhalte der einzelnen Warengruppen

Warengruppe	darin enthaltene Einzelthemen	
781 Allgemeines, Lexika	Finanzmathematik, Ökonomie, Mathematik für Wirtschaftswissenschaftler, Statistik, Mathematische Statistik, Studienführer, Umweltökonomie,	Wirtschaftsethik, Wirtschaftsgeschichte, Wirtschaftsmathematik, Wirtschaftsinformatik, Wirtschaftssprache, Wirtschaftsstatistik, Wirtschaftswissenschaften, Wirtschaftswörterbuch.
782 Volkswirtschaft	Außenwirtschaft, Außenwirtschaftslehre, Finanzwissenschaft, Geldpolitik, Geldtheorie, Konjunktur, Konjunkturtheorie, Makroökonomie, Makroökonomik, makroökonomische Theorie, Markt, Marktwirtschaft, Mikroökonomie, Mikroökonomik, mikroökonomische Theorie,	Nationalökonomie, Ökonometrie, ökonometrische Modelle, Ökonomie, Ökonomik, Politische Ökonomie, Regulierung, Verteilungstheorie, Volkswirtschaftslehre, Vollbeschäftigung, Wachstum, Wachstumstheorie, Währungspolitik, Wettbewerb, Wirtschaftspolitik.

Warengruppe	darin enthaltene Einzelthemen	

*783 Betriebs-
wirtschaft*
	Accounting,
	Banking,
	Betriebswirtschaftslehre,
	Bilanz, Bilanzanalyse,
	  Bilanzierung,
	Buchführung, -haltung,
	Business, -plan,
	Controller, Controlling,
	Entscheidungstheorie,
	Existenzgründung,
	Export,
	Finanzierung, Finanzpla-
	  nung, Finanzwirtschaft,
	Investition, Investment,
	Jahresabschluss,
	Kostenrechnung, Kosten-
	  und Leistungsrechnung,
		Logistik,
		Materialwirtschaft,
		Operations Research,
		Organisation,
		Personal, -auswahl,
		  -entwicklung, -politik,
		  -wirtschaft,
		Planung,
		Produktion,
		Prüfungswesen,
		Rechnungslegung, -wesen,
		Risikomanagmenent,
		Steuerung,
		Unternehmen,
		Unternehmensbesteuerung,
		  -bewertung, -gründung,
		Wissensmanagement.

784 Management	Balanced Scorecard,
	Benchmarking,
	Coaching,
	Controlling,
	Corporate Finance, Gov-
	  ernance,
	Dienstleistungs-
	  management,
	Entrepreneurship,
	Flexibilität, Flexibilisie-
	  rung, flexibel, flexibler,
	Führen, Führung, Füh-
	  rungskräfte,
	Geschäftsprozess-
	  management,
	Innovationsmanagement,
	ISO 9000, ISO 9001,
	Kommunikation,
	Kostenmanagement,
	Kreativität, Kreativitäts-
	  training,
	Leadership,
	Manager, Management,
		Mitarbeiter, Mitarbeiterfüh-
		  rung,
		Organisationsentwicklung,
		Outsourcing,
		Personalführung,
		Produktmanagement,
		Projektmanagement,
		Prozesskostenmanagement,
		Prozessmanagement,
		Qualitätsmanagement,
		Selbstorganisation, selbstor-
		  ganisiert,
		Strategie, -entwicklung,
		Supply Chain,
		Total Quality Management,
		  TQM,
		Unternehmen, Unterneh-
		  mensberatung,
		  -entwicklung,
		Veränderungsmanagement,
		Wertschöpfung,
		Wissensmanagement,
		Zertifizierung.

Warengruppe	darin enthaltene Einzelthemen	
785 Werbung, Marketing	Absatz, Absatzpolitik, Advertising, Branding, Computer Aided Selling, Corporate Identity, Direktmarketing, E-Commerce, Electronic Commerce, Erlebnismarketing, Handelsmarketing, Innovationsmarketing, Investitionsgüter- marketing,	Kunden, Kundenbindung, Kundendienst, -zufriedenheit, Marke, Marken, Markenma- nagement, -politik, Marketing, Marktforschung, Öffentlichkeitsarbeit, Selling, Sponsoring, Verkauf, verkaufen, Ver- kaufsförderung, Vertrieb, Werbung.
786 Einzelne Wirt- schaftszweige, Branchen	Bank, Bankbetriebslehre, Börse, Baubetrieb, Bauunter- nehmen, Bauwesen, Einzelhandel, Handel, Handelsbetriebs- lehre, Industrie, Industriebe- triebslehre,	Immobilienwirtschaft, Mobilfunkunternehmen, Telekommunikation, Tourismus, Touristik, Touristikmarke- ting, Touristikmanagement, Unternehmens-, Firmenge- schichte, Wohnungsmarkt.
787 Internationale Wirtschaft	Auslandsinvestitionen, - märkte, EU, EU-Erweiterung, Euro, Europa, Europäische Gemein- schaft (EG), Europäische Integration, Union, Währungsunion, Export,	GATT, Globalisierung, Internationale Finanzbezie- hungen, Internationale Unternehmen, Internationale Wettbewerbs- fähigkeit, Internationaler Handel, Welthandelsorganisation (WTO).

8 Die Hauptwarengruppe
8 Schule und Lernen

Gemeinsam ist den Titeln in dieser Hauptwarengruppe, dass sie für die Verwendung in der Schule, zum schulbezogenen Lernen und für die Erwachsenenbildung konzipiert sind. Diese Hauptwarengruppe hat für die Recherche auf der VLB-CD-ROM einige nützliche Funktionen:

- Sie erlaubt die rationelle Pflege des Warenlagers, indem eine gezielte Suche nach schul- und lernbezogenen Materialien möglich ist, beispielsweise durch Eingabe der einschlägigen Verlage in Kombination mit der Warengruppe. Auch für die Analyse des Abverkaufs und damit für die Einkaufsplanung ist diese differenzierte Warengruppe nützlich.
- Sie dient dem gezielten Auffinden lern- und schulbezogener Materialien, wenn der Kunde nur vage Stichwörter liefern kann. Beispielsweise bekommt man, wenn man aufgrund einer Schüleranfrage nach einer Interpretationshilfe recherchiert, mit Goethe* Faust* über 160 Treffer, davon 17 in der Warengruppe *851 Lektüren / Interpretationen / Lektürehilfen - Deutsch*. Allein diese kommen für die Schülernachfrage in Frage.
- Gesucht wird der Lehrerband zum Lehrwerk *Playway to English* (*Klett*). Die Eingabe des Titels ergibt über 120 Treffer – davon 5 in der Warengruppe *821 Unterrichtsmaterialien, Handreichungen*. Der Lehrerband trägt nämlich nicht den Untertitel *Lehrerband*, sondern *Teacher's Book*.

Diese Hauptwarengruppe hat infolge lebhafter Nachfrage nach einer überschaubaren Zahl von Titeln einen nennenswerten Anteil am Umsatz. Deshalb kommt es darauf an, die einschlägigen Titel herauszufinden, bei denen sich die Lagerhaltung lohnt. Die Basis dafür sind Vorlesungsverzeichnisse der VHS, Programme der Erwachsenenbildungseinrichtungen, Kontakte zu Lehrern. Für die Präsentation im Ladengeschäft stellen die führenden Verlage (z.B. *Klett* oder *Duden Paetec*) hervorragendes Display zur Verfügung.

Zu dieser Warengruppe gehören besonders viele Tonträger, DVDs und CD-ROMs (fast 20 % der Titel). Einige Verlage bieten etliche ihrer Titel wahlweise mit Einzelplatzlizenz oder mit Schullizenz (zum Bereitstellen im Netzwerk der Schule) zu verschiedenen Preisen an. Ggf. muss man den Kunden fragen, welche Lizenz er wünscht. Die bis 2006 in der Warengruppen-Systematik praktizierte Abtrennung der Lernsoftware in einer eigenen Warengruppe (damals: *880 Lernsoftware*) hat sich nicht bewährt; heute sind die einschlägigen Titel, in der Regel CD-ROMs, den thematisch passenden Untergruppen der Hauptwarengruppe *8 Schule und Lernen* zugeordnet.

Verlage für diese Hauptwarengruppe werden bei den einzelnen Warengruppen genannt.

8.1 Die Warengruppe
810 Schulbücher Allgemeinbildende Schulen

Schulbücher im weiteren Sinn sind an Schulen verwendete Lehrbücher. Schulbücher im engeren Sinn unterscheiden sich von anderen Lehr-, Lern- und Übungsmaterialien dadurch, dass sie von den Kultusministerien zum Gebrauch an den Schulen des jeweiligen Bundeslandes zugelassen sind. Für viele Fächer, Schularten und Jahrgangsstufen sind im selben Bundesland mehrere Titel zugelassen, so dass die einzelne Schule oder der einzelne Lehrer Wahlmöglichkeiten haben.

Die Warengruppe *810 Schulbücher Allgemeinbildende Schulen* enthält Schulbücher im engeren und im weiteren Sinn, ferner Sammlungen von Prüfungsaufgaben, Arbeitshefte, Übungshefte, Grammatiken, Formel- und Tabellensammlungen – jeweils für die Verwendung an allgemeinbildenden Schulen.

Voraussetzung zur Zulassung als Schulbuch durch die Kultusministerien sind insbesondere die Übereinstimmung mit dem Grundgesetz und den in den Landesschulgesetzen festgelegten Erziehungszielen, mit den Lehrplänen des Bundeslandes und den Erkenntnissen der Wissenschaft, auch sprachliche Kriterien und die Preiswürdigkeit. In den meisten Bundesländern werden die Schulbücher für alle Fächer und alle Jahrgangsstufen der allgemeinbildenden Schulen geprüft; in einigen Bundesländern werden die Bücher für bestimmte Fächer oder für die Sekundarstufe II nicht geprüft. Ohne amtliche Prüfung dürfen an den Schulen der meisten Bundesländer verwendet werden: Literaturtexte, Arbeitshefte, Lexika und Wörterbücher, Aufgabensammlungen, Grammatiken und Ganzschriften (Bücher zur Verwendung im Unterricht, die einen längeren Text, und nicht nur wie das Schullesebuch eine Sammlung kurzer Texte bzw. von Auszügen längerer Werke enthält. Eine Ganzschrift ist z.B. eine Ausgabe von Max Frischs *Homo faber*).

Die Kultusministerien veröffentlichen in ihren Amtsblättern jährlich eine Liste der im betreffenden Bundesland zugelassenen Schulbücher (Schulbuchkatalog). Die Zulassung ist in der Regel auch auf der Rückseite des Titelblatts vermerkt.

Bedenkt man die Vielzahl der Fächer, Schularten und Jahrgangsstufen jeweils nach Bundesländern, wird die riesige Zahl an Schulbüchern auf dem deutschen Buchmarkt verständlich. Das VLB enthält rund 50.000 Schulbuchtitel (= 5 % aller lieferbaren Buchtitel; gezielt suchbar durch Eingabe von sb als Stichwort), darunter allerdings auch Bücher, die nicht Schulbücher im engeren Sinn sind, sondern von den ca. 70 Schulbuchverlagen als für die Verwendung in der Schule und durch Schüler und Lehrer geeignet gemeldet werden.

Viele Schulbuchtitel sind teilweise kompliziert zusammengesetzte mehrbändige Werke. Bei der Beschaffung muss man genau darauf achten, welche Haupt-, Teil-, Ergänzungs-, Schüler-, Lehrer-, Begleitbände, Lösungshefte, Vokabellernkärtchen, Lernkarteien usw., ggf. mit oder ohne Tonträger und CD-ROM, für welche Schulstufe oder für welches Lernjahr der Kunde wünscht. Außerdem gibt es von vielen Schulbuchtiteln verschiedene Ausgaben nach Bundesländern oder nach Schultypen. Beispielsweise umfasst der verbreitete Titel *Learning English - Green Line* (*Klett*, ein Lehrwerk für Gymnasien) rund 90 einzelne bibliografische Positionen. Einen Teil der Einzelbände aus umfangreichen Lehrwerken findet man in anderen

Warengruppen, vor allem in *84* Lernhilfen / Abiturwissen, 85* Lektüren / Interpretationen / Lektürehilfen.*

Beim Schulbuchgeschäft nützt die Warengruppe *810 Schulbücher Allgemeinbildende Schulen* wenig:

1. Viele Schulbuchtitel sind gar keiner Warengruppe zugeordnet.
2. Die VLB-CD-ROM gibt nur die üblichen bibliografischen Angaben. Die genaueren Angaben, für welchen Schultyp, welche Schulstufe und welches Bundesland der betreffende Titel zugelassen ist, kann man deshalb dem VLB nicht immer entnehmen. Aufgabe des Buchhändlers ist jedoch, diese Angaben zu prüfen und im Zweifelsfall vor der Beschaffung erst beim Schulträger nachzufragen, wenn beispielsweise in Sachsen eine Ausgabe bestellt wird, die nicht dort, aber in Bayern zugelassen ist.

Die Suche nach Schulbüchern auf der VLB-CD-ROM ohne einigermaßen genaue Titelangaben ist mühselig. Die Eingabe des Gesamttitels eines Lehrwerks (z.B. *Learning English – Green Line, Klett*) in Kombination mit der Hierarchiestruktur liefert Übersichten (Abbildung 5).

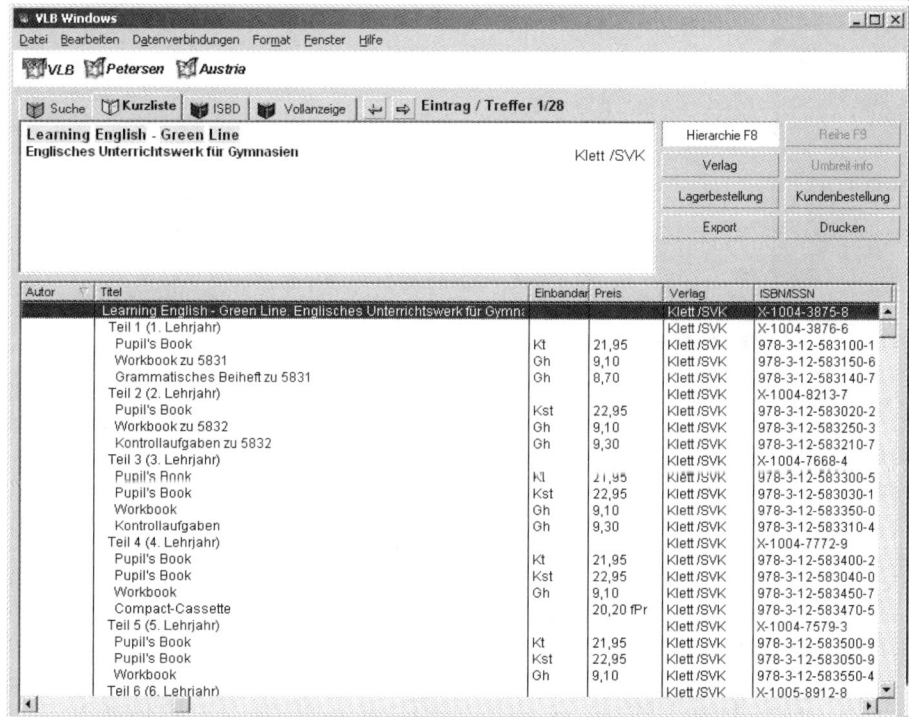

Abbildung 5: Hierarchiestruktur am Beispiel *Learning English – Green Line* (*Klett*)

Besser als im VLB lassen sich Schulbücher im Online-Schulbuchkatalog des Barsortiments Umbreit recherchieren. Dieser kann mit zusätzlichen Funktionen wie z.B. Warenkorb und differenzierten Recherchefunktionen anhand ausführlicher bibliografischer Angaben in die Website der Sortimentsbuchhandlung integriert werden (www.die-schulbuchhandlung.de). Abbildung 6 zeigt dies am Beispiel der Schubart-Buchhandlung Ludwigsburg; die entscheidenden bibliografischen Angaben *Lösungsheft zu...* sind im VLB nicht enthalten.

Abbildung 6: Recherche im Online-Schulbuchkatalog

Die Website bildung online (www.b-o.de) dient zur Recherche nach Schulbüchern, Kopiervorlagen, Software und Downloads und richtet sich an Lehrer; sie wird vom VdS Bildungsmedien, dem Verband der Schulbuchverlage und Bildungsmedienhersteller betrieben.

Die Ausgaben der öffentlichen Hand für Schulbücher gehen teils wegen Sparmaßnahmen, teils wegen sinkender Schülerzahlen seit 1991 stark und ständig zurück. Der „Vormittagsmarkt" (Kauf von Bildungsmedien durch Schulen) schrumpft zugunsten des „Nachmittagsmarkts", des Kaufs von Lernmitteln durch Schüler und Eltern zum außerschulischen Gebrauch (Warengruppen *84* Lernhilfen / Abiturwissen, 85* Lektüren / Interpretationen / Lektürehilfen*). Die Schulbuchverlage reagieren darauf, indem sie sich zu Allroundanbietern für Bildungsmedien entwickeln.

Die Lernmittelfreiheit, d.h. der Schulträger (meistens Gemeinde oder Landkreis) stellt den Schülern die Schulbücher unentgeltlich (leihweise oder in Form einer Übereignung) zur Verfügung, wird seit den 1990er-Jahren mehr und mehr durch eine finanzielle Beteiligung der Schüler bzw. ihrer Eltern ergänzt oder ersetzt. Die Situation ist von Bundesland zu Bundesland, teilweise von Schule zu Schule verschieden. Teilweise bekommen die Schüler die Schulbücher für die Dauer des Schuljahres, der Unterrichtseinheit etc. von der Schule unentgeltlich oder gegen eine Gebühr geliehen, teilweise gegen Kostenbeteiligung übereignet, teilweise müssen die Eltern bestimmte Materialien aus eigener Tasche kaufen. In manchen Bundesländern haben die Schüler die Wahl zwischen verschiedenen Möglichkeiten. In jedem Fall veranlasst die Schule, dass dem Schüler die Bücher, die er für den Unterricht braucht, zur Verfügung stehen.

Entsprechend uneinheitlich gestaltet sich das Schulbuchgeschäft. Im Mittelpunkt steht die einmal im Jahr, meistens während der Sommerferien, durch den Schulträger veranlasste Beschaffung großer Titelzahlen in Klassensätzen, oft im Verfahren einer Ausschreibung, so dass sich potenzielle Lieferanten gemäß detaillierter Regeln um den Auftrag bewerben müssen. Daneben spielen mehr oder minder gebündelte Bestellungen einzelner Schulen eine Rolle. Die von Bundesland zu Bundesland und Schulträger zu Schulträger sehr uneinheitliche Praxis kann hier nicht im Einzelnen dargestellt werden.

Hier wichtige Schulbuchverlage und ihr Profil:

Alt	= Altsprachliche Fächer: Altgriechisch, Latein
Ber	= Berufsbezogene Fächer: Arbeitslehre, Polytechnik, Hauswirtschaft, Kurzschrift, Maschinenschreiben, Textverarbeitung, Rechtslehre, Technik, Wirtschaftslehre
Deu	= Deutsch
Fre	= Fremdsprachenunterricht: Englisch, Französisch u.a.
Ges	= Gesellschaftswissenschaftliche Fächer: Gemeinschaftskunde, Sozialkunde, Politik, Geschichte, Sachkunde, Heimatkunde
Mat	= Mathematik, Informatik
Mus	= Musische Fächer: Musik, Kunst, Werken, Textiles Werken
Nat	= Naturwissenschaftliche Fächer: Astronomie, Biologie, Chemie, Erdkunde, Geografie, Physik
Rel	= Religion evangelisch, Religion katholisch, Ethik, Philosophie
Son	= Sonstige Fächer: Erziehungslehre, Pädagogik, Psychologie, Sachunterricht, Sexualkunde, Verkehrserziehung
Spo	= Sport
PS	= Primarstufe
SI	= Sekundarstufe I
SII	= Sekundarstufe II

Verlag	Schwerpunkte nach Schulfächern	hauptsächliche Schulstufen
Auer Donauwörth	Alt Ber Deu Ges Mat Mus Nat Rel Son	PS SI SII
Bayerischer Schulbuchverlag	Alt Ber Deu Fre Ges Mat Mus Nat Rel Son Spo	PS SI SII
Bildungsverlag EINS	Alt Ber Deu Fre Ges Mat Mus Nat Rel Son Spo	PS SI SII
Braumüller, W	Alt	SI SII
Cornelsen	Alt Ber Deu Fre Ges Mat Mus Nat Rel Son Spo	PS SI SII
Diesterweg	Alt Ber Deu Fre Ges Mat Mus Nat Rel Son Spo	PS SI SII
dnf-Verlag	Fre	SI SII
Duden Paetec	Mat Nat Son	SI SII
Klett	Alt Ber Deu Fre Ges Mat Mus Nat Rel Son	PS SI SII
Kösel	Rel	PS SI SII
Mildenberger, K	Ber Ges Mat Mus Nat Rel Son Spo	PS SI
Militzke	Ber Ges Rel	PS SI SII
Oldenbourg	Alt Ber Deu Fre Ges Mat Mus Nat Son	PS SI SII
Patmos	Rel	SI SII
Perthes, J	Nat	SI SII
Schroedel	Ber Deu Fre Ges Mat Mus Nat Rel Son	PS SI SII
Schulverlag blmv	Fre Ges	
Schöningh	Alt Ber Deu Fre Ges Mat Nat Rel Son	PS SI SII
Vandenhoeck & Ruprecht	Alt Mat Nat Rel	PS SI SII
Westermann Schulbuchverlag	Ber Deu Fre Ges Mat Nat	PS SI SII

8.2 Die Warengruppe *820 Unterrichtsvorbereitung* mit Untergruppen

In dieser Warengruppe sind Bücher, Broschüren, Tonträger, CD-ROMs u.a. zu finden, anhand von denen der Lehrer den Unterricht vorbereiten und gestalten kann. Teils handelt es sich um eigenständige Publikationen, teils um Lehrerbände u.ä. der vielbändigen Schulbuchtitel. Die Auflistung häufig wiederkehrender Stichwörter verdeutlicht den Inhalt der Warengruppe; ein Teil dieser Stichwörter kommt auch in anderen Warengruppen vor, z.B. Didaktik:

Arbeitsblätter,	Kursrezepte,	Unterrichten,
Aufgabenbank,	Lehrerband,	Unterrichtsbegleitmaterial,
Didaktik,	Lehrmittelsammlung,	Unterrichtsgestaltung,
Folien,	Lösungen,	Unterrichtsideen,
Klassenarbeiten,	Seminargestaltung,	Unterrichtsmaterial,
Kopiervorlagen,	Stundenblätter,	Unterrichtsmodell,
Kursgestaltung,	Tafelbilder,	Unterrichtsrezepte.

Die Verlage sind dieselben wie in *810 Schulbücher Allgemeinbildende Schulen.* Die Schulbuchverlage verlegen auch solche Materialien für Lehrer vor allem mit didaktischen Hinweisen und Lösungen, die zwar eine ISBN haben, aber nicht im VLB und nicht bei den Barsortimenten gelistet sind. Der Vertrieb erfolgt direkt durch die Verlage an Lehrer gegen Nachweis der Verwendung durch Lehrer. Diese Materialien sind in den Gesamtverzeichnissen der Schulbuchverlage aufgelistet und mit *Schulstempel erforderlich* o.ä. gekennzeichnet.

Etliche Schulbuchverlage stellen auf der Basis ihrer gedruckten Schulbücher Online-Angebote ins Internet, die sich an Lehrer richten und ihnen Aktualisierungen, Ideen für den Unterricht und Plattformen für Erfahrungsaustausch bieten (z.B. www.schulbuchzentrum-online.de von *Westermann, Diesterweg, Schroedel* und *Schöningh*). *Cornelsen* ergänzt sein Verlagsprogramm sogar um Weiterbildungsangebote für Lehrer (*Cornelsen Akademie*, www.cornelsen.de/lfb).

Die Untergliederung dieser Warengruppe folgt den Stufen des Bildungssystems:

821	*Unterrichtsmaterialien, Handreichungen (schulübergreifend, allgemein)*
822	*Kita/Vorschule*
823	*Grundschule*
824	*Sekundarstufe I*
825	*Sekundarstufe II*
826	*Förder-/Sonderschule*
827	*Berufliche Bildung*
829	*Sonstiges*

8.3 Die Warengruppe
830 Berufs- & Fachschulbücher

Diese Warengruppe ist der Titelzahl wie dem Umsatz nach deutlich kleiner als die Warengruppe *810 Schulbücher Allgemeinbildende Schulen.* Die Trennung der beiden Warengruppen soll ein gezielteres Auffinden auf der VLB-CD-ROM erlauben. Thematisch umfasst diese Warengruppe alle Fächer an Berufs- und Fachschulen, z.B. je nach Bundesland auch Deutsch, Religion, Englisch, und fast alle Berufe. Sehr häufige Themen sind Wirtschaftslehre und Rechnungswesen. Für einige

Berufe, gerade solche Berufe, die erst jüngst geschaffen wurden, gibt es noch keine Berufsschulbücher. Die Lehrbücher mit den berufsspezifischen Kenntnissen heißen oft *Fachkunde*, z.B. *Fachkunde für Rechtsanwaltsfachangestellte*, *Praktische Fachkunde für Maler und Lackierer*. Ferner spielen Lehrbücher der angewandten Mathematik eine wichtige Rolle (*Fachrechnen für Kfz-Mechaniker*, *Fachrechnen Farbtechnik und Raumgestaltung*, *Elektro-Fachrechnen* usw.). Auch berufsbezogene *Testaufgaben*, *Prüfungsfragen*, *Prüfungsvorbereitung* und *Aufgabensammlungen* gehören hierher.

Einige Schulbuchverlage produzieren auch Titel für Berufs- und Fachschulen; einige Verlage sind auf Berufs- und Fachschultitel spezialisiert. Hier wichtige Verlage:

Beruf + Schule,	*hep verlag,*	*Trauner Verlag,*
Betriebswirtschaftlicher	*Holland + Josenhans,*	*Ulmer, E,*
Verlag Gabler,	*Kiehl, F,*	*Verlag Versicherungs-*
Bildungsverlag EINS,	*Klett,*	*wirtschaft,*
BW Bildung u. Wissen,	*Merkur Rinteln,*	*Vieweg,*
Cornelsen Verlag,	*Pfanneberg,*	*Westermann Schulbuch-*
Europa-Lehrmittel,	*Schlütersche,*	*verlag,*
Handwerk u. Technik,	*SKV,*	*Winklers Verlag,*
	Teubner,	*WiTec Technologie.*

8.4 Die Warengruppen
840 Lernhilfen / Abiturwissen
mit Untergruppen
850 Lektüren / Interpretationen / Lektürehilfen
mit Untergruppen

Zielgruppen dieser beiden Warengruppen sind Schüler, die außerhalb des Unterrichts lernen wollen – oder die auf bequeme Weise Vorlagen für Referate bekommen möchten. Die Nachfrage nach diesen Materialien lässt nicht nach, auch wenn viele Schüler ihre Referate ins Internet stellen, von wo andere Schüler sie herunterladen, um sie ihrerseits für Hausaufgaben zu verwenden (z.B. www.hausaufgabenheute.com oder www.gute-noten.de). Im Gegenteil: Der Markt der Lernhilfen expandiert. Ein wichtiges Verkaufsargument ist: Die unentgeltlichen Internet-Angebote sind ungeprüft, Fehler bis hin zu mangelhafter Rechtschreibung und falscher Grammatik schleppen sich unkontrolliert fort. Dagegen sind die Bücher, Broschüren, CDs und CD-ROMs der Verlage von Lehrern oder anderen Experten verfasst und von einer Redaktion durchgecheckt, also in der Information verlässlich. Der Anteil von Lernsoftware und Lernspielen ist in beiden Warengruppen hoch. Bei einigen Titeln muss die Schule eine zusätzliche Lizenz kaufen; ohne diese gibt der Verlag die Lernsoftware für die Schüler nicht ab.

Veranstaltungen mit Autoren von Lerntrainern zu Themen wie „Das Lernen lernen", eine Kooperation mit Schulen, Auftritte bei Elternabenden und ein sachkundiges Sortiment mit hoher Beratungskompetenz, die durch Weiterbildung erworben wird und Empfehlungen von Lehrern aufgreift, können die Inhaber geführte Sortimentsbuchhandlung von Buchhandelsketten abheben.

Der Schwerpunkt bei *840 Lernhilfen / Abiturwissen* liegt auf Lernen und Üben zusätzlich zum Unterricht, aber anhand des Unterrichtsstoffs. Die Titel in *850 Lektüren / Interpretationen / Lektürehilfen* geben Hinweise für die Interpretation literarischer Werke, enthalten oft die Werke selbst mit einem Anhang aus Materialien, die das Verständnis des Werks erleichtern sollen. Die Zuordnung ist nicht immer konsequent. Eine Reihe von Titeln richtet sich an Berufsschüler.

Typisch sind:

- Werke oder Werkauszüge mit Interpretation oder Interpretationshilfe,
- Vereinfachte oder gekürzte fremdsprachige Werke, oft mit Vokabelerläuterungen,
- kompaktes Prüfungswissen, z.B. zum Abitur oder zu Abschlussprüfungen,
- Aufgabensammlungen aus früheren Abschlussprüfungen,
- Sammlungen von Übungen, teilweise mit Lösungshilfen.

Die beiden Warengruppen sind wie folgt untergliedert:

840	**Lernhilfen/Abiturwissen** Typisch sind: <ul><li>kompaktes Prüfungswissen, z.B. zum Abitur oder zu Abschlussprüfungen,</li><li>Aufgabensammlungen aus früheren Abschlussprüfungen,</li><li>Sammlungen von Übungen, teilweise mit Lösungshilfen.</li></ul>
841	*Kita/Vorschule*
842	*Grundschule*
843	*Sekundarstufe I*
844	*Sekundarstufe II*
845	*Nachschlagewerke,* z.B. Schülerlexika, Wörterbücher, Wissensspeicher
849	*Sonstiges*

850	*Lektüren/Interpretationen/Lektürehilfen*
	Typisch sind:
	• Werke oder Werkauszüge mit Interpretation oder Interpretationshilfe,
	• Vereinfachte oder gekürzte Werke, die fremdsprachigen oft mit Vokabelerläuterungen.
851	*Deutsch*
852	*Englisch*
853	*Französisch*
854	*Spanisch*
855	*Latein*
859	*Sonstige Sprachen*

Wichtige Verlage und Reihen bzw. Titelgruppen sind hier:

Aulis, Deubner	*About...*
	Klausur- u. Abiturtraining
	Praxis-Schriftenr. Biol.
Bange	*Königs Erl. u. Material.*
	Königs Lernhilfen
	Kurz & bündig
Beltz, J	*Beltz Lern-Trainer*
Beyer, J.	*Analysen u. Reflex.*
Bibliographisches Institut	*Basiswissen Schule*
	Duden-Schülerhilfen
	Duden-Abiturhilfen
	Duden SMS - Schnell-Merk-System
	Einfach klasse in -
Compact	*Compact Aktiv-Test*
	Compact Lernfuchs
	Compact Lernkrimi
	Compact Power Pauker
	Compact Schülerhilfen Übungsbuch
	Compact Electronic Book
Cornelsen	zahlreiche Titel meistens ohne Reihe
Diesterweg, M	*Diesterwegs Altsprachliche Textausgaben*
	Diesterwegs Neusprachliche Arbeitsmittel
	Diesterwegs neusprachliche Bibliothek
	Diesterwegs Neusprachliche Themenhefte
	Grundlagen und Gedanken zum Verständnis erzählender Literatur
	Grundlagen und Gedanken zum Verständnis des Dramas
Hauschka, A.	*Hauschka Lernprogramme und Trainingsbücher*
	Hauschka Lernspass

Klett	*Abi-Kurse Englisch*
	Abi-Training
	Abiturwissen
	Easy Readers
	echo – Lektüren Italienisch
	echo – Lektüren Spanisch
	Ich komme ins Gymnasium
	Die kleinen Lerndrachen (die meistverkaufte Reihe bei Lernhilfen für Grundschüler)
	Lektüre easy
	Lektürehilfen
	Lektüren Englisch
	Lektüren Französisch
	Lesehefte Ethik /Werte und Normen /Philosophie
	Lesehefte für den Literaturunterricht
	Lesehefte zu Welt- und Umweltkunde
	Lesen leicht gemacht
	Perspectives
	Russisch-Lektüren
	Training Deutsch
	Training Englisch
	Training Mathematik
Langenscheidt *Langenscheidt-* *Hachette*	*Collection "Lecture facile"* *Penguin Literary Classics* *Penguin Readers*
	Zahlreiche weitere Titel ohne Reihe
Lentz	*Lentz Förderspiele* *Ursula Lauster Lernspiele*
Manz Verlag	Zahlreiche Titel ohne Reihe
Mentor	*Mentor Abiturhilfen* *Mentor Grundwissen* *Mentor Lektür Durchblick* *Mentor Lernhilfen* *Mentor Lerntipps* *Mentor Übungsbücher*
Oldenbourg	*Oldenbourg Interpretationen*
Reclam	Folgende Titel „reihen" sind durch jeweils gleiche Untertitel ausgewiesen; die Reihe ist stets *Reclams Universal-Bibliothek:* *(Arbeitstexte für den Unterricht)* *(Fremdsprachentexte)* *(Literaturwissen für Schule und Studium)* *(Erl. u. Dok.)*

Schroedel	Zahlreiche Titel ohne Reihe
Stark Verlagsg esellschaft	Zahlreiche Titel *Abitur-Training, Abiturprüfungsaufgaben, Abitur-Wissen, Training* u.a. ohne Reihe
Tessloff	*Fit für die Schule* *Fit für die Schule. Tests mit Lernzielkontrolle* *Tessloffs Grundschule*

8.6 Die Warengruppe *860 Erwachsenenbildung / Volkshochschule* mit Untergruppen

Erwachsenenbildung (Andragogik), früher Aufgabe vor allem der Volkshochschulen, ist heute ein expandierender Wirtschaftszweig mit einem Umsatzvolumen von jährlich über 35 Milliarden € – weit mehr als die gesamte Buchbranche. Außer den Volkshochschulen bieten Weiterbildungsunternehmen, Kirchen, Stiftungen, private und staatliche Akademien, Hochschulen und selbstständige Dozenten zahllose Kurse von Bauchtanz bis Buchhaltung, von Selbsterfahrung bis Webdesign. E-Learning, also Lernen auf Basis elektronischer Medien und des Internets, ist stark im Kommen. Gegenüber reinen E-Learning-Angeboten hat sich Blended Learning als didaktisch überlegen erwiesen: die Kombination von Kursen, bei denen sich Teilnehmer und Dozent real begegnen, mit Materialien, Übungen usw. im Internet.

Der rasante wirtschaftlich-technische Wandel macht lebenslanges Lernen erforderlich. Die fachlichen Inhalte, die in der Erwachsenenbildung vermittelt werden, findet man hauptsächlich in den thematisch zuständigen Warengruppen, beispielsweise einen Lehrgang für CAD (Computergestützte Zeichnungserstellung) in der Warengruppe *635 Anwendungs-Software*. Eine wachsende Bedeutung gewinnen Vermittlung und Training von Schlüsselqualifikationen wie beispielsweise Kommunikations- und Teamfähigkeit, Zeitmanagement, Verantwortungsfähigkeit, Selbstorganisationsfähigkeit, Kreativität, Problemlösungsfähigkeit, Flexibilität. Hierfür ist die Warengruppe *784 Management* ergiebig.

Keineswegs für alle Inhalte der Erwachsenenbildung gibt es spezielle Lehrbücher oder Trainings-CD-ROMs. Gerade in der berufsbezogenen Fortbildung werden oft Materialien für Berufs- oder Fachschulen, für Hochschulen oder Lehr- und Handbücher verwendet, insbesondere für rechtliche, wirtschaftliche und EDV-Themen (Warengruppen *770 Recht, 780 Wirtschaft, 630 Informatik, EDV*).

Die Inhalte der Warengruppe erläutert die folgende Tabelle.

860	*Erwachsenenbildung/Volkshochschule*	Anleitungen für die Kursgestaltung und Trainingsformen in der Erwachsenenbildung; hauptsächlich Sprachkurse, die besser in die folgenden Warengruppen gehören

861	*VHS-/Kursmaterialien Sprache*	Lehrwerksreihen für dozentengestütztes Lernen in VHS u.a. Einrichtungen
862	*Selbstlernmaterialien Sprache*	Sprachkurse, Tests, Vokabel- und Grammatiktrainer, Übungsmaterial u.a.m. zum Selbstlernen, meistens mit PC oder Discman
863	*VHS-/Kursmaterialien allgemein*	Lehrwerksreihen für dozentengestütztes Lernen, enthält nur wenige Titel
864	*Selbstlernmaterialien allgemein*	Die meisten Titel sind hier falsch zugeordnet, z.B. Vokabeltrainer für Schüler oder wissenschaftliche Aufsatzsammlungen

An Bedeutung gewinnen die Titel über Wirtschaftsenglisch (Business English) und technisches Englisch auf dem Hintergrund der starken Exportorientierung der deutschen Wirtschaft. Ähnlich wie bei Schulbüchern sind diese Lehrwerke meist vielbändig und umfassen auch Begleithefte, Vokabeltrainer, Übungshefte, CDs, CD-ROMs. Beispielsweise besteht der viel gefragte Titel *New International Business English* (*Klett*) aus rund 12 bibliografischen Einheiten, so dass man beim Bestellen sehr präzise Angaben braucht. Es gibt auch rein CD-ROM-basierte Sprachkurse. Mehr und mehr Sprachlehrmaterialien legen EU-weit oder international normierte Anforderungen zugrunde (vor allem: TOEFL – Test of English as a Foreign Language, IELTS – International English Language Testing System, GMAT - Graduate Management Admission Test, CEF - Common European Framework of Reference for Languages, deutsche Bezeichnung: GER - Gemeinsamer europäischer Referenzrahmen für Sprachen mit sechs Niveaustufen von A1 bis C2) und Kunden fragen gezielt nach Sprachkursen gemäß diesen Standards.

Funktion dieser Warengruppen ist vor allem, dass man ohne genaue Kenntnis von Titeln anhand der Verlage oder unspezifischer Begriffe (z.B. `english`) die für die Erwachsenenbildung geeigneten Titel getrennt von den Schulbüchern bekommt. Die hier führenden Verlage sind:

ASSiMiL,	*EuroTalk,*	*Online Media World,*
Breuer & Wardin,	*Groos, Julius,*	*Reichert, L,*
Compact,	*Klett,*	*Rowohlt Taschenbuch,*
Cornelsen Verlag,	*Langenscheidt,*	*unisono media,*
dnf-Verlag,	*Logophon,*	*United Soft Media.*

Zu dieser Warengruppe gehört auch ein breites Sortiment an Tonträgern als Begleitung für die zahlreichen Sprachkurse. Tonträger zum Sprachenlernen halten die meisten Sortimentsbuchhandlungen nicht am Lager, sondern besorgen sie fallweise. Dabei muss man sehr genau darauf achten, welche Tonträger zu welchem

Lehrwerk in welcher Ausgabe gehören (z.B. Neubearbeitung bei gleichem Titel; mit oder ohne Nachsprechpause; Lektionsnummern; Übungen oder Lektionstexte oder Tests u.a.m.).

In mehr oder minder allen Buchhandlungen fällt die Nachfrage nach Lehrbüchern, in erster Linie Sprachlehrbüchern, von Teilnehmern der Volkshochschulkurse ins Gewicht. Aber die Lagerhaltung setzt voraus, dass man die in der VHS benutzten Lehrbücher anhand des Programms oder durch Anfrage ermittelt hat. Die Lagerhaltung lohnt sich nur kurz vor und zu Beginn der VHS-Semester. Die enge Zusammenarbeit mit den Volkshochschulen und weiteren Trägern der Erwachsenenbildung (Inserate in den Programmheften und auf den WWW-Seiten, gemeinsame Veranstaltungen) sichert perspektivisch ein buchinteressiertes Publikum.

Sprachführer, die weniger dem methodischen Lernen dienen, sondern der Auffrischung oder schnellen Einübung von Wörtern und Wendungen für Urlaub und Business, findet man in der Warengruppe *914 Sprachführer*.

Fachbücher, die sich an Dozenten und Organisatoren der Erwachsenenbildung richten und vermitteln, wie man Seminare leitet usw., sind in der Warengruppe *577 Erwachsenenbildung* untergebracht.

8.7 Die Warengruppe *870 Deutsch als Zweit- / Fremdsprache*

Deutsch als Zweit- und Fremdsprache spielt auf dem Hintergrund der Zuwanderung nach Deutschland und verstärkter Anstrengungen zur Vermittlung von Deutschkenntnissen eine immer wichtigere Rolle. Volkshochschulen, Kirchen, Unternehmen u.a. Organisationen bieten einschlägige Deutschkurse an, teilweise im Auftrag der Gemeinden oder Landkreise, und ordern Lehrbücher oder veranlassen die Kursteilnehmer zum individuellen Kauf. Die Nachfrage durch Privatkunden ist gegenüber der Nachfrage aus den Bildungsträgern gering. In Universitätsstädten fällt die Nachfrage durch ausländische Studierende ins Gewicht.

Die Funktion der Warengruppe besteht darin, dass man hier ohne Kenntnis von Titeln anhand der Verlage recherchieren kann. Wichtige Verlage sind:

Cornelsen Verlag,	*Goethe-Institut München,*	*Hueber Verlag,*
Fabouda,	*Goethe-Verlag,*	*Klett,*
		VUB-Gilde-Buchhandlung.

9 Die Hauptwarengruppe
9 Sachbuch

Die Hauptwarengruppe *9 Sachbuch* wiederholt die Themen aus den Warengruppen *5 Geisteswissenschaften, Kunst, Musik, 6 Naturwissenschaften, Medizin, Informatik, Technik* und *7 Sozialwissenschaften, Recht, Wirtschaft.* Aber während dort diese Themen hauptsächlich in Form von Fach- und wissenschaftlichen Büchern behandelt werden, enthält die Hauptwarengruppe *9 Sachbuch* vor allem eben Sachbücher über diese Themen, also wissensorientierte Bücher mit primär privatem Nutzwert sowie entsprechende Hörbücher. Auf Seite 117 ff. sind wir auf die Begriffe Sachbuch, Fachbuch usw. im Zusammenhang eingegangen.

Dazu kommen in der Hauptwarengruppe *9 Sachbuch* Lexika und Wörterbücher, die sich an ein nicht fachspezifisches Publikum richten.

Für diese Hauptwarengruppe produzieren mehr oder minder alle Publikumsverlage, auch einige Fachverlage bringen Titel heraus, die hier zu finden sind. Wichtige und typische Verlage dieser Hauptwarengruppe sind:

Der Audio Verlag,	*Goldmann Verlag,*	*Reclam, Philipp,*
Beck, C H,	*Gütersloher Verlags-*	*Redline,*
Belser AG,	*haus,*	*Rowohlt,*
Berlin Verlag,	*Hanser, Carl,*	*Rowohlt Berlin,*
Bertelsmann, C,	*Hatje Cantz Verlag,*	*Rowohlt Taschenbuch,*
Bertelsmann Lexikon Vlg,	*Henschel,*	*Schnell & Steiner,*
Bibliographisches Institut,	*Herder Freiburg,*	*Schott Musik Internati-*
Brockhaus, F A,	*Heyne, W,*	*onal,*
Campus,	*Hugendubel Kreuzlin-*	*Schwarzkopf &*
Compact,	*gen,*	*Schwarzkopf,*
Dorling Kindersley,	*Kindler,*	*Siedler, W J,*
Droemer Knaur,	*Klett-Cotta,*	*Steidl Göttingen,*
dtv,	*Kösel,*	*Theiss, Konrad,*
DuMont Literatur und	*Links, Ch,*	*Ueberreuter, C,*
Kunst,	*Patmos,*	*Ullstein Taschenbuch*
DVA,	*Piper,*	*Verlag,*
Econ,	*Prestel,*	*United Soft Media,*
Eichborn,	*Propyläen Verlag,*	*Wiley, J,*
Fischer, S,	*Radioropa Hörbuch,*	*Wiley-VCH,*
	Random House Audio,	*Zabern, Philipp von.*

Die immer neuen preiswerten Zeitungs- und Zeitschrifteneditionen (z.B. *GEO-Themenlexikon; Bild Wissensbibliothek, Bertelsmann Lexikon Vlg*) zeigen, dass eine ungebrochene Nachfrage nach Wissensstoff besteht. Vorzügliche Sachbuch-Reihen bzw. Pseudo-Reihen, die viel gefragtes Überblickswissen vermitteln, sind:

- *Beck, C H:*
  - *C. H. Beck Wissen in d. Beck'schen Reihe*
  - *Die 101 wichtigsten Fragen* (= wiederkehrender Untertitel, nicht Reihentitel)
- *dtv:*
  - *Einfach wissen* (= wiederkehrender Untertitel, nicht Reihentitel)
  - *Information & Wissen*
- *Fischer, S: Fischer Kompakt* (überwiegend fälschlich anderen Warengruppen als *9 Sachbuch* zugeordnet)
- *Herder Freiburg: Was stimmt?* (= wiederkehrender Untertitel, nicht Reihentitel).

Mit rund 47.000 lieferbaren Titeln und der Zahl der Neuerscheinungen nach ist dies die zweitkleinste Hauptwarengruppe nach *2 Kinder- und Jugendbücher*. Dennoch hat sie dank im Vergleich zu den Hauptwarengruppen *5*, *6* und *7* höherer Auflagen eine starke Stellung im Sortimentsbuchhandel, ähnlich wie die Hauptwarengruppe *4 Ratgeber*. Kaum einsichtig erscheint deshalb zunächst, dass die beiden herausragend wichtigen Hauptwarengruppen *4* und *9* in der Warengruppen-Systematik nicht unmittelbar benachbart liegen. Der Grund ist: Die Hauptwarengruppe *9 Sachbuch* wurde erst mit der Warengruppen-Systematik 2007 eingeführt; bis dahin waren die Sachbücher rein thematisch mit in die anderen Warengruppen einsortiert. Für eine neue Hauptwarengruppe stand aber in der Warengruppen-Systematik bis 2006 lediglich die bis dahin nicht belegte Gliederungsziffer 9 zur Verfügung.

Die Preise in der Hauptwarengruppe *9 Sachbuch* liegen bei Hardcovern im Durchschnitt zwischen 20 und 30 €, bei Softcovern und Taschenbüchern zwischen 10 und 20 €. Teurer sind vor allem Lexika (auch wenn man den Preis pro Band betrachtet) und Kunstbücher. Damit sind Sachbücher deutlich preiswerter als das wissenschaftliche und Fach-Buchmarktsegment.

Die Führung der Sachbücher in einer eigenen Hauptwarengruppe ist im Interesse einer gezielten Recherche sehr sinnvoll. Problem ist gegenwärtig noch, dass die Zuordnung nicht einheitlich ist: In der Hauptwarengruppe *9* findet man auch wissenschaftliche Publikationen, die dort nicht hineingehören, und umgekehrt stecken viele Sachbücher fälschlich in den Hauptwarengruppen *5* bis *7*. Wenn die Recherche in der Hauptwarengruppe *9* kein befriedigendes Ergebnis bringt, muss man in thematisch geeigneten anderen Warengruppen weitersuchen. Die inkonsistente Zuordnung ist natürlich auch für die Auswertung der Verkaufsstatistik problematisch.

In kleinen Sortimentsbuchhandlungen kann die Warenpräsentation im Regal durchaus der Untergliederung der Hauptwarengruppe *9 Sachbuch* folgen, weil fast keine Titel aus den Hauptwarengruppen *5* bis *7* am Lager gehalten werden. Hier ergeben sich einige enge Nachbarschaften mit einzelnen Warengruppen aus der Hauptwarengruppe *4 Ratgeber* (z.B. *496 Geld, Bank, Börse* – Ratgeber zu diesen Themen – und *977 Geld, Bank, Börse* – Sachbücher zu denselben Themen), auf die wir bei den betreffenden Warengruppen hinweisen. Um den Umsatz und den Abverkauf im Einzelnen zu beobachten und demgemäß zu ordern, ist die Trennung der Warengruppen im Warenwirtschaftssystem erforderlich. Ob diese Trennung auch in der Warenpräsentation den Kunden einsichtig ist, sollte man jeweils ausprobieren – eher wird die gemischte Lagerhaltung die besseren Verkaufserfolge bringen, denn Ratgeber werden eher thematisch gezielt gefragt, und in deren Umgebung haben Sachbücher, die nicht auf der Bestsellerliste stehen, bessere Chancen auf Spontankäufe.

9.1 Die Warengruppe *910 Lexika, Nachschlagewerke* mit Untergruppen

9.1.1 Die Warengruppe *911 Lexika, Enzyklopädien*

Die Warengruppe *911 Lexika, Enzyklopädien* enthält allgemeine Nachschlagewerke, also solche, die alle Gebiete und Themen umfassen. Fachbezogene Nachschlagewerke (z.B. ein medizinisches Lexikon) soll man in den thematisch zuständigen Warengruppen finden, jedoch ist dies noch nicht konsequent realisiert.

Die folgenden Beispiele sollen die Spannweite dieser Warengruppe umreißen:

- *Brockhaus Enzyklopädie. 21. Aufl. 30 Bände, Brockhaus, F A*
- *Dorling Kindersley Familienbibliothek. Tiere /Die Erde /Der Mensch /Das Universum. 4 Bände, Dorling Kindersley*
- *Fasten, Richard: Von Klettverschluss bis G-Punkt. Das Lexikon der grossen Entdeckungen, Kiepenheuer, G*
- *Der Fischer Weltalmanach Länderatlas. Alle Staaten, Länder und Gebiete, Fischer, S (Fischer Sachb. 16184)*
- *Das visuelle Lexikon. Ab 12 Jahren, Gerstenberg (Gerstenbergs visuelle Enzykl.)*

Eine Enzyklopädie ist ein umfassendes Lexikon, deshalb fast immer mehrbändig. Den veralteten Ausdruck Konversationslexikon (ein wenig umfangreiches, allgemeines Lexikon) haben die Verlage heute durch Formulierungen wie Kompaktlexikon oder Handlexikon ersetzt.

Von einem Lexikon erwartet man immer eine objektive und neutrale, also unparteiische Information auf aktuellem Stand. Die verschiedenen allgemeinen Lexika unterscheiden sich durch:

- den Umfang. Umfangreichere Lexika bieten mehr Stichwörter (größere Breite), vor allem eine ausführlichere Information zu jedem einzelnen Stichwort (viel größere Tiefe). Der Artikel über das Buch z.B. umfasst im *Brockhaus in einem Band* 19 Zeilen mit einer Verweisung, in der *Brockhaus Enzyklopädie, 21. Aufl.* ca. 320 Zeilen mit einer Abbildung und zehn Verweisungen, u.a. auf *Lesen* und *Typographie*. Im einbändigen *Brockhaus* werden die englischen Schriftstellerinnen Anne, Charlotte und Emily Brontë auf vier Zeilen abgehandelt, in der *Brockhaus Enzyklopädie, 21. Aufl.* auf 63 Zeilen.

- o *Brockhaus Enzyklopädie, 21. Aufl. 30 Bände, Brockhaus, F A* ist das umfangreichste aktuelle Lexikon in deutscher Sprache (etwa 300.000 Stichwörter).
- o *Der Brockhaus in 10 Bänden, Brockhaus,* hat mit ca. 150.000 Stichwörtern etwa denselben Umfang wie die 20- bis 24-bändigen Taschenbuchlexika (*Meyers Grosses Taschenlexikon, Bibliographisches Institut; dtv-Lexikon*), ist aber gebunden und im Format größer, enthält mehr und größere Abbildungen.
- o Einbändige Lexika haben meistens einen Umfang von 45.000 bis 75.000 Stichwörtern, der *Brockhaus in einem Band* beispielsweise 55.000 Stichwörter.

- die Aktualität. Einbändige Lexika kommen jedes Jahr in aktualisierter Neuauflage. Mehrbändige Lexika werden seltener überarbeitet. Das *Bertelsmann Universallexikon* enthält auch sehr zeitgebundene Stichwörter, die vielleicht in der Ausgabe des Folgejahres nicht mehr enthalten sind, z.B. Namen von neuen Popgruppen oder Stichwörter über aktuelle politische Ereignisse von vorübergehendem Interesse. Zur *Brockhaus Enzyklopädie, 21. Aufl.*, erscheinen Jahrbücher mit aktuellen Artikeln.
- die Zielgruppen, das Niveau. Allgemeine Lexika sind (im Unterschied zu Fachlexika, die sich meistens an ein fachlich vorgebildetes Publikum richten) immer allgemein verständlich. Dennoch gibt es Niveauunterschiede. Der Grad der Allgemeinverständlichkeit wird erhöht durch Verzicht auf Fachbegriffe, auf mathematische Formeln und durch Vereinfachung in der Darstellung. Aber dadurch werden viele Erklärungen ungenau. Die verschiedenen allgemeinen Lexika bieten unterschiedliche Kompromisse in diesem Spannungsfeld an.
  - o *Brockhaus Enzyklopädie. 21. Aufl.* steht im Aufbau der Artikel und in der Terminologie wissenschaftlichen Nachschlagewerken nahe. Ähnlich verfährt *Meyers Grosses Taschenlexikon* in 24 Bänden, das auch für Gymnasiasten in der Oberstufe und für Studenten – über die spezielle Studienliteratur hinaus – ausgezeichnete Dienste leistet.
  - o Das *dtv-Lexikon* in 20 Bänden (Taschenbuch) erklärt alle Sachverhalte unter Verzicht auf Fachterminologie und weit gehend ohne Formeln.
- die Ausstattung. Farbige Abbildungen auf mehr oder minder jeder Seite, viele Tabellen und grafische Darstellungen sind heute Standard. Die Frage ist, ob die Abbildungen aussagefähig sind oder mehr schmückendes Beiwerk in etwas beliebiger Auswahl und ob sie auf derselben Seite stehen wie der zugehörige Artikel. Etliche Lexika auf CD-ROM (z.B. *Bertelsmann Universallexikon*) haben hier trotz multimedialer Elemente einen niedrigeren Standard als gedruckte Ausgaben.

o *Brockhaus Enzyklopädie. 21. Aufl.* bietet zu rund 200 wichtigen, aktuellen Themen („Schlüsselbegriffen") orientierende Essays von ausgewiesenen Fachleuten.

o Die Brockhaus-Lexika erscheinen wiederholt auch in verschiedenen Ausgaben mit hochwertigen Einbänden, die von prominenten Künstlern gestaltet wurden, und sind dann als Geschenk und repräsentativer Wandschmuck geeignet.

o Zu den Taschenbuch-Lexika gehört meistens eine im Preis enthaltene DVD mit demselben Inhalt wie die gedruckte Ausgabe, angereichert mit multimedialen Elementen, z.B. Video- und Musiksequenzen.

- die Erschließung. Ein Lexikon gewinnt an Gebrauchswert, wenn am Ende der Artikel Verweisungen auf weiterführende, weitere Artikel und auf verwandte Themen gegeben werden. Bei Lexika auf DVD oder anderen Datenträgern erwartet man, dass wahlweise unter den Stichwörtern oder im Volltext gesucht werden kann, dass die Verknüpfungen mit Hyperlinks realisiert sind.

- Literaturangaben sind dann wichtig, wenn das Lexikon nicht nur zur knappen Information im Alltag verwendet werden soll, sondern auch zum Einstieg in eine gründliche Beschäftigung mit dem Thema.

- Einbandart und Preis. Wie bei Wörterbüchern sind gebundene Ausgaben bei häufigem, längerem Gebrauch besser haltbar und wegen ihres größeren Formats übersichtlicher. Die 20- bis 24-bändigen Taschenlexika kosten rund 100 bis 150 € und bieten damit ein sehr günstiges Preis-Leistungs-Verhältnis. Allerdings enthalten sie viel weniger und kleinere Abbildungen als vom Umfang her vergleichbare mehrbändige Hardcover-Lexika, z.B. *Der Brockhaus in 10 Bänden.* Diese kosten dann etwa das Dreifache. Der Preis einbändiger Hardcover-Lexika liegt unter 50 €. In der Verkaufsberatung kommt es darauf an, das Preis-Leistungs-Verhältnis hervorzuheben: Preiswerte Lexika aus Verlagen ohne Lexikon-Tradition, z.B. die Zeitungs-Editionen, sind oft nicht auf dem aktuellen Stand und in Details unpräzise.

- Vernetzung mit dem WWW. Lexika auf CD-ROM oder anderen Datenträgern enthalten heute meistens Internetlinks, damit man sich aktuelle Ergänzungen holen und zu von der Lexikon-Redaktion sorgfältig geprüften Seiten gehen kann. Führend sind vor allem die *Encarta* (*Microsoft*) und der *Brockhaus multimedial* (*Bibliographisches Institut*). Bei vielen Lexika von *Brockhaus F A* erhält der Kunde mit dem Kauf der Printausgabe den Zugangscode für die Online-Fassung desselben Titels; er kann dann jederzeit online die aktualisierte Fassung einsehen. Zukünftig werden die Websites der Verlagslexika auf Basis der Web-2.0-Technologie erweitert: Nutzer können Kommentare zu Artikeln schreiben oder neue Stichwörter vorschlagen, in einen Dialog mit der Redaktion treten.

Auf CD-ROM oder anderen Datenträgern erscheinen auch Ausgaben, die unter einer gemeinsamen grafischen Benutzeroberfläche den Zugriff auf ein handliches Lexikon und verschiedene Wörterbücher (Rechtschreibung, Fremdwörter, Synonyme, Deutsch-Englisch, Englisch-Deutsch) möglich machen, führend: *Office-Bibliothek* (*Bibliographisches Institut*).

Objektivität, durchgängig geprüfte Qualität und Ausgewogenheit sind die entscheidenden Verkaufsargumente für ein Verlagslexikon und die Hauptunterschiede zu den kostenlosen WWW-Lexika, allen voran die Wikipedia (www.wikipedia.de). Viele kostenlose WWW-Lexika sind das Ergebnis der freiwilligen Mitarbeit zahlloser Benutzer, die teils in bester Absicht ihr Wissen einstellen, das immer wieder leider nicht dem aktuellen Stand entspricht und nicht in den angemessenen Zusammenhang gestellt wird, die teils in missionarisch-propagandistischer Intention hinter einer scheinbar neutralen Fassade doch nur einseitige Überzeugungen verbreiten wollen, die teilweise auch in kabarettistischer Manier Unfug ins Lexikon schreiben, der nicht leicht zu erkennen ist. Deshalb muss der Betreiber immer wieder Artikel löschen und die Möglichkeit, zu umstrittenen Themen Artikel zu schreiben, unterbinden. Und: Der Ansatz – jeder kann nach dem Wiki-Prinzip jederzeit ändern oder ergänzen – führt dazu, dass sich die Artikel zwar oft auch aktualisieren, vor allem aber andauernd in der Ausrichtung verändern. Im Ergebnis erfährt man zu vielen Fragen heute das Gegenteil von dem, was gestern zu lesen war – obwohl sich am Sachverhalt selbst vielleicht gar nichts geändert hat. Über manche Einzelheiten findet man erstaunlich lange und detailreiche Artikel, während andere, ganz grundlegende Themen bisher noch keinen Autor gefunden haben.

9.1.2 Die Warengruppe
912 Deutsche Wörterbücher

Die Warengruppe *912 Deutsche Wörterbücher* enthält einsprachige Wörterbücher des Deutschen. Während ein Lexikon über die Eigenschaften der Sachverhalte informiert, die mit den enthaltenen Stichwörtern bezeichnet werden, informiert ein Wörterbuch über die sprachlichen Eigenschaften der behandelten Wörter. Einsprachig bedeutet: Es wird keine Übersetzung der Wörter in eine andere Sprache angegeben. Einsprachige Wörterbücher des Deutschen werden benötigt:

- vor allem von deutschen Muttersprachlern, die sich der richtigen Schreibung oder Flexion, der Bedeutung oder der Herkunft vergewissern wollen oder Synonyme suchen. Je mehr jemand mit Schriftsprache zu tun hat, z.B. der Lehrer im Vergleich zum Koch, der Deutschlehrer im Vergleich zum Mathematiklehrer, der Journalist im Vergleich zum Lehrer, desto dringender braucht er ein Wörterbuch, desto eher braucht er parallel Wörterbücher für verschiedene Aspekte der Sprache (Rechtschreibung, Stil, Synonymie...), desto wichtiger wird ein umfassendes, mehrbändiges Wörterbuch für ihn.
- von Muttersprachlern anderer Sprachen, die bereits über sehr gute Deutschkenntnisse verfügen. Wer weniger gute Deutschkenntnisse hat, dem ist mit einem zweisprachigen Wörterbuch besser gedient.

Je nach Fragestellung und Zielgruppe sind unterschiedliche Wörterbücher von Interesse. Man unterscheidet:

- **Rechtschreibwörterbücher (orthografische Wörterbücher)**. Diese tragen meist keine besondere Bezeichnung, sondern heißen einfach Wörterbuch oder werden nach dem wichtigsten deutschen Rechtschreibwörterbuch *Duden* genannt. Rechtschreibwörterbücher enthalten auch Angaben zur Flexion, Silbentrennung, Betonung und für viele Wörter auch zur Bedeutung und Verwendung.
- **Stilwörterbücher** behandeln nur einen Teilwortschatz, nennen zu diesem Stilwerte und Synonyme, die anderen Stilebenen angehören (z.B. Gesicht und Visage).
- **Synonymenwörterbücher** geben sinnverwandte Wörter an, erklären die Unterschiede und nennen teilweise auch Wörter mit entgegen gesetzten Bedeutungen (Antonyme). Die meisten Synonymenwörterbücher sind alphabetisch geordnet und nennen bedeutungsgleiche oder -ähnliche Wörter ohne weitere Erläuterung. Systematische Sprachwörterbücher (auch Begriffs- oder onomasiologische Wörterbücher genannt) ordnen den Wortschatz nach Sachgruppen an und sollen bei der Suche nach Synonymen und der Erweiterung des Wortschatzes für Lerner helfen. Sie haben in der Regel ein alphabetisches Register.
- **Bedeutungswörterbücher (semantische Wörterbücher)** erklären die sprachliche Bedeutung der Wörter. Oft sind sinnverwandte Wörter genannt.
- **Aussprachewörterbücher** (Orthoepie) geben in Lautschrift die Aussprache wieder. Hochlautung ist die normierte, „richtige" Aussprache.
- **Etymologische Wörterbücher** informieren über Herkunft und Entwicklung der Wörter.
- **Fremdwörterbücher** geben zu einem Fremdwort die deutsche Entsprechung oder zu einem deutschen Wort ein Fremdwort.
- **Dialekt-Wörterbücher**, z.B. für Kölsch, Bairisch (Bayerisch), Sächsisch. Dialekt-Wörterbücher lösen am Kassentresen Spontankäufe aus.

Weniger oft werden nachgefragt:

- **Wörterbücher der Umgangssprache**, d.h. normalerweise nur mündlich und in der Literatur gebrauchte Wörter der Standardsprache in abgewandelter Bedeutung (z.B. Schnellbleiche für rasche Ausbildung), besondere Varianten sind Wörterbücher der Schüler-, Jugend-, Studentensprache, der Sexualsprache und der Vulgärsprache.
- **Reimwörterbücher** (Reimlexika, rückläufige Wörterbücher) ordnen die Wörter anhand der rückwärts (von rechts nach links) gelesenen Buchstabenfolge und dienen vor allem dem Finden von Reimen.
- **Bildwörterbücher** zeigen Abbildungen, meist Zeichnungen, geordnet nach Sachgruppen (z.B. Haus) und geben dazu die Bezeichnungen der einzelnen Teile (Tür, Dach, Fenster usw.). Bildwörterbücher des Deutschen gibt es wenige Titel (aber viele Bildlexika für Kinder); die meisten Bildwörterbücher sind

zweisprachige Wörterbücher und dann in der Warengruppe
913 Fremdsprachige Wörterbücher enthalten.

- **Idiomatische Wörterbücher** erklären feststehende Redewendungen, die man
  nur im übertragenen Sinn, nicht jedoch aufgrund der Bedeutung der einzelnen
  Wörter verstehen kann (z.B. „Perlen vor die Säue werfen"). Idiomatische Wörterbücher des Deutschen sind in der Warengruppe *563 Deutsche Sprachwissenschaft* enthalten.
- **Historische Wörterbücher** dokumentieren den Wortschatz einer bestimmten
  historischen Stufe einer lebenden Sprache, z.B. ein Wörterbuch des Mittel-
  hochdeutschen. Wörterbücher toter Sprachen (z.B. altgriechisch, lateinisch) bezeichnet man nicht als historische Wörterbücher. Historische Wörterbücher
  sind in der Warengruppe *56* Sprachwissenschaft* enthalten.

Oft werden Aspekte wie Grammatik, Stilwert, Semantik, Verwendung anhand von
Beispielsätzen verdeutlicht. In umfangreichen Sprachwörterbüchern handelt es sich
bei den Beispielsätzen um mit Quellenangaben ausgewiesene Zitate aus der Belletristik, der Presse usw. Mehrbändige Wörterbücher (z.B. *Duden – Das große Wörterbuch der deutschen Sprache, 10 Bände, Bibliographisches Institut*) enthalten
einen größeren Wortschatz als einbändige Wörterbücher, vor allem sind die Angaben zum einzelnen Wort umfangreicher, erläutern sowohl Semantik und Grammatik wie auch Stilistik, Etymologie, Aussprache, Verwendung usw. Ein umfassendes
Wörterbuch nennt man auch Thesaurus.

Rätselwörterbücher sollen beim Lösen von Sprachrätseln, insbesondere Kreuz-
worträtseln helfen. Rätselwörterbücher sind in der Warengruppe *416 Spielen, Raten* enthalten.

Wörterbücher über Zitate, Sprichwörter und sprichwörtliche Redensarten (z.B.
„Morgenstund' hat Gold im Mund") sind in der Warengruppe *956 Literatur: Allgemeines, Nachschlagewerke* enthalten.

Bei den einsprachigen Wörterbüchern des Deutschen dominieren:

- *Duden - Die deutsche Rechtschreibung, Bibliographisches Institut,*
- *Wahrig kompakt, Bertelsmann Lexikon Vlg,*
- *Wahrig Die deutsche Rechtschreibung, Bertelsmann Lexikon Vlg.*

Verkaufsargumente können vor allem sein:

- Der *Duden* hat den bewährten, anerkannten Namen. Wörter in neuer Rechtschreibung sind rot hervorgehoben. Orthografisch schwierige Fälle sind in
  hervorgehobenen Informationskästen übersichtlich abgehandelt. Die Duden-
  Redaktion gilt als höchste Autorität der deutschen Rechtschreibung.
- *Wahrig kompakt* enthält auch eine kurze Grammatik und führt viele Kom-
  posita auf. Beides ist besonders für erwachsene, fortgeschrittene Lerner der
  deutschen Sprache interessant.

- *Wahrig Die deutsche Rechtschreibung* von *Bertelsmann* ist als Hardcover ausgesprochen preiswert, enthält ebenfalls eine kurze Grammatik. Wörter in neuer Rechtschreibung sind mit einem roten Pfeil am Rand markiert.
- Unabhängig davon, welches Wörterbuch gewählt wird, braucht man immer wieder eine aktualisierte Ausgabe, weil dauernd neue Wörter auftauchen, über deren Schreibung zunächst Unsicherheit besteht (z.B. e-mail, e-Mail, eMail, Email oder laut *Duden* E-Mail).
- Für die meisten Zwecke ist es praktischer, nebeneinander ein jeweils einbändiges Rechtschreib-, Bedeutungs-, Stil-, Herkunftswörterbuch usw. zu benutzen als ein mehrbändiges Wörterbuch mit seinen langen Artikeln zu jedem einzelnen Wort (z.B. *Der Duden in 12 Bänden. Band 1: Rechtschreibung, Band 2: Stilwörterbuch, ..., Band 12: Zitate und Aussprüche, Bibliographisches Institut*).

Die meisten Wörterbücher erscheinen als Printversion und parallel auf Datenträgern. Sehr vorteilhaft sind Ausgaben, die verschiedene Wörterbücher und Lexika integrieren und aus der Textverarbeitung heraus befragt werden können, hervorzuheben ist: *Office-Bibliothek (Bibliographisches Institut)*.

Bei den Printversionen dominiert das Hardcover. Softcover und Taschenbuch sind nur für den empfehlenswert, der sein Wörterbuch voraussichtlich nicht oft oder nur vorübergehend sehr intensiv benutzen wird (z.B. ausländische Studenten während der Teilnahme am Sprachkurs), weil Hardcover für eine häufige Benutzung stabiler sind und sich besser aufschlagen lassen. Das Taschenbuchformat ist für ein Wörterbuch weniger gut geeignet als das übliche, etwas größere Hardcoverformat, weil bei letzterem mehr Text auf eine Seite passt, was das Auffinden erleichtert.

Die neue deutsche Rechtschreibung beruht auf einer zwischenstaatlichen Erklärung der zuständigen Stellen der deutschsprachigen Länder aus 1996 – endgültig in Kraft getreten 2006 – und bezieht sich naturgemäß nur auf den amtlich zu regulierenden Bereich, nämlich die Schulen (Was wird dort gelehrt bzw. als falsche oder richtige Schreibung gewertet?) und schriftliche Äußerungen in und von Behörden. Inzwischen haben fast alle Buchverlage, Zeitungen und Zeitschriften auf die neue, mehrfach angepasste Rechtschreibung umgestellt.

In den Schulen Österreichs und der Schweiz werden eigene Wörterbücher bevorzugt, die, ohne dass sie Dialektwörterbücher sind, die Besonderheiten der Schriftsprache des jeweiligen Landes berücksichtigen, beispielsweise wird der Buchstabe ß in der Schweiz nicht verwendet (z.B. Grossstadt): *Duden Wörterbuch. Das Wörterbuch für die ersten Schuljahre - Schweizer Ausgabe, Sauerländer Aarau; Österreichisches Wörterbuch, öbvhpt*.

9.1.3   Die Warengruppe
913 Fremdsprachige Wörterbücher

Die Warengruppe *913 Fremdsprachige Wörterbücher* enthält:

- einsprachige Wörterbücher in anderen Sprachen als Deutsch, z.B.
  - *PONS Micro Robert Poche. Französich, Klett*
  - *Utschebny tolkowy slowar (Einsprachiges Wörterbuch Russisch), Cornelsen Verlag*
- zwei- und mehrsprachige Wörterbücher, auch mit stark didaktischem Profil, z.B.
  - *PONS Wörterbuch für Schule und Studium. Bd 1. Italienisch-Deutsch, Klett*
  - *Drewes, Christine: ReiseWortSchatz Amerikanisch, Reise Know-How*
  - *Langenscheidt Grosse Schulwörterbücher. Lateinisch-Deutsch, Langenscheidt*
- vokabelorientierte Sprachkurse, z.B.
  - *PONS Wortschatz mit System Spanisch. Den gesamten Grund- und Aufbauwortschatz einfach meistern, Klett*
  - *BDS-1860, Sprechender Deutsch/Englisch-Professor PRO. Das sprechende Powerpaket für Schule und Studium mit über 2,8 Mio. Einträgen (Stichwörter, Redewendungen, Übersetzungen, Wortformen und grammatikalische Angaben.) Wortschatz: PONS Wörterbuch für Schule und Studium Plus. Sprachlernkurs auf Windows CD-ROM von Digital Publishing, Franklin Electronic*
- kurioserweise einen Teil der Wörterbücher deutscher Dialekte, während die meisten Wörterbücher der deutschen Dialekte zutreffend der Warengruppe *912* zugeordnet sind.

Fachwörterbücher, die die Fachterminologie eines Fachgebietes, z.B. Hochbau, Elektrotechnik, Gastronomie enthalten, einsprachig erklären oder Übersetzungen anbieten, sind teils hier in *913*, teils in der fachlich zuständigen Warengruppe enthalten.

Für etliche Sprachen, die in Deutschland selten gelernt werden, vor allem afrikanische und asiatische Sprachen, gibt es nur wenige Titel, nur einen einzigen Titel oder gar kein Wörterbuch mit Deutsch als Ziel- oder Ausgangssprache. Man muss auf Englisch als Bezugssprache ausweichen; Englisch ist bei den Wörterbüchern die mit Abstand am weitesten verbreitete Bezugssprache. Ggf. muss man in der Kundenberatung auch auf ausländische oder internationale Buchhandelsbibliografien und -datenbanken zurückgreifen, um Wörterbücher für seltene Sprachen zu ermitteln (z.B. www.missing-link.de, www.barnesandnoble.com, www.casalini.it, www.bol.de).

Zweisprachige Wörterbücher für Sprachen, die nicht die lateinische Schrift verwenden, geben die Wörter dieser Sprachen in der Regel in der Schrift der betreffenden Sprache, nur ausnahmsweise in lateinischer Lautumschrift wieder. In der Kundenberatung sollte man darauf hinweisen, damit der Kunde keine falschen

Erwartungen an das bestellte Wörterbuch hat. Wenn die lateinische Lautumschrift nicht ausdrücklich in der Titelbeschreibung von Wörterbüchern solcher Sprachen genannt ist, kann man in der Regel davon ausgehen, dass sie nicht enthalten ist, auch wenn die Titelangaben in der Buchhandelsdatenbank in lateinischen Buchstaben erfolgen. Beispieltitel:

- *Tangshou, Zhao: Wörterbuch Chinesisch. Deutsch-Chinesisch / Chinesisch-Deutsch. Mit lateinischer Lautumschrift, CBT China Book Trading.*
- *PONS Standardwörterbuch Russisch. Russisch-Deutsch /Deutsch-Russisch, Klett* (Die russischen Wörter sind nur in kyrillischer Schrift wiedergegeben.)

Für Englisch, Französisch, Russisch, Italienisch, Spanisch und weitere verbreitete Sprachen gibt es eine Fülle von Varianten, die sich nach den Zielgruppen unterscheiden. Es handelt sich keineswegs darum, dass die weniger umfangreichen Wörterbücher jeweils verkürzte Ausgaben der umfangreicheren sind. Vielmehr spiegelt die Vielfalt der Wörterbücher teils Konkurrenz der Verlage, teils aber auch qualitativ, nicht nur quantitativ, verschiedene Bedarfe bei unterschiedlichen Zielgruppen wider. So ist der Wortschatz für die Sekundarstufe I am Gymnasium nicht nur kleiner als der Wortschatz eines Taschenwörterbuches, sondern enger auf Schullektüren und weniger auf den Berufsalltag abgestimmt.

In der Regel werden die verschiedenen Wörterbücher derselben Sprache im selben Verlag unabhängig voneinander aktualisiert.

Man unterscheidet:

- enzyklopädische Wörterbücher, mehrbändig mit einem Umfang von weit über 300.000 Stichwörtern, die sich an Muttersprachler, Sprachlehrer, Sprachwissenschaftler und sehr fortgeschrittene Fremdsprachensprecher, z.B. Übersetzer, richten,
- meist Groß- oder Handwörterbücher genannte Varianten, ein- oder zweibändig mit unter 200.000 bis 300.000 Stichwörtern; diese sind im Wortschatz, vor allem im Umfang der Angaben und Beispiele für jedes einzelne Wort gegenüber den enzyklopädischen Wörterbüchern weniger vollständig, aber oft aktueller,
- Sprachwörterbücher für Schüler und Studenten auf den verschiedenen Lernlevels und Schulstufen sowie für den Gebrauch in Alltag und Beruf; diese bilden wiederum gemäß dem differenzierten Bedarf ein fein abgestuftes System und unterscheiden sich teils im Umfang, vor allem in der Auswahl des Wortschatzes und im Umfang der Eintragungen von den Groß- und Handwörterbüchern:
  - Varianten mit einem Umfang von 50.000 bis über 100.000 Stichwörtern für Sekundarstufe II und Hochschule, oft Taschenwörterbuch oder Globalwörterbuch genannt,

- o Schul-, Universal- oder Standardwörterbuch genannte Varianten mit einem Umfang von 20.000 bis 50.000 Stichwörtern für Sekundarstufe I und das mittlere Niveau an der Volkshochschule,
- o Schülerwörterbücher mit geringerem Umfang,
- im Umfang und Format handliche, in jedem Fall einbändige, oft Praxiswörterbuch genannte Varianten mit einem Umfang von einigen Tausend bis unter 20.000 Stichwörtern,
- einbändige und meist kleinformatige Wörterbücher mit noch geringerem Umfang und verknappten Angaben zu den Stichwörtern,
- Reisewörterbücher mit einem Wortschatz, der auf Alltag und Reise fokussiert ist, sowie mit einem kurzen Sprachführer,
- idiomatische Wörterbücher, die besonders für den Fremdsprachenunterricht wichtig sind,
- Satzlexika (Satzwörterbücher), die in der Korrespondenz häufig verwendete Sätze in Übersetzung bringen.

Die führenden Verlage bringen für ihr Wörterbuchangebot übersichtliche Tabellen heraus, die darstellen, für welche Zielgruppe welche ihrer Wörterbuchtypen geeignet sind. Diese Tabellen sollten am Regal mit den Wörterbüchern aushängen, damit sie für Kunden und Personal stets und bequem greifbar sind.

Wer keinerlei Fremdsprachkenntnisse hat, braucht nie ein Fremdsprachenwörterbuch. Die Nachfrage nach Wörterbüchern nimmt mit dem Bildungsniveau und den Fremdsprachenkenntnissen zu, nicht ab. Die Kenntnisse anderer Fremdsprachen sind viel weniger verbreitet als die des Englischen, dennoch wird hier wie auch bei englischen Wörterbüchern der Bedarf infolge der Zunahme der Auslandsreisen, der grenzüberschreitenden Wirtschaftsbeziehungen und der Nutzung des Internets weiter steigen.

Der deutsche Markt der allgemeinen Fremdsprachenwörterbücher wird auf ein Volumen von 250 Millionen € geschätzt, das wären knapp 4 % des Gesamtumsatzes mit Büchern. Für eine so spezielle Gattung ist das ein erstaunlicher Anteil. Dieser Markt wird zu rund 90 % von zwei Verlagen beherrscht: dem Münchner *Langenscheidt*-Verlag (Marktanteil schätzungsweise 50 bis 60 %) und dem Stuttgarter *Klett*-Verlag.

Wichtige Verlage von Wörterbüchern sind:

Bibliographisches	*Compact,*	*Hueber Verlag,*
Institut,	*Cornelsen Verlag,*	*Langenscheidt,*
Brandstetter, O,	*Franklin Electronic,*	*Schnellmann,*
Buske, H,	*Hexaglot,*	*TT-Software,*
		Wiley, J.

Gedruckte Wörterbücher haben ungebrochen Auftrieb, erfahren durch Wörterbücher auf Datenträgern und durch Sprachcomputer keineswegs einen Rückgang. Ein Wörterbuch oder ein Lexikon auf einem Datenträger sind nur in einer Arbeitsumgebung sinnvoll, in der man ohnehin normalerweise am PC sitzt oder den Handheld zur Hand hat. Ein entscheidender Vorteil der elektronischen Wörterbücher ist die Multimedialität: Man kann nicht nur die Lautschrift lesen, sondern die Aussprache hören. Ein Teil der Titel ist speziell auf die Integration in vorhandene EDV-Anwendungen ausgerichtet; Beispieltitel: *TrueTerm Special FWB Büro /Kommunikation. Fachwörterbuch Englisch /Deutsch und Deutsch /Englisch. Für Windows98 /NT /2000 /Me /XP, Windows CE ab V2.11, PocketPC 2002, 2003 und Mobile Edition sowie PalmOS ab V.3, TT-Software.*

Sprachcomputer sind so groß wie ein Taschenrechner und liefern auf dem kleinen Display die Übersetzung, wenn man ein Wort eintippt, z.B. *Hexaglot Professional Translator /Elektronischer Taschenübersetzer. Dt. /Engl., Hexaglot.* Mit fortgeschrittenen Geräten kann man über den Text fahren, der eingescannt wird, und erhält auf dem Display den übersetzten Text (Übersetzerstift *Quicktionary, Hexaglot*). Weitere Marken für portable Sprach- und Übersetzungscomputer: *Langenscheidt, Casio, Duden, Sharp, Franklin* mit der Gerätemarke *Bookman*, die man mit ROM-Karten auf weitere Sprachen erweitern kann. Freilich werden drei Viertel dieser Kleingeräte zwischen 15 und 150 € in Mediamärkten und Kaufhäusern verkauft.

9.1.4 Die Warengruppe 914 Sprachführer

Während man mit Sprachlehrbüchern und dazugehörigen Tonträgern eine Sprache methodisch lernen kann (Hauptwarengruppe *8 Schule und Lernen*), greift man zum Sprachführer, wenn man sich Wörter und Wendungen rasch für einen begrenzten Zweck aneignen möchte. Im Vordergrund stehen Urlaub und Essengehen, auch Business-Training. Viele Titel sind Medienkombinationen aus Softcover und CD, bestehen aus einem systematischen Teil mit Sätzen und Wendungen und einem knappen Wörterbuch. Die Funktion der Warengruppe besteht vor allem darin, gezielt die Sprachführer für eine bestimmte Sprache in der Fülle der Sprachlehrmaterialien aufzufinden.

Beispieltitel:

- *Last Minute Spanisch. Ein kompakter Intensivkurs für die häufigsten Urlaubssituationen, NEUER HONOS*
- *Rey de Moral, Margarita: Gourmet-Sprachführer Spanisch, Hueber Verlag (Gourmet-Sprachführer)*
- *Bretonisch - Wort für Wort, Reise Know-How.*

Wichtige Verlage und Reihen:

- *Koval: Reisesprachführer,*
- *Klett:*
  - *Pons Reisewörterbuch,*
  - *Pons Urlaub auf einen Blick,*

- *Langenscheidt:*
  - *Langenscheidt für den Urlaub,*
  - *Langenscheidt Reise-Sets,*
  - *Langenscheidt Sprachführer,*
- *Reise Know-How: Kauderwelsch,*
- *Stein, C: Fremdsprech.*

9.1.5 Die Warengruppe
915 Jahrbücher

Jahrbücher unterscheiden sich von Zeitschriften darin, dass sie nur einmal im Jahr erscheinen; meistens sind sie dick wie ein Buch und enthalten wenig oder kaum Werbung. In der Warengruppe *915 Jahrbücher* findet man von den zahllosen Jahrbuchtiteln einen kleinen Ausschnitt, nämlich vor allem solche Jahrbücher, die in der Form eines Lexikons, eines Reports oder einer Chronik über die Ereignisse eines Jahres oder eines größeren Zeitabschnitts ohne thematische Spezialisierung informieren, z.B.

- *Chronik <Jahr>, Bertelsmann Lexikon Vlg,*
- *Brockhaus Enzyklopädie Jahrbuch, Brockhaus F A,*
- *Der Fischer Weltalmanach, Fischer, S,*
- *Harenberg Aktuell, Bibliographisches Institut,*
- *Statistisches Jahrbuch für die Bundesrepublik Deutschland und für das Ausland, Statistisches Bundesamt,*

ferner Heimat- und Regional-Jahrbücher. Thematisch spezialisierte Jahrbücher (z.B. Sport, Forschung) findet man in den thematisch zuständigen Warengruppen.

9.1.6 Die Warengruppe
916 Listenbücher

Der sonst nicht übliche Terminus „Listenbücher" wird hier für die kleine Zahl solcher Titel verwendet, die in Form einer Liste oder eines Lexikons unterhaltsame Wissenssplitter versammeln. Muster sind folgende Titel, deren Ideen vielfach und immer wieder anders variiert wurden:

- *Guinness World Records, Bibliographisches Institut* – wichtiger Titel in der Jugendabteilung -,
- *Schott, Ben: Schotts Sammelsurium, Berlin Verlag (Bloomsbury Bln),*
- *Wallechinsky, David /Wallace, Amy: Das grosse Buch der Listen. Wissenswertes, Kurioses und Überflüssiges, List, Paul.*

Während das *Guinnessbuch der Rekorde* (wie viele Kunden noch formulieren) seit vielen Jahren eingeführt ist, kamen die Listenbücher in Deutschland erst 1999 auf und haben mit *Schotts Sammelsurium* die Bestsellerlisten gestürmt – in 2005 waren Listenbücher Stapelware neben der Kasse für Spontankäufe, in 2006 nur noch Remissionsware.

9.2 Die Warengruppe
920 Philosophie, Religion mit Untergruppen

In dieser Warengruppe findet man vor allem Sachbücher

- über einzelne Philosophen sowie Persönlichkeiten des religiösen Lebens und ihr Werk,
- zur Philosophie insgesamt,
- zur Philosophiegeschichte,
- zu vielen Teilgebieten der Philosophie, vor allem der Ethik,
- zur Religion allgemein und zu den Weltreligionen im Einzelnen. Themen aus der Religions- und Kirchengeschichte werden seltener behandelt und verlangt als aus der Philosophiegeschichte.

Eine weitere nennenswerte Titelgruppe in der Warengruppe sind Anthologien (die Verlage vermeiden diesen Ausdruck auf dem Titelblatt) mit Auszügen aus den Werken bedeutender Philosophen unter Titeln wie etwa *Klassiker des philosophischen Denkens (dtv)* oder *Ich denke, also bin ich. Grundtexte der Philosophie (Beck, C.H.)*.
Die Beispieltitel können zugleich als Einführung in die Inhalte der Warengruppe dienen:

- *Weischedel, Wilhelm: Die philosophische Hintertreppe. 34 grosse Philosophen im Alltag und Denken, dtv,*
- *Küng, Hans: Spurensuche. Die Weltreligionen auf dem Weg, Piper,*
- *Gfeller, Nicolas: Kleine Geschichte der Ethik. Von Buddha bis Ernst Bloch, Diogenes,*
- *Tripp, Edward: Reclams Lexikon der antiken Mythologie, Reclam, Philipp.*

Die Nachfrage nach christlicher Literatur ist wesentlich breiter als die Themen dieser Warengruppe und richtet sich auch auf christlich inspirierte Kinder- und Jugendbücher (Hauptwarengruppe *2*), Belletristik (Hauptwarengruppe *1*) oder Geschenkbücher (Warengruppe *191 Geschenkbücher*). Rund 40 % aller Leser interessieren sich für religiöse Bücher, aber nur 16 % kaufen sie in religiösen Buchhandlungen.
Für christliche Themen, Bibelausgaben, Gesangbücher sowie Bücher für die persönliche Glaubenspraxis (Andachten, Gebete, Tisch-, Morgen-, Abendgebete, christliche Geschichten und Meditationen, besonders Bibelmeditationen, Predigten zum Lesen, Bildbände mit christlichen Motiven) sind auch die folgenden Warengruppen von Bedeutung:

- *546 Bibelausgaben,*
- *547 Religiöse Schriften, Gebete, Gesangbücher, relig. Meditationen.*

Einen Teil der Titel aus diesen Warengruppen und den Warengruppen *920* bis *926* kann man im Ladengeschäft gemeinsam präsentieren; als Beschriftung bietet sich beispielsweise eine vergrößerte Farbkopie einer geeigneten Buchseite mit Bild und Text an. Das betrifft insbesondere Titel, die den Kunden auf der Suche nach Orientierungen Impulse geben.

Die Tabellen geben Auskunft über die Untergliederung der Warengruppe *920 Philosophie, Religion* mit stichwortartigen Erläuterungen zum Inhalt.

921 Biographien, Autobiographien

Typische Titel:

- *Feldmann, Christian: Papst Benedikt XVI. Eine kritische Biographie, Rowohlt*
- *Grunenberg, Antonia: Hannah Arendt und Martin Heidegger. Geschichte einer Liebe, Piper*
- *Otto, Eckart: Mose. Geschichte und Legende, Beck, C H (Beck'sche Reihe 2400)*

Typische Themen:

Adorno, Theodor W.,	Frauen,	Luther, Martin,
Altes Testament,	Frère Roger,	Maria,
Arendt, Hannah,	Galen, Kardinal Clemens	Moses,
Franz von Assisi, Franziskus von Assisi,	August Graf von	Mutter Teresa,
	Gerhardt, Paul,	Nietzsche, Friedrich,
Augustinus,	Gott,	Päpste,
Benedikt XVI.,	Heidegger, Martin,	Paulus,
Bernhard von Clairvaux,	Jesus Christus,	Rahner, Paul,
Bonhoeffer, Dietrich,	Johannes Paul II.,	Sales, Franz von,
Dalai Lama,	Kant, Immanuel,	Stein, Edith,
David,	Kardinäle,	Taizé,
Don Bosco,	Kirchenpersonen,	Neues Testament,
		Theologie.

922 Philosophie: Allgemeines, Nachschlagewerke

Typische Titel:

- *Der Brockhaus Philosophie. Ideen, Denker und Begriffe, Brockhaus, F A (Brockhaus – Sachlexika)*
- *Macrone, Michael: Heureka! Das archimedische Prinzip und 80 weitere Versuche, die Welt zu erklären, dtv (dtv Kultur & Gesch. 30673)*
- *Popper, Karl R.: Alles Leben ist Problemlösen. Über Erkenntnis, Geschichte und Politik, Piper (SP 2300)*

Typische Themen:

Böse, Böses,	Glück,	Moral,
Denken,	Leben,	Philosophie,
Ethik,	Logik,	Sinn,
Globalisierung,	Mensch, Menschen,	Wahrheit.

923 Philosophie: Antike bis Gegenwart

Typische Titel:

- *Epikur: Philosophie des Glücks, dtv (Kleine Bibl. d. Weltweisheit 34377)*
- *Marc Aurel: Wege zu sich selbst, dtv (Kleine Bibl. d. Weltweisheit 34376)*
- *Kant, Immanuel: Mit Kant am Ast der Dummheit sägen, Herder Freiburg (Herder Spektrum 5709)* – enthält Werkauszüge

Typische Themen:

Anders, Günther,	Gerechtigkeit,	Platon,
Aristoteles,	Kant, Immanuel,	Schweitzer, Albert,
Aufklärung,	Liebe,	Thomas von Aquin,
Ethik,	Nietzsche, Friedrich,	Weisheit.

925 Religion: Allgemeines, Nachschlagewerke

Typische Titel:

- *Coward, Harold: Das Leben nach dem Tod. Die Antwort der Weltreligionen, Herder Freiburg (Herder Spektrum 5644)*
- *Grundbegriffe der Theologie, dtv (dtv Sachb. 34256)*
- *Harmening, Dieter: Wörterbuch des Aberglaubens, Reclam, Philipp*

Typische Themen:

Ethik,	Gott,	Spiritualität,
Freiheit,	Kultur,	Tod,
Gebote,	Liebe,	Weisheit,
Gesellschaft,	Macht,	Welt,
Gewalt,	Mensch, Menschen,	Wissenschaft,
Glauben,	Religion,	Zukunft.

926 Christliche Religionen

Typische Titel:

- *Benedikt XVI: Salz der Erde. Christentum und katholische Kirche im 21. Jahrhundert. Ein Gespräch mit Peter Seewald, DVA*
- *Küng, Hans: Credo. Das apostolische Glaubensbekenntnis - Zeitgenossen erklärt, Piper*

- *Terwitte, Paulus /Leitschuh, Marcus C.: Trau dich anders zu beten. Ein Gebetbuch für Neugierige, Herder Freiburg*

Typische Themen und Autoren:

Advent,	Glauben,	Mystik,
Altes Testament,	Gott,	Neues Testament,
Barth, Karl,	Grün, Anselm,	Roger (Frère),
Benedikt XVI.,	Hoffnung,	Rohr, Richard,
Bibel,	Jakobsweg,	Sales, Franz von,
Bischof,	Jesus Christus,	Santiago de Compostela,
Bonhoeffer, Dietrich,	Johannes Paul II.,	Sölle, Dorothee,
Breemen, Piet van,	Kehl, Benno,	Spiritualität,
Christentum,	Kirche,	Teresa de Jesús,
Deschner, Karlheinz,	Kirchengeschichte,	Terwitte, Paulus,
Drewermann, Eugen,	Kreuzweg,	Theologie,
Eucharistie,	Küng, Hans,	Tod,
Exerzitien,	Liebe,	Vatikan,
Frau, Frauen,	Luther, Martin,	Zink, Jörg,
Frieden,	Maria,	Zukunft.
Gebete,	Meditationen,	

927 Weitere Weltreligionen

Typische Titel:

- *Dalai Lama XIV.: Die Kraft der Menschlichkeit, Theseus*
- *Trepp, Leo: Die Juden. Volk, Geschichte, Religion, Rowohlt Taschenbuch (rororo sachb. 60618)*
- *Weiss, Walter M.: Schnellkurs Islam, DuMont Literatur und Kunst*

Typische Themen:

Allah,	Islam,	Mystik,
Buddhismus,	Judentum,	Religion,
Dalai Lama,	Kabbala,	Totenbuch,
Erleuchtung,	Koran,	Weisheit,
Fundamentalismus,	Meditation,	Wissen,
Glaube,	Mitgefühl,	Yoga,
Hinduismus,	Mohammed,	Zen.

9.3 Die Warengruppe *930 Psychologie, Esoterik, Spiritualität, Anthroposophie* mit Untergruppen

Diese Warengruppe ist ausgesprochen inhomogen. Die einzelnen Warengruppen zur Psychologie:

- *931 Biographien, Autobiographien,*
- *932 Psychologie: Allgemeines, Nachschlagewerke* und
- *933 Psychologie: Angewandte Psychologie*

enthalten Sachbücher, Ratgeber und allgemein verständliche Nachschlagewerke, die für Nicht-Fachleute psychologisches Wissen bereitstellen. Den größten Anteil machen Ratgeber in der Warengruppe *933 Angewandte Psychologie* aus, vom Altern über Körpersprache bis zur Traumdeutung.

Psychologische Ratgeber sind in allen Buchhandlungen ein Segment mit starker Nachfrage. In der Warenpräsentation liegt die Kombination mit Gesundheitsratgebern (Warengruppen *46* Gesundheit*) nahe; Erfolg versprechend ist auch eine Präsentation nach Zielgruppen: männliche Führungskräfte, weibliche Führungskräfte, Frauen in der Mutterrolle, Senioren mit ihren nach Ausrichtung und Thema je verschiedenen Interessen, esoterisch-spirituell interessierte Kunden, Anthroposophen.

In den Warengruppen

- *934 Anthroposophie,*
- *935 Esoterik: Allgemeines, Nachschlagewerke,*
- *936 Astrologie,*
- *937 Spiritualität* und
- *938 Parapsychologie, Grenzwissenschaften*

wiederholen sich Themen aus den Warengruppen *47* Spiritualität*, aber während dort Ratgeber im Vordergrund stehen, sind hier eher Sachbücher enthalten. Allerdings ist die Unterscheidung nicht konsistent, so dass man besser sowohl hier wie dort recherchiert.

Was die Präsentation esoterischer und spiritueller Sachbücher im Ladengeschäft angeht, verweisen wir auf unsere Ausführungen auf Seite 156 ff. Bei diesen Themen werden Sachbücher und Ratgeber gemeinsam präsentiert, und zwar stark differenziert nach den religiösen und weltanschaulichen Orientierungen der Zielgruppen, auch nach Niveau und Alter der Zielgruppen.

931 Biographien, Autobiographien
Typische Titel:

- *Brumlik, Micha: Sigmund Freud. Der Denker des 20. Jahrhunderts, Beltz, J*
- *Funk, Rainer: Mut zum Menschen. Erich Fromms Denken und Werk, seine humanistische Religion und Ethik, DVA*

Typische Themen:

Adler, Alfred,	Freud, Sigmund,	Jung, C. G.,
Frankl, Viktor E.,	Fromm, Erich,	Montessori, Maria,
Freud, Anna,	Horney, Karen,	Piaget, Jean.

932 Psychologie: Allgemeines, Nachschlagewerke
Typische Titel:

- *Der Brockhaus Psychologie. Fühlen, Denken und Verhalten verstehen, Brockhaus, F A (Brockhaus – Sachlexika)*
- *Jung, C. G.: Archetypen, dtv (dtv Mod. Leben 35175)*
- *Wolfersdorf, Manfred: Depressionen verstehen und bewältigen, Springer Berlin*

Typische Themen:

Aggression,	Fromm, Erich (Autor),	Motivation,
Bewusstsein,	Gefühl, Gefühle,	Persönlichkeit, Persön-
Denken,	Gestaltpsychologie,	lichkeitsentwicklung,
Depression,	Glück,	Problemlösen,
Emotion, Emotionen,	Jung, C. G. (Autor),	Psychoanalyse,
Emotionale Entwick-	Ich,	Psychologie,
lung,	Libido,	Seele,
Freud, Sigmund,	Liebe, Lieben,	Traumdeutung.

933 Psychologie: Angewandte Psychologie
Typische Titel:

- *Gerlinghoff, Monika /Backmund, Herbert: Ess-Störungen. Ein Ratgeber für Angehörige, dtv (dtv Sachb. 34223)*
- *Goleman, Daniel: EQ. Emotionale Intelligenz, dtv (dtv Mod. Leben 36020)*
- *Reibold, Dieter K.: 99 Praxistipps zur Überwindung der Prüfungsangst, expert (expert-tb. 100)*

Typische Themen:

Aggression,	Gewalt,	Panik, Panikattacken,
Alter, Älterwerden,	Hypnose,	Partnerschaft,
Angst,	Intelligenz,	Prüfungsangst,
Autismus, Autistische	Kind, Kinder,	Psychologie,
Kinder, Jugendliche	Kommunikation,	Psychotherapie,
Beziehung,	Konfliktberatung, Kon-	Schizophrenie,
Borderline,	fliktmanagement,	Schlafstörungen,
Bulimie,	Konfliktmoderation,	Seele,
Burnout,	Körpersprache,	Selbstmanagement,
Coaching,	Kreativität,	Sexualität,
Depression,	Lernen,	Speed reading,
Eltern,	Märchen,	Stress,
EQ, Emotionale Intelli-	Männer,	Sucht,
genz,	Magersucht,	Supervision,
Essstörungen,	Mediation,	Therapie,
Flugangst,	Mind Mapping,	Tod,
Frau, Frauen,	NLP, Neurolinguisti-	Träume,
Gedächtnis, Gedächtnis-	sches Programmieren,	Trauer,
training,	Paar-Beziehungen,	Trauma,
Gefühl, Gefühle,		Traumdeutung.

934 Anthroposophie

Typische Titel:

- *Steiner, Rudolf: Die Philosophie der Freiheit. Grundzüge einer modernen Weltanschauung, Rudolf Steiner Verlag (Rudolf Steiner Tb. 627)* – in der Auseinandersetzung mit der europäischen Geistesgeschichte formuliert der Begründer der Anthroposophie sein Bekenntnis
- *Wehr, Gerhard: Anthroposophie, Hugendubel Kreuzlingen (Diederichs kompakt)* – konzentrierte, ausgewogene Einführung unter Berücksichtigung der Wirkung Steiners in Kunst, Pädagogik, Medizin und Landwirtschaft

Die Warengruppe enthält hauptsächlich Bücher aus den anthroposophischen Verlagen (s. S. 161), Selbstdarstellungen der Weltanschauungslehre Rudolf Steiners, insbesondere seine Werke. Typische Themen:

Anthroposophie,	Jahreskreislauf,	Reinkarnation,
Elementarwesen,	Karma,	Selbsterkenntnis,
Erziehung,	Leben nach dem Tod,	Theosophie,
Eurythmie,	Märchen,	Unsterblichkeit,
Heileurythmie,	Menschenkunde,	Waldorfpädagogik,
	Mysterien,	Rudolf Steiner.

935 Esoterik: Allgemeines, Nachschlagewerke

Typische Titel:

- *Brunton, Paul: Meditation - Praktische Wege zum Überselbst, Aquamarin*
- *Bradler, Christine M.: Feng Shui Ratgeber. Ein Lexikon von A bis Z, Schirner Verlag*
- *Nhat Hanh, Thich: Ich pflanze ein Lächeln. Mit einem Vorwort des Dalai Lama, Goldmann Verlag (Arkana 21782)*

Typische Themen:

Alchemie,	Hexen,	Steine,
Buch der Wandlungen,	I Ging, I-Ging, I-Ching,	Sterne,
Engel,	Yijing,	Stille,
Erleuchtung,	Kabbala,	Tantra,
Feng Shui,	Karma,	Trance,
Gnosis, Gnostische	Magie,	Träume,
Weisheit,	Mystik,	Wasser,
Gral,	Schamane, Schamanismus,	Weisheit.

936 Astrologie

Typische Titel:

- *Niehenke, Peter: Astrologie. Eine Einführung, Reclam, Philipp (RBL 1705)*
- *Hover, Detlef /Hover, Katja: Astrologie Sprechstunde. Hinweise für Ratsuchende, Chiron*
- *Eine literarische Astrologie, Chiron (Standardwerke d. Astrologie)* – Anthologie mit Zitaten und Aphorismen aus 2000 Jahren Astrologie in der Weltliteratur in schöner Ausstattung

Typische Themen:

Astrologie,	Horoskop der Indianer,	Neptun,
Aszendenten,	der Kelten,	Planeten,
Biografiearbeit,	Indianisches Horoskop,	Solare,
Chinesisches Horoskop,	Indisches Horoskop,	Sternzeichen,
Ephemeriden,	Keltisches Horoskop,	Tibetisches Horoskop,
Horoskop,	Mond, Mondhoroskop,	Tierkreis,
	Mondkalender,	Uranus.

937 Spiritualität

Typische Titel:

- *Adyashanti: Tanzende Leere. Erleuchtung für Herz, Bauch und Kopf, Goldmann Verlag (Arkana)*

- *Mala, Matthias: Die Macht der weissen Magie. Glück und Beistand durch die Zauberkraft der Psyche, Hugendubel (Weltkulturen 158)*
- *Tepperwein, Kurt /Aeschbacher, Felix: Öffne deine Schatzkammer! Durch Selbsthypnose das Unterbewusstsein neu programmieren, Ennsthaler*

Typische Themen:

Erwachen,	Gott, Göttlichkeit,	Spirituelle Erfahrung,
Geheimnis, Geheime	Innerer Frieden,	Stille,
Botschaft,	Licht,	Tao,
Geistige Heilung, Geist-	Meditationen,	Vergebung,
heilung,	Spiritualität,	Weiße Magie.

938 Parapsychologie, Grenzwissenschaften

Typische Titel:

- *Schwegler, Michaela: Kleines Lexikon der Vorzeichen und Wunder, Beck, C H (Beck'sche Reihe 1576)*
- *Zumstein, Carlo: Schamanismus, Hugendubel Kreuzlingen (Diederichs kompakt)*
- *Karger-Decker, Bernt: Gifte, Hexensalben, Liebestränke, Patmos (Albatros im Patmos Vlg)*

Typische Themen:

Atlantis,	Magie,	Schamanismus,
Handlesen,	Okkultismus,	Telepathie,
Indianer,	Paramedizin,	Ufos,
Kelten,	Parapsychologie,	Unerklärliche
Kornkreise,	Runen,	Phänomene.

939 Sonstiges

Typische Titel:

- *Bandini, Ditte /Bandini, Giovanni: Das Buch der Elfen und Feen, dtv (dtv premium 24385)*
- *Terhart, Franjo: Tempelritter, Hugendubel Kreuzlingen (Diederichs kompakt)*

Typische Themen:

Aura	Geheimbünde,	Numerologie,
Channeling,	-gesellschaften,	Prophezeiungen,
Engel,	Geomantie,	Reinkarnation,
Enneagram(m),	Kabbala,	Rosenkreuzer,
Feen,	Karma,	Templer,
Freimaurer,	Naturgeister,	Thoth.

9.4 Die Warengruppe *940 Geschichte* mit Untergruppen

Viele Zeitgenossen wollen genauer wissen: Wie war das eigentlich? Journalisten, freie Autoren, Wissenschaftler, Museumsdirektoren und Archivleiter bedienen den Markt der historischen Themen mit zahlreichen Sachbüchern. z.B. den Alltag in der DDR oder Märkte und Turniere im Mittelalter.

Auf Biografien historischer Persönlichkeiten (Warengruppe *941 Biographien Autobiographien*) richtet sich eine starke Nachfrage, sei es Caesar oder Gandhi, Hillary Clinton, Maria Theresia von Österreich oder Nofretete. Auch Autobiografien und Memoiren politisch und historisch wirkender Personen gehören dazu, z.B. des früheren britischen Ministerpräsidenten Winston S. Churchill, oder die Tagebücher Victor Klemperers. Diesem Interesse kommen zahlreiche Autoren entgegen, indem sie Biografien weniger als Geschichte einer Person denn als Spiegel einer Zeit schreiben, für die die betreffende Person exemplarisch steht. Auf dem Hintergrund eines so gewandelten Verständnisses von Geschichtsschreibung erscheinen immer öfter bemerkenswerte Bücher auch über das Leben unbekannter, „durchschnittlicher" Menschen (als Beispieltitel die Lebenserinnerungen eines Berliner Buchhändlers, der die Weimarer Republik, die Nazizeit und den Wiederaufbau erlebt hat: *Benecke, Hans: Eine Buchhandlung in Berlin, Fischer TB*).

Ferner erscheinen hier etliche Bildbände oder Bild-Text-Bände (z.B. *Schauplätze der europäischen Geschichte. Hrsg. v. Hägermann, Dieter /Leier, Manfred, Bertelsmann Lexikon Vlg*).

Quelleneditionen und historische Atlanten (Geschichtsatlanten) sind in den Warengruppen *54* Geschichte* enthalten.

Im Sortimentsbuchhandel kommt es auf eine für die Zielgruppen attraktive Auswahl aus dem riesigen Angebot an. Einige Standardtitel über die deutsche Geschichte, insbesondere im 20. Jahrhundert und während des Nationalsozialismus, über die Geschichte der Bundesrepublik Deutschland und der DDR haben als dauerhafter Lagerbestand auch in mittleren Buchhandlungen gute Absatzchancen. Auch nach Titeln über Antike und Mittelalter (z.B. *Ennen, Edith: Frauen im Mittelalter*; *Erinnerungsorte der Antike*, beide *Beck, C H*) fragen die Kunden häufig. Der Hinweis auf die Kooperation einiger Verlage mit renommierten Forschungsinstituten ist ein Verkaufsargument (z.B. *C H Beck – Zentrum für Antisemitismusforschung*; *Klartext – Bibliothek für Zeitgeschichte*; *Oldenbourg – Institut für Zeitgeschichte, Schöningh – Militärgeschichtliches Forschungsamt*).

Aus der laufenden Verlagsproduktion kann man das Angebot unter den Aspekten von Jubiläen und weiteren Aufmerksamkeitswerten aus den Medien zusammenstellen. Beispielsweise wird eine dokumentarische Fernsehserie über die französische Revolution zu einer verstärkten Nachfrage nach Büchern dieses Themas führen.

In kleinen und mittleren Sortimenten hat sich erfolgreich bewährt, Biografien aus der Warengruppe *941 Biographien Autobiographien* gemeinsam mit Biografien aus anderen Warengruppen zu präsentieren, jedenfalls soweit es sich um gut erzählte Biografien handelt (z.B. von *Günter de Bruyn, Sebastian Haffner* oder *Christian von Krockow*).

In großen Sortimentsbuchhandlungen ist die Warengruppe breiter ausgebaut, umfasst also auch Titel zu ferneren Epochen und zur Geschichte einzelner Länder – eine erzählend geschriebene Geschichte Frankreichs kann aus Anlass einer kulinarischen Woche der örtlichen Gastronomie erfolgreich zu den Kunden geführt werden, wenn man sie im Schaufenster gemeinsam mit einer verlockenden Mischung unter einer Überschrift wie „Frankreich zu Gast" präsentiert. Vor allem wird das Sortiment mit wachsender Betriebsgröße sehr viel tiefer ausgebaut sein, also beispielsweise auch Titel zu speziellen Aspekten der deutschen Geschichte umfassen.

Die Warengruppe ist überwiegend nach Epochen untergliedert. Sachbücher, die die Zeit ab 1989 behandeln, findet man in den Warengruppen *97* Politik, Gesellschaft, Wirtschaft*. Die häufig in allen Warengruppen anzutreffenden geografischen Begriffe und Epochenbezeichnungen können hier nicht aufgeführt werden.

941 Biographien, Autobiographien
Typische Titel:

- *Sautter, Udo: Die 101 wichtigsten Personen der Weltgeschichte, Beck, C H (Beck'sche Reihe 2193)*
- *Gallo, Max: Robespierre. Klett-Cotta*
- *Smolorz, Roman: Displaced Persons (DPs). Autoritäten und Anführer im angehenden Kalten Krieg im östlichen Bayern, Stadt Regensburg (Regensb. Stud. 11)*

Die Namen der zahlreichen historischen Persönlichkeiten von Alexander dem Großen bis Konrad Adenauer können hier nicht aufgelistet werden.

942 Allgemeines, Nachschlagewerke
Typische Titel:

- *Geiss, Imanuel: Geschichte im Überblick. Daten, Fakten und Zusammenhänge der Weltgeschichte, Rowohlt Taschenbuch*
- *Schulze, Hagen: Staat und Nation in der europäischen Geschichte, Beck, C H (Beck'sche Reihe 1602)*
- *Reitz, Manfred: Spione, die die Welt bewegten. Von den Pharaonen bis Mata Hari, Theiss, Konrad*

Die Geschichte einzelner Länder ist überwiegend hier, teils auch der folgenden Warengruppe *943 Regional- und Ländergeschichte* zugeordnet. Typische Themen:

Dynastie,	Hexen,	Staatsideen,
Europa,	Juden,	Schlachten,
Frauen,	Krieg,	Territorien,
(Geschichte in) Bildern,	Kulturgeschichte,	Terror,
in Karten,	Piraten,	Untergang,
Geschichtswissenschaft,	Regentenlisten,	Weltgeschichte.

943 Regional- und Ländergeschichte

Typische Titel:

- *Herz, Dietmar: Geschichte Israels. Von der Staatsgründung bis zur Gegenwart, Beck, C H (C. H. Beck Wissen in d. Beck'schen Reihe 2324)*
- *Magris, Claudio: Donau. Biographie eines Flusses, dtv (dtv Sachb. 34418)*
- *Gormsen, Niels /Kühne, Armin: Leipzig im Wandel, Edition Leipzig*

Die einzelnen Länder und Regionen können hier nicht aufgeführt werden. Typische Themen sind, jeweils in Bezug auf Regionen bzw. Länder:

Chronik,	Juden,	Kultur, -geschichte,
Europa,	Kirche,	Politik,
Frauen,	Krieg,	Wirtschaft.

944 Vor- und Frühgeschichte, Antike

Typische Titel:

- *Kolb, Frank: Das antike Rom. Geschichte und Archäologie, Beck, C H (Beck'sche Reihe 2407)*
- *Mickisch, Heinz: Basiswissen Antike. Ein Lexikon, Reclam, Philipp (Reclams UB 18465)*
- *Neandertaler + Co. Eiszeitjägern auf der Spur, Zabern, Philipp von*

Typische Themen:

Altes Ägypten,	Germanen,	Neandertaler,
Alltag,	Griechische Geschichte,	Römische Geschichte,
Antike,	Frühe Hochkulturen,	Republik, Kaiserzeit,
Archäologie,	Kelten,	Spätantike,
Eiszeit,		Weltwunder.

945 Mittelalter

Typische Titel:

- *DeVries, Kelly: Die großen Schlachten des Mittelalters, Theiss, Konrad*
- *LeGoff, Jacques: Die Geburt Europas im Mittelalter, dtv (dtv Sachb. 34406)*

- *Saladin und die Kreuzfahrer. Katalog zur Ausstellung... Zabern, Philipp von*

Typische Themen:

Burgen,	Kaufleute,	Ritter,
Canossa,	Klosterleben,	Salier,
Deutscher Orden,	Kreuzzüge,	Staufer,
Frau,	Merowinger,	Templer,
Hexen,	Ottonen,	Wikinger.

946 Neuzeit bis 1918

Typische Titel:

- *Hardtwig, Wolfgang: Vormärz. Der monarchische Staat und das Bürgertum. (Deutsche Geschichte der neuesten Zeit), dtv (dtv Kultur & Gesch. 4502)*
- *Suerbaum, Ulrich: Das elisabethanische Zeitalter, Reclam, Philipp (Reclams UB 8622)*
- *Wehler, Hans U.: Deutsche Gesellschaftsgeschichte. Bd. 1-5, Beck, C H*

Typische Themen:

Aufklärung,	Erster Weltkrieg,	Kolonialgeschichte,
Bayern,	Europäische Aufklä-	Neuzeit,
Boxeraufstand,	rung,	Renaissance,
Deutsche Kolonialge-	Heiliges Römisches	Revolution,
schichte,	Reich Deutscher Nati-	Weimarer Republik,
Deutsches Kaiserreich,	on,	Weltkrieg.
Dreißigjähriger Krieg,		

947 20. Jahrhundert (bis 1945)

Typische Titel:

- *Bassler, Sibylle: Die Weisse Rose. Zeitzeugen erinnern sich, Rowohlt*
- *Bauernkämper, Arnd: Der Faschismus in Europa 1918-1945, Reclam, Philipp (Reclams UB 17049)*
- *Ehrenburg, Ilja G /Grossman, Wassilij: Das Schwarzbuch. Der Genozid an den sowjetischen Juden, Rowohlt*
- *Winkler, Heinrich A.: Weimar 1918-1933, Beck, C H*

Typische Themen:

20. Juli 1944,	Holocaust,	Stalingrad,
Auschwitz,	Juden,	Verfolgung,
Bombenkrieg,	Konzentrationslager,	Vertreibung,
Buchenwald,	Kriegsende,	Waffen-SS,
Dachau,	Luftwaffe,	Wehrmacht,
Drittes Reich,	Nationalsozialismus,	Weiße Rose,
Faschismus,	Nürnberger Prozesse,	Widerstand,
Flucht,	Ostfront,	Zweiter Weltkrieg.

948 Zeitgeschichte (1945 bis 1989)

Typische Titel:

* *Die 50er Jahre. Vom Trümmerland zum Wirtschaftswunder, DVA*
* *Kaltefleiter, Werner /Oschwald, Hans P.: Spione im Vatikan. Die Päpste im Visier der Geheimdienste, Pattloch*
* *Stöver, Bernd: Der Kalte Krieg, Beck, C H (C. H. Beck Wissen in d. Beck-schen Reihe 2314)*

Typische Themen:

Bundesrepublik Deutschland,	Flucht,	Migration,
DDR,	Innerdeutsche Grenze, Mauer,	RAF, SED,
Deutsche Einheit,	Juden,	Vertreibung,
Deutschland,	Kalter Krieg,	Wirtschaftswunder.

9.5 Die Warengruppe *950 Kunst, Literatur* mit Untergruppen

Kunst und Literatur – das passt vorzüglich zueinander. Zwar gibt es in Großstädten spezialisierte Kunstbuchhandlungen und literarische Buchhandlungen, aber im Allgemeinen bieten große Sortimentsbuchhandlungen beide Bereiche an, und zwar bevorzugt nahe beieinander. Je kleiner die Buchhandlung, desto schwieriger lässt sich ein Kunstbuchangebot wirtschaftlich darstellen, während Schriftsteller-Biografien wie: *Elsemarie Maletzke, Die Schwestern Brontë (Insel Verlag)* oder *Rüdiger Safranski, Friedrich Schiller (Hanser, Carl)* fast überall zu den Kunden finden.

In den Warengruppen

* *951 Biographien, Autobiographien,*
* *952 Kunst: Allgemeines, Nachschlagewerke,*
* *953 Bildende Kunst,*
* *954 Fotokunst* und

- *955 Architektur*
- *959 Sonstiges*

findet man Sachbücher über Kunst, Design, Künstler, Designer und ihr Leben, vor allem Kunstbildbände, auch Ausstellungskataloge, die sich an ein kunstinteressiertes, aber nicht akademisch-kunstwissenschaftlich arbeitendes Publikum richten. Nach Neuerscheinungen, lieferbaren Titeln und Umsatz stehen Künstler-Biografien und Bücher zur bildenden Kunst im Vordergrund.

Stärker als bei anderen Warengruppen ist die Kunstbuchproduktion hier internationalisiert: Buchtitel werden von vornherein für den weltweiten Verkauf konzipiert, also nicht für einen nationalen Markt mit anschließendem Verkauf der Lizenzen an einen ausländischen Verlag. Teilweise erscheinen die Titel mehrsprachig, so dass sogar dieselbe Ausgabe in mehreren Ländern verkauft werden kann. Dadurch können die Auflagen höher und mithin die Preise niedriger werden. Führend bei dieser Praxis ist *Taschen*, aber auch andere Verlage wie *DuMont Literatur und Kunst* oder *Prestel*. In der Folge wurde der Kunstbuchmarkt in den 1990er-Jahren teilweise kannibalisiert, indem die kleine Zahl preiswerter Bildbände mit hohen Auflagen, auffallender Marktpräsenz und schlechter Papier- und Druckqualität bei Preisen unter 20 € die anzustrebende Einstellung der Kundschaft, dass ein Kunstbildband in hervorragender Qualität 50 € und mehr wert ist, irritiert. Nachdem ihre eigene Dumping-Preis-Politik *Könemann* und *Taschen* in den Konkurs geführt hatte, konnte sich *Taschen* neu aufstellen und die Preise klettern wieder auf ein wirtschaftlich tragfähiges Niveau. Aber ein preiswertes Kunstbuchsegment hat sich bei Qualitätsabstrichen etabliert.

Eine große Rolle spielen Bildbände. Deshalb sollten die Regale in der Kunstabteilung eine überdurchschnittliche Fachbodenhöhe (35 bis 40 Zentimeter) aufweisen. Frontalpräsentation bietet sich besonders an. Kunstbildbände sind schön, wiegen schwer und haben bei guter Qualität der Abbildungen einen überdurchschnittlichen Preis. Das bedeutet in der Praxis, dass das Publikum sehr gerne blättert, vor dem Kauf kritisch prüft, dass in der Folge die Lagertitel rasch abgegriffen aussehen – ein Lager bei dieser Warengruppe bindet viel Kapital und muss einen sehr hohen Lagerumschlag haben, um für Kundschaft und Unternehmen gleichermaßen attraktiv zu sein. In kleinen und mittleren Sortimentsbuchhandlungen wird man sich auf wenige Titel, bevorzugt Aktionsware mit Remissionsrecht, sowie auf Kataloge der Ausstellungen mit überregionaler Bedeutung beschränken.

Erschwerend für die Sortimentspflege bei Kunstbüchern kommt hinzu, dass Verlage immer wieder wenige Monate nach der Publikation eines Kunstbildbandes denselben Titel in einer preiswerten Sonderausgabe auf den Markt bringen. Oder während ein hochpreisiger Titel im eigenen Ladengeschäft noch am Lager ist, taucht derselbe Titel im Kaufhaus oder beim Mitbewerber als modernes Antiquariat auf. Man kann dem Kunden dann kaum erklären, weshalb man ihm vor einem halben Jahr zum Kauf eines Titels für 50 € geraten hat, den er jetzt für 20 € bekommen kann.

Von einem qualitätsvollen Kunstbuch erwartet man brillante und gestochen scharfe, große Abbildungen. Der Druckraster darf mit bloßem Auge auch nicht zu erahnen sein; der Druck der Rückseite darf nicht durchscheinen. Damit dies erreicht wird, lassen die Verlage auf ausreichend dickem satiniertem Papier (mit geglätteter Oberfläche) oder besser auf gestrichenem Papier (mit mineralischer Oberflächenbeschichtung, deshalb besonders glatt und für scharfe und brillante Abbildungen besonders geeignet) drucken. Während noch vor 20 Jahren der Abbildungsteil oft auf solchem Papier, der Textteil aber auf normalen Papier gedruckt wurde, was den Leser zwang, zwischen Text- und Abbildungen hin- und herzublättern – oder die farbigen Abbildungen standen auf separat hergestellten und erst beim Binden mit den anderen Lagen zusammengefassten Farbtafeln –, erlaubt die heutige Herstellungstechnik und Kostensituation, das ganze Buch in Farbe auf gestrichenem Papier zu drucken. Bild und dazugehöriger Text sollen nahe beieinander stehen.

Große Ausstellungen ziehen seit etlichen Jahren wachsende Besucherscharen an, teilweise trotz langer Anfahrten; ein nennenswerter Teil der Besucher weitet den Ausstellungsbesuch zu einem Kurzurlaub aus. Ausstellungskataloge zu vielen ehrgeizigen Kunstausstellungen erscheinen zugleich als Ausgabe für die Ausstellung und als Buchhandelsausgabe. Oft unterscheidet sich die Ausstellungs-Ausgabe nur im Einband (Softcover statt Hardcover) und im niedrigeren Preis. Im Allgemeinen versendet das Museum den Ausstellungskatalog zwar auch an private Abnehmer und an Buchhandlungen, aber ohne Buchhandelsrabatt, gegen Ersatz der Versandkosten und gegen Vorkasse, so dass Besorgung oder gar Lagerhaltung bei Ausstellungskatalogen wirtschaftlich kaum darstellbar sind. Auch diese Praxis macht den Kunstbuchmarkt unübersichtlich. Die Verlage verwenden gleichwohl für die Buchhandelsausgaben Titelformulierungen wie *Katalogbuch, Ausstellungskatalog, Katalog zur Ausstellung ..., Begleitbuch zur Ausstellung ...* u.ä.

Informationen über Kunstausstellungen, insbesondere Übersichten nach Museen und Terminen, bieten u.a. die Zeitschriften *Art, Vernissage* und *Die Zeit*.

Die Warengruppen
956 Literatur: Allgemeines, Nachschlagewerke und
957 Sprache: Allgemeines, Nachschlagewerke
sind bedeutend titelärmer als die Kunst-Warengruppen. Gleichwohl können sie relevante Umsätze erzielen, weil immer wieder eine kleine Zahl von Titeln in den Feuilletons stark beachtet wird oder sogar auf die Bestsellerlisten kommt, was bei Kunstbüchern selten der Fall ist. Eine Buchhandlung, die in ihrer Belletristik-Abteilung die Weltliteratur oder Klassiker als Gruppe hervorhebt, kann erfolgreich allgemein verständliche Sekundärliteratur und Primärliteratur mischen. Erfolg versprechender als literaturgeschichtliche Sachbücher, sei es über die Romantik oder das *Nibelungenlied*, über die Indien-Sehnsucht deutscher Dichter oder Dantes *Göttliche Komödie*, sind Titel, die im weiteren Sinn um Literatur und das literarische Leben kreisen, beispielsweise Bildbände über Gärten, Wohnungen oder kulinarische Neigungen berühmter Autoren.

Schriftsteller-Biografien sind in der Warengruppe *951 Biographien, Autobiographien* mit enthalten.

Orts- und Ländernamen sowie Epochenbezeichnungen können bei den einzelnen Warengruppen nicht aufgeführt werden.

951 Biographien, Autobiographien

Typische Titel:

- *Adriani, Götz: Paul Cézanne. Leben und Werk, Beck, C H (Beck'sche Reihe 2506)*
- *Damm, Sigrid: Christiane und Goethe. Eine Recherche, SPIEGEL-Verlag*
- *Reich-Ranicki, Marcel: Thomas Mann und die Seinen, Fischer, S (Fischer Tb. 17088)*

Die zahlreichen Namen der Künstler und Schriftsteller, über die die Warengruppe Biografien enthält, können hier nicht genannt werden.

952 Kunst: Allgemeines, Nachschlagewerke

Typische Titel:

- *Dumonts Kunstlexikon des 20. Jahrhunderts. Künstler, Stile und Begriffe, DuMont Literatur und Kunst*
- *Lexikon des künstlerischen Materials. Werkstoffe der modernen Kunst von Abfall bis Zinn, Beck, C H (Beck'sche Reihe 1497)*
- *Wetzel, Christoph: Das Reclam Buch der Kunst, Reclam, Philipp*

Die Warengruppe enthält u.a. Kunstkalender. Typische Themen darüber hinaus:

Kunst,	Literatur,	Musik,
Kunstgeschichte,	Moderne,	Symbole,
Künstler,	Museum,	Welt,
		Zeitgenössische Kunst.

953 Bildende Kunst

Typische Titel:

- *DuMont Geschichte der Kunst. Hrsg. v. Kemp, Martin, DuMont Literatur und Kunst*
- *Hoffmann, Thomas R.: Meisterwerke der Malerei, Belser AG (Wie erkenne ich Kunst?)*
- *Im Rhythmus der Natur. Landschaftsmalerei der Brücke. Meisterwerke der Sammlung Hermann Gerlinger, Hatje Cantz Verlag*

Typische Themen:

Antike,	Gemälde,	Museum,
Aquarelle,	Geschichte der Kunst,	Nationalgalerie,
Ausstellung, Ausstel-	Graffiti,	Natur,
lungskatalog,	Impressionismus,	Pinakothek,
Barock,	Katalog,	Renaissance,
Blumen,	Kunsthalle,	Romantik,
Deutsche Kunst,	Malerei,	Sammlung,
Farbe,	Meisterwerke,	Skulpturen,
Galerie,	Moderne,	Zeichnungen,
		Zeitgenössische Kunst.

954 Fotokunst

Typische Titel:

- *Kemp, Wolfgang /Amelunxen, Hubert von: Theorie der Fotografie, Schirmer Mosel, 1280 S., 49 Abb. - 23,5 x 16,5 cm*
- *Kessler, Christine: Pervy Girls. Erotic Fashion Photography, Goliath, 112 S., 110 farb. Fotos - 19,0 x 14,0 cm*
- *Remy, Luc /LeSaux, Véra: Wunder des Meere, Gerstenberg, 90 S., 138 Fotos mit bronziertem Dio-Ton - 36 x 23 cm*
- *Venedig in historischen Photographien 1841-1920. Bearb. v. Ritter, Dorothea /Norwich, John J., Beck, C H, 207 S., 182 Abb. in Duoton, 1 Kte - 30,50 x 23,50 cm*

Die Warengruppe enthält u.a. Fotokunstkalender. Bei den Fotobildbänden sind verbreitete Themen: Landschaften und Städte, Katzen, Girls and Fashion, Erotik und Akt sowie Fotos einzelner namhafter Fotografen, z.B. Diane Arbus, Bernd und Hilla Becher, John Hilliard, Helmut Newton, Katharina Sieverding, Shomei Tomatsu.

955 Architektur

Typische Titel:

- *Bianca, Stefano: Hofhaus und Paradiesgarten. Architektur und Lebensformen in der islamischen Welt, Beck, C H*
- *Höcker, Christoph: DUMONT Schnellkurs Architektur, DuMont Literatur und Kunst*
- *Renzo Piano Logbuch oder Piana by Piano oder Architektentagebuch, Hatje Cantz Verlag*

Typische Themen:

Architekt, Architekten, Baumeister,	Denkmalpflege,	Kirchen,
Bauhaus,	Farbe,	Mittelalter,
Baukunst,	Gartenkunst,	Moderne,
Baustilkunde,	Geschichte der Architektur,	Schloss, Wohnen.

956 Literatur: Allgemeines, Nachschlagewerke
Typische Titel:

- *Domin, Hilde: Wozu Lyrik heute, Fischer, S (Fischer Tb. 12204)*
- *Ferchl, Irene /Setzler, Wilfried: Landpartien in die Romantik. Auf den Spuren der Dichter durch Baden-Württemberg, Silberburg*
- *Gelfert, Hans D.: Was ist gute Literatur? Wie man gute Bücher von schlechten unterscheidet, Beck, C H (Beck'sche Reihe 1591)*
- *Harenberg Kulturführer Roman und Novelle, Bibliographisches Institut*
- *John, Johannes: Reclams Zitaten-Lexikon, Reclam, Philipp*
- *Büchmann, Georg: Geflügelte Worte. Der klassische Zitatenschatz, Ullstein Buchverlage*

Typische Themen:

Dichter, Autoren, Schriftsteller, Schriftstellerinnen,	Kinder- und Jugendliteratur,	Redensarten, Sprichwörter,
Erzählen,	Lust am Lesen, an Literatur, Büchern,	Drittes Reich,
Exil,	Märchen,	Roman,
Geschichte der Literatur, Literaturgeschichte,	Mythologie,	Romantik,
Geschichte des Lesens,	Nibelungenlied, Odyssee,	Schreiben, Überzeugen,
	Reden,	Zitate, Lateinische Zitate, Zitatenschatz.

957 Sprache: Allgemeines, Nachschlagewerke
Typische Titel:

- *Bahlow, Hans: Deutsches Namenlexikon. Familien- und Vornamen nach Ursprung und Sinn erklärt, Suhrkamp (st 65)*
- *Gutknecht, Christoph: Lauter blühender Unsinn. Erstaunliche Wortgeschichten von Aberwitz bis Wischiwaschi, Beck, C H (Beck'sche Reihe 1431)*
- *Krämer, Walter: Modern Talking auf deutsch. Ein populäres Lexikon, Piper*

Wörterbücher siehe Warengruppen *91**. Typische Themen in Warengruppe *957*:

Aussprache,	Sprachgeschichte,	Rechtschreibung,
Dialekte,	Herkunft,	Sprachen,
Familiennamen, Vorna-	Jiddische Wörter im	Sprachirrtümer,
men, Namen, Namenle-	Deutschen,	Sprachwitze,
xikon,	Mundart, -wörter,	Synonyme,
Fremdwörter, -lexikon,	Ortsnamen,	Wortgeschichte,
Geschichte der Sprache,	Plastikwörter,	Wortkunde.

959 Sonstiges

Typische Titel:

- *DuMonts Handbuch Design International. Marken, Macher, Klassiker von A – Z, DuMont Literatur und Kunst*
- *Die schönsten deutschen Bücher. Vorbildlich gestaltet in Satz, Druck, Bild, Einband. Prämiert von einer unabhängigen Jury, MVB*

Typische Themen:

Design,	Industrial Design, Indust-	Marken,
Grafikdesign, Gra-	riedesign,	Mode, Modedesign,
phikdesign, Grafik-	Interiors,	Mediendesign,
Design,	Layout,	Plakate,
	Logo-Collection,	Typografie, Typographie.

9.6   Die Warengruppe *960 Musik, Film, Theater* mit Untergruppen

Die nach Neuerscheinungen und lieferbaren Titeln, in den meisten Sortiments-buchhandlungen auch dem Umsatz nach kleine Warengruppe *960 Musik, Film, Theater* mit ihren Untergruppen präsentiert:

- Biografien und Autobiografien von und über Komponisten und Musiker, Regisseure und Schauspieler, Choreografen, Tänzer und Sänger von Buxte-hude bis Madonna, von Alexander Moissi bis Clint Eastwood, darunter nicht wenige Fanbücher.
- Sachbücher über Musik, Theater, Film, ihre Geschichte und Stile.
- Filmbücher. Im Umkreis erfolgreicher Kino- und Fernsehfilme erscheinen immer wieder Fan- und Filmbücher, die Fotos aus den Dreharbeiten brin-gen, vielleicht das Drehbuch mehr oder minder verkürzt abdrucken, Anek-doten über die Schauspieler erzählen oder reine Bildbände mit knappen Texten darstellen. Hier kommt es darauf an, dass der Sortimentsbuchhandel auf die meist kurzfristige Nachfrage sehr rasch reagiert und die Ware nicht

zwischen Schauspielführern und Ballettbildbänden im Regal versteckt, sondern in Stapeln für die Laufkundschaft auf Präsentationsflächen mit Kinoplakat und passendem Display vermarktet.

- Bildbände mit Themen aus Musik, Film und Theater, besonders Ballettbildbände.
- Schauspiel-, Opern-, Ballett-, Konzertführer. Misslich ist freilich, dass die Titel für das kulturinteressierte Publikum teils den einschlägigen Warengruppen in *96* Musik, Film, Theater*, teils den Warengruppen *586 Theater, Ballett* bzw. *591 Musik: Allgemeines, Lexika* zugeordnet sind, in manchen Fällen die Buchausgabe eines Titels hier, die CD-ROM-Ausgabe desselben Titels dort.
- Lexika, besonders Personenlexika, von denen es über Musiker und Bühnenkünstler besonders viele gibt. Filmlexika erscheinen meistens auf Datenträgern, z.B. in einer großen Filmdose verpackt, und enthalten Filmausschnitte u.ä.m.

Während die Musikwirtschaft sowohl in der Warenpräsentation im Handel wie auch in der Sortimentspolitik trotz Cross-over-Tendenzen in der Musik scharf zwischen Pop und Klassik unterscheidet, spielt diese Unterscheidung im Buchhandel keine nennenswerte Rolle. Synonym für Popmusik wird im Tonträgermarkt auch der Ausdruck U-Musik (Unterhaltungsmusik) mit den Gattungen und Richtungen Rock, Pop (als Stilrichtung in engerer Bedeutung als Pop allgemein), Funk, Techno, House, Dance, Indi, Ska u.a. aktuellen Stilrichtungen, Folk, Folklore, Country, Gospel, Chanson, Jazz, Tanzmusik, Musical usw. gebraucht. Unter E-Musik (Ernster Musik) versteht man Alte Musik (Musik bis etwa 1908 mit den dominierenden Gattungen Oper, Sinfonie, Kammermusik, Geistliche Musik usw.) und Neue Musik (Zwölftonmusik, atonale Musik, Minimalmusic u.a.m.).

Oft wird der Ausdruck Klassik (seltener: Klassische Musik) im Sinn von E-Musik in Buchtiteln, besonders in Nachschlagewerken verwendet. Zusammenfassende Darstellungen der gesamten U-Musik gibt es dagegen kaum; meistens werden Jazz und Rockmusik behandelt.

961 Biographien, Autobiographien
Typische Titel:

- *Kazdin, Andrew: Glenn Gould. Eine Biographie, Atlantis Musikbuch-Verlag (ATL 6631)*
- *Spoto, Donald: Alfred Hitchcock. Ein Leben, Piper (SP 2798)*
- *Zimmermann, Peter: Heute geh'n wir ins Maxim! Johannes Heesters erzählt sein Leben. Feature, Der Audio Verlag, 1 CD*

Die zahlreichen Namen der Musiker, Komponisten, Schauspieler, Regisseure usw., über die die Warengruppe Biografien enthält, können hier nicht genannt werden.

962 Musik: Allgemeines, Nachschlagewerke
Typische Titel:

- *Rademacher, Johannes: DUMONT Schnellkurs Musikinstrumente, DuMont Literatur und Kunst*
- *Wonneberg, Frank: Vinyl Lexikon. Fachbegriffe, Sammlerlatein, Praxistipps, Schwarzkopf & Schwarzkopf*
- *Michels, Ulrich: dtv-Atlas Musik, dtv (Inform. & Wissen 3023)*

Typische Themen:

Computer und Musik, Notensatz mit Computer,	Klaviermusik, Komponisten, Musik,	Musikgeschichte, Musikinstrumente, Wörterbuch der Musik.

963 Klassik, Oper, Operette, Musical
Typische Titel:

- *Axton, Charles B /Zehnder, Otto: Reclams Musicalführer. Reclam, Philipp*
- *Fath, Rolf: Reclams kleiner Opernführer. Reclam, Philipp (Reclams UB 18052)*
- *Fath, Rolf: Reclams Opernführer. Reclam Philipp*
- *Harenberg Kulturführer Konzert. Bibliographisches Institut*
- *Heidenreich, Elke: Cinderella. Elke Heidenreich erzählt zu Prokofjews Cinderella, Kein & Aber, 1 CD*
- *Brendel, Alfred: Über Musik. Gesammelte Essays, Vorträge und Reden, Piper*

Zu dieser Warengruppe gehören zahlreiche Operntexte, z.T. mit Erläuterungen (Libretto; die Verlage titeln meistens Textbuch) sowie Bücher über einzelne Opern. Einzelne Komponisten, Opern, Opernhäuser usw. werden hier nicht aufgeführt. Typische Themen:

Geschichte der Musik, Kammeroper, Klassik,	Konzertführer, Libretto, Musicalführer, Musikgeschichte,	Oper, Opernführer, Orchesterführer, Textbuch, Weltmusik, Werkführer.

964 Jazz, Blues
Typische Titel:

- *Dombrowski, Ralf: Basis-Diskothek Jazz, Reclam, Philipp (Reclams UB 18372)*
- *Polillo, Arrigo: Jazz. Geschichte und Persönlichkeiten, Atlantis Musikbuch-Verlag (SEM 8209)*

- *Reichert, Carl: Blues. Geschichte und Geschichten. Mit Audio-CD, dtv (dtv premium 24259)*

Typische Themen:

Blues,	Harmonik,	Jazzgitarren,
Harmonielehre,	Jazz, Jazz-Lexikon,	Jazzszene.

965 Pop, Rock
Typische Titel:

- *Madonna. Die Frauenfrage, du Verlag (du - Die Zeitschrift der Kultur. 776)*
- *Nonhoff, Sky: Don't Believe the Hype! Die meistüberschätzten Platten der Popgeschichte, Fischer, S (Fischer Ratgeber 16468)*
- *Ziegenrücker, Kai E /Ziegenrücker, Wieland /Wicke, Peter: Handbuch der populären Musik, Atlantis Musikbuch-Verlag*

Typische Themen:

Beatles,	HipHop, Hip-Hop,	Rock,
Biographie,	Pop,	Siebziger,
Geschichte der Pop-	Iggy Pop,	Rolling Stones.
Musik,	Rap,	

966 Film: Allgemeines, Nachschlagewerke
Typische Titel:

- *Dougall, Alastair /Worrall, Dave: James Bond. Geheimagent 007, Dorling Kindersley (Coventgarden)*
- *Das neue Filmlexikon 2007, United Soft Media, 1 DVD*
- *Reclams Sachlexikon des Films, Reclam, Philipp*

Einzelne Personen und Filmtitel führen wir nicht auf. Typische weitere Themen:

DEFA,	Fünfziger,	Mainstream,
Drehbuchschreiben,	Geschichte,	Science Fiction,
Filmanalyse,	Hollywood,	Spielfilm*,
Filmdidaktik,	Horrorfilm,	Stars,
Filmsprache,	Kino,	Western.

967 TV: Allgemeines, Nachschlagewerke
Typische Titel:

- *Bushnell, Candace: Sex and the City. Lesung, Der Audio Verlag, 2 CDs*
- *Fischer, Franziska: "Mrs. Peel, wir werden gebraucht!" Mit Schirm, Charme und Melone. Das Buch zur Serie, Bertz und Fischer*

- *Lang, Roland: Aus dem Leben einer Schwarzwaldfamilie, DRW-Verlag Weinbrenner*
- *Marrinan, Corinne /Parker, Steve: Der ultimative Serienguide CSI: Crime Scene Investigation, Dorling Kindersley (Coventgarden)*

Typisch für die Warengruppen sind Bücher zu und über TV-Serien.

968 Theater, Ballett: Allgemeines, Nachschlagewerke
Typische Titel:

- *Hensel, Georg: Spielplan. Ullstein Taschenbuch Verlag*, auch als CD-ROM
- *Reclams Ballettführer. Reclam, Philipp*
- *Reclams kleiner Schauspielführer. Reclam, Philipp*
- *Reclams neuer Schauspielführer. Reclam, Philipp*

Einzelne Personen, Theater usw. führen wir nicht auf. Typische weitere Themen:

Amateurtheater,	Sprecherziehung,	Tanz,
Ballet,	Stimmausbildung,	Theater,
Flamenco,	Tango,	Vorsprechen.

9.7 Die Warengruppe
970 Politik, Gesellschaft, Wirtschaft
mit Untergruppen

Die Sachbücher dieser Warengruppe

- enthalten Biografien, Autobiografien, Memoiren, Erinnerungen und Brief-sammlungen von Politikern, Wirtschafts- und Gewerkschaftsführern, Jour-nalisten, Juristen und Medienmachern, auch von wenig bekannten Zeitge-nossen, deren Leben politisch-gesellschaftlich interessant ist, weit gehend von Lebenden. Die Biografien und älteren Autobiografien von früheren Po-litikern findet man überwiegend in der Warengruppe *941 Geschichte: Bio-graphien, Autobiographien*. Die meisten Autobiografien von Politikern und Unternehmern sind kaum über eine kleine Anhängerschaft hinaus verkäuf-lich; einige wenige Titel schaffen es kurzfristig auf die Bestsellerlisten, wo-von sie wieder verschwinden, wenn die PR-Kampagne des Verlags und die Auftritte des Autors in Talkshows sich verbraucht haben,
- nehmen Stellung zu politischen Fragen (z.B. *Fischer, Joschka: Die Rück-kehr der Geschichte. Die Welt nach dem 11. September und die Erneuerung des Westens, Kiepenheuer & Witsch*), legen politische Konzepte vor (z.B. *Kirchhof, Paul: Die Erneuerung des Staates - eine lösbare Aufgabe, Herder Freiburg*) und kritisieren politische und gesellschaftliche Fehlentwicklun-gen (z.B. *Knabe, Hubertus: Die Täter sind unter uns. Über das Schönreden*

der SED-Diktatur, Propyläen Verlag), sind in diesem Sinn ein Ort demokratischen Diskurses und pluralistischer Meinungsbildung, auch wenn viele Titel parteiliche, nicht unbedingt parteipolitisch gebundene Plädoyers sind,

- setzen sich mit politischem Extremismus, mit der Funktion der Medien und Tendenzen der gesellschaftlichen Entwicklung auseinander,
- kritisieren Manager als *Nieten in Nadelstreifen* (*Günter Ogger, Droemer Knaur*), argumentieren gegen *Die zehn Globalisierungslügen* (*Gerald Boxberger und Harald Klimenta, dtv*) oder versprechen *Top-Gewinne mit Aktien* (*Willi H. Grün, Goldmann*),
- ermuntern zu *Courage - Mehr Mut im Management* (*Stefan Tilk, Wiley-VCH*), verheißen *Wohlstand durch Globalisierung* (*Thomas Apolte, dtv*) und informieren allgemein verständlich über *Betriebs- und Volkswirtschaft, Börse, Finanzen, Versicherungen und Steuern* (*Der Brockhaus Wirtschaft, Brockhaus, F A*),
- empfehlen *Die besten Strategien für Privatanleger. Treffsicher investieren in Aktien, Anleihen, Immobilien und Co* (*REDLINE*).

Die Nachfrage ist hier auch eine Reaktion auf gute Präsentation; deshalb sollten Sachbücher mit diesen Themen auf den Novitäten-Tischen sowie in geschenkträchtigen Jahreszeiten angeboten werden – sie sind überzeugende Empfehlungen für Kunden auf der Suche nach Geschenken für Männer.

Die meisten Themen sind ziemlich aktuell; es gibt kaum Standardwerke, die über mehrere Jahre hin lieferbar bleiben. Etwa die Hälfte der lieferbaren Titel ist jünger als 2,5 Jahre. In der Hauptwarengruppe *9 Sachbuch* insgesamt sind nur etwas mehr als ein Drittel der lieferbaren Titel so jung, in *7 Sozialwissenschaften, Recht, Wirtschaft* ein knappes Drittel. Nicht wenige Titel aus den Warengruppen *97* Politik, Gesellschaft, Wirtschaft* sind – beispielsweise dank eines Medienauftritts des Autors – nur einige Wochen lang so stark nachgefragt, dass die Lagerhaltung mit mehreren Exemplaren oder überhaupt nur mit einem Exemplar in Frage kommt. Hier muss die Sortimentsbuchhandlung umso rigoroser die Lagerkontrolle und die Remission betreiben, je kleiner sie ist.

Viele Titel werden nur deshalb in nennenswerten Stückzahlen nachgefragt, weil dieses Thema von einem prominenten Autor behandelt wird, z.B. (*Sinn, Hans W.: Die Basarökonomie. Deutschland: Exportweltmeister oder Schlusslicht?, RADIOROPA Hörbuch, 1 MP3-CD*) oder weil sie auf eine Bestsellerliste gekommen sind. Nur ganz wenige Kunden wollen über ein aktuelles Thema aus dieser Warengruppe mehr als einen Titel vergleichend lesen. Es kommt auf eine wirtschaftlich, auch unter dem Gesichtspunkt der Remissionsmöglichkeiten darstellbare Auswahl an, die sich weniger durch Umfang, viel mehr durch lebhaften Wechsel auszeichnet. Je höher das Qualifikationsniveau und die beruflichen Positionen der Zielgruppen, desto besser die Verkaufschancen einer breiten Mischung an Themen und Titeln. Männer haben an den Zielgruppen dieser Warengruppe einen deutlich höheren Anteil als am Durchschnitt der Buchkäufer.

971 Biographien, Autobiographien

Typische Titel:

- *Ayse: Mich hat keiner gefragt. Zur Ehe gezwungen - eine Türkin in Deutschland erzählt, Blanvalet Taschenbuch Verlag (BLA - Allgemeine Reihe)*
- *Langguth, Gerd: Horst Köhler. Biografie, dtv (dtv premium 24589)*
- *Lindner, Erik: Die Reemtsmas. Die Geschichte einer deutschen Unternehmerfamilie, Hoffmann und Campe*

Die zahlreichen Namen der Politiker usw., über die die Warengruppe Bücher enthält, können hier nicht genannt werden.

972 Politik

Typische Titel:

- *Ali, Tariq: Fundamentalismus im Kampf um die Weltordnung. Die Krisenherde unserer Zeit und ihre historischen Wurzeln, Hugendubel Kreuzlingen*
- *Arnim, Hans H. von: Politik - Macht – Geld. Das Schwarzgeld der Politiker – weissgewaschen, Droemer Knaur (Knaur Tb. Sachb. 77557)*
- *Leyendecker, Hans: Die Lügen des Weissen Hauses. Warum Amerika einen Neuanfang braucht, Rowohlt Taschenbuch (rororo sachb. 62008)*

Typische Themen:

Armut,	11. September, 9/11,	Krieg,
Außenpolitik,	Frauen,	Schwarzbuch,
Bundeswehr,	Geheimdienste,	Terror, Terrorismus,
Demokratie,	Gewalt,	UNO,
Einheit, Deutsche	Islam,	Wiedervereinigung,
Einheit,	Kapitalismus,	Wissensgesellschaft.

973 Gesellschaft

Typische Titel:

- *Beck-Gernsheim, Elisabeth: Die Kinderfrage heute. Über Frauenleben, Geburtenrückgang und Kinderwunsch, Beck, C H (Beck'sche Reihe 1751)*
- *Canton, James: Extreme neue Welt. Welche Top-Trends unsere Zukunft prägen, Econ*
- *Kurnaz, Murat: Fünf Jahre meines Lebens. Ein Bericht aus Guantanamo. Lesung, Der Audio Verlag, 3 CDs*

Typische Themen:

Al-Qaida,	Gerechtigkeit, Soziale	Männer,
Antisemitismus,	Gerechtigkeit,	Medien,
Armut,	Gewalt,	Menschenrechte,
Demokratie,	Globalisierung,	Multimedia,
11. September, 9/11,	Hörfunk,	Mutter,
Eltern,	Islam,	Neonazis,
Familie,	Kinder,	RAF,
Feminismus,	Krieg,	Sport,
Fernsehen,	Kriminalfälle,	Terror, Terrorismus,
Film,	Kriminalität,	TV,
Frauen,	Kulturgeschichte,	Werte.

974 Wirtschaft: Allgemeines, Nachschlagewerke

Typische Titel:

- *Der Brockhaus Wirtschaft. Betriebs- und Volkswirtschaft, Börse, Finanzen, Versicherungen und Steuern, Brockhaus, F A (Brockhaus – Sachlexika)*
- *China. Das Land verstehen /Verhandlungen führen /Konkurrenten abwehren, REDLINE (Harvard Businessmanager)*
- *Henkel, Hans O.: Die Ethik des Erfolges. Spielregeln für die globalisierte Gesellschaft, Ullstein Taschenbuch Verlag (Ullstein Taschenbuch 36583)*

Typische Themen:

Arbeitslosenversicherung,	Globalisierung,	Schwarzbuch,
Auslandsmärkte,	Internationale Finanzbe-	Unternehmen,
Beschäftigung,	ziehungen, Wettbe-	Volkswirtschaft,
Betriebswirtschaft,	werbsfähigkeit,	Wachstum,
Börse,	Internationaler Handel,	Welthandelsorganisation,
EU, EU-Erweiterung,	Kapitalismus,	WTO,
Euro, Europäische Ge-	Konzerne,	Werte,
meinschaft, Integration,	Manager,	Wirtschaftsethik,
Union,	Markenfirmen,	-geschichte, -sprache,
Export,	Ökonomie,	-theorien,
GATT,		-wissenschaften,
Geld,		-wörterbuch.

975 Betriebswirtschaft, Unternehmen

Typische Titel:

- *Portny, Stanley E.: Projektmanagement für Dummies, WILEY-VCH (... für Dummies)*

- *Köpfe, Konzepte, Klassiker. Was Manager über Strategie, Führung, Marketing und Organisation wissen müssen, REDLINE*
- *Fürweger, Wolfgang: Die PS-Dynastie. Ferdinand Porsche und seine Nachkommen, Ueberreuter, C*

Firmennamen und einzelne Branchen führen wir nicht auf. Typische Themen:

Balanced Scorecard,	Geld,	Projektmanagement,
Buchführung,	Kommunikation,	Teams,
Checklisten,	Konfliktmanagement,	Telefon, Kundengewin-
Chefs,	Kunden,	nung,
Coaching,	Machiavelli,	Top-Unternehmen,
Controlling,	Marken,	Trading,
Erfolg,	Marketing,	Unternehmensberater,
Existenzgründung,	Marktchancen,	Unternehmer,
Frauen,	McKinsey,	Verhandeln,
Führen,	Motivieren,	Verkaufen,
		Wissen.

976 Volkswirtschaft
Typische Titel:

- *Friedman, Milton: Kapitalismus und Freiheit, Piper*
- *Hüfner, Martin: Comeback für Deutschland: Warum unsere Wirtschaft durchstartet, Hanser, Carl*
- *Mandelbrot, Benoit B /Hudson, Richard L.: Fraktale und Finanzen. Märkte zwischen Risiko, Rendite und Ruin, Piper (SP 4861)*

Typische Themen:

Agrarökonomie,	Kapitalismus,	Steuerrecht,
Arbeit,	Marktwirtschaft,	Wachstum,
Aufschwung,	Reformen,	Wirtschaftsgeschichte,
Finanzen,	Sozialer Staat, Sozialstaat,	Wirtschaftspolitik,
Gerechtigkeit,		Wohlstand.

977 Geld, Bank, Börse
Typische Titel:

- *Knee, Jonathan A.: Million Dollar Boys. Die Insider-Story eines Investment-Bankers, REDLINE*
- *Schwarz, Friedhelm: Die Deutsche Bank. Riese auf tönernen Füßen, RADIOROPA Hörbuch, 1 CD*
- *Gunther, Max: Die Zürich Axiome. Die wahren Gesetze der Geldanlage, FinanzBuch*

Die Warengruppe enthält auch Ratgeber für die Geldanlage, für die eigentlich die Warengruppe *496 Geld, Bank, Börse* vorgesehen ist. Typische Themen:

Aktien, Aktien-Analyse,	Derivate,	Mittelstand,
Anlagen, Anleger,	Finanzgeschäft,	Optionsscheine,
Anleihen,	Bank, Bankgeschäft,	Portfoliomanagement,
Asset Allocation, Management,	Fonds, Funds,	Renditen,
Bank, Banking,	Geldanlage,	Risikomanagement,
Börse,	Geschlossene Fonds,	Trading,
Charting,	Hedge Fonds,	Trend,
Crash,	Investieren, Investment-fonds,	Versicherungsunternehmen,
	Kreditgeschäft,	Wachstumsunternehmen,
		Wall Street.

9.8 Die Warengruppe *980 Natur, Technik* mit Untergruppen

Die mit weniger als 2.500 lieferbaren Titeln überschaubare Warengruppe enthält Sachbücher und Lexika, die naturwissenschaftliche Erkenntnisse und technisches Wissen allgemein verständlich präsentieren. Dieses Segment hat auch im Lager allgemeiner Sortimentsbuchhandlungen gute Chancen, besonders wenn man anlassbezogen (Tagesnachrichten z.B. über geklonte Schafe oder aussterbende Arten, eine Fernsehsendung über Genforschung, Konferenz in der eigenen Stadt, Großereignis, Jahreszeit, Urlaubszeit) geeignete Titel, die nicht ganz neu sein müssen, inszeniert; dafür in Frage kommende Themen können z.B. sein: Tsunami, Vitamine, Energieversorgung, Pinguine.

Generell kommt es – ähnlich wie bei den Warengruppen *98* Politik, Gesellschaft, Wirtschaft* – auf Aktionen, Inszenierungen und Präsentationstische an. Hierbei sind Partnerschaften mit technisch-naturwissenschaftlich interessierten Gruppen Erfolg versprechend; man findet sie im Umkreis der Volkshochschulen, der Fördervereine von naturkundlichen Museen, botanischen und zoologischen Gärten sowie bei engagierten Lehrern naturwissenschaftlicher Fächer. Es scheint, dass das geringe Faible vieler Buchhändler für Themen aus Natur und Technik Marktchancen verschenkt.

In der Warenpräsentation bieten sich Thementische, besonders in geschenkträchtigen Jahreszeiten und vor der Urlaubszeit an (Geschenke für männliche Jugendliche und Männer). Eine Auswahl kann man in allgemeinen Sortimentsbuchhandlungen zur Urlaubszeit gemeinsam mit anderen Urlaubslektüren präsentieren: Ein Teil der Kunden nimmt sich im Urlaub Lektüren über Fragen vor, für die man im Alltagsstress weder Zeit noch Muße hat.

Titel aus der Warengruppe *985 Natur und Gesellschaft: Allgemeines, Nachschlagewerke* kann man dabei gut mit Titeln aus den Warengruppen *97* Politik, Gesellschaft, Wirtschaft* kombinieren. Auch die wenigen Biografien über Naturwissenschaftler, Erfinder und Techniker lassen sich so erfolgreich zu Kunden führen.

Schon in Mittelstädten lohnt sich oft eine ständige Auswahl an populären Mathematik-Büchern (mit enthalten in Warengruppe *982 Naturwissenschaft*), die oft anhand von Beispielen und Fällen aus der Geschichte der Mathematik oder Alltagsanwendungen wie z.B. Roulette oder Lotto mathematische Fragen aufrollen. Diese Titel und die mathematischen Denkspiele richten sich an interessierte Geister, die Freude am mathematischen Denken haben ohne Bezug zur Anwendung in Studium und Beruf. Diesen Titeln fehlt die abstrakte Zeichensprache und trockene Unerbittlichkeit, mit der mathematische Lehrbücher und Abhandlungen sonst vorgehen. Stattdessen sprühen sie meistens vor Geist, leben von einem agilen intellektuellen Spieltrieb und verblüffen durch witzigen Scharfsinn.

Anders als bei der Physik gibt es nur wenige populäre Darstellungen der Chemie – obwohl wir alle überall von Ergebnissen der chemischen Forschung und ihrer Anwendung umgeben sind, vom umweltfreundlichen Waschmittel über die lebensmittelverträgliche Plastikdose im FCKW-freien Kühlschrank bis zur strahlend-lichtechten Blusenfarbe. *Wiley-VCH* bietet etliche vorzügliche allgemein verständliche Titel, die auch mit Vorurteilen aufräumen.

Über biologische Themen dagegen bringen die Verlage auch viele allgemein verständliche Sachbücher und Bildbände heraus, im Vordergrund stehen dabei:

- beschreibende Darstellungen der Tier- und Pflanzenwelt,
- Verhaltensforschung (immer noch sind die Werke von Konrad Lorenz Longseller),
- Evolution und Genetik,
- auch Artenschutz und -vielfalt sowie Ökologie.

Ein weit über Wissenschaftler und Fachleute hinausreichendes Interesse richtet sich auf die Frage, was den vom Tier abstammenden Menschen von diesem unterscheide, insbesondere, ob sein Bewusstsein, Denken, Fühlen in biologischen Kategorien aufgehe. Auch die fortschreitende Entschlüsselung des menschlichen Genoms mit der denkbaren Aussicht, die naturgegebenen Eigenschaften des Menschen zum Guten wie zum Bösen zu verändern, die Möglichkeit, Menschen zu klonen, durch Klonierung oder unter Einsatz von Stammzellen zu therapieren, aus Stammzellen im Labor menschliche Organe zu züchten, wird breit und nicht durchgängig sachkundig und ideologiefrei debattiert. Die erforderlichen ethischen Maßstäbe können nicht aus der Biologie allein kommen, sondern müssen auf einem gesellschaftlichen Konsens beruhen. Gerade hier kommt guten Sachbüchern eine Schlüsselstellung im Sinn von vorurteilsfreier Information und differenzierter Argumentation zu.

Sachbücher und Bildbände, die technische Erfindungen und Geräte populär darstellen, gibt es nicht allzu viele Titel. Der Schwerpunkt liegt auf Erfindungen, auf Überblicken über die faszinierenden Möglichkeiten der modernen Technik sowie auf erstaunlichen Beispielen für technische Vorrichtungen aus der Geschichte. Sie sind aber als Backlist lohnend in den geschenkträchtigen Saisons.

Höchst selten kommen Titel der Warengruppen *98* Natur, Technik* auf eine Bestsellerliste oder werden Longseller; einer der wenigen Longseller ist *Hawking, Stephen: Eine kurze Geschichte der Zeit (SPIEGEL-Verlag u.a.)*, einer der ganz wenigen Bestseller war *Schätzing, Frank: Nachrichten aus einem unbekannten Universum. Eine Zeitreise durch die Meere, Kiepenheuer & Witsch (KiWi 980)*.

Titel für Schüler mit mathematischen, naturwissenschaftlichen und technischen Themen stecken überwiegend in der Hauptwarengruppe *8 Schule und Lernen*.

981 Biographien, Autobiographien

Typische Titel:

- *Gilder, Joshua /Gilder, Anne L.: Der Fall Kepler. Mord im Namen der Wissenschaft, Ullstein Taschenbuch Verlag (List Sachbuch 60638)*
- *Fischer, Ernst P.: Leonardo, Heisenberg & Co. Eine kleine Geschichte der Wissenschaft in Porträts, Piper (SP 3486)*
- *Fölsing, Albrecht: Albert Einstein. Eine Biographie, Suhrkamp (st 2490)*

Die Namen der Erfinder, Physiker, Biologen, Chemiker, Mathematiker, Astronomen, über die die Warengruppe Biografien, auch einige Autobiografien enthält, können hier nicht aufgezählt werden.

982 Naturwissenschaft

Typische Titel:

- *Beutelspacher, Albrecht: Einmal sechs Richtige und andere Mathe-Wunder, Piper*
- *Borré, Martin/Reintjes, Thomas: Warum Frauen schneller frieren. Alltagsphänomene wissenschaftlich erklärt, Beck, C H*
- *Fritsche, Olaf: Verflixt und zugeknobelt. Mehr mathematische Rätselgeschichten von Wissenschaft Online, Rowohlt Taschenbuch*
- *Krätzner, R. /Welter-Schultes, F. W.: Wale und Delfine, Planet Poster Editions*

Typische Themen:

Bewusstsein,	Frauen,	Naturgeschichte,
Biologie,	Gehirn,	Naturwissenschaft im
Chemie,	Gesundheit,	Alltag,
Dinosaurier,	Intelligenz,	Pflanzen,
Elemente,	Klima,	Physik,
Energie,	Körper,	Sex,
Erde,	Landschaft,	Tiere,
Erfindungen,	Mathematik,	Wasser,
Evolution,	Meer,	Wetter,
Experimente,	Mensch,	Zufall.

983 Astronomie: Allgemeines, Nachschlagewerke

Typische Titel:

- *Cannat, Guillaume /Jamet, Didier: Der Mars. Bilder vom roten Planeten, Delius Klasing*
- *Miller, Arthur I.: Der Krieg der Astronomen. Wie die Schwarzen Löcher das Licht der Welt erblickten, DVA*
- *Kaku, Michio: Im Hyperraum. Eine Reise durch Zeittunnel und Paralleluniversen, Rowohlt Taschenbuch*

Typische Themen:

Astrophysik,	Leben im Universum,	Saturn,
Erde,	im All,	schwarze Löcher,
Galaxien,	Mars,	Sonnenfinsternis,
Geschichte des Weltalls,	Moon,	Space,
Himmelsbeobachtungen,	Planeten,	Sterne,
Kosmologie, Kosmos,	Raumfahrt,	Weltall.

984 Natur: Allgemeines, Nachschlagewerke

Typische Titel:

- *Brehms Tierleben. Lesung, Der Audio Verlag, 1 CD*
- *O'Neill, Richard: Naturkatastrophen, Gondrom*
- *Riechelmann, Cord: Die Stimmen der Tiere - Afrika, Kein & Aber, 1 CD*

Typische Themen:

Klimawandel,	Naturkatastrophen,	Tiere,
Natur,	Pflanzen,	Wetter.

985 Natur und Gesellschaft: Allgemeines, Nachschlagewerke

Typische Titel:

- *Ökosystem Stadt. Die Naturgeschichte Wiens, Böhlau Wien*
- *Rahmstorf, Stefan /Schellnhuber, Hans J.: Der Klimawandel. Diagnose, Prognose, Therapie, Beck, C H*
- *Reichholf, Josef H.: Der Tanz um das goldene Kalb. Der Ökokolonialismus Europas, Wagenbach, K*

Typische Themen:

Abfallbehandlung,	Gentechnologie,	Schöpfung,
Alpen,	Grundwasser,	Stadt,
Boden,	Hanf,	Straßenverkehrsunfälle,
Emissionen,	Klima,	Umwelt,
Energie,	Nachhaltigkeit,	Verwertung,
Energiewende,	Natur,	Wald,
Ernährung,	Pferd,	Zukunft der Energie.

986 Technik: Allgemeines, Nachschlagewerke

Typische Titel:

- *Broderick, Damien: Die molekulare Manufaktur. Wie Nanotechnologie unsere Zukunft beeinflusst, Rowohlt Taschenbuch*
- *Mähr, Christian: Vergessene Erfindungen, DuMont Literatur und Kunst*
- *Rekorde der Technik. Interaktives Wissen auf CD-ROM für Windows und Macintosh, Springer Berlin*
- *Technik - einschätzen - bewerten - beurteilen, Beltz, J*

Typische Themen:

Dampfmaschine,	Erfindung,	Nano,
Deutsches Museum,	Feuerwehr,	Sonnenuhr,
Eisenbahn-Romantik,	Geschichte der Technik,	Technik im Alltag,
	Innovationen,	Technikgeschichte.

9.9 Die Warengruppe 990 FREIBEREICH

Die *Warengruppe 990 Freibereich* ist seitens der Warengruppen-Systematik nicht belegt. Man hat sie frei gelassen, damit man später erforderlichenfalls eine neue Warengruppe unterbringen kann. Der Freibereich kann von der einzelnen Buchhandlung auch genutzt werden, um Warengruppen selbst festzulegen, wenn eine detaillierte Umsatz- und Abverkaufsstatistik gewünscht wird; allerdings muss dann die Zuordnung beim Wareneingang eigenhändig mit erfasst werden. In Frage kommen beispielsweise folgende Artikel:

- einzelne PBS-Gruppen (vgl. S. 53 ff.), die genauer beobachtet werden sollen, z.B. Weine, Gesellschaftsspiele, Postkarten,
- Zeitungen,
- Zeitschriften,
- Regionalia,
- modernes Antiquariat.

Systematisches Register
der Warengruppen

In diesem Register sind alle Warengruppen ausgewiesen, auch solche, die in der Darstellung nicht erwähnt wurden, weil ihr Inhalt nicht ergiebig ist, z.B. viele Warengruppen **9 *Sonstiges*.

Konrad Umlauf
Moderne Buchkunde
Bücher in Bibliotheken und
im Buchhandel heute
(Bibliotheksarbeit 2)
2., aktualisierte und neu gefasste Auflage
2005. 191 Seiten, br
ISBN 978-3-447-04176-8
€ 26,80 (D) / sFr 47,30

Während die erste Auflage im wesentlichen
auf die Praxis in den Öffentlichen Bibliotheken zielte, richtet sich die Neuauflage auch
an Interessenten aus Verlagen, Sortimentsbuchhandlungen und aus allen anderen
Bibliothekssparten. Auch schlägt sich der
Funktionswandel des gedruckten Buches im
Zusammenspiel mit elektronischem Publizieren und mit veränderten Seh- und Nutzungsgewohnheiten infolge der Multimediatisierung
nieder. Den Schwerpunkt legt Konrad Umlauf
auf die Merkmale aller Buchgattungen und
auf die gegenwärtige und zukünftige Rolle
des gedruckten Buches im Buchhandel und
in Bibliotheken, während historische Aspekte
nur am Rande behandelt werden.

Konrad Umlauf
Medienkunde
Unter Mitarbeit von Susanne Hein
und Daniella Sarnowski
(Bibliotheksarbeit 8)
2., aktualisierte und neu gefasste Auflage
2006. 350 Seiten, 45 Tabellen, br
ISBN 978-3-447-05052-4
€ 34,– (D) / sFr 59,–

In Bibliotheken, Archiven und allgemein in
Mediensammlungen sind heute die Bestände
multimedial. In diesem Buch werden im
Zusammenhang dargestellt:

– die technischen Grundlagen der
  Nonprint-Medien,

– ihre Produktion und Distribution,

– die Strukturen und Schwerpunkte ihrer
  Inhalte und Darstellungsformen: Musik,
  Film, elektronische Publikationen, Literatur
  und Kinderprogramme, Computer- und
  Videospiele

– wesentliche Ergebnisse der Rezeptionsforschung in Bezug auf Nonprint-Medien,

– die Praxis in Mediensammlungen (Bibliotheken, Archive, Rundfunkarchive, Medienzentralen u.a.m.) hinsichtlich Beständen,
  Erschließung, Benutzung.

Ausführlich behandelt werden Nonprint-Medien wie CD, SACD, DVD, MC, Video, CD-ROM, Online-Publikationen, Mikroformen,
Bildmedien u. a. m.
Die 2. Auflage ist nicht nur aktualisiert, sondern bezieht auch die Praxis von Mediensammlungen über die Bibliotheken hinaus
mit ein.

HARRASSOWITZ VERLAG · WIESBADEN
www.harrassowitz-verlag.de · verlag@harrassowitz.de

Alice Keller

Elektronische Zeitschriften

Grundlagen und Perspektiven

(Bibliotheksarbeit 12)

2., aktualisierte und stark erweiterte
Auflage 2005
XVIII, 303 Seiten, 55 Abb., gb
ISBN 978-3-447-05234-4
€ 49,80 (D) / sFr 86,–

Die elektronischen Zeitschriften haben sich während der letzten zehn Jahre zu einem unentbehrlichen Teil des modernen wissenschaftlichen Informationswesens entwickelt. Das Buch „Elektronische Zeitschriften: Grundlagen und Perspektiven" beschreibt die Entwicklung des neuen Mediums von seinen Anfängen in den frühen 80er Jahren bis zum eigentlichen Durchbruch in den späten 90er Jahren. Diese Entwicklung ist jedoch noch keineswegs abgeschlossen. Weltweit befassen sich dutzende von Projekten mit der Weiterentwicklung und Optimierung von E-Journals. Wichtige und zukunftsweisende Projekte werden vorgestellt und eingehend diskutiert. Besonders hervorgehoben werden die Benutzung von E-Journals, die Integration des neuen Mediums in das moderne Bibliotheksangebot, die Erwerbung von elektronischen Zeitschriften über Konsortien sowie die weiterhin ungelöste Fragestellung der digitalen Langzeitarchivierung. Das Buch ist die überarbeitete und stark erweiterte 2. Auflage des 2001 erschienenen Werkes „Elektronische Zeitschriften: eine Einführung" derselben Autorin.

Ernst Fischer (Hg.)

Literarische Agenturen – die heimlichen Herrscher im Literaturbetrieb?

(Mainzer Studien zur Buchwissenschaft 11)
2001. 141 Seiten, 9 Abb., br
ISBN 978-3-447-04471-4
€ 26,– (D) / sFr 45,60

Aus dem Inhalt:

R. Moritz, Donna Leon meets Harry Potter. Warum und wie Verlage mit Agenten zusammenarbeiten

U. Schneider, Die Konstante in der Beziehung Autor – Verlag: Lektor oder Literaturagent?

U. Bender, Zwischen Autorenbetreuung und transatlantischem Literaturgeschäft. Anmerkungen zur Berufsarbeit einer Literaturagentin

P. Eggers, Agenten – die Trüffelschweine des literarischen Betriebs?

K. Lange-Müller, „Inzwischen kenne ich kaum einen, der nicht bei einer Agentur wäre." Im Gespräch mit Ernst Fischer

M. Boix García, Frankfurt Virtual. Der Marktplatz für internationalen Rechtehandel im Internet

A. Graf, „Ehrliche Makler" oder „Ausbeuter der Schriftstellerwelt?" Die Anfänge der Literaturagenturen in Deutschland

W. Skalicky, Literaturagenten in der literarischen Emigration 1933–1945. Beobachtungen zur Rolle und Wirkung

HARRASSOWITZ VERLAG · WIESBADEN
www.harrassowitz-verlag.de · verlag@harrassowitz.de